Hubertus Prinz zu Löwenstein · Botschafter ohne Auftrag

C. F. W. Scheel
207 Ahrensburg
Birkenweg 51

Hubertus Prinz zu Löwenstein

Botschafter ohne Auftrag

Lebensbericht

Droste Verlag Düsseldorf

© 1972 Droste Verlag Düsseldorf
Schutzumschlagentwurf: Werbestudio Franken
Gesamtherstellung:
Rheinisch-Bergische Druckerei- und Verlagsgesellschaft mbH, Düsseldorf
ISBN 3 7700 0316 0, Buch-Nr. K 3000316

NIHIL COGOR, NIHIL PATIOR INVITUS NEC SERVIO DEO SED ASSENTIOR, EO QUIDEM MAGIS, QUOD SCIO OMNIA CERTA ET IN AETERNUM DICTA LEGE DECURRERE.
       (Lucius Annaeus Seneca, *De Providentia* V. 7.)

ICH STEHE UNTER KEINEM ZWANG, NICHTS ERLEIDE ICH GEGEN MEINEN WILLEN, ICH DIENE GOTT NICHT SKLAVISCH, SONDERN ALS EIN FREIER, UND DAS UM SO MEHR, DA ICH WEISS, DASS ALLES ABLÄUFT GEMÄSS EINEM FESTEN GESETZE, DAS GÜLTIG IST FÜR ALLE EWIGKEIT.

Inhalt

9	Ursprünge und Kindheit
21	Die Welt im Kriege
29	Geistiges Erwachen
34	Entdeckungsfahrten
40	Hamburg — das Tor zur Welt
44	Von Italien nach Berlin
48	Abendländisches Reich
52	Herbst der Republik
56	Der Sprung in die Politik
61	Deutsche Republik, wir alle schwören ...
66	Eine strenge Republik!
70	Der Weg in die Staatskrise
74	Der 20. Juli 1932 — Vorspiel des Endes
79	Ausklang der deutschen Republik
84	Das Ende eines anständigen Staates
89	In Blut und Grauen
94	Umkämpftes Schloß in Tirol
100	Begegnung mit Westeuropa
105	Der Blutsommer 1934
110	Niederlage an der Saar
115	Eine Entdeckung Amerikas
121	Kardinal Pacelli und die Nazis
126	Goebbels in flagranti!
132	American Guild for German Cultural Freedom
138	»Von Westen Märchenruf«
143	Ein apfelgrüner Scheck
144	Der spanische »Bürgerkrieg«
150	Madrid — »Mekka der Weltdemokratie«
154	Professor in Amerika
158	Europa — Sommer 1938
164	Von »München« nach Prag
169	Frühling 1939
174	Europas letzter Sommer
178	»Meine Tränen vorweg geweint ...«
185	Amerika — Zuflucht der Freiheit
190	Vom Sitzkrieg zum Blitzkrieg
196	Ein Haus in Newfoundland
200	Amerika im Krieg

205	»Frei-Deutschland« — oder ein freies Deutschland?
210	»Für die beiden Länder, die ich liebe«
216	Der 20. Juli 1944
220	Finis Germanae?
223	Abschied von Newfoundland
227	Lebwohl, Amerika!
230	Wiederbegegnung mit Deutschland
235	Die deutsche Wirklichkeit
240	Der erste deutsche Winter
245	Amorbach und Heidelberg
250	Demokratie 1947/1948 — der Weg aus dem Chaos
256	Italienische Reise
260	»Die Bedrohung des Abendlandes«
265	Helgoland
271	»Wiedervereinigung beginnt im Westen«
276	»Zu St. Wendel, am Tag des heiligen Heinrich«
281	Einzug in den Bundestag
287	Wiedersehen mit Amerika
291	Ungarn — die Revolution der Freiheit
297	Abschied vom Parlament
302	NATO — die Verteidigung des Westens
309	Durch die Tore von Hellas
313	Heimat in Asien
318	Im Fernen und im Nahen Osten
323	Die Versöhnung zwischen Rom und Konstantinopel
329	Botschafter ohne Auftrag

Ursprünge und Kindheit

Es war Friede im Lande, als ich zur Welt kam, am Sonntag, dem 14. Oktober 1906, zu Schloß Schönwörth, Gemeinde Langkampfen, bei Kufstein in Tirol. Mein Vater war Maximilian Prinz zu Löwenstein-Wertheim-Freudenberg, Graf von Löwenstein-Scharffeneck, und als Besitzer von Schönwörth »Herr und Landmann von Tyrol«. Meine Mutter war Konstanza, jüngste Tochter des Henry Lord Pirbright of Pirbright. Ich war das jüngste Kind aus dieser Ehe. Meine Schwestern Sophie und Fanny sind zehn und acht, meine Brüder Hans und Leopold fünf und drei Jahre älter als ich. Aus einer zweiten Ehe meiner Mutter mit Vollrath von Alvensleben stammt mein Halbbruder Werner, geboren 1912.

Europa stand damals auf der Höhe des Wohlstandes. Die Religion des Fortschritts war in die Welt gekommen, man hatte es »so herrlich weit gebracht«. Die Vergangenheit war vergangen, mit all ihren Kämpfen und Wirren und was es sonst noch an Überholtem gab. Manche freilich gab es, die das Beben spürten unter der Oberfläche dieser selbstzufriedenen Welt. Oswald Spengler begann sein Werk vom »Untergang des Abendlandes« vor dem Ersten Weltkrieg, Stefan George sagte um die Jahrhundertwende den Sturz voraus in Grauen und Barbarei. Aber wer hörte auf solche Außenseiter? Allen ging es gut, dem Großbürgertum, dem Mittelstand und der Arbeiterschaft, und unser eigener Stand, der Adel, hatte am wenigsten Grund zu klagen.

Meine Familie war nicht reich, aber sie konnte standesgemäß leben. Mein Vater, Offizier im Zweiten Bayerischen Ulanenregiment zu Ansbach, nahm frühzeitig seinen Abschied, ohne sich Sorgen um die Zukunft zu machen. Er wollte »nur er selber sein« — der »beste Beruf für einen Edelmann«. Seine deutsche Übersetzung von Julius Caesars »De Bello Gallico« wurde zu einem anerkannten Standardwerk. In der französischen Literatur wußte er gut Bescheid. Englisch hingegen hat er nie richtig gelernt. »Das ist eine Sprache für Geschäftsleute«, sagte er, »aber wenn ein Edelmann schlecht französisch spricht, dann ist das, als äße er Fisch mit dem Messer«. Eine weitere Grundlehre lautete: »Nie auffallen! Ein Edelmann produziert sich nicht in der Öffentlichkeit!« Und über den Umgang mit Frauen: »Wenn Du einer Dame ein Geschenk machst, braucht es nicht eine Million zu kosten. Aber es darf nicht schäbig sein.« Als ich einmal den Gruß des Stubenmädchens nicht höflich genug erwiderte, ermahnte mich mein Vater: »Männchen, Ludwig XIV. hat vor jeder Kammerzofe den Hut gezogen.«

Mein Vater besaß eine schöne Münzsammlung. Die Freude an der Numismatik habe ich von ihm geerbt, während manche seiner sonstigen Liebhabereien mir fremd blieben. So war er ein leidenschaftlicher Jäger — mir war die Jagd stets ein Greuel. Ich war der Meinung, daß der heilige Hubertus, nach dem ich benannt wurde, nicht der Schutzpatron der Jäger, sondern der Tiere sei. Als ihm ein Hirsch mit einem leuchtenden Kreuz im Geweih begegnete, ließ er die Armbrust fallen und jagte nie wieder ein Tier. Mein Vater war ein guter Reiter. In Schönwörth hatte er einen ganzen Stall mit schönen Pferden. Dafür habe ich nie viel übrig gehabt. Pferde sind den Menschen zu ähnlich, überspannt, nervös — und denen soll man sich anvertrauen? Aus erzieherischen Gründen wurde ich oft ermahnt: »Wenn du in der Schule nicht gut tust, stecke ich dich zur Infanterie.« Eine Drohung, die ihre Wirkung verfehlte, denn meines Wissens gab es bei der Infanterie keine Pferde.

Mein Vater wurde am 13. Juli 1871 in Patzau in Böhmen auf einem Gute seines Vaters geboren. Seine Generation erlebte die längste Friedenszeit des modernen Europas. Was Krieg bedeutete, das wußte 1914 niemand mehr, bis schließlich alle Völker in ihn hineinstolperten.

Während des Zweiten Weltkrieges war mein Vater in Wien. Eine Granate durchschlug sein Haus vom Dach bis zum Keller. Viel Schönes ist dabei zugrunde gegangen. Dann kamen die Sowjets und plünderten nach Herzenslust. Auch seine mittelalterliche Waffensammlung ließen sie mitgehen, wohl im Zuge des »Entmilitarisierungsprogramms«. Dennoch ist erstaunlicherweise manches gerettet worden, Familienportraits, Porzellan, Wappensilber, darunter ein Samowar, barocke Tee- und Milchkannen, Geschenke König Ludwigs II. von Bayern an meine Großeltern. Mein Vater starb am Karfreitag des Jahres 1952, ohne daß ich ihn nach dem Kriege wiedergesehen hätte. Erst nach der Unterzeichnung des österreichischen Staatsvertrages und dem Abzug der sowjetischen Truppen konnte ich seine Wiener Wohnung aufsuchen. Dort hat meine Stiefmutter, eine geborene Baronin Berlichingen, bis zu ihrem Tode im Juni 1970 gelebt.

Meine Mutter wurde 1875 in London geboren, wo sie im Oktober 1963 starb. Vom Schicksal von Vaters wie von Mutters Seite war sie reich bedacht. Bald nach ihrer Geburt ließen sich ihre Eltern scheiden, ihre Mutter nahm sie mit auf den Kontinent. Mein mütterlicher Großvater war Baron Henry de Worms. Sein erblicher österreichischer Freiherrnstand wurde in England durch Patent der Königin Viktoria anerkannt. Jahrelang war er konservativer Abgeordneter für den Wahlkreis East Toxteth Division in Liverpool, dann wurde er Parlamentarischer Staatssekretär des Handelsamtes und in den Kronrat berufen. Als Baron Pirbright of Pirbright wurde er Mitglied des House of Lords. Mehrere

Jahre war er Staatssekretär der Kolonien. Als einer der ersten viktorianischen Staatsmänner erkannte er die Notwendigkeit, das Britische Empire in eine freiere Völkergemeinschaft umzuwandeln. Dazu war eine wirtschaftliche Einheit, eine Art von »Gemeinsamem Markt« nötig. Die Beseitigung der Zuckerzölle im Empire geht auf seine Initiative zurück.

Meine Großmutter, eine geborene Baronin Todesco, war eine sehr schöne Frau, die das Leben zu genießen verstand. Von ihrem Vater hatte sie das Palais Todesco in Wien geerbt, an der Kärtner Straße gegenüber der Oper — wohlausgestattet mit Tizians und anderen würdigen Wandschmuck und was sonst noch dazu gehörte. Sie machte einen Mittelpunkt des geistigen und künstlerischen Lebens daraus. Noch als alte Frau erinnerte sich meine Mutter, daß sie als Kind Franz Liszt und Johannes Brahms im Musiksalon des Palais spielen hörte. Schriftsteller und Maler gehörten zum Freundeskreis. Einer von ihnen, Franz Lenbach, malte ein bezauberndes Portrait meiner Mutter als junge Frau. Leider ging das Palais Todesco, ebenso wie ein großer Teil des sonstigen Vermögens, bald in andere Hände über. Die Ausgaben für ihre Liebhabereien und Liebhaber, Toiletten, Schmuck, Reisen überstiegen schließlich ihre finanziellen Möglichkeiten. Immerhin behielt meine Großmutter noch genug übrig, um nie genau zu erfahren, wieviel sie verloren hatte. Sie starb befriedigt und lebenssatt im Jahre 1921. Erst danach nahm sich die Inflation des noch verbleibenden Vermögens an, bis sich dann die kommunistische Regierung in Prag, nach 1948, unsere letzten Todesco'schen Wertpapiere, Kuxe, Aktien verschiedener böhmischer Unternehmen aneignete.

Mit 14 Jahren kam meine Mutter nach Karlsruhe ins Viktoriapensionat, eine höchst exklusive Mädchenschule von spartanischer Einfachheit und überwältigend protestantisch. In der Gründerin der Schule, der Großherzogin Luise von Baden, einer Tochter Kaiser Wilhelm I., fand sie eine warmherzige mütterliche Freundin, die ihr all die Liebe gab, an der ihre eigene Mutter es fehlen ließ.

Herrin von Schönwörth war meine Mutter nur kurze Zeit, aber im Dorfe Niederbreitenbach, bei dem das Schloß liegt, gedachte man ihrer in Liebe. Das habe ich sogar noch im Sommer 1972 feststellen können, als ich Schönwörth wieder einmal besuchte.

Von meinem vierten bis zu meinem vierzehnten Lebensjahr verschwand meine Mutter völlig aus unserm Blickfeld. Das mag dazu beigetragen haben, daß wir uns auch später nie wirklich nahekamen. Erst in ihren letzten Lebensjahren entwickelte sich eine etwas wärmere, persönliche Beziehung. Unsere Eltern ließen sich scheiden, als ich vier Jahre alt war. Wir blieben beim Vater und nahmen selbstverständlich für ihn Partei. Später gingen wir zur »anderen Seite« über. Erst als Erwachsener bin ich zu einem ausgeglichenen Urteil gelangt. Aber diesem ganzen Komplex »zerbrochener Familien« wird viel zuviel Bedeutung beigemessen. Früher tat ich dies selber. Was mußte das für »Traumata« geben, überlegte ich, ohne Mutterliebe aufwachsen, betreut von Kinderfrauen und Gouvernanten verschiedener Nationalität. Die Oberaufsicht führte meine spätere Stiefmutter, die schon in meinem Geburtsjahr ins Haus gekommen war, zuerst als Gesellschaftsdame meiner Mutter. Da sie tüchtig war, hatte sie bald den gesamten Haushalt in der Hand. Man muß eben lernen, mit seinen »Komplexen« zu leben, und auf die meinen, was immer sie sein mögen, möchte ich nicht verzichten. Frühe »Traumata« gehören zu den wichtigsten Quellen späterer eigener Leistungen und menschlicher Kultur. Meine Kindheit war durchaus glücklich, zum mindesten in der Rückschau des Erwachsenen. Was immer sich im Rahmen einer gegebenen Ordnung hält, macht weder besonders glücklich noch unglücklich. Sind wir »glücklich« in Friedenszeiten, weil es genug zu essen gibt? Erst wenn wieder einmal die Rationierung kommt, meint man, »die guten alten Zeiten« müßten wunderschön gewesen sein.

Den Hauptteil von Schloß Schönwörth bildet ein mächtiger Wachtturm aus dem neunten Jahrhundert. Zwei runde Fenster und ein Balkon mit einer langen Eisentür — das waren Augen, Mund und Nase eines mächtigen Antlitzes! An den Hauptbau angelehnt steht ein runder, spitzdachiger Feuerturm, mit Eingängen in jedem Stockwerk. Der russische Fürst Bajadinsky, von dem mein Vater Schönwörth kaufte, baute die Stallgebäude und versah sie mit marmornen Pferdekrippen. Der »Gartensalon«, glasumfaßt, als Speisesaal für die Gäste, stammte auch von ihm. Mein Vater fügte dann Schönwörth den »Neubau« hinzu, in dem meine Geschwister mit der französischen und der deutschen Gouvernante wohnten. Mein Kinderzimmer, die »Zirbelstube«, lag im alten Teil des Schlosses und hatte dicke, bunte Butzenscheiben.

Das Schloß liegt in einem schönen Park, für uns als Kinder geheimnisvoll und ohne Grenzen. Vom Dorfe Niederbreitenbach führt durch ein eisernes Tor eine Kastanienallee zum Haupteingang — hölzerne Flügeltüren, bemalt mit dem Tiroler Adler. Eine tausendjährige Esche ragte an der Schloßmauer empor, so hoch wie die Turmspitze mit der Fahnenstange. Ich horchte auf das Rauschen ihrer Blätter, wenn ich nachmittags schlafen sollte, und immer noch kann ich es hören. Und doch weiß ich seit meinem Besuche im Sommer 1972, daß diese Esche vor einigen Jahren von einem großen Sturme gefällt wurde.

Ein Bach plätschert durch den Park, reich an Regenbogenforellen. Aber zur Zeit der Schneeschmelze kann er zu einem reißenden Flusse werden. Etwas weiter unten treibt er eine Sägemühle. Als ich drei Jahre alt war, fiel ich einmal von der wackligen Brücke aus in das Wasser —

zum Glück, als die Mühle gerade still stand. Anna, meine Kinderfrau, fischte mich rasch wieder heraus, aber ich weiß noch, daß mir der Gedanke »Tod« durch den Kopf ging. Hölderlin sagte im Hyperion: »Das Kind ist unsterblich, denn es weiß vom Tode nichts.« Mir scheint, das trifft nicht zu, denn die Wand, die Leben und Tod voneinander trennt, ist in der Kindheit hauchdünn.

Im Park und in den Wäldern von Schönwörth gibt es Giftschlangen. Die gefährlichste, aus Südeuropa langsam heraufgewandert, ist die Sandviper. Ihr Biß, vor allem für ein Kind, kann tödlich sein. Wenn eine Sandviper regungslos auf dem Wege liegt, sieht sie oft aus wie ein graubraunes Stück Holz. Einmal wollte ich so etwas aufheben — aber es verschwand zischend unter dem nächsten Busch. Anna versäumte nicht, mir auszumalen, wie schlimm das hätte ausgehen können, in dieser und der anderen Welt. Denn selbst ein Kind könne in die Hölle kommen, wenn es »unvorbereitet« stirbt, was immer das sein mochte. Ich habe immer noch Angst vor Schlangen, weniger wegen der Schönwörther Sandviper, als weil sie gefährlich sind. Doch solle man darüber nicht sprechen, warnen die Vulgäranalytiker — es könnte kompromittierend sein — denn Schlangen seien Phallussymbole. Wenn dem so ist, dann sind sie jedenfalls der einzige Phallus, der einen beißen und umbringen kann.

Auch die Schönwörther Gewitter waren Begegnungen mit dem Tode. Wenn sich ein Wetter über dem engen Tal zusammenbraute, dann kam es so leicht nicht wieder heraus. »Das Schloß würde ausbrennen wie ein Ofen«, sagte mein Vater bei jedem Blitz. Das Dach war mit Schindeln gedeckt, die meisten Räume sind getäfelt, das Treppenhaus ist ganz aus Holz. Oft wurden meine Brüder und ich nachts aus den Betten geholt und durch den Feuerturm in die Rüstkammer gebracht, ein Gewölbe zur ebenen Erde, voll von Picken, Hellebarden, Flamberts, Steinschloßflinten, Lanzen, Schilden, Rüstungen. Auf einem Eichentisch standen zwei geweihte Kerzen und ein Kruzifix. Unser Verwalter, ein Schwabe namens Paul Angele, und sein Sohn Georg, drei Jahre älter als ich, alle Mägde, Diener, Leibjäger und Zofen knieten davor. Bei jedem Donnerschlag erzitterten die meterdicken Mauern.

Zu unserer Zeit hatte Schönwörth noch kein elektrisches Licht. Abends warfen Petroleumlampen lange Schatten auf die Ahnenbilder. In ihren Rüstungen, in Hermelin oder Pelzmänteln, in fließenden Gewändern mit roten Mützen oder Helmen blickten sie spöttisch auf mich herunter, wenn ich Angst hatte, allein ins Bett zu gehen, durch die weiten Hallen und endlosen Gänge. Aber es gab auch einige Bilder, die ich gerne mochte, darunter eine Kopie des Gemäldes von Hans Baldung Grien, Ludwig von Bayern, den ersten Grafen zu Löwenstein darstellend. Besonders freundlich, wie mit einem schützenden Zauber, sah mich eine schöne junge Frau an — ein Portrait, gemalt von Tischbein im Jahre 1760, die Großmutter meines Großvaters, eine Prinzessin Dorothea von Hessen-Philippsthal-Barchfeld. Wie es sich so ergibt: diese beiden Bilder konnten gerettet werden und hängen nun, seit dem Tode meiner Stiefmutter, in unserem Wohnzimer in Bad Godesberg.

Wenn keine adeligen Gäste in Schönwörth waren, deren Wappenfahne aufgezogen wurde, flatterte vom Turme unsere eigene mit den weiß-blauen bayerischen Rauten. Ich war noch sehr klein, als mein Vater mir erklärte, das seien die Farben des Hauses Wittelsbach, dem unsere Familie entstamme.

Haupt der Pfälzer Linie Wittelsbach im 15. Jahrhundert war der Kurfürst Friedrich der Siegreiche (1425—1476), ein Enkel des Römisch-Deutschen Kaisers Ruprecht III. (1400—1410), Sohn des Kurfürsten Ludwig II. »mit dem Barte« und der Mechthild von Savoyen, einer Tochter des Herzogs Amadeus VIII., der als Felix V. der letzte Gegenpapst wurde. Friedrich der Siegreiche, »ein gewaltiger und kriegskundiger Mann«, wie Ranke ihn nennt, trug sich mit dem Plane, Konstantinopel zu befreien, das 1453 von den Türken erobert worden war. Als Philhellenen macht mir der Gedanke Freude, daß er dann als »Nikephoros« in die Geschichte eingegangen wäre. Aber er starb zu früh, um solche Pläne verwirklichen zu können. Was ich an ihm schätze ist überdies, daß er ein Mann geistiger Bildung war und der von seinem Großvater Ruprecht III. gegründeten Universität Heidelberg die Statuten gab, die für viele deutsche Universitäten zum Vorbild werden sollten.

Aus Friedrichs Ehe mit der schönen Augsburger Patriziertochter Klara Dett wurde der Sohn geboren, der in seiner Jugend Ludwig von Bayern hieß. 1477 erhielt er die Herrschaft Scharffeneck in der Pfalz, 1496 die reichsunmittelbare Grafschaft Löwenstein im heutigen Württemberg. In der Reformation wurden die Grafen zu Löwenstein evangelisch. Durch Erbschaft kam um 1600 die reichsunmittelbare Grafschaft Wertheim an das Haus. 1611 starb Graf Ludwig II. zu Löwenstein-Wertheim, Reichshofratspräsident und wiederholt Vertreter Kaiser Maximilians II. auf Reichstagen. Von dessen älterem Sohne stammt meine Linie ab, von einem jüngeren die Linie Löwenstein-Wertheim-Rosenberg, die schon in der ersten Generation wieder katholisch wurde. 1620 kam die Grafschaft Virneburg im Kreise Adenau in der Eifel aus dem Manderscheid'schen Erbe an meine Linie.

Als im Frieden von Lunéville 1801 das linke Rheinufer an Frankreich verlorenging, erhielt mein Ur-Urgroßvater, Johann Karl Ludwig (der Mann der Dorothea von Hessen), als Entschädigung das Amt Freudenberg am Main. Daher unser heutiger Name, Löwenstein-Wertheim-Freudenberg. 1806, mit der Auflösung des Heiligen Römischen Reiches, wurde meine Familie mediatisiert. 1812 erhielt Johann Karl Ludwig von den neuen süddeutschen Souveränen den Fürstentitel. Die Nachgeborenen sind Prinzen beziehungsweise Prinzessinnen. Durch den Artikel 109,3 der Reichsverfassung vom 11. August 1919 sind alle Adelstitel Teil der Familiennamen geworden, die sich nach dem Zivilrecht vererben.

Mein Großvater Leopold, ein jüngerer Sohn, wurde katholisch. Weil die Konversion so kurz zurücklag, prägte man uns den Sittenkodex besonders streng ein, etwa, daß auf jeden »freiwilligen, unkeuschen Gedanken« — auch bei Kindern! — die Höllenstrafe stehe.

Meine Großmutter Auguste Amalie, aus dem nicht mehr als adelig nachweisbaren Geschlechte Wollrabe, erhielt von König Ludwig II. von Bayern den Titel einer Freiin Wollrabe von Wallrab, 1871 überdies den ursprünglichen Namen des Hauses, als einer Gräfin von Löwenstein-Scharffeneck. Der damalige Chef des Hauses, Fürst Adolf, ein Mann liberaler Gesinnung im Geiste von 1848, hatte die Ehe meiner Großeltern als vollgültig anerkannt. Er selbst war verheiratet mit Katherina Schlundt, der Tochter des ersten demokratisch gewählten Bürgermeisters von Wertheim, Johann Christian Schlundt. Als mein Großvater 1893 starb, begann für meinen Vater, der damals erst 22 Jahre alt war und als Leutnant in Ansbach diente, finanziell eine schwierige Zeit. Daher führte er bis zum Ende des Ersten Weltkrieges, obgleich er seine Personalpapiere mit dem vollen Namen besaß, meist nur den Grafentitel von Löwenstein-Scharffeneck. Bismarcks Bonmot, als er Fürst wurde, traf auf ihn zu: »Als Graf hatte ich mein Auskommen — aber als Fürst ... ?«

Mit dem Sturze der Monarchie entfiel die Notwendigkeit besonderer Repräsentation. Da nach dem preußischen Adelsgesetz (mein Großvater war preußischer Offizier gewesen) adelige Familien nur einen gültigen Namen behalten durften, teilte mein Vater den Behörden mit, daß er und seine Nachkommen von nun an wiederum den Namen Prinzen zu Löwenstein-Wertheim-Freudenberg führen würden. Der gräfliche Gotha von 1920 veröffentlichte eine entsprechende Notiz.

Als ich später den Zorn der Nationalsozialisten und ihrer deutschnationalen Bundesgenossen erregte, weil ich für die Republik eintrat, kam es zu einem heute ziemlich grotesk anmutenden Namensstreit, ob Graf oder Prinz? Die zuständigen Behörden, der Regierungspräsident von Potsdam, Wolfgang Jaenicke, später Botschafter der Bundesrepublik beim Heiligen Stuhl, und in höchster Instanz das Preußische Ministerium des Innern, entschieden 1931 endgültig zugunsten unserer prinzlichen Namensführung.

Was dann im Dritten Reich geschah, ist eine andere Sache. Hitler versuchte mir meine deutsche Staatsangehörigkeit, mein Vermögen und meine Freiheit zu rauben. Es wäre erstaunlich gewesen, hätte er nicht auch versucht, mir meinen Namen zu nehmen. Mit Recht und Gesetz hatte das alles nichts mehr zu tun. Als wir 1946 aus der Emigration nach Deutschland zurückkehrten, wurden meine Frau, unsere in Amerika geborenen Kinder und ich vom Senat der Freien und Hansestadt Bremen wieder eingebürgert, selbstverständlich unter unsern vollen Namen, als Prinzen und Prinzessinnen zu Löwenstein-Wertheim-Freudenberg.

Bei all dem feudalen Hintergrund war unsere Erziehung durchaus nicht undemokratisch. Wir spielten mit Georg Angele, mit den Kindern der Köchinnen, Stuben- und Küchenmädchen, ob ehelich oder unehelich, und was wir zu essen bekamen, war schlicht: wenig Fleisch, viel Brei — Gries, Reis, Tabioka mit Schokolade und Zucker. Zimt galt für Kinder als ungesund. Auch Pfeffer, Paprika, englischer Senf, Gorgonzola und Camembert waren nur für Erwachsene. Sardinen gab es als Vorbeugungsmittel gegen Tuberkulose, sobald einer von uns hustete. In Schönwörth kamen auch öfters Forellen auf den Tisch. Dann durften wir nicht reden und keine Kartoffel dazu essen, weil man anderenfalls an einer Gräte ersticken könnte.

Ob auch schon politische Vorstellungen in unser behütetes Leben eindrangen? Ja, vielleicht, dank unserer Gouvernante, Mademoiselle Jex, einer Südfranzösin mit großer, rötlicher Nase. Sie nannte uns »verzogene Adelsfratzen«, und als wir im Winter 1908/09 in Bordighera an der italienischen Riviera waren, hetzte sie klassenkämpferisch die italienischen Straßenjungen gegen uns auf. »Ces pauvres petits Italiens« nannte sie sie, auch wenn sie unsere Spielsachen stahlen und unsere Sandburgen zertrampelten. Mehrere Jahre verband ich, wenn ich von den »Roten« hörte, damit die unangenehme Erinnerung an Mademoiselle Jex' rote Nase.

In Bordighera empfing ich die ersten, bestimmenden Eindrücke von Italien. Ich liebte das Meer, den Klang der Sprache, die südliche Vegetation — und all das liebe ich noch immer. Aber es war auch der Winter einer großen Naturkatastrophe: am 28. Dezember 1908 ging Messina durch ein Erdbeben unter. »Über hunderttausend Tote«, sagte mein Vater. Darunter konnte ich mir nichts vorstellen, aber daß etwas Entsetzliches geschehen war, begriff ich. Nie bin ich in späteren Jahren durch Messina gefahren, ohne an jenes Kindheitserlebnis zu denken.

Eines Tages fanden meine Brüder Hans und Leopold — genannt Poldi — und ein englischer Junge namens Tommy auf den Eisenbahnschienen nicht weit vom Strand ein dickes Bambusrohr. Darin stak ein Metallgegenstand wie eine kleine Flasche. Eine Bombe vielleicht, um einen nach Frankreich reisenden Potentaten in die Luft zu sprengen. Als die Gouvernanten den Fund sahen, die französische, die deutsche, die englische, kreischten sie gemeinsam auf — um Gottes willen das Ding in

Ruhe lassen! Eine rasche Beratung der drei Jungen: zurück auf die Schienen damit und zuschauen, wie der nächste Zug hochgeht? Aber Tommy meinte — denn er entstammte einem seefahrenden Volke — ein Schiff in die Luft zu sprengen sei noch vergnüglicher. Daher warfen sie das metallene Ding ins Meer und harrten, nicht genügend vertraut mit den Regeln des Minenkrieges, auf die Dinge, die nicht kamen. Immer wenn ich von »kindlicher Unschuld« höre, muß ich an diese Szene denken.

Als wir im Frühling nach Südtirol gingen, fand ich dort eine neue, unverlöschliche Liebe — ein Land römisch-deutscher Synthese, Heiliges Römisches Reich deutscher Nation, ein ewiges Europa!

An meinem vierten Geburtstag hatte meine Mutter Schönwörth bereits verlassen. Bald danach stiegen wir in Kufstein in einen Zug. Dann hieß es, jetzt seien wir in Wien. Anna, die Kinderfrau, war nicht mitgekommen. Ich war jetzt ganz in den Händen der rotnasigen Mademoiselle Jex. Meine Brüder bekamen einen Hauslehrer, den man mit »Herr Doktor« anredete. Zwischendurch gab er mir meinen ersten Schreibunterricht mit Griffel und Schiefertafel. Meine älteste Schwester Sophie kam ins Sacré Coeur in Preßbaum, Fanny wurde von meinem Großvater in Berlin übernommen. Dort wuchs sie völlig anders auf als wir. Selbst ihr Deutsch war für uns »Österreicher« bald nur noch schwer zu verstehen. Außerdem erzählte sie uns beim nächsten Wiedersehen von Max Reinhardt, Hugo von Hofmannsthal und Rainer Maria Rilke — alles Namen, die uns nichts sagten.

Als sie im Frühling 1912 mit meiner Großmutter nach Wien kam, besuchte ich sie im Hotel Imperial. Vom Balkon ihres Zimmers sah ich, wie sich die Ringstraße mit Menschen füllte, viele Frauen darunter, auch Kinder, kaum älter als ich. »Das haben die Roten angezettelt, weil die Preise gestiegen sind«, sagte jemand. Plötzlich war berittene Polizei da. Die Menschen schrien und rannten auseinander. Weinend vor Entsetzen sah ich, wie viele zu Boden stürzten und unter die Hufe der Pferde gerieten. Manches in meiner späteren politischen Entwicklung mag mit diesen Szenen zusammenhängen.

Im Herbst 1912 übersiedelten wir nach Gmunden am Traunsee. Der Traunstein mit seinem mächtigen Löwenhaupt ragt steil aus dem tiefen See empor. Er ist einer der schönsten Berge, die ich kenne. Gmunden war damals eine Zufluchtsstätte für gestürzte Dynastien, verarmten Adel und pensionierte Beamte und Offiziere. Ohne viel Geld auszugeben, konnte man ein standesgemäßes Leben führen. Und damals wie heute ist es ein Touristenparadies — sofern es nicht regnet!

Meine Brüder kamen ins k.k. Staatsrealgymnasium. Von den 200 Schülern dürfte gut ein Drittel adelig gewesen sein. Sophie wurde in ein Mädchenpensionat am Rande des Städtchens geschickt, zu den Kreuzschwestern.

Ich mochte sie gut leiden, denn sie erzählte mir schöne Märchen, darunter auch manche, die sie selber erdacht hatte.

Als 1866 Hannover von Preußen annektiert wurde, schenkte Kaiser Franz Joseph seinem gestürzten Bundesgenossen, König Georg V., einen schönen Besitz oberhalb der Stadt Gmunden. Unter seinem Sohne, dem sehr beliebten Herzog von Cumberland, entstand dort eine Art von Exilshof. Die Söhne der hannoveranischen Adeligen und Hofbeamten kamen ins Gmundner Gymnasium. Sie waren Protestanten und sprachen ein Deutsch, das wir in aller Unschuld als »preußisch« bezeichneten. Warum sie darob so sehr ergrimmten, begriffen wir damals nicht!

Der Herzog von Cumberland hatte auch eine protestantische Kirche erbauen lassen und — ein unerhörter Luxus! — eine Zentralheizung dafür gestiftet. Natürlich konnte er im monarchistischen Österreich nicht kritisiert werden, aber streng verwarnt wurden wir doch: uns ja nicht durch solch irdische Verlockungen beeindrucken zu lassen. Hier in dieser Welt, sagte unser Religionslehrer, da mochte es den Protestanten bessergehen, aber in der nächsten ...!

Linz, die Hauptstadt Oberösterreichs, war damals eine hübsche, etwas spießige Kleinstadt. Für Provinzler aus Gmunden oder gar aus Braunau am Inn war Linz die große Hure Babylon, Heimstätte aller Vergnügungen und erstrebenswerten Laster. Manchmal schlichen sich Gymnasiasten der oberen Klassen übers Wochenende dorthin, um dann am Montag mit einem wissenden Lächeln zurückzukehren — nichts von den Sitten der großen Welt war ihnen jetzt noch verborgen! Bekanntlich hat Hitler Linz zur Kunst- und Industriemetropole Europas machen wollen.

Im Frühling 1914 kehrten wir nach Schönwörth zurück. Beim Abschied war ich vier gewesen, nun war ich acht. Mein Alter hatte sich also verdoppelt — der Maßstab, nach dem die Zeit gemessen wird, liegt in einem selbst.

Mein Vater, meine künftige Stiefmutter und ich fuhren voraus, begleitet von der »Französin«, die eigentlich eine Schweizerin war, von einem Diener namens Josef, einer Köchin und zwei Stubenmädchen. Weitere Dienstboten erwarteten uns in Schönwörth. Meine Brüder und Sophie sollten Anfang Juli, zu Beginn der Sommerferien, nachkommen. Zur Feier unserer Rückkehr hatte Paul Angele die weiß-blaue Rautenfahne aufgezogen — von weiten schon sah man sie, flatternd in einem goldenen Frühlingslicht.

Traumhafte Wochen folgten, als dieser Frühling in die ganze Fülle des Tiroler Sommers überging. »Glauben Sie wirklich, daß der Himmel schöner sein kann als ein Tiroler Sommertag?« fragte ich Jahre später unsern jungen Kooperator, als ich Schloß Neumatzen bei Brixlegg gepachtet hatte. »Wohl kaum«, antwortete er, »aber der Himmel dauert länger.«

An manches mußte ich mich erst gewöhnen. Der Turm und die Mauern waren niedriger, als ich sie in Erinnerung hatte, der reißende Fluß meiner Kindheit war ein gewöhnlicher Bergbach. Selbst die Hühner waren kleiner geworden. Georg, der Sohn Angeles, brachte mir Feuersteine. Sie riechen nach Schwefel, und nachts kann man Funken aus ihnen schlagen. Er kannte auch die besten Plätze zum Schwammerlsuchen und etwas später im Jahre die dichtesten Schwarzbeersträucher.

»Und selbst, daß wir im Walde Beeren fanden,
Erscheint mir jetzt ein wunderlicher Fund«,
heißt es in Rilkes »Requiem für einen Knaben«. Blumen, Schwammerln und Beeren — all diese »wunderlichen Funde«, haben meinen Glauben aufrechterhalten, daß sich das Schicksal jäh in beglückendem Sinne ändern könne.

Am Abend des 24. Juni, Johannestag, brennen auf allen Tiroler Bergspitzen große Feuer — heidnisch-christliches Brauchtum von alters her, Sonnenwende und Ehrung des Heiligen, der dem Lichte der Welt voranging. Die Luft war schwer, ein paar Glühwürmchen, geisterhaft in ihrem grünlichen Lichte, tanzten in den Kastanienbäumen der Allee. Dann schossen die Flammen empor, rings um uns, als ginge die ganze Welt in Feuer unter. Und vier Tage danach: Ich saß auf einer Schaukel, die vom Aste eines der Kastanienbäume herabhing. Mein Vater stand vor den Flügeltüren des Haupteinganges und sprach mit dem Diener Josef. Da hörte ich hinter mir im Kies schlürfende Schritte — Paul Angele. Er ging an mir vorbei, auf meinen Vater zu. Den Hut drehte er in den Händen, als er hervorbrachte: »Ich melde gehorsamst, Seine Kaiserliche und Königliche Hoheit, der Herr Erzherzog-Thronfolger Franz Ferdinand ist samt Gemahlin, der Herzogin von Hohenberg, in Sarajewo von den Serben ermordet worden.« Als nächstes hörte ich die Stimme meines Vaters: »Josef, holen Sie Weiß-Blau herunter und hissen Sie Schwarz-Gelb halbmast.« Im Abenddämmern schlug die Fahne des Hauses Habsburg schwer gegen die Schindeln der Turmspitze. Nackt und schwarz ragte darüber die halbe Fahnenstange. Ich begriff, daß etwas Furchtbares geschehen war.

Als wir uns zu Tisch setzten und ich das Gebet gesprochen hatte, sagte mein Vater: »Das ist der Weltkrieg.« Nach dem Essen ging ich in den Park. Wieder brannten Feuer ringsum, aber nicht oben auf den Bergspitzen. Sie brannten auf den Almen, qualmend, in Rauchfahnen gehüllt — düstere Zeichen, die dem Tiroler Volke verkündeten, daß der Erbe aller Kronen Habsburgs tot war.

Einige Tage später kamen meine Geschwister, und die Welt jenseits der Parkmauern verschwand aus meinen Blicken. Aber dann hieß es plötzlich, Schönwörth werde verkauft. Bald erschien auch ein neureicher

Herr, der eine Blechrüstung, die ich gerade trug, für einen gotischen Panzer zu halten schien. Er beklopfte sie und sagte: »Ohne die kaufe ich das Schloß nicht.« Aber schließlich tat er es doch, nur um es bald danach zum mehrfachen Betrag weiterzuverkaufen.

In Kirchbichl stiegen wir in den Schnellzug. Noch einmal sah ich hinüber — zum breiten Mittelturm mit dem menschlichen Gesicht, zum spitzdachigen Feuerturm, zur Fahnenstange, die leer war. Diesen Abschied habe ich nie ganz verwunden. Oft habe ich Schönwörth in späteren Jahren wiedergesehen, doch nie ohne tiefen Schmerz.

Die Welt im Kriege

»Das ist der Weltkrieg« — dieses Wort hat die Menschheit seitdem begleitet, auch die damals noch ungeborenen Geschlechter. Von einem Tag auf den anderen versank die Welt des Fortschritts in die äußerste Barbarei. Alle Bande einer gemeinsamen Geschichte und Kultur schienen ausgelöscht, nur noch Teufel in Menschengestalt bevölkerten die Erde — *alle* waren sie es, es kam nur auf den eigenen Standpunkt an.

Am 28. Juli, dem Tage, da Österreich an Serbien den Krieg erklärte, kamen wir nach Gmunden zurück. In der Stadtpfarrkirche wurde ein feierliches Hochamt gelesen. Viele weinten, als die Gemeinde die Kaiserhymne sang: »Eingedenk der Lorbeerreiser / Die das Heer so oft sich wandt / Gut und Blut für unsern Kaiser / Gut und Blut fürs Vaterland.« Es gab keine wilde Kriegsstimmung, als wir die jungen Soldaten, deren Mützen mit frischem Grün geschmückt waren, zum Bahnhof begleiteten.

Einige Tage später kam der neue Thronfolger, Erzherzog Karl, der nachmalige Kaiser, nach Gmunden — eine jugendliche, sympathische Gestalt. Der schönste Dampfer der Traunseeflotte, die »Kaiserin Elisabeth«, war festlich geschmückt, als der Erzherzog mit seinem Gefolge über den See fuhr. Dieses Schiff gibt es noch immer, nur daß man 1918, in trotzigem Republikanertum, das Wort »Kaiserin« in seinem Namen ausgelöscht hat!

Wir fanden eine hübsche Villa mit einem großen Garten. Josef wurde eingezogen, mein Vater meldete sich freiwillig. Aber im Augenblick wurden nur jüngere Männer genommen. Die »Französin« mußte entlassen werden. Einem Nachbarn waren die Fenster vom Pöbel eingeschmissen worden, weil er auf der Straße ein paar Worte Französisch gesprochen hatte.

Fast täglich kamen Siegesmeldungen — Lüttich, Brüssel, Maubeuge, Namur! Von der Marneschlacht erfuhren wir nichts. Aber daß im Osten die Lage immer bedrohlicher wurde, das drang durch. Die russische »Dampfwalze« überrollte Galizien, Lemberg fiel, nach heldischem Widerstand auch die Festung Przemysl. Als die russischen Truppen sich Krakau näherten, Czernowitz nahmen, die Karpathen überschritten und in die ungarische Ebene vorstießen, brach selbst im frontfernen Gmunden Panik aus. Gleichzeitig erfuhr man, daß in Ostpreußen die Russen Allenstein erreichten und Königsberg bedroht war. Der Weg schien offen nach Budapest, Wien und Berlin.

Ein Gedicht »Der Krieg« von Stefan George — aus »Das Neue Reich« — schildert, was dann geschah:

»... da entstieg gestützt
Auf seinen stock farblosem vorortshaus
Der fahlsten unsrer städte ein vergeßner
Schmuckloser greis ... der fand den rat der stunde
Und rettete was die gebärdig lauten
Schließlich zum abgrundsrand gebracht: das Reich ...«

Es war der Name Hindenburgs, der damals ins Rampenlicht der Geschichte trat, um es nie wieder zu verlassen. An seine Konsekration durch Deutschlands größten Dichter dachte ich, als ich mich 1932 für seine Wiederwahl zum Reichspräsidenten einsetzte. Ich übersah nur, daß man ein Dichter- und Seherwort *ganz* beachten muß. Enden doch jene Verse mit der Zeile: »Doch vor dem schlimmren feind kann er nicht retten.«

Die Verlustlisten wurden immer länger. Fast täglich wurde in den Gmundner Kirchen ein Totenamt gehalten. Jeden Abend um 6 Uhr gingen wir zur Kriegsandacht in der Kapelle der Kreuzschwestern. Die Heiligen aller Völker wurden um Fürbitte für den Frieden angerufen — Sankt Ludwig, der Schutzpatron Frankreichs, Sankt Georg, Sankt Andreas, die Schutzpatrone Englands und Rußlands, und Kaiser Heinrich der Heilige. Zu Beginn des Jahres 1915 lag kein Weißbrot mehr auf dem Frühstückstisch. Von jetzt ab werde es dunkles Brot geben, »Kriegsbrot«. Bald sollte seine Zusammensetzung zum Maßstab der Not werden.

Im Frühling dieses Jahres wurde mein Vater reaktiviert und als erstes der Garnison Würzburg zugeteilt. Am 23. Mai erklärte Italien an Österreich-Ungarn den Krieg — ein weiteres Land, das man jetzt als Feind betrachten mußte. Tirol wurde Kriegsgebiet. Knapp vor Weihnachten heiratete mein Vater die Baronin Berlichingen, und bald darauf übersiedelten wir alle nach Würzburg. Meine Brüder kamen dort ins Gymnasium, ich bestand die Aufnahmeprüfung. Zwei Zeppeline kreisten über der Stadt, während ich im Examen saß.

In Würzburg war man dem Kriege näher gekommen. Gegenüber von unserem Hotel, dem »Rügmer«, lag die Schrannenhalle, eine Kaserne. Die wir als neunzehn- und zwanzigjährige Rekruten hineingehen sahen, kamen bald als Soldaten, bereit zum Abmarsch an die Front, wieder heraus. Ich fing an, Zeitungen zu lesen. Die große Seeschlacht vom Skagerrak, vom 31. Mai bis 1. Juni 1916, wird noch heute von beiden Seiten als Sieg gefeiert. Auch die Schlacht um Verdun begann damals. Ihre ganze grauenvolle Wirklichkeit wurde noch einmal heraufbeschworen, als fünfzig Jahre danach Präsident de Gaulle eine Gedächtnisfeier abhielt — aber jetzt als Sinnbild deutsch-französischer Verständigung. Auch die Sommeschlacht begann mit ihren unendlichen Blutopfern und mit den ersten Panzerangriffen. Zum ersten Male hörte man auch das

Wort »Fliegeralarm«. Drei französische Flugzeuge warfen Bomben auf München ab. Sie richteten nur geringen Schaden an, aber der Schreck war groß, und der bayerische Kriegsminister mußte zurücktreten. Fleisch- und fettlose Tage wurden eingeführt, die Preise stiegen. Damit kam ein neues Wort auf: »Inflation«. Ich wußte einiges über die wertlosen Assignaten der französischen Revolution. Ob die Mark genauso wertlos werden könnte? Der größte Teil unseres Einkommens kam aus England, aus dem Erbe meines Großvaters Pirbright, der ein »settlement«, ein gebundenes Vermögen, für seine Enkel festgesetzt hatte. Eine deutsche Bank zahlte es uns aus, das Pfund Sterling zu zwanzig Mark. Aber 1916 entsprach dies nicht mehr dem wirklichen Kurs. Wieso man mitten in einem deutsch-englischen Kriege Geld aus England bekommen konnte, darüber dachte niemand nach. Es war doch selbstverständlich, denn Privatvermögen waren völkerrechtlich geschützt! Erst nach dem Kriege wurde unser Settlement jahrelang unter Sequester gehalten. Die Entwertung der Mark zwang uns auch, mit dem Essen sparsamer zu werden. Ein ernsthaftes Problem tauchte auf — und morgen? Werden wir satt werden?

Ein denkwürdiger Sommer, noch aus anderen Gründen: Meine Brüder waren eben »aufgeklärt« worden, und nun gaben sie ihre Weisheit an mich weiter, natürlich unter dem Siegel strengster Verschwiegenheit. Ich fand das alles eher unappetitlich — und in unserer Familie soll so etwas auch vorgekommen sein? »Natürlich, du Esel, sonst gäbe es uns doch nicht!« Bis ich plötzlich wußte, was die Erwachsenen unter »unkeuschen Gedanken« verstanden. Wenn ich nun solche Gedanken hätte, und käme um, etwa bei einem Fliegerangriff — das wäre der ewige Tod! Eine Weile versuchte ich es mit dem Atheismus, von dem meine Brüder mir auch viel Lobenswertes berichteten. Wenn es keinen Gott gibt, kann er mich auch nicht strafen! Aber das war nur ein kurzes Zwischenspiel, und es half nicht viel. Schließlich wurde meine Erziehung in glücklicher Weise abgeschlossen, gemäß dem Rezept des amerikanischen Humoristen Art Buchwald. »Quält euch nicht ab, euren Söhnen die ‚Tatsachen des Lebens' zu erklären«, empfahl er besorgten Eltern. »Überlaßt das ihren Freunden aus der Gosse. Die besorgen das viel besser!«

Im Herbst kam Hans ins Julianum in Würzburg, ein Internat für katholische adelige Jungen, Poldi als Kadett nach München. Mein Vater wurde nach Bamberg versetzt zur Ersatz-Eskadron des Ersten Bayerischen Ulanenregiments. Meine Stiefmutter und ich kamen mit, und ich trat ins Neue Gymnasium ein.

Im Winter 1916/17 verschlechterte sich die Ernährungslage. Die Fronten erstarrten. Nur Rumänien wurde im Dezember 1916 besiegt. Das sei die »Kornkammer Europas« hieß es, nun würde bald alles besser werden.

Unvergeßlich der 21. November, als die Zeitungen die Nachricht vom Tode Kaiser Franz Josephs brachten. Er hatte 68 Jahre lang regiert, länger als irgend ein anderer Herrscher der neuen Geschichte. Daß mit seinem Hinscheiden eine ganze Epoche zu Ende ging, verstanden wir sofort.

Soviel ich weiß, ist über die erste Meuterei in der deutschen Armee kaum je berichtet worden. Sie fand kurz vor Weihnachten 1916 statt. Da ich als einziger männlicher »Zivilist« am Offizierstisch im Hotel Bamberger Hof mitessen durfte, erfuhr ich davon. Einheiten des Fünften Bayerischen Infanterieregiments weigerten sich, vom Urlaub an die Front zurückzukehren. Auf dem Bahnhof kam es zu Schießereien. Kein Offizier wagte mehr, sich zu zeigen. Erst in Frankfurt konnten die Meuterer entwaffnet werden. Ein paar Wochen später gab es am Offizierstisch ein erleichtertes Aufatmen. »Keiner der Kerle ist mehr am Leben«, hörte ich. »Standrechtlich erschossen?« fragte ich vorlaut. Aber nein! »In die vordersten Gräben gesteckt — Heldentod!« Der Heldentod als Strafe? Da stimmte etwas nicht. Am Abend sagte ich zu meinem Vater: »Papa, ich glaube, die Monarchie wird gestürzt werden.« Ich wurde ermahnt, nie wieder einen solchen Blödsinn zu sagen.

Noch vor Schulschluß wurde mein Vater zu einer Ersatz-Eskadron in Olching bei München versetzt. Ich kam in ein Schülerheim in Pasing und ging ins dortige Pro-Gymnasium, nun schon längst ein volles Gymnasium. In Pasing begann der Hunger. Wir saßen in den Pausen zusammen und redeten über die »gute Zeit« vor dem Kriege. Oder einfach nur über Essen, gleich welches.

Im Herbst 1917 kam mein Vater an die Westfront, Poldi blieb im Kadettenkorps, meine Stiefmutter, Sophie, Hans und ich kehrten nach Gmunden zurück. Daß die Versorgungslage in Österreich noch schlechter war als in Deutschland, das merkten wir schon bei der Ankunft in Salzburg.

Hans kam in die fünfte, ich in die zweite Klasse des k.k. Staatsrealgymnasiums. Eine etwas altmodische Kleinstadtschule, aber mit einigen guten Lehrern, denen ich viel verdanke. Pius Schatzer unterrichtete Latein. Sein Name, sagte er, bedeute Censor, echt römisch also, und darüber konnte er sich schütteln vor Lachen. Pius Censor erweckte meine Liebe zur Geschichte Roms. Als ich von der Niederlage der Legionen bei Cannae erfuhr, im Jahre 216 v. Chr., traf mich dies wie die Nachricht von einem nationalen Unglück. Ich war stolz auf den Senat, daß er dem geschlagenen Konsul, C. Terentius Varro, dankte, weil er an der Republik nicht verzweifelt hatte. In den mitt-sechziger Jahren, bei einer Vortragsreise in Apulien, habe ich Cannae besucht. Goldgelbe Sonnenblumen bedeckten die Ruinen. Hier schlug Hannibal mit schwächeren

Kräften die erste große Umflügelungsschlacht der Geschichte, und damit wurde »Cannae« zu einem Begriff der Kriegskunde. Die Schlacht von Leuthen 1757 war ein »Cannae«, desgleichen Tannenberg. Inmitten der Ruinen fand ich einen Armknochen. Freund oder Feind? Ich begrub ihn in tiefster Achtung vor der Geschichte. — An Pius Censor dachte ich auch, als ich, ebenfalls in den sechziger Jahren, zum ersten Male nach Hiroshima kam. Im Atomspital sprach ich mit dem Chefarzt, Dr. Fumio Shigeto, Latein, um von den Patienten nicht verstanden zu werden.

Durch unseren Geschichtsprofessor, Leopold Schleck, wurden mir Julius Caesar, Augustus, die ganze Epoche des Julisch-Claudischen Hauses frühzeitig nahegebracht. Vier meiner Romane spielen in dieser Zeit! Auch Shakespeares »Julius Caesar« las ich in der Schlegel-Tieck'schen Übersetzung. Eine Stelle daraus schrieb ich in mein Tagebuch: »Der Feige stirbt schon vielmal, eh' er stirbt. / Der Tapfre kostet einmal nur den Tod. / Von allen Wundern, die ich je gehört / scheint mir das größte, daß sich Menschen fürchten. / Da sie doch seh'n, der Tod, ein nötig Ende, / Kommt, wann er kommen muß.«

Ich habe versucht, diese Zeilen zum Leitmotiv meines Lebens zu machen: im Kampf gegen die Nazis, in Hubschraubern und in den Dschungeln von Vietnam und Kambodscha, auf Helgoland, in Budapest 1956, im Feuer der sowjetischen Panzer.

Mit elf Jahren versuchte ich mich zum ersten Male an einem klassischen Stoff: »Kaiser Tiberius«. Instinktiv wußte ich (und fand es später bestätigt bei Mommsen und Ranke), daß es übler Unsinn sei, all die Greuelgeschichten, die in den Schulbüchern und heute noch in Capri über ihn berichtet werden. Ein wohliges Gruseln überläuft die Touristen, wenn sie die steilen Felswände sehen, über die der Kaiser seine Opfer angeblich hinunterwarf — und gar erst von seinen vielfältigen »Lastern« hören! Dann wissen sie nämlich: Trotz Porno-Läden ist man in Düsseldorf und Hamburg viel tugendsamer. Unter Tiberius, der die Grenzen des Reiches und damit der Kultur bis zur Donau vorschob, blühten die Provinzen wie selten davor und danach. In meiner Romantrilogie »Kind und Kaiser / Die Lanze des Longinus / Adler und Kreuz« habe ich versucht, das Bild dieses großen und gerechten Herrschers zu zeichnen.

Meine Liebe zu Rom vertiefte sich, als ich Vergils »Aeneis« las, mit ihrer Verkündung eines Reiches, das nur vom Weltmeer, und dessen Ruhm nur von den Sternen begrenzt werde — Reich der gebildeten Menschheit! Auch Vergils Preislied auf Italien, mit dem weder der herrliche Ganges noch Arabiens Inselgestad, umduftet von Weihrauch, um Ruhm zu streiten wagen, las ich damals schon. Oft, wenn ich dabei war, mich in den Weiten Asiens zu verlieren, hat dieser Märchenruf aus den »Georgica« mich nach Europa zurückgeführt.

Seit meinem elften Lebensjahr, und bis zum heutigen Tage, fesselt mich auch die Gestalt des Staatsmannes und Philosophen Lucius Annaeus Seneca. Acht Jahre lang ein Verbannter auf Korsika, dann, während Neros ersten fünf Jahren, der allmächtige Reichskanzler, um schließlich auf seinem Gute, am vierten Meilenstein an der Via Appia, durch seine eigene Hand zu sterben, zum Tode verurteilt durch seinen ehemaligen Zögling. Die Verschwörung, an der sich Seneca beteiligte, trägt viele Züge des 20. Juli 1944. Seit mehreren Jahren arbeite ich an seiner »Autobiographie«, die ich noch einmal zu vollenden hoffe.

Mein Vater war an der Westfront verwundet worden. Nach kurzem Erholungsurlaub wurde er nach Rumänien versetzt — welch ein Glück! Denn nun kamen Pakete, Mais, Mehl, gelegentlich auch ein Schinken, einmal sogar eine große geräucherte »Plunsen« (ein Schwartenmagen), wohlverpackt in Bohnen, die alle köstlich danach schmeckten. Aber leider dauerte das rumänische Zwischenspiel nicht lange. Mein Vater kam an die russische Front, zuletzt wieder an die Westfront. Von da an bestand unsere Kost hauptsächlich aus »Pernken« (weißen Rüben), Sauerkraut, fettloser Polenta, Kartoffeln und »Kriegsbrot«. Das wurde immer schwammiger und war schließlich mit Roßkastanien und Sägemehl versetzt. Den Bauernbuben in unserer Schule ging es natürlich viel besser. Manche von ihnen waren sehr dumm oder erlernten doch nie Schriftdeutsch. Das gab mir die Möglichkeit, ihre Aufsätze zu schreiben, immer in anderem Stil. Mein Honorar bestand aus Bauernbrot, Wurst und ähnlichen Kostbarkeiten.

Poldi, der Münchner Kadett, begann in den Ferien zu berichten, daß man allerlei revolutionäre Gespräche höre, unter deutschen Landarbeitern vor allem und unter Urlaubern und Verwundeten. Zum ersten Male sprach man von »kommunistischer Propaganda«.

Im März 1918 wurde der unsichere Friede von Brest-Litowsk geschlossen. Damit saßen Lenin und Trotzky fest im Sattel. Durch die Heimkehrer aus Rußland strömte immer mehr kommunistische Propaganda in die Heimat. Die Massen hungerten — die Revolution versprach ihnen den Frieden. Kein Wunder, daß sich die revolutionären Losungen ausbreiteten.

Überall gärte es im Habsburger Nationalitätenstaat. Ein gewisser Thomas Masaryk und sein junger Gehilfe, Edward Benesch, hörte man, seien ins Ausland geflohen. Aus Kriegsgefangenen böhmischer Herkunft rekrutierten sie nun eine »Tschechische Legion«.

Dann, im Frühling 1918, kam die letzte deutsche Offensive. Noch einmal schien der Sieg nahe zu sein: St. Quentin, Arras, Bapaume, Péronne — Namen aus den ersten Kriegsmonaten, wie aus fernster Vergangenheit. Vormarsch auf Paris, bis die abgekämpften Divisionen steckenblieben in der »schandbar zerwühlten Erde« — so schrieb George in seinem Gedicht »Der Krieg«. Im Gegenangriff durchbrachen am 8. August die frischen amerikanischen Divisionen die deutsche Front. Das war der Dies ater, der Beginn des Endes.

Am Abend des 8. Novembers ging ich zur Haustür, um die Zeitung zu holen. Im trüben Licht der Eingangshalle las ich die Balkenüberschrift: BAYERN — REPUBLIK! Unfaßbar — Bayern?! Seit 1180 hatten die Wittelsbacher dort regiert. Kein königstreueres Volk als die Bayern. »Die Wittelsbacher«, sagte Kurt Eisner bald danach zu Oswald Garrison Villard, dem großen amerikanischen Publizisten und Herausgeber der »Nation«, »haben uns 700 Jahre lang regiert. Ich habe sie in sieben Stunden mit sieben Mann davongejagt.« Das war übertrieben. Es hatte des Weltkrieges bedurft mit all seiner Not, um diese Revolution zu ermöglichen. Aber daß eine jahrhundertealte Ordnung, an der nichts Böses war, überhaupt so leicht gestürzt werden konnte, das war eine Schande für alle Königstreuen, Offiziere, Adelige, Beamte, von denen keiner einen Finger für seinen König rührte. Also bedurfte es einer »Rechtfertigung« — und da war sie auch schon! Der Eisner — das war kein Bayer, sondern ein Journalist aus Berlin, und ein jüdischer dazu. Also im »Dienste der Feindmächte«, des »internationalen Judentums« hatte Eisner die Wittelsbacher gestürzt. Bald sollte München die »Hauptstadt der Bewegung« werden, mit dem Antisemitismus als treibender Kraft, diesem Adelsstolz der Canaille.

Innerhalb weniger Tage gab es in ganz Deutschland keinen Monarchen mehr — und schon ging es gar nicht mehr um Monarchie oder Republik, sondern um Demokratie oder Räteherrschaft. Es ist das unsterbliche Verdienst von Männern wie Friedrich Ebert, Philipp Scheidemann und den anderen Mehrheitssozialisten, daß sie allgemeine Wahlen zu einer Nationalversammlung durchsetzten und damit die Grundlage schufen für die freiheitliche Neuordnung des Deutschen Reiches.

Auch die Österreichisch-Ungarische Monarchie zerfiel in ihre nationalen Bestandteile. Am 11. November verzichtete Kaiser Karl auf jede weitere Beteiligung an der Regierung, nicht aber auf den Thron, und ging in die Schweiz. Die parlamentarischen Vertreter der deutschen Provinzen bildeten eine Nationalversammlung und erklärten: »Deutsch-Österreich ist ein Bestandteil des Deutschen Reiches.« Die Verfassung vom März 1919 bestätigte diesen Beschluß: »Deutsch-Österreich ist ein Bundesstaat, Deutsch-Österreich ist ein Bestandteil der Deutschen Republik.« Da zogen wir Schuljungen aus, zusammen mit Studenten und jungen Arbeitern, um die Grenzpfähle zwischen Deutschland und Deutsch-Österreich niederzureißen. Selbst der Hunger war nun unwichtig geworden! Dann griffen die Alliierten ein, mit der Drohung, die Blockade weiterzuführen. Wäre es 1918/19 zum Anschluß gekommen aufgrund des nationalen Selbstbestimmungsrechtes, das Wilson proklamiert hatte, — wer weiß, ob es je einen Hitler, je einen Zweiten Weltkrieg gegeben hätte!

Während des Krieges war die Jugend bemerkenswert frei gewesen von nationalem Haß. Jetzt brach eine Welle von Verbitterung hervor, und verbunden damit ein tiefer Haß gegen die Republik. Wer für sie eintrat, war ein »Roter«, ein Schuft. Auch unser Geschichtslehrer, Leopold Schleck, der so ausgezeichneten Unterricht gab, war wahrscheinlich ein »Sozi«! Vielleicht wegen seiner Darstellung der Französischen Revolution, von der man sonst immer nur Böses gehört hatte? Was »Freiheit, Gleichheit, Brüderlichkeit« bedeuten, das erfuhr ich von ihm, noch ehe ich zwölf Jahre alt war. Noch einen gab es, von dem es jetzt hieß, er sei ein »Roter«, unser Mathematik- und Physikprofessor, Dr. Alfred Koref. Aber das konnte, das durfte nicht wahr sein, denn im Kriege hatte er ein Auge verloren, er war ein Held, und alle Jungen vergötterten ihn.

Ein paar Wochen nach dem Zusammenbruch kam Poldi nach Hause — nicht mehr in Kadettenuniform. Auch mein Vater kam aus Frankreich zurück. Gmunden füllte sich mit Heimkehrern, sie waren hungrig und abgerissen. Sie hatten doch ihre Pflicht getan — wie konnte es zu solch unwürdigem Ende kommen. Ja natürlich — die Juden, die Sozialisten!

Aber der Zusammenbruch der Fronten, die Hungersnot, die Erschöpfung der Truppen, der Mangel an neuen Waffen? Das alles schien über Nacht vergessen zu sein, denn massenpsychologisch war die »Dolchstoßlegende«, die bald aufkam, viel befriedigender. Was man heute »Public Relations« nennt, gab es damals nicht. Von Anfang an überließ die Republik fast widerstandslos das Feld ihren Feinden.

Als Sinnbild des Zeitenwandels ist mir in Erinnerung: Eines morgens waren die Buchstaben k.k. vor dem »Staatsrealgymnasium« weiß übertüncht. Dann wurden sie übermalt »Deutsch-Österreichisches —« und schließlich verwandelte sich die Schule in ein »Bundesrealgymnasium«.

Geistiges Erwachen

Im September 1965 fand in Gmunden eine Matura-Feier statt. Als der Traunstein auftauchte, schien es mir, als sei mein ganzes Leben als Erwachsener nur ein Traum gewesen. Ich fühlte mich zurückversetzt in die Nachkriegsjahre von 1919 bis 1922. Aber meine Mitschüler! Ich hatte sie als junge Gymnasiasten in Erinnerung. Nun fand ich sie wieder, sehr respektabel, in wohlgeordneten Verhältnissen. Was sie von meinem unruhigen Leben wußten, Emigration, ohne festen Beruf — das mußte ihnen sehr eigenartig vorkommen.

Pius Censor war längst tot. Auch Leopold Schleck, der »Sozi«, lebte nicht mehr. Aber einen anderen ehemaligen Lehrer traf ich, und das wurde zum entscheidenden Erlebnis dieser Tage — Dr. Alfred Koref. »Ich habe Sie sofort am Klang Ihrer Stimme erkannt«, begrüßte er mich. »Sie hat sich nicht verändert, seitdem Sie als Dreizehnjähriger in meinen Mathematik- und Physikstunden saßen.«

Februar 1919: Kurt Eisner war vom Grafen Anton Arco-Valley ermordet worden. Das schien mir eine so vaterländische Tat zu sein, daß ich meine Freude nicht verbergen konnte, als ich Dr. Koref auf dem Nachhauseweg traf. Seine Reaktion war unerwartet: »Sie sollten sich schämen, sich über einen Mord zu freuen!« Also war er doch ein »Roter«, obgleich er ein Kriegsheld war. Aber merkwürdig — meine Verehrung für ihn erlitt keinen Stoß. Im Gegenteil. Während meiner Emigrationsjahre habe ich oft darüber gesprochen — wie bestimmend diese verdiente Zurechtweisung für meine politische Entwicklung war. Nur konnte ich, aus Rücksicht auf ihn, natürlich damals nicht seinen Namen nennen.

Während der nächsten Monate haben wir eine rege Korrespondenz geführt. Ich sandte ihm einige meiner Bücher, um ihm zu zeigen, was aus seinem Schüler geworden war. Als ich im Herbst 1966 auf einer großen Vortragsreise in Kanada war, erhielt ich in Montreal die Nachricht, daß Dr. Koref in Gmunden bei einem Verkehrsunfall ums Leben gekommen sei.

Immer noch wurde uns das englische Pfund mit 24 Papierkronen ausgezahlt. Die schriftstellerischen Arbeiten meines Vaters, früher ein Zeitvertreib, mußten den Topf am Kochen halten — mit ein paar Pernken darin. Wenn die Honorare eintrafen, waren sie meist schon entwertet. Es war nicht mehr das »Vater-Image« aus Schönwörther Tagen. Grau, mit tiefen Sorgenfalten, sehe ich ihn jetzt vor mir, an seiner Schreibmaschine, zwölf, vierzehn Stunden lang, damit die Verleger immer frische Manuskripte bekamen — Caesars De Bello Gallico, Kurzgeschichten, mittelalterliche Romane.

Als der Hunger unerträglich wurde, geschah das Wunder: Die amerikanischen Quaker kamen uns zur Hilfe. Es war Herbert Hoover, später Präsident der Vereinigten Staaten, dem wir diese »Quaker-Frühstücke«, die mein Leben und das vieler anderer retteten, zu verdanken haben. Ich war an »Lungenspitzenkatarrh« erkrankt, ein euphemistischer Name für Tuberkulose. Man weiß, das Lungenkrankheiten auch im Seelischen begründet sind. So war es nicht nur die bessere Ernährung, die mir half. Die Quaker brachten mir einen Strahl der Hoffnung, eine Botschaft der Menschlichkeit.

Im Sommer 1920 sahen wir unsere Mutter wieder, die in Graz lebte. Ihr zweiter Mann, Vollrath von Alvensleben, war kurz nach Kriegsbeginn gestorben. Mein Halbbruder Werner, acht Jahre alt, war ein bezaubernder Junge mit goldblonden Locken und geistig seinem Alter weit voraus. Etwas Geld aus England war eingetroffen, nicht in entwerteten österreichischen Kronen, sondern in soliden englischen Pfunden. Damit war es plötzlich wieder »wie im Frieden«, wenigstens solange ich in Graz war.

Durch eine Freundin meiner Mutter, Emma von Noeth, Leiterin des Grazer Zweiges der Anthroposophischen Gesellschaft, wurde ich mit Rudolf Steiners Gedankenwelt bekannt. »Sie haben gesprochen wie ein Inder«, haben mir später viele gesagt nach meinen Vorträgen in New Delhi, Bombay, Kalkutta, Madras. Daß ich nicht nur zu Indien, sondern zur geistigen Welt ganz Asiens so rasch eine innere Beziehung fand, verdanke ich der Anthroposophie. Ich begann, angeregt durch Emma von Noeth, die heiligen Schriften Indiens zu lesen, die Bhagavat Gita, die Lehren Buddhas. Rudolf Steiner erschloß mir auch ein erstes Verständnis für das esoterische Christentum, und dafür bin ich ganz besonders dankbar.

Mitglied der Anthroposophischen Gesellschaft war ich nur kurze Zeit, aber ihr Einfluß auf mein Denken und Fühlen hielt an. Seine Anschauung von der »Dreigliederung des sozialen Organismus« ist von großem Werte für den Aufbau einer lebendigen Demokratie. Auch auf dem Gebiete der Erziehung wirken Steiners Gedanken weiter, und immer mehr erkennt die Schulmedizin, was sie ihm zu verdanken hat. Von besonderer Bedeutung erscheint mir, daß die Erkenntnisse von Reinkarnation und Karma, die dem Osten selbstverständlich, und dem esoterischen Christentum nicht unbekannt sind, durch Rudolf Steiner breiteren Schichten in Europa und Amerika zugänglich wurden. »Verdammt« ist diese Lehre seitens der Katholischen Kirche nie worden. Das erste Vatikankonzil ging auseinander, ehe dieser Punkt der Tagesordnung besprochen werden konnte. Bei internen Beratungen des zweiten Vatikanischen Konzils, im August 1963, scheint gesagt worden zu sein: Es gäbe keinen Glaubenssatz, der Katholiken verbäte, die Reinkarnationslehre anzunehmen.

Die Begegnung mit dem esoterischen Christentum half mir, meinen Glauben zu bewahren, trotz allem Unerfreulichen in den offiziellen Kirchen. Österreich war ein Musterbeispiel pfäffischer Politik, dann des Klerikalfaschismus. Und in Deutschland? Da haben selbst-perpetuierende Gremien, wie das »Zentralkomitee der Deutschen Katholiken«, als der Nazismus ausbrach, die Verteidigung des Glaubens den kleinen Priestern überlassen, christlichen Arbeitern, Lehrern, Studenten. Die »Mächtigen« aber, die Stützen der Gesellschaft, die haben nicht nur mit den braunen Wölfen geheult, sondern sich ihnen zugesellt. Was sollten also all diese Katholikentage und Pfaffenolympiaden? Als es ernst wurde, klappte das alles zusammen. Nach dem Kriege, da haben sich manche von ihnen mit einem »Widerstand« gebrüstet, den sie nie geleistet haben. Wer wirklich Widerstand leistete, zu Hause oder in der Emigration, den haben diese »Wohlanständigen« desavouiert und verleumdet. Ich könnte ein Lied davon singen, aber es graust mich, auch nur daran zu denken.

Am Ende jenes denkwürdigen Sommers erklärten wir, daß wir unserer Stiefmutter wegen nicht nach Gmunden zurückkehren wollten. Schließlich wurde vereinbart, daß meine Brüder in Graz bleiben durften, ich aber für weitere zwei Jahre nach Gmunden zurückkehren solle. Es sollten Jahre werden, für die ich meinem Schicksal dankbar bin.

In meiner Klasse entdeckte ich einen etwas älteren Jungen, der sich gleichfalls für die Schriften Rudolf Steiners interessierte. Er hieß Heinz Dunkl und stammte aus Steyr, wo seine Eltern eine schöne, gotische Apotheke besaßen. Später wurde er ein bekannter Architekt. Bald entdeckten wir auch, daß es in Gmunden einen ganzen Kreis von Menschen gab, die sich mit der Anthroposophie und Theosophie befaßten. Wir trafen uns regelmäßig im Hause einer Gräfin Kesselstatt oder bei irgendeinem anderen Mitglied des Zweiges.

In den Satori-Anlagen, einem großen Park oberhalb des Städtchens, mit Blick auf den See und die Berge, lag ein offener Pavillon. Hier hatten »im Frieden« Konzerte stattgefunden. Dort, ein wenig geschützt vor Regen und Schnee, gingen mein Klassenkamerad und ich oft stundenlang auf und ab. Wir sprachen über die Bhagavat Gita, über Steiners Evangelienzyklen, über den Pfad des Geistes nach dem Tode. Die Stadt unter uns lag eingehüllt in kalte Nebel. Die Lichter brannten trüb in der nassen Dunkelheit. Aber wir fühlten nicht mehr die Kälte, wir vergaßen den Hunger, denn Räume jenseits aller körperlichen Bedrängnisse hatten sich vor uns aufgetan.

Aber es gab eine andere Seite meines Lebens, von der meine anthroposophischen Freunde nichts ahnten. Mit einer Bande von Buben zog ich im Frühling über Land und durch die Wälder. Zusammen herrschten wir über ungeheure Reiche. Ich las damals zum ersten Male Goethes »Faust«: ...»mit freiem Volk auf freiem Grund zu stehen«. Ich will diese Spiele nicht romantisieren, sie sind nichts Ungewöhnliches für Jungen dieses Alters. Aber ich sehe doch einen Zusammenhang zwischen ihnen und meiner politischen Haltung in späteren Jahren.

Ein Drittes gab es, losgelöst von allem übrigen. Das war der Bereich der »Gosse«, der Gassenjungen im Sinne von Art Buchwald. Auch das möchte ich nicht missen! Einige der älteren entwichen, wie gesagt, in die »Großstadt« Linz. Aber im allgemeinen blieben diese Dinge beschränkt auf die Jungen selber. Dabei kümmerten sie sich nicht um die Fachbegriffe deutscher und angelsächsischer Sexologen. Es gab aber auch echte, leidenschaftliche Jugendfreundschaften, »amitiés particulières«, wie Roger Peyrefitte solche Bindungen nennt. Das seien »des amitiés pures«, sagt er, zum Unterschied der »amitiés impures«. Diese galten als Ersatz für Mädchen. Jedenfalls durften Liebe und Sex nie miteinander vermengt werden, sonst wäre dieser Vorwand zusammengebrochen. Ich erinnere mich, daß einmal ein sehr hübscher Junge, in Gegenwart anderer, einen Kameraden heruntermachte: »Stellt euch vor, er hat versucht, mich zu küssen, als wir zusammen...«

Von seiten unserer Lehrer wurde das Thema in keinem seiner Aspekte je erwähnt, nicht einmal, als wir in den oberen Klassen noch einmal Griechenland behandelten. Ja, doch, einmal — aber mit der Entschuldigung: »Weil der Lehrplan es vorschreibt — wir können das heute nicht mehr verstehen...« Das war, als wir in Klagenfurt, in der siebten Klasse — d. h. ein Jahr vor der Matura, im Lateinunterricht zu der Ode des Horaz kamen, in der er einen Freund zu trösten versucht, den Konsul und Elegiendichter Rufus Valgius, dessen Liebling, der Knabe Mystes, gestorben war. Es ist die Ode, deren erste Zeilen Eduard Mörike seinem Gedicht »An eine Äolsharfe« voranstellte: Tu semper urges flebilibus modis / Mysten ademptum...

Mörikes Gedicht beginnt: »Ihr kommet, Winde, fern herüber / Ach! von des Knaben, / Der mir so lieb war, / Frisch grünendem Hügel...«, und auf deutsch lautet die erste Strophe der Horazschen Ode:

»Nur du beweinst in ewigem Klagelied
Des Mystes Auffahrt, dein sehnender Schmerz entweicht
Nicht, wenn des Abends Stern heraufsteigt,
Nicht, wenn er flieht vor der glühenden Sonne...«

Trotz dem Schweigen der Lehrer konnten wir aus den »für die Schule bearbeiteten« Klassikern herauslesen, welch gewaltige Kraft Eros war

— so am Beispiel der Heiligen Schar der Thebaner, der dreihundert Freundespaare, die in der Schlacht von Chaeronea, 338 v. Chr., füreinander kämpfend in den Tod gingen. Auch in manchen von Schillers Dramen, Gedichten und Fragmenten, dann bei Hölderlin und in den Sonetten Shakespeares entdeckten wir die gleiche kosmogonische Kraft, ohne daß ein Lehrer es hätte erklären oder — entschuldigen müssen.

Entdeckungsfahrten

Ich verließ Gmunden zu Beginn der Sommerferien 1922, mit dem lebhaften Wunsch, ein wenig auf Reisen zu gehen. Meine Mutter war nach England gefahren, mein ältester Bruder, Hans, verwaltete die Kasse. Als Reisegeld bewilligte er mir sechs englische Schilling — der Inflation wegen waren diese zwar 2200 Mark, aber viel war es dennoch nicht. Damit fuhr ich nun nach München.

Das Jahr davor hatte ich den Hauptkonservator des Bayerischen Nationalmuseums, Dr. Johannes Jacobs, kennengelernt, einen bedeutenden Archäologen und Limesforscher. Er war nach Gmunden gekommen, um im städtischen Museum einige römische Ausgrabungen zu studieren. Nun lud er mich ein, bei ihm in München zu wohnen. Seine Religion war eine glückliche Mischung aus klassischen Vorstellungen, deutschem Humanismus und einem Christentum, das Winckelmann geschätzt hätte. Ich habe ihm viel zu verdanken, denn im sokratischen Sinne fühlte er sich für meine Gesamterziehung verantwortlich, auch für die politische. Die Republik, zu der er sich bekannte, sei hart bedrängt, sagte er — ich solle auf all die rechts- und linksradikalen Erscheinungen in den Straßen Münchens achten.

Allerdings! Hakenkreuzfahnen zu Hunderten, Sinnbild der zwei Jahre zuvor gegründeten »Nationalsozialistischen Deutschen Arbeiterpartei«, kurz der Nazis. Ein paar Wochen ehe ich nach München kam, war in Berlin der Reichsaußenminister Walther Rathenau von rechtsradikalen Antisemiten ermordet worden, ein Jahr davor Matthias Erzberger von Angehörigen nationalistischer Geheimorganisationen. Der Mord an Kurt Eisner hatte Schule gemacht! Weiß-blaue Fahnen, als Zeichen »bayerischer Eigenstaatlichkeit«, gab es auch und zahllose schwarzweißrote. In den Arbeitervierteln sah man rote Fahnen mit Hammer und Sichel. Die schwarzrotgoldenen — von den Nazis als »Schwarz-Rot-Gelb« beschimpft, als »Schwarz-Rot-Mostrich«, ja ungestraft als »Schwarz-Rot-Sch. . . .« — fehlten fast ganz.

Ein ehemaliger Schulkamerad nahm mich in eine Naziversammlung mit. Hitler trat auf, tosend begrüßt. Was er im einzelnen sagte, weiß ich nicht mehr, es war irgend ein wüster Ausbruch gegen die »Judenregierung« in Berlin — in der kein einziger Jude saß — und dazu eine Fülle nebelhafter Versprechungen, wenn er zur Macht käme. Zweifellos besaß er eine gewisse magische Kraft, der sich wenige entziehen konnten, selbst wenn sie sein schlechtes Deutsch nicht verstanden. Aber plötzlich riß der Kontakt ab. Alles klang hohl, unerträglich hohl. Nach dem allerkürzesten Zusammentreffen am Schluß der Versammlung ging ich weg und besuchte nie wieder eine andere dieser Art.

Im Herbst trat ich in das Realgymnasium in Klagenfurt ein. In einem Schülerheim war noch ein Zimmer frei — ein glücklicher Zufall! Es gehörte einem Manne ungewöhnlicher Bildung namens Rudolf Koenig, einem der wenigen wirklichen Christen, die ich in meinem Leben kennenlernte. Er besaß eine gute Bibliothek, die ich benutzen durfte. Viele Geschichtswerke standen in den Regalen, alle Klassiker und viel moderne Literatur. Zum ersten Male las ich damals »Die Buddenbrocks« und den »Tod in Venedig«.

Das Klagenfurter Gymnasium, zum Unterschied vom Gmundner, bedeutete mir nicht viel. Es war das Schülerheim Koenig, wo sich alles Wichtige abspielte. Für die Bühne des Heims begann ich Theaterstücke zu schreiben, spielte auch ein-, zweimal mit. Aber daß dies nicht zu meinen eigentlichen Talenten gehörte, erkannte ich zum Glück sehr bald. Auf meinem Schreibtisch in Bad Godesberg steht ein zweibändiges Werk, erschienen im Inselverlag: »Sokrates; geschildert von seinen Schülern.« Ich erhielt es in Klagenfurt am 14. Oktober 1922, meinem sechzehnten Geburtstag. Die wichtigsten Dialoge sind darin enthalten, Phaidros und die beiden Symposien. Ich las sie klopfenden Herzens, denn eine neue amité particulière hielt mich in ihren Bann, zu Erwin, einem meiner besten Schauspieler. Er war fünfzehn Jahre alt und hatte dunkles, seidenweiches Haar. In Gedanken gab ich ihm alle Namen aus den Sokratischen Dialogen — er war der Knabe Autolykos, des Lykon Sohn, um den Kallias in Xenophons Gastmahl wirbt, er war Alkibiades und er war Kleinias, der Geliebte des Kritobolos. Wären mir Stefan Georges Gedichte schon bekannt gewesen, ich hätte ihm unter dem Namen Maximin gehuldigt. Viele Jahre später, als ich zum ersten Male in Athen war und am Ufer des Illissos saß, wo Sokrates mit Phaidros über den Eros sprach, ist mir das Bild jenes jungen Freundes, eines längst verschollenen, noch einmal vor die Seele getreten.

Das Jahr 1923 begann mit der französisch-belgischen Ruhrbesetzung. Mit voller Unterstützung der Bevölkerung verkündete die Reichsregierung den passiven Widerstand. Oswald Garrison Villard hat in seiner 1939 erschienenen Autobiographie »Fighting Years« den Zusammenbruch des passiven Widerstands ein großes Unglück genannt, denn »nichts ist heute nötiger als der Beweis, daß es noch andere Mittel gibt als die Gewalt, um Despoten in die Knie zu zwingen«. In persönlichen Gesprächen hat Villard oft auf die Parallelen hingewiesen zwischen Mahatma Gandhis Grundsätzen von »non-violence« und vom bürgerlichen Ungehorsam gegenüber unmoralischer Macht und dem passiven Widerstand des deutschen Volkes. Als ich 1950 mit einigen Freunden die Insel Helgoland besetzte, die noch fünf Jahre nach Kriegsende von den Engländern bombardiert wurde, habe ich mir alle diese Grundsätze zum Vorbild genommen.

Die deutsche Wirtschaft brach zusammen. Dreißig Notenpressen konnten mit der Geldentwertung nicht mehr Schritt halten. Da aber die Kaufkraft nicht im gleichen Tempo sank, konnte man mit etwas ausländischem Gelde sehr weit kommen. Meine Reisekasse enthielt ein Pfund, zehn Schilling — dreißig Goldmark — als ich in den Osterferien eine Art Pilgerfahrt nach Weimar und Jena machte. Dazu muß man siebzehn Jahre alt sein, obgleich es mich auch später nicht störte, wenn »Erwachsene« meinten, wichtiger als Goethe und Schiller seien die Zeisswerke in Jena, und was soll man in Palermo schon am Sarkophag Kaiser Friedrichs II.? Das sei doch alles fruchtlose Romantik!

Von Ruhrinvasion und Inflation hat sich die Deutsche Republik eigentlich nie erholt. Durch die Geldentwertung wurden die Mittelklassen enteignet, Fremdenhaß und Antisemitismus wuchsen, »Rassen«stolz, da Klassenstolz nichts mehr wert war. Der Sozialismus schreckte nicht mehr, aber es durfte kein ordinärer sein, nicht der Sozialismus der Arbeiterschaft — ein »nationaler« mußte es sein!

Bald nach meiner Rückkehr nach Klagenfurt erkrankte ich an Paratyphus und in der Folge brach meine alte Tuberkulose wieder aus. Ich konnte das Schuljahr zwar abschließen, aber dann schickte mich meine Mutter in ein Lungensanatorium am Semmering. Liegekuren, Fiebermessen, Sex, Gespräche über Krankheit und Tod — die ganze schwüle Atmosphäre aus dem »Zauberberg«. Im September, statt in die Schule zurückzukehren, kam ich in ein anderes Lungensanatorium in Meran. Zu Weihnachten stand im Speisesaal ein Christbaum für die nicht bettlägrigen Patienten. Sie sprachen über ihre Fieberkurven und wer wohl dabei, sei es nach unten oder nach oben, gemogelt habe? Ohne jemanden um Erlaubnis zu fragen, entfloh ich im Februar, in der schlechtesten Jahreszeit, und kehrte nach Klagenfurt zurück. Rudolf Koenig nahm mich auf, meine Stimmung besserte sich, ich wurde gesund. Den größten Teil des Schuljahres hatte ich zwar versäumt, es blieben nur wenige Monate bis zur Matura. Aber ich schaffte es, sogar mit Auszeichnung. Und das war das Ende des längsten Lebensabschnitts, den es überhaupt gibt! Er hatte in Bamberg begonnen, als die Welt noch völlig anders war.

Nach der Definition der »Erwachsenen« begann also jetzt das eigentliche Leben — als wenn die Jugendjahre nichts wären denn eine Krankheit, die man so rasch als möglich abschütteln müsse! Am Morgen des 14. Novembers 1924 kam ich in München an. Ich wollte Jura studieren, aber wie man das macht, welche Vorlesungen man belegt, davon hatte ich nicht die geringste Ahnung. Mit der Straßenbahn fuhr ich zur

Universität. Ein Haufen von Studenten trottete in einen Hörsaal. Ich schloß mich ihnen an. Ein alter Herr kam herein, alle trampelten mit den Füßen, er nickte und fing an, etwas vorzulesen. Ich verstand kein einziges Wort. Dann läutete die Glocke, alle trampelten wieder und der alte Herr ging hinaus. Nachher erfuhr ich, daß es der berühmte Professor Carl Ritter von Amira gewesen war, der eine Vorlesung über deutsche Rechtsgeschichte hielt. Ein paar Tage wohnte ich bei meinem alten Freunde, Dr. Jacobs. Dann fand ich ein Zimmer in der Pension »Siegestor« in der Kaulbachstraße. Es war ein höchst eigenartiges Haus, voll von Studenten und Künstlern beiderlei oder doppelten Geschlechts.

Im Auditorium Maximum sah ich anläßlich der Rektoratsrede des neuen Rektors, Leopold Wenger, den künftigen Papst Pius XII. zum ersten Male. Damals war er Eugenio Pacelli, Apostolischer Nuntius in Bayern. Ich saß inmitten von Hunderten meiner Kommilitonen auf der Galerie. Unter Vorantritt der vier klassischen Fakultäten erschien, begleitet von den Staatsministern, der Nuntius. Es fiel mir auf, daß er auch zu uns heraufschaute, als wolle er die ganze Versammlung photographisch festhalten. Unsere Blicke begegneten einander — für den Bruchteil einer Sekunde. Ich konnte nicht ahnen, daß auch er sich eines Tages daran erinnern würde.

Was mich störte, waren die zerhackten Gesichter der Studenten der schlagenden Verbindungen, dazu der ekle Karbolgeruch, den sie nach jeder Mensur verbreiteten. Daher schloß ich mich demonstrativ einer nichtschlagenden Verbindung an, der »Herminonia«, die zum Schwarzburg-Bund gehörte. Die meisten ihrer Mitglieder waren konservativ, aber bald ergab sich, daß einige mit den Nazis sympathisierten. Hitler saß damals in milder Haft auf der Festung Landsberg, also lud einer seiner Getreuen den Nächstbesten zu einem Vortrag in der Herminonia ein. Das war ein gewisser Georg Schott, der »Das Volksbuch vom Hitler« geschrieben hatte, ganz traut — Hitler der Führer, der Freund der Kinder, der Tiere und seines Volkes. Dieser Schott war der erste Hohe Priester des Nazikultes, lange ehe Rudolf Hess und andere Mystagogen in ihren »Ordensburgen« unter Nibelungengesängen Blut, Sex und Sadismus harmonisch zusammenmengten.

Schotts Vortrag behandelte die Grimmschen Volksmärchen, im Lichte der nationalsozialistischen Offenbarung. Rotkäppchen, als Verkörperung der Unschuld, war natürlich das deutsch-arische Volk. Der böse Wolf war »der Jude« — »wie ja schon der Name sagt«, erklärte Schott. Der Jäger, der schließlich den Herrn Wolf zur Strecke bringt, ist niemand anderer als Adolf Hitler, prophetisch von unsern weisen Altvordern vorausgekündet. Warum aber solch verschleierte Sprache? Weil sonst die Warnungen durch die katholische Kirche, die immer schon im Bunde mit All-

Juda war, unterdrückt worden wären! Kurz danach trat ich aus der Verbindung aus. Als Grund gab ich an: Ich ginge lieber zu anthroposophischen Abenden als zu Kneipen, insbesondere, da ich Bier nicht vertrüge.

Als der Frühling kam, entdeckte ich die ganze Schönheit eines unberührten, ländlichen Deutschlands. Von Würzburg aus fuhr ich mit dem Fahrrad den Main entlang, zwischen Weinbergen, Wäldern und sanften Hügeln. Bei Wertheim kam ich in das Land meiner Väter, ausgedehnte Löwenstein'sche Besitzungen, einst »Fideikommiß« genannt. Die Weimarer Verfassung hatte die Auflösung aller Fideikommisse verfügt, mit dem durchaus ungewollten Ergebnis, daß sie Privateigentum derer geworden waren, die im Jahre 1919 »Chefs« der standesherrlichen Familien waren. Diese konnten sie nun nach bürgerlichem Rechte weitervererben.

Chef des Hauses Löwenstein war damals der Vetter meines Vaters, Fürst Ernst. Sein Freund und Vertrauter, der baltische Baron Edgar von Heyking, brachte mich zu ihm hinüber in sein Barockschloß in Kreuzwertheim, auf der bayerischen Seite des Mains. Hätte ich damals auch nur geahnt, was ich erst in den sechziger Jahren erfuhr — welch andere Gesprächsthemen hätte das ergeben, statt belangloser, familiengeschichtlicher Allgemeinheiten! Es war Hans Christian Lankes, den ich in Bangkok kennenlernte und der später Botschafter bei Sékou Touré in Conakry, dann in Beirut wurde, der mir zuerst davon erzählte: Vom »Wertheimer Kreis«, dessen Mitglieder sich im »Hofgarten« versammelten, dem Hause des Barons Heyking, unter den Auspizien des Fürsten Ernst! Dieser Kreis hatte enge Verbindung mit der Welt Stefan Georges, später durch Wolfgang Frommel, genannt Lothar Helbing, und durch Percy Gothein auch mit dem deutschen Widerstand. Beste Jugend kam dort zusammen.

Zu den Männern des Wertheimer Kreises gehörten Lehrer des Wertheimer Gymnasiums, darunter Hans Boeglin (Willy Hellemann), Achim von Ackermann, der im Zweiten Weltkrieg fiel, Fritz Kotzenberg und eben Wolfgang Frommel und Percy Gothein, ein Freund Georges, der in einem Konzentrationslager starb. 1931 erschien im Verlag Die Runde, von Dr. Edwin Maria Landau, jetzt Vizepräsident des Internationalen Schutzverbandes deutschsprachiger Schriftsteller, dem ich angehöre, der Gedichtband »Huldigung. Gedichte einer Runde«. Auf Anregung Percy Gotheins haben fünfzehn Autoren darin Stefan George gehuldigt. Am 29. Januar 1972 hat Dr. Landau in der Bibliophilen-Gesellschaft in Köln darüber gesprochen — was Die Runde, was ihre Autoren taten, für das »geheime«, für das *wahre* Deutschland, ehe die Nacht der Unkultur hereinbrach. Mir fiel während dieses Vortrages die tiefe Erschütterung vieler der jungen Zuhörer auf — ich meine, ein hoffnungsvolles Zeichen für die Haltung einer neuen Jugend, die Hippietum und Nihilismus hinter sich läßt.

Wolfgang Frommel, den ich an diesem Abend kennenlernte, emigrierte nach Holland. Unter der Nazibesatzung hat er in einer abgelegenen Wohnung in der Heerengracht in Amsterdam, zusammen mit einigen Vertrauten, jungen Flüchtlingen, vielen Juden darunter, Schutz vor Verfolgung geboten. Die kleine Widerstandsgruppe nannte ihr verborgenes Heim Pilgerburg — Castrum Peregrini. Das ist der Name, den später die Zeitschrift erhielt, vielleicht die schönste, die es heute in deutscher Sprache gibt, ein Hort deutschen und deutsch-hellenischen Geistes. Das Heft CI war gerade erschienen, als Dr. Landau, am Tage nach seinem Kölner Vortrag, Wolfgang Frommel, sein Freund Manuel Goldschmidt — der Herausgeber von »Castrum Peregrini« — sich bei uns in Bad Godesberg einfanden. Hauch einer anderen Welt — einer lebendigen Vergangenheit, die man nicht zu »bewältigen« braucht, und Ausblick auf ein kommendes, ein erneuertes Deutschland.

Onkel Ernst starb 1931. Sein Erbe wurde sein Neffe Udo, mein Vetter zweiten Grades. Ich lernte ihn erst 1946 kennen, als wir aus der Emigration zurückkehrten und er uns freundschaftlich nach Kreuzwertheim einlud.

Für das Wintersemester 1925/26 beschloß ich, nach Hamburg zu gehen, für einen Süddeutschen fast ein verwegener Vorstoß ins »Ausland«!

Hamburg — das Tor zur Welt

Hamburg machte mir sofort einen ungeheueren Eindruck. Wer hat nicht als Junge Seemannsgeschichten gelesen — von Segelschiffen, die in einen Taifun geraten (was gar nicht angenehm ist — ich erlebte einen in Manila, es gab ein paar hundert Tote ...), von Rumschmugglern und arktischen Entdeckungsfahrten? Nun sah ich die Schiffe mit den Flaggen »aller Herren Länder« die Elbe hinunterfahren, mit einem Traum der Ferne.

Heute haben Rundfunk und Fernsehen über alle deutschen Mundarten eine Einheitssauce gegossen. Aber damals war die Verständigung nicht so einfach. Platt verstand ich überhaupt nicht, und selbst das Hochdeutsch, meines und das der Hamburger, war recht verschieden. Meine Kommilitonen mockierten sich über meine »Austriazismen« — ich sagte »heuer« statt dieses Jahr, »Knödel« statt Klöße, »Polster« statt Kissen, »Schwammerl, Ribieseln, Karfiol, Marillen« anstatt der »reichsdeutschen« Worte, und am ärgsten: »Reindl« statt Kochtopf. Dafür fand ich ihr »Rundstück« statt Semmel, von ihrer warmen Biersuppe gar nicht erst zu reden, höchst ungewöhnlich.

Die Universität war erst 1919 gegründet worden, hatte aber ausgezeichnete Lehrer. Da gab es den großen Strafrechtler und Reformator des Strafvollzuges Moritz Liepmann. Viele bahnbrechende Gedanken gingen von ihm aus, die jetzt endlich verwirklicht werden können. Albrecht Mendelssohn-Bartholdy, an dessen zivilprozessualem Seminar ich teilnahm, sollte mein »Doktorvater« werden. Er war der Herausgeber der Akten des Auswärtigen Amtes der Vorkriegszeit und Gründer des Instituts für Auswärtige Politik. Als Thema für meine Doktorarbeit schlug er mir vor: »Die verfassungsrechtliche Stellung des britischen Premierministers.«

Das Studium in Hamburg machte mir mehr Freude als in München. Daneben fand ich Zeit, viel ins Theater zu gehen. Dank Gustaf Gründgens war die Hamburger Bühne eine der besten in Deutschland. Ihn selber habe ich leider nie getroffen. Viele Jahre später hoffte ich, ihm in Manila zu begegnen, aber kurz vor meiner Ankunft hatte er den Tod gefunden.

Am Schwarzen Brett entdeckte ich den Namen einer überparteiischen Organisation, des »Reichsbanners Schwarz-Rot-Gold«. Als Redner für die nächste Versammlung wurde Dr. Theodor Haubach angekündigt. Der Name sagte mir nichts: aber bald sollten wir politische und enge persönliche Freunde werden. Heute sollte in Deutschland ein jeder um Haubach wissen. Als einer der mutigsten Widerstandskämpfer hat er viele Monate in Nazi-Folterkammern verbracht, bis er im April 1945 durch Henkershand starb.

Ein gleichaltriger Student namens Herbert, der aus der bündischen Jugendbewegung stammte, wurde mein Freund. Eines Morgens standen wir vor einem Brettanschlag der Universität Genf. Die Vorlesungen, hieß es, würden auf deutsch und französisch gehalten, zwei Semester könnten auf das deutsche Studium angerechnet werden. Draußen war es grau und neblig, wie in Gmunden, aber auf dem Plakat leuchtete ein blauer, besonnter See. Es sah aus, als läge er gleich zu Füßen des Mont Blanc. »Wie wär's«, sagten wir fast gleichzeitig, und damit war es beschlossen. Getreu den Ermahnungen meines Vaters könnte ich dann auch mein Französisch auffrischen. Außerdem wollten wir herausfinden, wie es um den Völkerbund bestellt sei und was Studenten aus anderen Ländern über uns dächten.

Genf, wo ich am 4. April 1926 ankam, stand damals wirklich im Mittelpunkt der Welt. Sein Name war ein Programm, Sinnbild der Völkerfreundschaft, ein Schlachtruf des Fortschritts. Im Oktober 1925 waren die Verträge von Locarno unterzeichnet worden, Europa begann Gestalt anzunehmen. Jetzt, 1926, sollte das Deutsche Reich in den Völkerbund aufgenommen werden.

Mehrmals haben wir die drei großen Baumeister Europas in Genf gesehen, Aristide Briand, Sir Austen Chamberlain und Gustav Stresemann. Vorgestellt wurde ich durch William E. Rappard, einem meiner Professoren, Chamberlain. Mein Großvater Pirbright hatte Joseph Chamberlain, den Vater Sir Austens, gut gekannt. Sie waren im Handelsamt Kollegen gewesen. So sollte einige Jahre später Sir Austen Chamberlain zu den ersten Staatsmännern gehören, die ich als politischer Emigrant in London besuchen konnte!

Ohne den »Geist von Locarno«, oft zitiert, oft verhöhnt, ohne Genf gäbe es heute keine deutsch-französische, keine britisch-deutsche Verständigung, keinen Gemeinsamen Markt und kein Atlantisches Bündnis. Da es, im Sinne des Gundolf-Wortes über den Pforten der Neuen Universität in Heidelberg, ein »Lebendiger Geist« war, hat er den Nazismus und den Krieg überdauern können. Der gleiche Geist der Freundschaft herrschte unter der Studentenschaft, die national bunt gemischt war. Der Krieg — das war die Welt unserer Eltern, nicht die unsere! Freilich, Genf war auch ein Schlachtruf aller Nationalisten, aller Feinde Briands und Stresemanns. Bezeichnenderweise ist die Hitlerregierung, sobald sie an der Macht war, aus dem Völkerbund ausgetreten.

Herbert und ich wurden Mitglieder der »Union Internationale des Etudiants«. Heute noch stehe ich in Deutschland und Amerika mit Menschen in Verbindung, die ich damals als Mit-Studenten kennenlernte. Ein

Student aus dem Ruhrgebiet namens Gerd Grave wurde ein persönlicher Freund. Sein Vater war Bergrat, dadurch konnte ich das Ruhrgebiet »von unten« kennenlernen, viele der Zechen — wie Langenbrahm — bis auf die unterste Sohle. Daß ich mit dem Leben der Ruhrkumpels vertraut wurde, ihrer Not, als die Arbeitslosigkeit kam, hat mir starke politische Impulse gegeben. Ein großer Teil aller meiner Versammlungen, als es in den letzten Jahren der Republik um Sein oder Nichtsein der Demokratie ging, fanden im »Kohlenpott« statt.

Unsere Freundschaft, die zu den großen meines Lebens zählt, hat nie aufgehört — obgleich Gerd, im September 1930, unmittelbar vor den so ominösen Reichstagswahlen, freiwillig aus dem Leben schied. Er fühlte das kommende Unheil und wähnte sich nicht stark genug, dagegen zu kämpfen. Ich sehe in ihm eines der ersten Opfer des Nationalsozialismus. Seine Bücher, die er mir hinterließ, sind immer noch in meinem Besitz — auch sein Bild habe ich noch, eines reichbegabten, blonden Jungen, knabenhaft und doch von großer innerer Reife.

Mein Französisch lebte in Genf auf, aber Englisch lernte ich noch immer nicht. Auch die angelsächsischen Studenten befleißigten sich, Französisch zu sprechen, wenngleich in ihrer Mundart, und die Teestunde am Nachmittag sowie das Bridgespielen, das damals aufkam, waren durchaus britisch. Es gab in der »Union« viele Streitgespräche — aber keine nationalistischen. Die Frage war immer, was wir, die Jugend, gleich welcher Nationalität, gemeinsam tun könnten, um Europa zu verwirklichen? In den schönen Sommernächten spannen wir unsere Träume von einem einheitlichen Europa aller Jugend bis in die späten Stunden hinein. Die kürzeste Nacht des Jahres verbrachten wir am Ufer des Sees, Gerd, Herbert, ein englischer, ein französischer, ein amerikanischer Student und ich. Erst bei Sonnenaufgang trennten wir uns. Romantik? Jugendliche Schwärmereien? Nichts Großes ist je ohne Romantik, ohne Leidenschaft, entstanden! Für die Wahrheit dieses Wortes kann man sich auf Hegel berufen, den »Philosophen der Vernunft«.

An der Universität lehrten auch einige deutsche Professoren, darunter ein Neffe des Schriftstellers Emil Ludwig, Ludwig Hamburger. Er sammelte um sich einen Kreis junger Studenten, denen er Gedichte Stefan Georges vorlas. Auch mit einigen Büchern Friedrich Gundolfs wurde ich durch ihn bekannt. Gundolfs Witwe, Elisabeth, sollte während der Emigrationsjahre zu einer guten Freundin werden.

Das große Werk über Kaiser Friedrich II. von Ernst Kantorowicz — auch er ein Freund Stefan Georges — erschien erst 1927. Ich begegnete ihm im All Souls College in Oxford im Jahre 1934.

Am Ende des Semesters beschlossen Gerd und ich, daß wir im Winter an der Universität Berlin wieder zusammenkommen wollten. Immer noch kannte ich ja die Hauptstadt des Deutschen Reiches nicht, war also trotz Hamburg und Genf ein »Provinzler« geblieben! Für ein paar schöne Wochen ging ich nach Juan-les-Pins an der französischen Riviera. Das galt in meiner Familie als eine Pionierarbeit — denn an die Riviera ging man doch im Herbst, im Winter, im Frühling, und nicht im Sommer. Man braucht nur die alten »Baedecker« nachzulesen — »in der heißen Jahreszeit geschlossen«, steht bei vielen Hotels. 1926 war Juan ein bezauberndes Städtchen mit einem endlosen Sandstrand. Aber bald danach wurde der Sommer entdeckt, und die Damen überwanden ihre Angst vor Bräune und Sommersprossen.

Als Ende August die Herbsttouristen einzutreffen begannen, rüstete ich mich zu einem großen Abenteuer — meiner ersten Italienreise. In Genua nahm ich ein Schiff, das über Neapel nach Ägypten fuhr. Am nächsten Abend, auf der Höhe von Rom, sah ich Lichter vorübergleiten, Civita Vecchia vielleicht oder Ostia. Für mich war es der erste Gruß der Ewigen Stadt. Am Morgen liefen wir in den Golf von Neapel ein, diesen »lieblichen Krater, erfüllt bis zum Rande mit perlendem Wasser«, wie es im Altertum hieß. Da lag Capri, das mir nach dem Zweiten Weltkrieg zur Heimat werden sollte — die »geliebte Insel«, so nenne ich sie in allen meinen Tagebuchaufzeichnungen.

Der Vesuv hatte eine morgendlich helle Rauchfahne aufgezogen, zu seinen Füßen sah ich die weißen Städtchen, »eine Perlenschnur um den Hals einer Königin«. Dann Neapel selber, Morgenland und Antike, »ein Volk, verwegen, listig und erlaucht«, ausgezeichnet durch eine schöne Jugend.

Von Italien nach Berlin

Im Museo Nazionale in Neapel empfand ich zum ersten Male die volle Gegenwart des griechisch-römischen Geistes. Ich sah die Statue der Tyrannenmörder, Harmodios und Aristogeiton, denen ich in meinen späteren Schriften die Männer vom 20. Juli 1944 verglich. Ich sah die großen Bronzen von Pompeii und Herculaneum, und lange stand ich vor der Büste Caesars, Sinnbild der »kaiserlichen Weltzeit Europas«, wie Gundolf sagt, die mit ihm begann. Die Statue des Kaisers Tiberius festigte meine frühe Auffassung von der Größe dieses Herrschers. In Antinous grüßte ich den letzten Jüngling der Antike, der zu den Göttern aufstieg.

Dann kam ich zum Mercato Vecchio und zur Kirche Santa Maria del Carmine. Dort, über dem Grabe des letzten Hohenstaufen, des Königs Konradin, erhebt sich die schöne Statue, die Thorwaldsen im Auftrage von König Maximilian II. von Bayern schuf. Der Sockel trägt die deutsche Widmung: »Einem Verwandten unseres Hauses«. War doch Konradins Mutter, Elisabeth von Bayern, die Gemahlin König Konrads IV., eine Schwester Herzog Ludwigs des Strengen, des gemeinsamen Ahnen aller heutigen Wittelsbacher. Das Volk rings um den Mercato Vecchio hat den schönen, jungen König zum Heiligen erhoben — sonst stünde ja seine Statue nicht in einer Kirche! Oft sah ich es selber, wie Kinder die Füße des Standbildes berührten und sich dann bekreuzigten. Auch seine Mutter wird als Heilige verehrt: »Santa Elisabetta di Baviera, prega per noi!«

Ich fuhr auch nach Capri hinüber, ein billiger Massenausflug, dauernd wurden wir zur Eile angetrieben. Ich kam mir vor, als würde ich durchs Paradies gepeitscht.

Viel Heidnisches lebt in Campanien weiter. Am 8. September nahm ich an der Prozession zu Ehren der Heiligen Maria von Piedigrotta teil. Die ganze Nacht hindurch zogen wir durch die Straßen — es hätte auch ein bacchantischer Reigen sein können zu Ehren der Aphrodite und des Eros oder der Minerva, der Schutzgöttin von Parthenopaea, der Mutterstadt Neapels.

Als ich in Rom ankam, war Mussolini gerade einem Attentat entgangen. Es war ganz große Oper, wie er vom Balkon des Palazzo Chigi zu seinen Römern sprach. Mein Italienisch war noch dürftig, aber ich verstand den Duce besser, als ich Hitlers »Deutsch« verstanden hatte.

Es ist ein festes Ritual für mich, schon seit jenem ersten Besuche, langsam die Treppe zum Kapitol hinaufzugehen, diese wunderbaren Stufen, die Michelangelo entworfen hat — auf die Rossebändiger zu, und zur Reiterstatue Kaiser Mark Aurels. Dann gehe ich am Tabularium vorbei zu den Gemonischen Treppen. Nun liegt das Forum Romanum vor mir, der Triumphbogen des Septimius Severus, die drei Säulen des Kastor- und Polluxtempels, darüber die Pinien des Palatin und im Hintergrund, in zarten Pastellfarben, die Albaner Berge.

In den Tagen nach den Iden des März finde ich oft Kränze und Blumen auf dem Altare Caesars. Zu Füßen der drei Säulen setze ich mich nieder und schaue zur Quelle der Nymphe Juturna, die den Pferden der göttlichen Siegesboten zu trinken gab. Mein Roman: »Die Römischen Tagebücher des Privatdozenten Dr. Remigius von Molitor«, der dreißig Jahre nach meiner ersten Romfahrt erschien, verdankt ihr seinen Ursprung.

Als die sinkende Sonne in den steigenden und fallenden Fontänen ihre Regenbogen malte, kam ich zum Petersplatz. »Vicit Leo De Tribu Juda« — diese Inschrift auf dem Sockel des großen Obelisken erscheint mir als die kürzeste christliche Verdammung des Antisemitismus.

Ich hatte sehr wenig Geld während meiner drei römischen Wochen. Also ging ich zu Fuß und aß in kleinen, volkstümlichen Trattorien. So habe ich die Stadt von Grund auf kennengelernt, mit all ihren winkligen Gassen, die es damals noch gab, auch beim Kolosseum, wo später die Prunkstraße, die Via dell'Impero — jetzt Via dei Fori Imperiali — verlief.

»Glück« erlebt man meist nur im Rückblick. Rom ist anders. Damals wie heute — auf dem Forum, dem Palatin, auf den Straßen, dann weiß ich, *jetzt* bin ich glücklich, in diesem Augenblick bin ich es!

Vor dem Abschied, in einer Vollmondnacht, bin ich noch einmal zum Kapitol hinaufgestiegen — erfüllt von Ovids Elegie, ehe er die Stadt verlassen mußte. Goethe zitierte sie als Abschluß seiner Italienischen Reise: »... ich wiederholte das Gedicht, das mir teilweise genau im Gedächtnis hervorstieg, aber mich wirklich an eigener Produktion irre werden ließ und hinderte, die auch später unternommen, niemals zustande kommen konnte.« Aber er hat uns doch eine Übersetzung der Verse Ovids geschenkt:

»Wandelt von jener Nacht mir das traurigste Bild vor die Seele,
Welche die letzte für mich ward in der Römischen Stadt,
Wiederhol ich die Nacht, wo des Teuren so viel mir zurückblieb,
Gleitet vom Auge mir noch jetzt eine Träne herab...«

Nur drei Tage blieb ich in Florenz, aber es entstand der Wunsch, hierher zurückzukehren. Dann fuhr ich nach Klagenfurt zu Rudolf Koenig, nun als Gast. Ein neuer Studienpräfekt war angekommen, Rodrigo Alvarez de Toledo, ein Nachkomme des Herzogs von Alba. Er war in Wien geboren und diente im Weltkrieg in der k. u. k. Armee. Er war Lehrer an der Freien Schulgemeinde Wickersdorf in Thüringen gewesen, hatte sich aber mit Gustav Wynecken zeitweilig überworfen. Wynecken, der Gründer Wickersdorfs, ein verdienstvoller Bahnbrecher der neuen deutschen Erziehung, starb in hohem Alter im Jahre 1965.

Rodrigo (ich stehe auch heute noch mit ihm in Verbindung), elf Jahre älter als ich, von Beruf Mathematiker, erwies sich als großer Kenner deutscher, französischer und klassischer Geschichte und Literatur. Seine schöne Stimme war wunderbar geeignet zum Vortrag der Gedichte Stefan Georges. Auch Rilke, Verlaine, Rimbaud lernte ich damals durch ihn verstehen. Zu meinem 20. Geburtstag, den ich in Klagenfurt feierte, schenkte er mir den »Siebenten Ring«. Ich habe den Band durch alle Wanderungen meines Lebens hindurchgerettet.

Wenige Wochen nach meinem Abschied von Klagenfurt erhielt ich die Nachricht von Rudolf Koenigs plötzlichem Tode. Er war erst 56 Jahre alt. Seine väterliche Führung hat mir noch lange sehr gefehlt. Rodrigo kehrte um die gleiche Zeit nach Wickersdorf zurück und lud mich ein, ihn dort bald zu besuchen. Fügung des Schicksals — denn dort sollte ich dann meine Frau, eine seiner Schülerinnen, kennenlernen.

In Berlin kam ich am 3. November 1926 an, dem Hubertustag. Es war ein klarer Morgen unter einem blaßblauen Herbsthimmel, frisch und belebend. Sofort fühlte ich mich zu Hause, ob ich Deutsch so oder anders sprach, das war hier gleichgültig! Berlin, damals die größte deutsche Universität, war auch akademisch führend. Man mußte hart arbeiten, um Schritt zu halten. Aber in Berlin ist das nicht schwer. Schon beim Aufstehen fühlt man sich zu großen Taten befähigt! Politisch waren das die guten Jahre, also sprach man wenig, wahrscheinlich zu wenig, über Politik. Denn die guten Jahre konnten ja auch einmal zu Ende gehen. Wir unterhielten uns über Michael Bohnens Rolle als Hans Sachs in der Krolloper und über Erwin Piscators Premiere des »Kaufmann von Berlin«. Wird Nophretete im Austausch gegen den Schreiber an den Nil zurückkehren? Ganz Berlin begann zu ihr zu pilgern, und so blieb sie an der Spree.

Als Studenten der Rechtswissenschaft diskutierten wir auch über juristische Probleme von allgemeinem Interesse. Fritz Langs Film »M«, die höchst realistische Geschichte eines Kindermörders, hatte die Frage nach der Todesstrafe ins öffentliche Bewußtsein gerückt. Ein neues Strafgesetzbuch war im Entstehen. Der Entwurf, im wesentlichen ein Werk von Professor Wilhelm Kahl, war dem Reichstag in erster Lesung 1927 vorgelegt worden. 1933 sollte er Gesetz werden. Aber mit einem so fortschrittlichen Gesetzbuch konnten die Nazis nichts anfangen, also wurde das Werk begraben. Neben der Frage der Todestrafe standen zwei Paragraphen im Vordergrund des Interesses: § 218, Unterbrechung der Schwangerschaft (der auch jetzt noch umkämpft ist!) und § 175, der, nachdem er unendliches Unglück angerichtet hat, endlich — oder erst! — im Jahre 1969, unter der Regierung der Großen Koalition aufgehoben wurde. Doch bleibt auch heute noch einiges zu tun. Es ist ein Unsinn, das »Schutzalter« auf 21 Jahre festzusetzen, während Großjährigkeit und Wahlberechtigung jetzt mit 18 Jahren eintreten.

Trotz den »guten Jahren« — auch außenpolitisch gab es noch ungelöste Probleme! Ein Fünftel des Reichshaushalts verschlangen die Reparationen, und trotz Locarno, Thoiry und Völkerbund standen immer noch französische Truppen im Rheinland. Berliner Sommer ... in den langen, hellen Abendstunden, wenn die Luft erfüllt war vom Dufte der Lindenblüten — der weiße Sand an den Ufern der Havelseen, die dunklen Kiefern, die an Pinien erinnern —, das war südliche Landschaft unter nordischem Himmel. Wiederum, wie in Genf, verbrachten wir halbe Nächte draußen an den Seen oder fuhren schon in den ersten Morgenstunden hinaus. Diese schöne Welt nicht geringzuachten, nicht »traurig zu sein in der süßen Luft, die von der Sonne ausstrahlt«, wie die Seelen in Dantes fünftem Höllenkreis, erscheint mir als der Inbegriff aller Lebensweisheit.

Im November 1928 bestand ich am Kammergericht das Referendarexamen. Die Entscheidung, was ich nunmehr tun würde, da schon wieder einmal »das Leben« begonnen hatte, konnte noch ein wenig warten. Fürs erste entzog ich mich dem deutschen Winter durch eine Fahrt nach dem Süden.

Abendländisches Reich

Rings um Meran war Winter, aber im Tale wehte noch der Hauch eines traubenschweren Herbstes. Politisch freilich war die Lage nicht schön. Der Faschismus saß jetzt fest im Sattel, die Presse war gleichgeschaltet, die Tiroler Jungen wurden in die Balilla, die jungen Männer in die faschistische Miliz hineingezwungen. Deutsche Aufschriften waren verboten, kein Handwerk durfte mit seinem deutschen Namen bezeichnet werden. Also hängten die Schneider große Scheren, die Schuster Stiefel, die Küfer einen Weinbottich vor ihre Türen.

Zwar hat der Faschismus nie die gespenstige Abscheulichkeit des Nazismus angenommen — Mussolini besaß sogar Sinn für Humor, eine Eigenschaft, die Diktatoren sonst fremd ist. Dennoch fragte man sich, wie es überhaupt gelingen konnte, ein solches System aufzurichten? Die Italiener waren doch ein freiheitsliebendes Volk, das um seiner Freiheit willen viel gekämpft und gelitten hatte. Ob in Deutschland ähnliches geschehen könnte? Auf »legale Weise«? In den staatsrechtlichen Seminaren hieß es, der Artikel 48 der Reichsverfassung, den man in den schweren Nachkriegsjahren oft habe anwenden müssen, sei heute bedeutungslos. Wie, wenn eine neue Krise käme, wirtschaftlich, politisch?

Ich schrieb meinem »Doktorvater« Mendelssohn-Bartholdy nach Hamburg, ob wir nicht das Thema ändern könnten? Statt über die Stellung des britischen Premiers schriebe ich lieber eine Dissertation über den faschistischen Staat und das moderne deutsche Verfassungsrecht. Er sei damit einverstanden, anwortete er — aber warum ich denn eigentlich über den Faschismus etwas schreiben wolle, »diese lokale, italienische Angelegenheit«! Wie sollte die Arbeit aussehen? Nur all die Dinge zusammentragen, die andere schon einmal geschrieben hatten? Jetzt war doch Gelegenheit, eigene Gedanken zu entwickeln. Es war in der Nacht vom 7. zum 8. Dezember, als ich die erste Seite eines umfangreichen Heftes überschrieb: »Die Verfassung des Kommenden Reiches«. Diese »Meraner Verfassung«, wie ich sie nannte, war in ihrem ersten Entwurf in wenigen Wochen fertig. An ihrer Ergänzung und Vervollkommnung arbeite ich immer noch! Als Ganzes ist die Meraner Verfassung nie veröffentlicht worden, doch wesentliche Teile habe ich bereits in meiner Doktorarbeit verwandt, und dann in meinen Büchern, wie »After Hitler's Fall«, in meiner »Deutschen Geschichte«, auf deutsch, englisch und in sechs weiteren Sprachen und in grundlegenden Aufsätzen in amerikanischen und englischen Zeitschriften.

Weder verfassungsrechtlich noch geschichtlich, schrieb ich — und inzwischen habe ich es unzählige Male wiederholt — kann Deutschland losgelöst vom abendländischen Geschichts- und Pflichtenkreis betrachtet werden. Nie war Deutschland eine »rassische« Gemeinschaft, sondern stets eine der Sprache, der Kultur, des historischen Schicksals. Jedes Gesetz, selbst wenn es formell fehlerfrei zustande gekommen wäre, ist daher null und nichtig, wenn es gegen die sittliche Ordnung des Abendlandes, gegen die der gebildeten Menschheit verstößt. Das Oberhaupt des Deutschen Reiches sollte, unter öffentlicher Kontrolle, ohne Rücksicht auf Rang, Stand oder Nationalität, durch Adoption bestimmt werden. Das Abendländische Reich, dem gegenüber Deutschland die Stellung eines Reichslandes hätte, stellte ich mir vor als einen Gemeinsamen Markt, mit einer einheitlichen Währung, mit einem aus zwei Häusern bestehenden Parlament, eines gewählt vom Volke Europas, das andere zur Vertretung der europäischen Staaten. Eine verantwortliche Regierung, ein Abendländisches Reichsgericht, zuständig auch für Streitigkeiten zwischen Mitgliedsstaaten, sollten die Integration vollenden. Auch das Erziehungssystem würde natürlich übernational sein. Bei der Gesetzgebung und Verwaltung des Deutschen wie des Abendländischen Reiches sollte der Arbeiterschaft und der Jugend, beide gegliedert in freie Bünde und Vereinigungen, eine besondere Stellung zukommen. Unbedingte Voraussetzung aber war, daß Deutschland frei bliebe! Nur ein demokratisches, europäisch gesinntes Deutschland könne zur Verwirklichung der abendländischen Gemeinschaft beitragen. Damit ergaben sich die wichtigsten Leitgedanken für meine Doktorarbeit über Faschismus und Demokratie.

Einige Tage vor Weihnachten fuhr ich nach Florenz. In keiner anderen Stadt ist der Advent so schön. Aus offenen Kirchentüren strömen der Weihrauch und der Duft heißen Wachses, die ganze Stadt ist erfüllt von einer großen Erwartung. Ich lernte jetzt auch die Kunstschätze von Florenz kennen, Fra Angelicos Fresken in San Marco, Uffizien, Bargello, Or San Michele, Santa Croce, Giotto und Benozzo Gozzoli und, hoch über der Stadt, die wunderbare romanische Kirche San Miniato al Monte. Auf diesen Wanderungen wurde ich oft von einer bemerkenswerten Frau begleitet, Hermynia Schuylenburg, die ich in Wickersdorf kennengelernt hatte. In früheren Jahren hatte sie dem Kreise um Gundolf und Stefan George nahegestanden.

Ich wohnte oberhalb der Stadt bei der Baronin Editha von Münchhausen. Es war die Villa Pazzi, in der die berühmte Verschwörung gegen die Medicis ausgeheckt worden war. Beide Familien, die Medici und die Pazzi, waren Bankiers im Dienste des Papstes — ein böser Konkurrenzkampf! In der Ostermesse des Jahres 1478 sollten Lorenzo Medici und sein schöner junger Bruder Giovanni, den Botticelli auf dem Gemälde »Der Frühling« verewigt hat, ermordet werden. Giovanni starb, Lorenzo wurde verwundet. Die charmante Editha Münchhausen verstand es, ihr Haus zu einem geistigen Mittelpunkt zu machen. Noch heute, Jahrzehnte danach, ist die »Villa Münchhausen« unvergessen! Künstler vieler Länder kamen dort zusammen. Karl Wolfskehl lernte ich damals kennen, den großen Dichter und Freund Stefan Georges, genannt der »Schwabinger Zeus«. Manchmal las er George-Gedichte vor, mit mächtiger, mitreißender Stimme. Auch in München war ich noch oft mit ihm zusammen. Sein geistiges Erbe wird von dem Mann seiner Nichte verwaltet, Hans Kühner-Wolfskehl, Historiker, Schriftsteller und mutigem Kämpfer für Recht und Freiheit. Er ist Präsident des Internationalen Schutzverbandes deutschsprachiger Schriftsteller. Auch eine junge Ägyptologin, Marietta von Wentzel, wohnte in der Villa Münchhausen. Sie war auf dem Kapitol geboren worden, im Palazzo Caffarelli, der vor dem Ersten Weltkrieg der Deutschen Botschaft gehörte. Ihr Vater war kaiserlicher Marineattaché gewesen. Bei Editha lernte sie dann ihren späteren Mann kennen, den Schriftsteller und Verleger Felix Nöggerath.

Unmittelbar vor Weihnachten traf die Tochter von Hermynia Schuylenburg, Helga, in Florenz ein. Am 28. Dezember verlobten wir uns. Am 4. April 1929 haben wir in Palermo geheiratet. Ihre Liebe, ihre Hilfe, ihr weiser Rat in den schwierigsten Fragen — das sind die größten Gaben, die ich im Leben empfangen habe. In der Seitenkapelle des Domes von Palermo, beim Sarkophag Kaiser Friedrichs II., tauschten wir die Ringe. Als Wickersdorfer Schülerin war sie wohlvertraut mit der Welt Stefan Georges; und daß die große Herrschergestalt Friedrichs in das Bewußtsein vieler Deutscher zurückgekehrt ist, das ist — neben dem Werk von Ernst Kantorowicz — Stefan George zu verdanken. »Der Größte Friedrich / wahren volkes sehnen« sagt er von ihm im Gedichte die »Gräber von Speyer«. Heute ist der Sarkophag des Kaisers eigentlich nie ohne Blumen. Für die Päpste war Friedrich der Antichrist, das »Tier aus dem Meere« der Apokalypse. Dennoch haben sich an seinen Namen jahrhundertelang die Hoffnungen des christlichen Volkes geknüpft, vor allem in Deutschland, zerrissen von kleinen Despoten, ein Schlachtfeld unzähliger Kriege. Gemäß einem frühen Meistersingerspruch werde Friedrich wiederkehren, »wenn das Streiten all zu groß / Daß niemand es kann stillen«. Mit dem Frieden werde er die Gerechtigkeit bringen.

»Was wir brauchen, Signore, è un altro Federico« (ein neuer Friedrich), der des Rechtes Gleichheit wiederherstellt.« Das sagte mir nach dem Zweiten Weltkrieg ein Landarbeiter, mit dem ich in Lucera in Apulien ins Gespräch kam. Die Ernte war eingebracht, eine lange Zeit würde vergehen, bis er wieder etwas verdienen könnte. Von der Mauerbrüstung der gewaltigen Festung blickten wir über den Tavoliere di Puglia. Ganz im Hintergrund, auf einem breiten Hügelzug, konnte man die Trümmer von Castello Fiorentino erkennen, wo Friedrich II. 1250 starb. Er war ein Analphabet, dieser Landarbeiter, aber von Friedrich wußte er.

Foggia, Hauptstadt des Reiches zur Zeit Friedrichs, hat im Zweiten Weltkrieg schwer gelitten. Aber der innere Kern, rings um die Piazza Federico Secondo, blieb erhalten. Dort steht auch ein kleines ehemaliges Palais des Kaisers. Zur ebenen Erde lag eine Elektrowerkstatt. Ein alter Mann arbeitete darin. Wir kamen ins Gespräch, der Koreakrieg hatte eben begonnen, die Bedrohung Europas erschien riesengroß. »Europa kann nur gerettet werden«, sagte er, »wenn es wird, was der Kaiser geplant hat ... Un Impero Federale.« Das war, ehe es einen Schumannplan gab, einen Gemeinsamen Markt.

Und die Kirche? Die hat nicht nur, wie Goethes Mephisto sagt, »einen guten Magen«, sondern auch ein gutes Gedächtnis. Weder der Bann gegen Martin Luther noch der gegen Kaiser Friedrich sind bis jetzt formell aufgehoben worden. Im Jahre 1962 hielt ich im Deutschen Kulturinstitut in Palermo einen Vortrag: »Kaiser Friedrich II. — Legende und Geschichte«. Kardinal Ruffini, der Erzbischof von Palermo, wußte darum, als ich ihn in Begleitung des deutschen Konsuls, Dr. Hubert Krier, besuchte. Er war einer der konservativsten Kirchenpolitiker. Um so erstaunlicher, wie er das Gespräch eröffnete: »In der weltlichen Ordnung (nell mondo civile) war Friedrich II. der größte aller Herrscher. Von seinem Hofe ging die moderne Zivilisation Italiens aus.« Worauf ich erwiderte: »Und Ew. Eminenz Vorgänger auf dem Stuhle von Palermo, Erzbischof Berard, hat dem Kaiser auf dem Sterbebett die Absolution erteilt.« Das aber bedeutet ... wie kann die Kirche dann auch nur formell den Bann aufrechterhalten ... ?

Dr. Krier verstand die politische Bedeutung dieses Gespräches — eine Versöhnung zwischen dem ghibellinischen und dem guelfischen Standpunkt, und hat in diesem Sinne nach Bonn berichtet.

Als ich im März 1972 in Bad Godesberg unter den Auspizien der Società Dante Alighieri wiederum einen Vortrag über Friedrich II. hielt, war der große Saal in der Redoute überfüllt. Ein erfreuliches Zeichen für das Wiedererwachen des deutschen Geschichtsbewußtseins.

Auch in der islamischen Welt lebt Friedrichs Name weiter. 1963 war ich als Gast König Husseins in Jordanien. Zwei hohe arabische Würdenträger begleiteten mich zur Kirche des Heiligen Grabes. Vor dem Hochaltar fragten sie mich: »Denkt man in Europa noch daran, daß sich hier, 1229, Kaiser Friedrich zum König von Jerusalem krönte?«

Herbst der Republik

Ich begann meine Doktorarbeit in Victor Bruns' Institut für ausländisches Öffentliches Recht und Internationales Recht. Es war im Königlichen Schloß, Andreas Schlüters schönem Bau, untergebracht. Trotz aller Kriegsschäden hätte es gerettet werden können. Aber das kommunistische Regime trug es ab, um nunmehr auf dem »Karl-Marx-Platz« seine Paraden abzuhalten.

Viel habe ich Hegels Geschichtsphilosophie zu verdanken, schon bei der Dissertation, und später, als ich meine »Deutsche Geschichte« schrieb. Von ihm lernte ich, »was man so eine Konstitution machen nennt, ist ... in der Geschichte niemals vorgekommen, ebensowenig wie das *Machen* eines Gesetzbuches«. Eine Verfassung muß der Geschichte des Volkes und der Staatswirklichkeit entsprechen, und ihre Entwicklung darf nie zum Stillstand kommen. Anderenfalls wird der Staat in revolutionäres Chaos versinken, oder eine andere Nation, die fortschrittlicher ist oder es zu sein behauptet, wird diesen Staat ihrer Herrschaft unterwerfen.

Eine juristische, keine politische Arbeit — aber da Verfassungen Ausdruck der politischen Wirklichkeit sind, muß diese auch geschichtlich betrachtet werden. Das zwang mich, der politischen Geschichte Deutschlands wie Italiens erhöhte Aufmerksamkeit zu widmen — und damit wurde ich auch hellhöriger für das Zeitgeschehen.

Im Sommer 1929 zeigten sich die ersten Anzeichen einer wirtschaftlichen Krise und damit belebte sich plötzlich der Radikalismus von rechts und links. Rechts war es vor allem Alfred Hugenberg mit seiner Pressemeute, der gegen Stresemann, und damit gegen die Republik, zu Felde zog. Der »Stahlhelm«, der den Deutschnationalen nahestand, spielte dabei die gleiche Rolle wie später die SA und SS. Stresemanns Schriften sind erfüllt davon. Nach dem Kriege haben die Deutschnationalen vorgebracht, sie seien nie Nazis gewesen. Mitgliedschaft im »Stahlhelm« war eine Art von Persilschein. Sehr zu Unrecht. Ohne den Stahlhelm, die Deutschnationalen, die Kreise um Papen, alle diese wohlanständigen, »vaterländischen« Leute, viel Adel darunter, viele »gute Katholiken«, Industrielle, wären die Nazis nie zur Macht gekommen. Daß ihnen die Nazimanieren manchmal »zu rüde« erschienen, ist keine Entschuldigung. Die unkluge Politik der Westmächte spielte dem Radikalismus in die Hände. Die Jahreszahlungen des Dawesplanes von 1924 wurden zu einer unerträglichen Last — und immer noch standen französische Truppen im Rheinland. Stresemanns Politik hat schwer darunter gelitten.

In Gedanken habe ich diese entscheidenden Jahre nochmals durchwandert, als ich 1952 das Buch schrieb »Stresemann — das deutsche Schicksal im Spiegel seines Lebens«. Wie hart rang er um eine Revision des Dawesplanes bei den Haager Verhandlungen im August 1929! Der Youngplan (so benannt nach dem amerikanischen Finanzexperten Owen D. Young), der schließlich angenommen wurde, sollte Deutschland, verteilt über die nächsten zehn Jahre, sieben Milliarden Mark ersparen. Er enthielt auch eine Schutzklausel für die deutsche Währung, stellte also zweifellos eine Verbesserung dar. Und dennoch — welche Hybris! Wie die Mächtigen des Augenblicks es wagen, über das Schicksal der noch ungeborenen Geschlechter zu entscheiden! Der Youngplan sollte eine Laufzeit von 99 Jahren haben, mit stetig wachsenden Jahresraten. 1966(!) sollte deren Höhepunkt erreicht werden, erst 1988 sollten sie enden.

Über diesen Plan brach die Hölle los. Stresemann und mit ihm die Republik wurden zur Zielscheibe der wüstesten Beschimpfungen. Während ich hinter den schützenden Mauern eines wissenschaftlichen Instituts über den Staat schrieb, brachen aus dessen Gefüge schon die ersten Steine heraus. Rudolf Olden, der große Schriftsteller und Journalist, damals stellvertretender Chefredakteur des Berliner Tageblatts, hat mir erzählt, er habe am Abend des 2. Oktobers 1929 den Reichsaußenminister vor dem Reichstagsgebäude getroffen. »Wenn ich jetzt sterben sollte«, sagte Stresemann unvermittelt, »dann sollen Sie wissen, daß ich von meinen Feinden vergiftet worden bin. Man kann nämlich einen Menschen auch ohne physische Mittel vergiften.« Das war wenige Stunden bevor Deutschland und die Welt erfuhren, daß der Mann, der wie kein anderer für die Errettung seines Vaterlandes gekämpft hatte und dem die Völker Europas den kurzen Frühling verdankten, einem Gehirnschlag zum Opfer fiel.

Der englische Premierminister Ramsay MacDonald hat einmal zu meinem Freunde Wolfgang Stresemann, dem älteren Sohn des Reichsaußenministers, gesagt: »Ein großer Staatsmann kann nur der werden, der großer Träume fähig ist.« Das war Gustav Stresemann — ein »Realist«, gerade weil er Mut zum Träumen, weil er etwas von einem Romantiker in sich hatte. Überdies besaß er jene allgemeine Bildung, die man unter den neudeutschen Politikern, mit ganz wenigen Ausnahmen, vergeblich suchen würde.

Ich habe Stresemanns letztes Auftreten vor der Weltöffentlichkeit, am 9. September 1929 in Genf, miterlebt. Zwei Tage davor hatte Aristide Briand von den »Vereinigten Staaten von Europa« gesprochen. Stresemann nahm diesen Ruf auf. Die europäische Münze, die europäische Briefmarke, sollten dafür der äußere Ausdruck sein. Er schloß mit einem

Appell an die Jugend, jeden engstirnigen Nationalismus zu überwinden und ihre Herzen dem weltbürgerlichen Ideal zu öffnen.

Man kann den Ablauf der Weltgeschichte nie von Einzelgeschehnissen ableiten. Aber Stresemanns allzu früher Tod ist doch eines der verhängnisvollsten Ereignisse unserer Zeit. Als ich 1952 seine Biographie schrieb, hatte ich viele Gespräche mit seiner Witwe, Käte Stresemann, und seinen beiden Söhnen, Wolfgang und Joachim. Sie bestätigten meine Vermutung, daß 1932, als Hindenburgs Zeit ablief, Stresemann kandidiert hätte. Er wäre mindestens mit der gleichen Stimmenzahl gewählt worden wie Hindenburg.

Ein Reichspräsident Stresemann hätte niemals die Republik an Hitler ausgeliefert. 1923, als er Reichskanzler war, hat er nicht gezögert, beim Hitlerputsch in München und bei den kommunistischen Aufständen in Sachsen und Thüringen, die ganze Macht des Staates zur Verteidigung der Demokratie einzusetzen. Und so hätte er wieder gehandelt. Noch einige wenige Jahre — die Wirtschaftskrise war bereits im Abflauen, als Hitler zur Macht kam — und die Demokratie wäre erneut gefestigt gewesen. Kein zweiter Weltkrieg — keine Teilung Deutschlands. Aber was nützt es, mit der Geschichte zu rechten? Sie behält doch immer das letzte Wort.

Im gleichen trüben Oktober 1929 begann die Weltwirtschaftskrise — am 29. d. M. mit dem »Schwarzen Dienstag«, als der New Yorker Aktienmarkt zusammenbrach. Wie eine Springflut sollte sie um die Welt gehen. Am 3. November, einen Monat nach Stresemanns Tod, fand das nazistisch-deutschnationale Volksbegehren statt. »Gegen die Kriegsschuldlüge und den Youngplan«, von den Drahtziehern auch »Freiheitsgesetz« genannt. Es wollte den Reichspräsidenten, alle Reichsminister, alle Beamten, die in irgendeiner Weise an Stresemanns Politik mitgewirkt hatten, als »Landesverräter« ins Zuchthaus schicken. Der Reichstag, dem dieses »Gesetz« vorgelegt wurde, verwarf es mit überwältigender Mehrheit. Am 22. Dezember kam es zum Volksentscheid. Nur 13,8% der Stimmberechtigten, rund 5,8 Millionen, stimmten dafür, statt der zur Annahme nötigen 21 Millionen. Dennoch konnten die Gegner der Republik zufrieden sein, sie hatten ihr großen Schaden zugefügt.

Am 30. Juni 1930 verließen die letzten französischen Truppen das Rheinland — das war der Tag, für den Stresemann so lange gearbeitet hatte. An seiner Bahre hatte die Reichsregierung gesagt: »Die Geschichte wird ihm einmal gerecht werden, als einem Manne, der für sein Volk gelebt hat und für sein Volk gestorben ist«. Aber in der feierlichen Freiheitsproklamation, die Reichskanzler Heinrich Brüning an das deutsche Volk erließ, wurde der Name Stresemanns, des Befreiers der Rheinlande, nicht erwähnt. Auch Hindenburg, der an den Feiern teilnahm, hat Stresemanns nicht gedacht. Die bundesrepublikanischen Nachfolger in Kanzleramt und Präsidentschaft handelten nicht anders. Nie hat Konrad Adenauer Stresemann, dem Pionier deutsch-französischer Verständigung, ein posthumes Wort der Anerkennung gewidmet. Theodor Heuss hat ausdrücklich untersagt, daß die Biographie Stresemanns in das Sammelwerk »Die Großen Deutschen« aufgenommen werde. Anderenfalls würde er die Schirmherrschaft über diese Veröffentlichung niederlegen.

Der Sprung in die Politik

Der italienische Teil meiner Doktorarbeit entstand in Florenz. In einem alten Kloster in der Via San Leonardo, in der Nähe der Piazzale Michelangelo, fanden wir eine hübsche Wohnung. Welch schöne Frühlingsahnung, wenn schon im Februar über dem Tal und dem Hügel von Fiesole der leichte Schleier von blassem Grün liegt und ein Duft des brennenden Winterlaubes in allen Weingärten.

Die Studenten in der Universitätsbibliothek waren kameradschaftlich und hilfsbereit. Aber meinen Fragen über den Faschismus — das war ja mein Thema! — wichen sie aus oder ergingen sich in allgemeinen Redensarten. Dennoch war der Druck des Regimes geringer als der, dem nachher die deutschen Universitäten ausgesetzt waren. Als in späteren Jahren die Nazis Italien zur Einführung von Bestimmungen gegen Juden und Homosexuelle zwangen, gerieten auch die bald in Vergessenheit. Als sich die Nazis empört erkundigten, wieso und warum, erhielten sie die klassische Antwort: solche Bestimmungen seien in Italien unnötig, denn hier gäbe es weder Homosexuelle noch Juden.

Die »guten Jahre« waren nun vorbei. Das merkten wir, als wir uns im Sommer 1930 in Berlin-Südende niederließen. Straßenkämpfe und Saalschlachten, wie in den ersten Jahren der Republik! Ende März hatte sich der letzte sozialdemokratische Reichskanzler, Hermann Müller, aus seinem Amte hinausmanövrieren lassen. Sein Nachfolger war Dr. Heinrich Brüning, Vorsitzender der Zentrumsfraktion. In Stresemanns Tagebüchern kommt er nur zweimal vor, beide Male als ein politischer Intrigant, der zu den Deutschnationalen neigte.

Zu den ersten Maßnahmen der neuen Reichsregierung gehörte es, das vom Reichstag verworfene Haushaltsgesetz durch eine auf Artikel 48 gestützte Notverordnung in Kraft zu setzen — ein verfassungsrechtlich bedenklicher Schritt. Als der Reichstag die Aufhebung verlangte, wurde er am 16. Juli aufgelöst. Mit dieser sinnlosen Maßnahme, zu einem Zeitpunkt, da sich die Weltwirtschaftskrise ihrem Höhepunkt näherte, begann der Verfall der parlamentarischen Regierung. Der Staatsnotstand wurde zum Normalzustand und bereitete den Weg für Hitler. Die verfassungstreuen Parteien, von den Sozialdemokraten bis zur Deutschen Volkspartei, hatten zweihundertdreiundachtzig Sitze, hundert mehr als die gesamte Opposition der Kommunisten, Deutschnationalen, Nationalsozialisten und einiger Splittergruppen. Aber in Brünings Augen war dies ohne Bedeutung. Was viele schon seit Jahren wußten, wurde durch seine nachgelassenen Memoiren bestätigt: Die Republik, auf deren Verfassung er den Eid geleistet hatte, war ihm fremd. Sein Ziel war die Wiederherstellung der Monarchie, und sei es durch präsidentiale Diktatur und mit Hilfe der Nazis.

Daß ich aktiv am Kampfe für die Demokratie teilnehmen müsse, war mir durch meine Studien über den Faschismus klargeworden. Ein »Zufall« — soweit es so etwas gibt — nahm mir die letzte Entscheidung ab. Durch einen meiner Genfer Studiengefährten, einen Sohn Franz Ullsteins, lernte ich einen Redakteur der »Vossischen Zeitung« namens Ulrich Salingré kennen. Er enstammte einer alteingesessenen jüdischen Familie. Schon zur Zeit Friedrichs des Großen besaß sie Heimatrecht in Berlin. Jemand meines Namens, sagte er mir bei der ersten Begegnung, und mit meiner Kenntnis des Faschismus, könnte für die Sache der Republik von großem Werte sein.

Als Ergebnis dieser Gespräche schrieb ich einen Aufsatz, den ich »Das Dritte Reich« nannte. Darin verglich ich die Weimarer Reichsverfassung und ihre Vorzüge mit dem Faschismus und dessen Programm wiederum mit dem der Nationalsozialisten. Ich kam zu dem Ergebnis: Während der Faschismus den Frieden nicht bedrohe, würde eine Machtübernahme durch die Nationalsozialisten den zweiten Weltkrieg bedeuten.

Ich ließ das Manuskript auf meinem Schreibtisch liegen. Als wir in einem Restaurant am Kurfürstendamm zu Abend aßen, wurde ich von meiner Sekretärin ans Telefon gerufen: Salingré sei da gewesen und habe das Manuskript mitgenommen. Nach dem Essen gingen wir in ein Max-Reinhardt-Stück. Auf dem Nachhauseweg kaufte ich die erste Morgenausgabe der Vossischen Zeitung vom 12. Juli, und darin stand mein Aufsatz »Das Dritte Reich«, namentlich gezeichnet.

Für einen unbekannten jungen Mann von vierundzwanzig Jahren war ein Leitartikel in der »Voss« damals etwas ganz Ungeheures. Ich wußte sofort, daß mit diesem 12. Juli 1930 ein neuer Lebensabschnitt begann. Die heutigen Bundesrepublikaner können es sich nicht mehr vorstellen, welchen Skandal es bedeutete, daß jemand meines Namens in der Vossischen Zeitung für die Republik eintrat. Denn zu dieser Bundesrepublik bekennen sich doch heute alle! Man braucht nur anzuschauen, wer alles mit schwarzrotgoldenem Stern und Schulterband herumläuft, die Farben, die viele von ihnen einst in den Kot gezogen haben.

Über Nacht war mein Name in Deutschland bekannt. Alle Zeitungen zitierten mich, die demokratischen und die nazistischen. Goebbels schrieb im »Angriff«: *Da* also läge der Hase im Pfeffer beziehungsweise im Knoblauch, denn der Verfasser sei ja für die »Judenrepublik« eingetreten! Die internationale Ordnung werde durch die Nazis gefährdet — dann sollen eben alle anderen Nationen zum Teufel gehen, wenn nur Deutschland am Leben bliebe! Die Wohlanständigen mischten sich in den

Chor, die »Vaterländischen« mit der guten Kinderstube. Die rauhen Sitten der Nazis mochten ihnen nicht behagen, aber die würden sich schon abschleifen, und so »aufbauwillige Kräfte« eine Gefahr für den Frieden zu nennen, in der Vossischen Zeitung für die Republik einzutreten — das ging zu weit!

Ulrich Salingré war Mitglied des Reichsbanners Schwarz-Rot-Gold. Durch ihn lernte ich den Gründer des Republikanischen Studentenbundes kennen, den Regierungsassessor Walter Kolb. Er stammte aus der bündischen Jugendbewegung und übertrug deren Gedanken auf das studentisch-politische Leben. Nach dem Kriege wurde Kolb Oberbürgermeister von Frankfurt. Seiner Tatkraft und republikanischem Idealismus ist es zu danken, daß der Wiederaufbau der Paulskirche rechtzeitig vollendet wurde, zur Jahrhundertfeier der Nationalversammlung von 1848. Er starb in den fünfziger Jahren. Auch mit Theodor Haubach brachte mich Salingré zusammen. Sein Name war mir schon seit dem Anschlag am Schwarzen Brett in Hamburg ein Begriff. Ein begnadeter Jugendführer! Seit kurzem war er Leiter der Pressestelle des Berliner Polizeipräsidiums.

Dank Salingré erschienen weitere Leitartikel von mir in der »Voss«, bis ich durch Rudolf Olden zum »Berliner Tageblatt« kam. 1933 emigrierte Salingré nach Palästina. Nach Kriegsende starb er dort durch eigene Hand. Wie Stefan Zweig, schien auch er an der Zukunft zu verzweifeln. Die »Welt von gestern«, die des Humanismus und der schönen Künste, war zerstört, obgleich der Nationalsozialismus untergegangen war.

Der 11. August war der Verfassungstag. Viele hohe Beamte, die der Republik feindlich gegenüberstanden, pflegten sich unter irgend einem Vorwand von den Feiern zu drücken. Schon Stresemann hatte sich gegen diese Sabotage nicht durchzusetzen vermocht. Anders das Volk in Berlin — gerade in diesem Wahlkampf! Seit den frühen Morgenstunden zogen Hunderttausende von Arbeitern, Bürgern, Reichsbannereinheiten, Sportlern, Jugendverbänden zum Reichstag. Die Linden und alle Zufahrtsstraßen waren von dichten Mengen gefüllt — festlicher, abwartender Menschen, die republikanische Kampflieder sangen oder schweigend ihren Willen zum Staate bekundeten.

Ich war jetzt ein anerkannter Journalist, und so konnte mich Salingré durch die Polizeiabsperrungen zum Reichstag mitnehmen. Ich sah Hindenburg aus nächster Nähe, als er in Begleitung des Reichswehrministers Wilhelm Groener die Front der Ehrenkompanie abschritt. Nie vergesse ich den Jubel des Berliner Volkes, immer wieder aufrauschend, als der Reichspräsident die schwarzrotgoldene Fahne grüßte. In meinem nächsten Leitartikel in der »Voss«, der am 14. August erschien, schrieb ich: »Etwas ist im Herzen des deutschen Volkes aufgebaut worden, was Bestand haben wird. Dieser Verfassungstag hat es bewiesen. Der eben aufgelöste Reichstag möge dann der letzte sein, der an der Uneinigkeit der Republikaner zusammenbrach.« Aber die Zahl der Arbeitslosen stieg weiter an. Im Frühsommer waren es drei Millionen. Am Jahresende würden es viereinhalb Millionen sein.

In den Sommer und Herbst jenes Jahres fielen zwei weitere wichtige Begegnungen. Während eines längeren Deutschlandaufenthaltes kam Karl Schmückle, ein alter Freund meiner Schwiegermutter, des öfteren zu uns. Seine Frau war eine Schwägerin Friedrichs Gundolfs. Erzogen im Tübinger Stift, war er tief verwurzelt in der idealistischen Tradition Hölderlins und Hegels. Ursprünglich studierte er evangelische Theologie, um dann mit Hilfe meiner Schwiegermutter auf Volkswirtschaft umzusatteln — wahrscheinlich weil das »offizielle« Christentum seiner Meinung nach in der sozialen Frage versagte. Durch die »Links-Hegelianer« kam er schließlich zum Kommunismus, ohne sein humanistisches und idealistisches Erbe preiszugeben. Nun war sein Arbeitsplatz am Marx-Engels-Institut in Moskau, wo er zusammen mit dessen Direktor, Riasanow, das Gesamtwerk von Karl Marx herausgeben sollte.

Im Sommer 1930 war er bereits erfüllt von schweren Gewissenskonflikten. Man hatte ihm nahegelegt, bestimmte Jugendschriften von Marx mit metaphysischem, ja religiösem Inhalt, im Sinne der Leninschen »Auslegung« umzuredigieren — ein Greuel für jeden ehrlichen Wissenschaftler. Bald nach seiner Rückkehr in die Sowjetunion erhielt meine Schwiegermutter einen Drohbrief Berijas, des Chefs der GPU: Sie möge ihre Korrespondenz mit Karl Schmückle einstellen! Wie viele andere idealistische Marxisten ist er ein wenig später in einem sowjetischen Konzentrationslager umgekommen. Hede Massing, damals in Moskau, berichtet in ihrem Buche »Die große Täuschung«, noch das folgende: »Anne Bernfeld (die Schwester von Elisabeth Gundolf), die Frau eines ernsten und sympathischen jungen Kommunisten namens Schmückle, erschoß sich in Gegenwart ihres Mannes und Kindes, als man sie verhaften wollte«.

Heini Kurella, ein Schulkamerad Helgas aus Wickersdorf, war ein anderer, oft und gern gesehener Gast in unserm Haus. Er war der jüngere Bruder Alfred Kurellas, jenes unentwegt getreuen Gefolgsmanns der jeweiligen Herrn im Kreml. »Leichte« Sprachen, etwa Dänisch, Schwedisch, Italienisch, einschließlich des Bologneser Arbeiterdialekts, Englisch natürlich, Französisch und Spanisch, erlernte Heini Kurella in vier bis sechs Wochen. Zur völligen Beherrschung des Russischen brauchte er »lange« — drei Monate! War Karl Schmückle der theoretische, so war er der militante Kommunist. Ein Ästhet, ein Freund guter Küche und angenehmen Lebens, nahm er doch der Sache wegen, an die er glaubte, jede Entbehrung auf sich. Bei Demonstrationen ließ er sich blutig schlagen, er ging ins Gefängnis — in Festungshaft —, wobei er dann den Reichswehrleutnant Scheringer, der eines nazistischen Hochverratsversuches wegen dort einsaß, zum Kommunismus brachte.

Für Heini Kurella war der Kommunismus eine Heilslehre, der man alles opfern mußte — selbst um den Preis einer zeitweiligen Naziherrschaft, ja eines Weltkrieges, den Hitler, wie ich ihm im Sommer 1930 sagte, bestimmt herbeiführen würde. Am Ende werde ja ein weltweites kommunistisches Gemeinwesen stehen, in dem — so hat Friedrich Engels es ausgedrückt — »an die Stelle der Regierung über Personen die Verwaltung von Sachen tritt und die Leitung von Produktionsprozessen«. Oder wie Karl Marx selber, hier wieder ganz Schüler der idealistischen Geschichtsauffassung, es im dritten Band des »Kapital« formuliert hat: »Das Reich der Freiheit beginnt in der Tat erst da, wo das Arbeiten, das durch Not und äußere Zweckmäßigkeit bestimmt ist, aufhört; es liegt also in der Natur der Sache jenseits der Sphäre der eigentlichen materiellen Produktion«.

Eine messianische Verheißung also, und dieser fühlte Heini sich verpflichtet! Wir sahen ihn auch noch während der ersten Jahre der Emigration in Zürich und bei uns in Tirol. Gleich Karl Schmückle war auch er von bösen Ahnungen, von »Glaubenszweifeln« erfüllt, als er in die Sowjetunion zurückkehren mußte. Aus dem Berichte von Frau Buber-Neumann weiß man, daß er verhaftet wurde, weil er sich weigerte, gegen seinen Freund Heinz Neumann falsches Zeugnis abzulegen. Wie Schmückle ist er dann in einem sowjetischen Konzentrationslager umgekommen.

Deutsche Republik, wir alle schwören...

Horden von Nazis wälzten sich durch die Straßen von Berlin bis tief in die Nacht hinein. Sie feierten ihren Wahlsieg vom 14. September 1930. Zwölf Abgeordnete hatten sie im Reichstag, der 1928 gewählt worden war. Jetzt waren es hundertundsieben. »Wenn's Judenblut vom Messer spritzt / Dann geht's nochmal so gut«, gröhlten sie, bis ihnen vor Heiserkeit die Stimmen überschlugen. Diese Aufforderung zum Massenmord hätte bereits genügen müssen, um die Partei und ihre schwarz-braunen Terrorbanden zu verbieten. Aber das hätte die Republik als »undemokratisch« betrachtet. Ohne ihren Wahlsieg vom 14. September, den sie der Wirtschaftskrise und der schwachen Brüningregierung verdankten, hätten die Nationalsozialisten ihr Endziel nie erreicht. Die nächste Reichstagswahl wäre erst 1932 fällig gewesen. Ohne die Ermutigung vom 14. September wären sie dann eine zwar starke, aber keine staatsgefährdende Minderheit geworden. 1936 war die Krise vorüber.

Auch die Kommunisten hatten erheblich gewonnen. Von 54 waren sie auf 77 Abgeordnete gestiegen — würdige Bundesgenossen der Nazis zur Zerstörung der Deutschen Republik. Aber immer noch wollte Brüning nicht begreifen, daß er eine Koalitionsregierung mit den Sozialdemokraten bilden müsse. Salingré, der viel herumkam, berichtete, daß die Nazis für den 13. Oktober bei der Eröffnung des neuen Reichstages Unruhen, vielleicht sogar einen Putschversuch planten. Haubach, den ich im Polizeipräsidium aufsuchte, hatte auch davon gehört, sagte aber, leider würden die vorgesetzten Dienststellen diese Gerüchte nicht ernst nehmen. »Dann fahre ich nach Magdeburg, um Otto Hörsing zu sprechen«, sagte ich. Haubach war einverstanden und versprach, mich anzumelden. Hörsing war der Bundesführer des Reichsbanners Schwarz-Rot-Gold. Am 12. Oktober fuhr ich ab in meinem ersten Wagen, einem viersitzigen, dunkelblauen Hanomag. Ich war sehr stolz auf ihn. Ein Genfer Studiengefährte, den ich in Berlin wiedergetroffen hatte, namens Siegmund Nathan, begleitete mich. 1965 begegnete ich ihm wieder als Colonel Reuben Nathan, Chef der Psychologischen Gegenkriegsführung in Saigon!

Wir sahen Hörsing noch am gleichen Abend. Er war ein Freund Friedrich Eberts gewesen. Als Oberpräsident der Provinz Sachsen hatte er sich in überparteilicher Rechtlichkeit bewährt. Wir erzählten ihm von den in Berlin umlaufenden Gerüchten und rieten, er möge das Reichsbanner anweisen, zur Unterstützung der Polizei das Reichstagsgebäude mit einem starken Schutz zu umgeben. Er hörte uns zu mit väterlicher

Milde; anscheinend gefiel es ihm, daß zwei junge Leute, die nicht aus dem Arbeiterstand kamen, sich so für die Republik einsetzten. Aber sehr ernst nahm auch er die Warnungen nicht. Immerhin — er wollte mich in Berlin am 14. Oktober, meinem 24. Geburtstag, wiedersehen. Am späten Nachmittag des 13. Oktobers, auf der Rückfahrt nach Berlin, hörten wir schon halben Wegs, was geschehen war: Nazi-Demonstrationen und Gewalttaten in einem bislang unerreichtem Ausmaß — Berge von Glas auf dem Potsdamer Platz, in der Leipziger und der Friedrichstraße, Plünderung jüdischer Geschäfte — eine grausige Vorschau auf das Pogrom vom 9. November 1938. Nur mit größter Mühe war es der Polizei gelungen, den Reichstag selber gegen einen Sturmversuch der Nazis zu schützen.

Verabredungsgemäß traf ich Hörsing an meinem Geburtstag in Berlin. »Ich hätte Ihre Warnungen ernst nehmen sollen«, sagte er. Dann schlug er vor, daß ich Arthur Neidhardt aufsuchen solle, den Vorsitzenden des Reichsbanners Berlin-Brandenburg. Sein Bureau in der Sebastianstraße hinter dem Schloß liegt heute im Ostsektor. Junge Männer in grünen Hemden, die meinen Namen gehört hatten, betrachteten mich mit unverhohlener Neugierde. Dann ließ Neidhardt mich rufen. Neben seinem Schreibtisch stand eine schwarzrotgoldene Fahne. Neidhardt war von Beruf Matrose. Später baute er unter Dorpmüller Eisenbahnen in China. Im Ersten Weltkrieg diente er in der kaiserlichen Marine und hatte die Skagerrak-Schlacht mitgemacht. Ich blieb mit ihm freundschaftlich verbunden, in der Emigration und nach dem Kriege, bis zu seinem Tode im Frühling 1967. Ich erklärte ihm meine politische Haltung, wie sie sich immer klarer entwickelt hatte, und sagte, daß ich etwas für die Verteidigung unserer Freiheit tun möchte. »Wenn Sie bereit sind, der Republik treu zu dienen, dann sind Sie uns willkommen«, antwortete er. Das konnte nur heißen: Eintritt in das Reichsbanner, die bei allen »Wohlanständigen« verfehmte Organisation, auf Gedeih und Verderb verbunden mit der hartbedrängten Republik. Ein Spruch des Arbeiterdichters Karl Bröger ging mir durch den Kopf. Als Sprechchor hatte ich ihn bei der Verfassungsfeier vor dem Reichstag gehört

»Deutsche Republik, wir alle schwören:
Letzter Tropfen Blut soll Dir gehören!«

Einer der jungen Männer in grünem Hemd hatte die Fahne genommen und hielt sie mir hin. Ich legte die rechte Hand auf das schwarzrotgoldene Tuch und sagte, daß ich diesen Farben und der Republik, für die sie stehen, treu sein wolle bis zum Tode.

Das war der entscheidenste Augenblick meines Lebens. Alles Spätere, bis zum heutigen Tage, wurde bestimmt durch die Sterne, die über dem 16. Oktober 1930 standen. Wenige Tage später trat ich der Zentrumspartei bei, einer der drei Parteien, die das Reichsbanner trugen. Der Vorsitzende des Zentrums im Reichsbanner-Gauvorstand, Rektor Hans Fest, und Arthur Neidhardt baten mich, eine republikanische Jugendbewegung aufzubauen, aus Jungen von 12 bis 18 Jahren. Ich nannte den neuen Bund »Vortrupp Schwarz-Rot-Gold«. Bald hatten wir Gruppen in ganz Berlin und in zahlreichen Städten der Provinz Brandenburg. Satzung und Aufbau des Vortrupps enthielten viele Gedanken der bündischen Jugendbewegung. Wie mit Neidhardt bin ich auch mit Hans Fest verbunden geblieben. Während der Nazizeit gelang es mir immer wieder, ihm Nachrichten nach Berlin zu schicken und von ihm wertvolle politische Informationen zu erhalten.

Mein engster Mitarbeiter im Vortrupp wurde ein Unterprimaner, Volkmar von Zühlsdorff. Seine Familie stammte aus Mecklenburg und war mit Melanchthon verwandt. Schon als junger Gymnasiast war er leidenschaftlich erfüllt von den Idealen republikanischer Freiheit. Als einer der jüngsten politischen Emigranten ging er 1933 ins Exil. An der Universität Innsbruck bestand er sein juristisches Doktorexamen »Sub Auspiciis Imperatoris« wie es in Österreich heißt. Wir haben die Emigrationsjahre gemeinsam verbracht und kamen zur gleichen Zeit nach Deutschland zurück.

Rudolf Olden stellte mich Theodor Wolff vor, dem Chefredakteur des »Berliner Tageblatts«. Er gehörte zu jener Gruppe von Journalisten, auf deren wöchentliche Leitartikel die ganze Welt mit Spannung wartete. Als die Italiener 1940 Nizza besetzten, wo Theodor Wolff ein bescheidenes Emigrantendasein führte, haben ihn die Faschisten an die Nazis ausgeliefert. Diesen »Sieg« über einen wehrlosen alten Mann hat Goebbels in einer Sondermeldung gefeiert. Wolff wurde von einem Konzentrationslager ins andere geschleppt, bis ihn der Tod von seinen Leiden erlöste.

War es schon arg genug, daß ich in der »Voss« geschrieben hatte — das »Berliner Tageblatt« war noch viel schlimmer! Jeder meiner Leitartikel löste Stürme der Empörung aus, ob ich über die Zustände in den Ostprovinzen schrieb, über die Radikalisierung der Universitäten und des flachen Landes oder gar über das Thema »Jugend und Nationalsozialismus«. Zu meinem Geburtstag im Jahre 1971 besorgte mir ein Freund die Ablichtung eines Artikels von Goebbels im »Angriff« vom 10. Januar 1931: »Durchlaucht redet zur Jugend« — für die Heutigen ein nahezu unfaßbares Dokument von jener Zeiten Schande, im Ton wie im Inhalt. Theodor Wolff ist der »Obermoses«, und weil die »Zeitungshebräer« ihren »abgestandenen Judenkohl« anders nicht mehr »aufwärmen« können, verschrieben sie sich jetzt einem Prinzen, den man nur mit dem »Prädikat belegen könne: Von Gottes Gnaden hoffnungslos verblödet«. Hierauf zitiert Goebbels einige Sätze aus meinem Berliner

Tageblatt-Artikel, und dafür bin ich sogar dankbar, denn nun weiß ich sie wieder:

»Über weite Kreise der heutigen nationalsozialistischen Jugend wird über kurz oder lang eine furchtbare seelische Krise kommen, sobald nämlich diese Jugend feststellen muß, daß alles, woran sie lange geglaubt hat, Trug und Blendwerk war.«

Vielleicht hat Goebbels selber geahnt, daß dem so sei — daher sein Versuch, diese Erkenntnisse im Gossenton wegzuhöhnen.

Eine schwere Entscheidung kam auf mich zu: Dr. Egon Wertheimer-Ranshofen, der Leiter der deutschen Presseabteilung beim Völkerbund, bot mir an, als sein Stellvertreter nach Genf zu kommen. Aber wie konnte ich Deutschland verlassen, da ich gerade in den aktiven Kampf für die Republik eingetreten war? So lehnte ich ab, aber wir blieben dennoch gute Freunde. 1934/35, als er noch beim Völkerbund war, hat er mir in der Saarfrage sehr geholfen. Später traf ich ihn in Amerika wieder.

Oswald Garrison Villard, damals noch Chefredakteur der großen liberalen Wochenschrift »The Nation«, kam im Spätherbst 1930 nach Berlin und wollte mich sprechen. Er arbeitete an einem Buche über Deutschland, »The German Phoenix«, das Ende 1932 erschien. Ich trug die Uniform eines republikanischen Jugendführers, als ich ihn aufsuchte, mich umzuziehen war keine Zeit gewesen. Villard deutete auf meine schwarzrotgoldenen Abzeichen und sagte: »Das sind die Farben der deutschen Demokratie, die wir in Amerika lieben und achten.« Er war der Sohn eines deutschen politischen Flüchtlings von 1848. Ursprünglich hieß die Familie, die aus der Pfalz stammte, Hilgard; Henry, Oswalds Vater, nannte sich Villard. Er war ein Freund Abraham Lincolns und Erbauer der Northern Pacific Railroad, einer der ersten Eisenbahnlinien zum Pazifischen Ozean. Er heiratete eine Tochter des berühmten »Abolitionisten«, des Sklavenbefreiers Lloyd Garrison. So wurde Oswald Garrison Villard zum Erben der besten amerikanischen und deutschen freiheitlichen Traditionen. Während des Ersten Weltkrieges kämpfte er leidenschaftlich gegen Wilsons Interventionspolitik, dann plädierte er für die Deutsche Republik, um im Zweiten Weltkrieg für einen gerechten Frieden mit dem deutschen Volke einzutreten. Er gehört zu jenen Männern, von denen Deutschland immer noch nicht weiß, was es ihnen schuldig ist.

Das Jahr 1931 begann mit politischem Mord: Ein Berliner Reichsbannerführer namens Willy Schneider wurde von Nazi-Ganoven meuchlings umgebracht. Das »Berliner Tageblatt« berichtete darüber auf der ersten Seite: »Das Begräbnis gestaltete sich zu einer der eindrucksvollsten Trauerkundgebungen, die die Hauptstadt je sah, und gleichzeitig zu einem machtvollen republikanischen Protest gegen den faschistischen Terror.« In der gleichen Ausgabe erschien mein Leitartikel: »Jugend und Nationalismus«. Schneiders Ermordung hatte den Terror grell beleuchtet, den ich zwei Tage zuvor, als ich den Aufsatz schrieb, vorausgesagt hatte, sollten die Nazis weiter an Gewicht gewinnen.

Inzwischen hatte Professor Mendelssohn-Bartholdy meine Dissertation angenommen, ich fuhr nach Hamburg zu den mündlichen Prüfungen. Ich bestand sie am 2. Februar 1931, und damit war ich Doctor iuris, der erste in der Familie. In dieser Dissertation ist zum ersten Male entwickelt, was man heute allgemein das »Widerstandsrecht« nennt, damals ein neuer, fast unbekannter Begriff. In Italien sei die liberale Verfassung von 1848 nie formell beseitigt, aber durch den Faschismus ihres Inhalts völlig beraubt worden. Wie, wenn in Deutschland Ähnliches geschähe —? Durch eine Reichstagsmehrheit, die, ohne die Verfassung selber zu beseitigen, die Gesetze erließe, die ihrem Geiste widersprechen? Als Beispiele nannte ich: Gesetze »Zur Tötung der Unheilbaren«, »der Verbrecher«, »Enteignung der Juden, der Ausländer«. Im Kapitel über die »Verfassungsändernde Gewalt« schrieb ich, diese sei nicht unbegrenzt. Die staatliche Machtvollkommenheit sei umgeben von den Postulaten der Universalen (Rechts-)Idee, des universalen Pflichtenkreises. Gesetzen, die dagegen verstoßen, komme daher keine bindende Kraft zu, selbst wenn sie formell einwandfrei zustande gekommen seien. Der Reichspräsident, als der oberste Hüter von Recht und Verfassung, müßte sich solchen »Gesetzen« mit jedem tatsächlichen Machtmittel widersetzen. Abschließend hieß es: »Versagt auch er, dann wird ein Recht auf Revolution für jeden einzelnen begründet, ja, mehr als das: Die P f l i c h t   z u r   R e v o l u t i o n.« (Auch im Original gesperrt gedruckt.)

Heute ist dies staatlich und international anerkanntes Recht. Wer solch sittenwidrigen »Gesetzen« folgt, macht sich schuldig. Das ist sowohl in Nürnberg wie von deutschen Gerichten klar entschieden worden. Nach dem Grundgesetz der Bundesrepublik Deutschland kann keine noch so große Mehrheit im Parlament die Menschenrechte beseitigen oder deren Inhalt verändern. Aber Verfassungsfragen sind, wie schon Ferdinand Lassalle feststellte, Machtfragen. Sollte also, trotz dem Grundgesetz, einmal etwas Ähnliches versucht werden, dann ergäbe sich wiederum für jeden einzelnen nicht nur das Recht, sondern die Pflicht zur Revolution.

Eine strenge Republik!

»Eine strenge Republik — Republik, werde hart!« Theo Haubach und ich hatten diese Parole ausgegeben, für alle Kundgebungen in ganz Deutschland. Die erste davon fand in Stuttgart statt, wenige Wochen nach meiner Promotion. Veranstalter waren das Reichsbanner, der Republikanische Studentenbund, die Republikanischen Pfadfinder und die Sozialistische Arbeiterjugend (SAJ).

Der Saal war schon überfüllt, als ich hereinkam. Jemand reichte mir ein offenes Telegramm: ich war zum Vorsitzenden des Republikanischen Studentenbundes Berlin gewählt worden. »Ich bin doch nicht mehr Student!« sagte ich. »Na wennschon! Jedenfalls mußt du jetzt zur Versammlung sprechen!« Noch nie hatte ich in der Öffentlichkeit gesprochen. Lehrsätze aus einer Vergangenheit, die ich überwunden glaubte, kamen mir ins Gedächtnis: »Nie auffallen! Ein Edelmann produziert sich nicht in der Öffentlichkeit!« Man schob mich zum Rednerpult. Vor mir eine ungeheure Masse, ohne individuelle Gesichter, wie ein einziges Wesen aus dem Abgrund selber. Plötzlich brach der Bann — Menschen wurden sichtbar, Jugend, klare Augen, lächelnd, erwartungsvoll. — Ich fing an zu sprechen — nicht, um mich zu produzieren, sondern um die anderen wissen zu lassen, was mich bewegte: »Freunde, Kameraden, das Schicksal Europas mag sich in diesen Tagen entscheiden. Starke Kräfte sind am Werke, um diesen Staat, unseren Staat, zu zerstören, um Platz zu machen für einige wenige, die nach Macht lüsten und die das größte aller Verbrechen planen: Krieg! Es ist unsere Aufgabe, Deutschland und alle anderen Völker davor zu schützen. Daher schlage ich die folgende Ergänzung des Strafgesetzbuches vor: ›Wer zum Kriege hetzt, ihn verherrlicht oder ihn ein notwendiges Werkzeug der Politik nennt, wird wegen Hoch- und Landesverrat bestraft.‹« Das wurde von vielen Zeitungen übernommen, auch von Naziblättern: »Die Verdammung eines Krieges aus nationalen Gründen durch diesen roten Prinzen ist selber Hoch- und Landesverrat!«

Die nächste große Kundgebung unter unserm Motto »Republik, werde hart!« fand in Berlin statt. Es sprachen Paul Loebe, der Präsident des Reichstages, Theo Haubach und ich. »Die Jugend muß sich weigern, Sklave zu werden einer Diktatur«, sagte Loebe. Nach den Jahren der Verfolgung traf ich ihn in Berlin wieder, ungebrochen in seinem Glauben an Recht und Freiheit.

In Preußen regierte eine Koalitionsregierung aus Sozialdemokraten, Demokraten und Zentrum. Sie regierte seit 1921, und sie regierte gut.

Die Verwaltung war sauber, das Siedlungsprogramm vorbildlich. Otto Braun war Ministerpräsident, Carl Severing Innenminister, Männer von untadeligem Rufe. Dem Innenminister unterstanden die 100 000 Mann preußischer Schutzpolizei. Eine solche Truppe in die Hand zu bekommen — das wäre der entscheidende Schritt zur Unterwerfung ganz Deutschlands. Und darauf zielte der Volksentscheid vom 9. August 1931 ab, in Szene gesetzt von der Rechten, um schließlich zu einem braunroten Bündnis zu führen, ein Vorspiel zum Ribbentrop-Molotow-Pakt, der den Zweiten Weltkrieg auslöste.

Von solch fortdauernder Bedeutung ist dieser Tag, daß mich der Deutschlandfunk bat, am 40. Jahrestag, dem 9. August 1971, darüber zu sprechen: Gemäß Artikel 13 der Verfassung des Freistaats Preußen vom 20. November 1920 konnte der Landtag durch Volksentscheid aufgelöst werden. Ein solcher mußte stattfinden, wenn nach Artikel 6 Absatz 3 der Verfassung ein Fünftel der Stimmberechtigten ihn in einem Volksbegehren verlangte.

Da die Nationalsozialisten und ihre deutschnationalen Bundesgenossen im Landtag selber dessen Auflösung nicht erzwingen konnten, hofften sie, daß das Massenelend, die Arbeitslosigkeit, die nationale Unzufriedenheit ihnen durch Volksbegehren und Volksentscheid die Mehrheit verschaffen würden. In ihrem Volksbegehren haben sie auch jenes Fünftel tatsächlich erreicht, mit Unterstützung der mächtigen Hugenbergpresse. Nun sollte es ein »nationaler« Volksentscheid werden, ein »altpreußischer«. Auf allen Plakaten erschien Friedrich der Große, mit Zopf und Krückstock, im Hintergrund die Silhouette des Landtages. Aus dem Munde des Königs kamen die markigen Worte: »Der Landtag ist aufzulösen!« Preußen von der roten und schwarzen Brut zu befreien, verkündeten Goebbels, Hugenberg und Stahlhelm, *darum* geht es! SA und SS sorgten mit Straßenterror und Saalschlachten für die Instrumentierung.

Daß sich alle demokratischen Blätter, die republikanischen Parteien, das Reichsbanner, die Gewerkschaften gegen diesen Volksentscheid wandten, war selbstverständlich. Am entschlossensten zeigten sich die Kommunisten. Schon am 15. Oktober 1930, bei der Ankündigung des Volksbegehrens, hatte ihr Sprecher im Preußischen Landtag, der Abgeordnete Schwenk, erklärt: »Das Volksbegehren der Nationalsozialisten hat nur das Ziel, der Blutherrschaft der faschistischen Diktatur den Weg zu bereiten.« Das Zentralorgan der KPD, »Die Rote Fahne«, gab dieser zweifellos richtigen Meinung Tag für Tag beredten Ausdruck. Bis zum Morgen des 21. Juli! Da wachte das Volk von Preußen auf und blickte fassungslos auf die grellroten Mauernanschläge, die über Nacht erschienen waren: »Arbeiter, Proletarier, Antifaschisten! Auf zum Roten Volksentscheid vom 9. August! Jede Stimme für den Roten

Volksentscheid!« Damit schien die Schlacht um Preußen verloren, denn auf dem Papier besaßen Rechts- und Linksradikale die Mehrheit.

So gingen sie denn am 9. August 1931 gemeinsam zu den Urnen: die einen mit Hammer und Sichel, die anderen mit dem Hakenkreuz auf den Rockumschlägen, Potsdamer Stiftsdamen, revolutionär drapierte Marktweiber, ostelbische Junker und Linksintellektuelle. Hätten sie gesiegt, vorläufig wäre nicht ein kommunistisches, sondern ein nazistisch-deutschnationales Regime zur Macht gekommen. Aber Dimitry Manuilsky, Deutschlandreferent im Komintern, hatte ja die Weisung ausgegeben: »Der Hauptfeind ist Severing, der sozialdemokratische Partei- und Brüningsche Staatsapparat. Hitler ist unser bester Bundesgenosse. Mit seiner Hilfe werden wir dies alles zertrümmern.« Dennoch schlug das Unternehmen fehl, weil viele Kommunisten sich den morbiden Überlegungen ihrer Führer versagten und auch manchen Konservativen das Grauen ankam.

Dieser 9. August sollte in Berlin blutig zu Ende gehen. Zusammen mit Ulrich Salingré kam ich in einem Wagen der »Voss« zum Bülowplatz, knapp nachdem die Polizeihauptleute Anlauf und Lenk von Kommunisten ermordet worden waren. Eine gewittergeladene Luft! »Machen Sie nicht den Staat verantwortlich, wenn jemand auf Sie schießt«, sagte ein Beamter, als wir endlich weiterfahren durften. Erich Mielke, einem der Mörder von Anlauf und Lenk, gelang die Flucht ins Ausland. 1945 kehrte er aus der Sowjetunion zurück. Seit 1957 ist er »DDR«-Minister für Staatssicherheit. Seine Tat blieb ungesühnt.

Die Wirtschaftskrise hielt an, obgleich das Hoovermoratorium vom 20. Juni, mit dem die Reparationsfrage praktisch erledigt wurde, eine gewisse Erleichterung schuf. Aber am 13. Juli brach die Darmstädter und Nationalbank zusammen, eine Konkurswelle setzte ein. Am 21. September war die Bank von England gezwungen, vom Goldstandard abzugehen. Ende des Jahres näherte sich die Zahl der Arbeitslosen der Sechs-Millionen-Grenze.

Viel Zeit verbrachte ich in den Ostprovinzen. Dort versammelten die Nazis und die Stahlhelmer ihre Mannen zum »Marsch auf Berlin«. Als Vorwand für ihre militärischen Übungen diente ihnen, daß sie »das Land gegen polnische Freischärler schützen müßten«. Abend für Abend sprach ich in den Städten und Dörfern von Posen und in der Provinz Grenzmark-Westpreußen, oftmals in Scheunen oder in trüben, bierdunstigen Gaststätten. Landarbeiter, kleine Handwerker, Arbeitslose, gedrücktes, erniedrigtes Volk — das waren meine Zuhörer. Aber nie vergesse ich, wie ihre Gesichter sich erhellten, wenn ich ihnen ihre Menschenwürde ins Gedächtnis zurückrief und ihnen sagte: »Noch gibt es eine republikanische Regierung in Berlin.«

Theodor Wolff und Rudolf Olden baten mich, über meine Erlebnisse im »Berliner Tageblatt« und in der »Berliner Volkszeitung«, dem Massenblatt des Mosse-Verlages, zu berichten. Der Bericht erschien unter dem Titel »Östliche Wirren«. Ich enthüllte darin, was ich über den geplanten Aufstand wußte, nannte ungetreue Beamte beim Namen, schilderte, wie bereits in den Volksschulen gegen die Republik gehetzt werde, wie man verfassungstreue Lehrer boykottiere — und dies alles wegen der »Bedrohung durch Polen«! Prompt schrieben die Rechtsblätter, ich »hätte nationale Geheimnisse an Polen verraten« und sollte daher unter Anklage gestellt werden. Aber auch Severing war nicht glücklich über meine Veröffentlichungen. »Warum haben Sie uns nicht vorher davon unterrichtet?« fragte er. »Weil dann überhaupt nichts geschehen wäre«, antwortete ich.

Persönlich konnte ich Carl Severing gut leiden. Nur fand ich, daß er zu nachgiebig geworden sei gegenüber den Feinden des Staates oder daß er das volle Ausmaß der Gefahr nicht erkannte. Nach dem Kriege habe ich ihn in Bielefeld besucht, und wir sprachen in freundschaftlicher Weise über unsere Meinungsverschiedenheiten von damals. Mehrmals sind wir gegen Ende des Jahres 1931 gemeinsam öffentlich aufgetreten. Auf einer dieser Kundgebungen im Saale des ehemaligen Herrenhauses sagte ich: »Ein Staat, der sich von seinen Feinden entwürdigen und beschimpfen läßt, wird schließlich mit seiner Ehre auch sein Dasein verlieren.« Fünf Tage später, am gleichen Platze, war Severing der Hauptredner, ich führte den Vorsitz. Es war eine gute Rede, die er hielt! »Ich fürchte mich nicht vor den Nazis«, schloß er, »sollten sie je frech werden, bemühe ich erst gar nicht die Polizei, sondern rufe die Feuerwehr!« Daraufhin Stürme der Begeisterung, vor allem der jüngeren Zuhörer, die sich auch noch auf der Straße fortsetzten! Aber ... da ging plötzlich Polizei auf sie los, schlug mit dem Gummiknüppel drein und verhaftete Dutzende wegen »öffentlicher Ruhestörung«. Offensichtlich hatte Severing, Preußischer Minister des Innern, nicht geahnt, daß seine Polizei bereits mit Nazielementen durchsetzt war.

Am 15. Dezember jenes Jahres hat Dimitry Manuilsky seine Parole, die längst praktiziert wurde, nämlich daß Hitler der beste Bundesgenosse zur Zerschlagung der deutschen Republik sei, öffentlich wiederholt. Das geschah anläßlich einer Tagung des Exekutivausschusses der Komintern in Moskau. Der gleiche Dimitry Manuilsky wurde als Hauptdelegierter der Sowjetunion im April 1945 zur Eröffnungskonferenz der Vereinten Nationen nach San Francisco entsandt. Keine amerikanische Zeitung brachte den Mut auf, auf die Rolle dieses Mannes beim Untergang der deutschen Republik hinzuweisen.

Der Weg in die Staatskrise

Gleich nach dem Neujahrstag 1932 begann wieder meine Wanderung für eine »Strenge Republik« — Reden in kleinen und großen Sälen, in Turnhallen, in trüben, verrauchten Kneipen, in Kinos, unter freiem Himmel. Wer heute durch das Ruhrgebiet fährt, kann sich das damalige nicht mehr vorstellen. Der Bombenkrieg und der soziale Wohnungsbau haben die »slums« und die Mietskasernen beseitigt. Und alles lebt und bewegt sich! Damals lag eine beklemmende Stille über dem Revier. Die Förderräder drehten sich nicht, kein Rauch stieg aus den Schornsteinen. Graugesichtig saßen sie vor den Kneipen oder standen an den Straßenecken, Männer und Jugendliche. Die schulentlassenen Jungen fanden keine Lehrstellen.

Dortmund, Gelsenkirchen, Essen, Wanne-Eickel, Bochum, Wuppertal und noch Dutzende von anderen Orten ... das Rednerpult bedeckt mit einer schwarzrotgoldenen Fahne, am Vorstandstisch die Vertreter der drei republikanischen Parteien. Schon nach meinen ersten Sätzen heult es auf — dort in der Ecke, dann in der Mitte, rechts, links, Nazis und Kommunisten verbündet gegen uns. Der Vorsitzende läutet die Glocke, ich versuche weiterzureden — da — ein Schrei — Stühle, Biergläser wirbeln durch die Luft, Metall klirrt, der ganze Saal explodiert wie ein Vulkan. Eine der denkwürdigsten Saalschlachten erlebte ich in Gelsenkirchen an einem schönen Sonntagmorgen. Ich hatte die Sonne im Gesicht, konnte also nicht sehen, was los war, wer »siegte«, wer geschlagen wurde. Erst nur die übliche Kakophonie, aber dann Pistolenschüsse! Was konnte ich tun? Ruhig am Rednerpult ausharren, bis es plötzlich still wurde. »Kamerad Löwenstein«, sagte ein Reichsbannermann, »sprich weiter, wir haben sie hinausgeschmissen.«

Es ging um die Wahl des Reichspräsidenten. »Schlagt Hitler, durch Wahl Hindenburgs!« Das war die Parole, auch der Sozialdemokraten, die 1925 gegen ihn gestimmt hatten. Aber niemandem war so ganz wohl dabei. Wilhelm Groener, der ihn gut kannte und um die zweideutige Rolle wußte, die er 1918 gespielt hatte, soll sich geäußert haben: »Dieser Mann kann nicht die Treue halten.« Aber eine andere Alternative gab es ja nicht! Nur der »Sieger von Tannenberg« hatte Aussicht, Hitler zu schlagen. Die Nazis scherten sich freilich einen Dreck darum. Für sie war Hindenburg jetzt der »Kandidat der Novemberverräter«, über den sie ihre Mülltonnen ausleerten. Erst nachdem Hindenburg die Republik und seine Wähler verraten hatte, wurde er zum »Sieger von Tannenberg« zurückerhoben.

Im Laufe dieser Wahlkämpfe kam ich auch in das romantische westfälische Städtchen Soest. Nach dem Kriege habe ich es oft besucht, aber der Eindruck von damals haftete weiter: »Wir reißen die Tore zur Freiheit auf! Darüber spricht der FEMEMÖRDER HEINES!« So las man auf den Maueranschlägen. Die Fememorde, das meuchlerische »Umlegen« von Kameraden, die »nationale Geheimnisse« an die »Judenregierung« verraten hatten — über dieses Schande schrieben damals alle Blätter. In vielen Fällen war die Politik übrigens nur ein Vorwand. In Wirklichkeit ging es um das Austragen homoerotischer Eifersüchteleien. Aber ein Mörder ist eben ein Mörder, überlegten die Nazi-Propagandachefs, und das hat immer eine gewisse Anziehungskraft! Der Saal war überfüllt — doch mit welchen Typen! Im Augenblick, da ich sagte: »Womit wollen sie die ›Tore zur Freiheit‹ aufreißen? Durch *Mord!*« ging es los, vielleicht noch ärger als in Gelsenkirchen. Schließlich räumte die Polizei den Saal, uns eingeschlossen. Dieser Edmund Heines ist dann bekanntlich selber von anderen Nazis »umgelegt« worden, beim Röhmputsch vom 30. Juni 1934 — wohl aus denselben Gründen, die mit Politik nicht unmittelbar zu tun hatten.

Ganz anders war das Klima in Bremen, das ich jetzt zum ersten Male aufsuchte. Eine anständige Versammlung, ganz im Geiste der Freien Hansestadt. Der SPD-Reichstagsabgeordnete Hermann Tempel und ich waren die Hauptredner, der Bremer Senator Wilhelm Kaisen führte den Vorsitz. Daran erinnerten wir uns beide, als ich ihn gleich nach meiner Rückkehr aus der Emigration, im Oktober 1946, aufsuchte. Nach den Jahren der Verfolgung hat Kaisen, als Bürgermeister und Senatspräsident, viel zum Aufbau Bremens und der deutschen Demokratie beigetragen.

In Berlin hatten wir Marietta von Wentzel, die Ägyptologin, und ihren Mann, Felix Nöggerath, wiedergetroffen. Sie hielten offenes Haus — eine »Villa Pazzi« unter Berliner Himmel. Dort las Giuseppe Lanza del Vasto seine Gedichte vor, Karl Wolfskehl und Berthold Valentin, aus dem George-Kreis, kamen zu Besuch. Liberale Publizisten, wie Leopold Schwarzschild, Rudolf Olden und manche andere, waren unter den Gästen. Anfang 1932 kauften sich die Nöggeraths in Ibiza an, wir übernahmen ihre Wohnung in der Neuen Kantstraße 10, nicht weit von Lietzensee.

Im ersten Wahlgang, am 13. März 1932, erzielte Hindenburg nicht die absolute Mehrheit. Im zweiten, am 10. April, siegte er mit einer Mehrheit von sechs Millionen Stimmen über Hitler. Da einige Nebenkandidaten verzichtet hatten, war auch dessen Stimmenzahl angewachsen, von 11,3 auf 13,4 Millionen. Thälmanns Anteil sank von 5 auf 3,7 Millionen. War Hindenburgs Sieg auch nicht sehr eindrucksvoll, man konnte mit dem Ergebnis zufrieden sein. Drei Tage danach wurden die Nazi-Kampfverbände, SA und SS, aufgelöst und verboten. Auf Brünings Antrag, der endlich die Gefahr zu erkennen schien, hatte Hindenburg die entsprechende Verordnung erlassen. Aber das Verbot wurde nie ernsthaft durchgeführt. Koppelschloß, Schulterriemen und Rangabzeichen ließen sie weg, alles übrige blieb, auch die schwarzen und braunen Hemden, die ja jeder tragen durfte. Ihre Blätter brachten weiter »technische« Mitteilungen, nur hieß es jetzt: »Der (ehemalige) SA-, der (ehemalige) SS-Mann«. Die Republik wurde weiter beschimpft.

Um ganz »überparteilich« zu sein, begann Hindenburg, den wir im Wahlkampf geschützt hatten, die Auflösung des Reichsbanners zu erwägen! Groener widersprach: die Polizei aufzulösen, um den Verbrechern gegenüber fair zu sein, wäre kein Zeichen staatsmännischer Weisheit. Es war das gleiche Argument, das ich in einem Briefe an Hindenburg vorgebracht hatte; das Reichsbanner, schrieb ich ihm, sei da, um den Staat zu verteidigen, die Naziorganisationen aber wollten ihn zerstören. Der Reichspräsident bestätigte meinen Brief innerhalb weniger Tage in einem höflichen, handgezeichneten Schreiben.

Am 24. April fand die Neuwahl des preußischen Landtages statt. Nun besaßen Nazis und Kommunisten im Parlament des größten deutschen Staates zusammen die absolute Mehrheit. Die preußische Koalitionsregierung blieb geschäftsführend im Amt. Bei der Eröffnung des Landtages zogen die Nazi-Abgeordneten in braunen Hemden ein, machten den Hitlergruß und gröhlten ihre üblen Lieder. Das war, wie Otto Braun es ausdrückte, kein Parlament mehr, sondern eine politische Kaschemme.

Was sich auf Reichsebene zusammenbraute, merkte man zuerst am 12. Mai, als Reichswehrminister Wilhelm Groener zurücktrat. Eine stürmische Reichstagssitzung war vorangegangen. Obgleich die Regierung Brüning noch einmal einen parlamentarischen Sieg errang, ließ Hindenburg Groener fallen. Daß Brüning das hinnahm, besiegelte sein eigenes Schicksal. Am 30. Mai mußte er zurücktreten. Innerhalb von 24 Stunden war ein Nachfolger da. Hinter den Kulissen war das ganze ja schon lange vorbereitet worden. Dieser neue Reichskanzler, Franz von Papen, vertrat alles, was es in Staat und Katholizismus an Reaktion und Antirepublikanismus gab. Reichswehrminister wurde der legendenumwobene General Kurt von Schleicher, Außenminister Konstantin Freiherr von Neurath. Da der ganze Klub über keine zehn Prozent im Reichstag verfügte, wurde dieser am 4. Juni aufgelöst. Neuwahlen sollten am 31. Juli stattfinden.

Am 16. Juni wurden die Nazi-Kampfverbände wieder zugelassen. So wertvolle »nationale und aufbauwillige Kräfte« dürfe man doch nicht ausschalten, hatte Schleicher argumentiert. Nicht lange danach sollte er diesen Mangel an Urteilsgabe mit dem Leben bezahlen. Nun hatte der Terror freie Fahrt. Innerhalb eines Monats stieg die Zahl der Opfer der Nazis auf 89 Tote und 1100 Schwerverletzte. Otto Braun hat die Vermutung geäußert, daß die Regierung Papen den Terror ganz bewußt ermutigte, um einen Vorwand zur Machtübernahme in Preußen zu finden.

Der 20. Juli 1932 — Vorspiel des Endes

Der Vortrupp Schwarz-Rot-Gold wuchs, obgleich unsere Jungen ständigem Terror ausgesetzt waren. Alle republikanischen Jugendbünde litten darunter. Damit wollten die Nazis die Eltern zwingen, ihre Söhne in die HJ zu schicken. Anfang Juli bezogen wir ein Zeltlager am Erkner See, ungefähr 40 Kilometer südöstlich von Berlin. Wochentags waren hundert bis hundertzwanzig Jungen da, zum Wochenende meist drei- bis vierhundert. Wenn ich nach Berlin mußte, ließ ich das Lager in den Händen von Volkmar von Zühlsdorff und meines Bruders Werner Alvensleben, der jetzt an der Berliner Universität studierte.

Nach Berlin fuhr ich zahlreicher Besprechungen wegen mit Carl Severing, mit Dr. Wilhelm Abegg, dem preußischen Staatssekretär des Innern, mit dem preußischen Finanzminister Dr. Otto Klepper und mit Arthur Neidhardt und dem Reichsbanner-Gauvorstand. Am 17. Juli, dem »Blutsonntag«, wurden bei politischen Zusammenstößen achtzehn Personen getötet, über zweihundert schwer verletzt. Am schlimmsten war es in Altona. Dort waren durch ein Versehen der sozialdemokratischen Stadtverwaltung die gleichen Straßen für die Aufmärsche der Nazis und der Kommunisten freigegeben worden.

Schon am 12. Juli unterbreiteten Siegmund Nathan, mit dem ich seinerzeit nach Magdeburg gefahren war, und ich der preußischen Regierung eine Denkschrift zur Lage. Sie ging auch dem Berliner Polizeipräsidenten Albert Grzesinski zu, dem Vizepräsidenten Dr. Bernhard Weiss, Dr. Abegg, Arthur Neidhardt und der Bundesführung des Reichsbanners. Sie ist mir in allen Einzelheiten gegenwärtig, da ich sie in der englischen, der deutschen und holländischen Ausgabe meines ersten Buches »Die Tragödie eines Volkes«, geschrieben 1933, erschienen 1934, im Wortlaut veröffentlichte. Exemplare dieses Buches besitze ich noch.

In dieser Denkschrift hieß es, daß es sich nicht mehr um eine vorübergehende politische Krise handele, sondern um einen kaum mehr versteckten revolutionären Zustand. Die Fortsetzung der Passivität der Republik könne zu deren Niederlage und zur Unterdrückung des demokratischen Volksstaates führen. Es sei also höchste Zeit, Gegenmaßnahmen zum Schutze der Republik zu ergreifen! Wir empfahlen daher die Verkündung des »Republikanischen Notwehrzustandes«, verbunden mit einem Aufruf an das Reichsbanner und alle verfassungstreuen Organisationen — Gewerkschaften, Sozialdemokratische Partei, Jugendverbände —, in ständiger Alarmbereitschaft zu sein, um den Staat zu verteidigen. Diese »Republikanische Mobilmachung« führten wir in allen, auch technischen Einzelheiten auf.

Wir sprachen auch mit Theodor Leipart, dem Vorsitzenden der Freien Gewerkschaften, und mit Otto Wels, dem Vorsitzenden der SPD. Einem klarblickenden Manne begegnete ich in Heinrich Hirtsiefer, dem preußischen Minister für Volkswohlfahrt. Er war christlicher Gewerkschaftler und gehörte dem Zentrum an. Um einem Staatsstreich Papens zuvorzukommen, schlug ich ihm vor, die Preußische Regierung selber solle auf Grund des Artikels 48 Absatz 4 den Notstand verkünden — dazu sei sie berechtigt, da »Gefahr im Verzuge« sei, wie es im Gesetzestext hieße.

In meinem Buche »Die Tragödie eines Volkes« konnte ich berichten, daß man Severing schon einige Tage vor dem 20. Juli den genauen Plan Papens mitgeteilt habe und daß Hirtsiefer »ihn erst flehentlich, dann in gröbstem Tone bat, doch seinerseits für das Gebiet des Freistaates Preußen den Belagerungszustand zu verhängen und die preußischen Regierungsviertel in Berlin absperren zu lassen«, wodurch der Putsch der Reichsregierung auf durchaus legale Weise verhindert worden wäre. Severing wollte aber um keinen Preis »Blut vergießen«. »Und dieses Zögern«, fügte ich hinzu, auf Seite 140 der deutschen Ausgabe, »dies schlappe Andere-ins-Unrecht-setzen-Wollen, dieses Abschieben der Verantwortung, hat dann Tausenden das Leben gekostet, von denen gar nicht zu reden, die in der Zukunft noch fallen werden.«

Neidhard unterrichtete mich, daß nicht nur Hirtsiefer, sondern auch alle anderen Minister unsere Vorschläge bejahten — mit Ausnahme von Braun und Severing. Am Morgen des 20. Juli kam Papens Staatsstreich. Über Hindenburgs Unterschrift erließ er unter Heranziehung des Artikels 48 eine Verordnung, durch die die preußische Regierung für »abgesetzt« erklärt und er selber zum Reichskommissar für Preußen ernannt wurde. Die preußischen Stimmen im Reichsrat würden nunmehr durch seine Vertreter ausgeübt werden — also ein völliger Umsturz der bundesstaatlichen Ordnung. Eine der ersten Maßnahmen seines Stellvertreters für Preußen, des Essener Oberbürgermeisters Dr. Franz Bracht, war der berühmte »Zwickelerlaß«. Aus Gründen der Sittlichkeit mußten die Badehosen in Preußen vorne durch einen »Zwickel« verstärkt werden. Eine typische Maßnahme, denn alle Diktatoren greifen in die »Intimsphäre« ein, um die Menschen zu beschämen und zu entwürdigen.

Den Staatsstreich Papens kampflos hinzunehmen bedeutete, die Republik preiszugeben. Gegen Mittag an jenem Schicksalstage traf Neidhardt mit den drei obersten Führern der »Eisernen Front« zusammen. Otto Wels, Theodor Leipart und Karl Höltermann, Otto Hörsings Nachfolger als Bundsvorsitzenden des Reichsbanners. Er drängte auf einen demonstrativen Einsatz der »Eisernen Front«, die ja — wenigstens auf dem Papier! — viele Millionen von Mitgliedern hatte. Vergeblich. »Die Reichstagswahlen vom 31. Juli dürfen nicht gefährdet werden«, brachten sie vor. Leipart witzelte: »Genosse Neidhardt, dann gehen Sie doch selber hin, und verhaften Sie die Leute«!

Von einem Generalstreik, wie er 1920 den Kapp-Putsch in die Knie gezwungen hatte, konnte überhaupt keine Rede sein. Nur ein kleines Flugblatt wurde herausgegeben, das die Massen »auf die kommenden Wahlen« vertröstete. Da würden die Bösen geschlagen und die Guten in ihrer Tugend bestätigt werden. »Dann löst Papen den Reichstag gleich wieder auf und regiert weiter mit dem Artikel 48«, sagte ich zu Neidhardt am Schluß der Sitzung. Die gleiche dumpfe Stimmung herrschte am Nachmittag im Bureau in der Sebastianstraße, als die Berliner Reichsbannerführer zusammenkamen. Jenes Flugblatt wurde vorgelesen und dann verabredete man, wo man sich in den nächsten Tagen treffen solle, »wenn die Lage ernst würde«. Sie war also anscheinend immer noch nicht ernst genug.

Die folgenden Ereignisse schilderte ich aufgrund meiner Darstellung in der »Tragödie eines Volkes«, Seite 143 ff., geschrieben in der unmittelbaren Erinnerung an jene zeitlich noch so nahen Vorgänge:

Im Gespräch mit Nathan und Werner tauchten die Umrisse eines Planes vor mir auf. Ich rief den Staatssekretär Abegg an und fragte, ob wir ihn noch heute sprechen könnten. Ja ... wenn wir uns nicht vor den Nazis fürchteten, die in seiner Nähe ihren Sieg feierten, und nur, wenn ich nicht in Reichsbanneruniform käme!

Gegen elf Uhr abends kamen wir zu ihm. Kisten und Koffer standen halbgepackt herum. Was ihn am meisten zu bedrücken schien, war, daß die süddeutschen Regierungen glauben könnten, er habe tatsächlich mit den Kommunisten paktiert. Das folgende habe sich abgespielt: In Gegenwart des Oberregierungsrats Rudolf Diehls habe er Ernst Torgler, dem kommunistischen Führer, angeraten, doch weitere Störungen zu unterlassen. Nur Papen könnte daraus seinen Nutzen ziehen. Torgler erwiderte, ein öffentlicher Appell sei sinnlos, seine Leute würden darauf nicht mehr reagieren.

»Daraufhin«, berichtete uns Abegg weiter, »habe ich ihm lächelnd gesagt, »dann wählen Sie doch die in Ihrer Partei gebräuchliche Form des Geheimbefehls und überlassen Sie dessen Ermittlung unserer Polizei.«

Diehls lobte die taktische Klugheit seines Vorgesetzten, eilte hinaus und berichtete Papen, Abegg habe ein Geheimabkommen mit den Kommunisten geschlossen.

Dieser Diehls wurde 1933 zum Gründer und ersten Chef der Gestapo, überwarf sich aber später mit Himmler. Als er darob von der Bundesrepublik eine Pension oder Wiedergutmachung verlangte, kam es im

Bundestag zu einer Debatte, bei der ich das Verhalten jenes Mannes schilderte. In den fünfziger Jahren kam er bei einem Jagdunfall ums Leben.

Auf Abeggs Schreibtisch sahen wir das Staatssiegel Preußens. Als er »der Gewalt wich« — vertreten durch den sprichwörtlichen Leutnant mit drei Mann — hatte er es in die Tasche gesteckt. Dieses Siegel und Abeggs Sorge um seinen guten Ruf paßten genau in die Pläne, die wir untereinander besprochen hatten. Nathan und ich fragten ihn, ob er uns nicht ermächtigen wolle, nach München zu reisen, um der bayerischen Staatsregierung mitzuteilen, daß er frei von jedem Kommunistenverdacht sei. Auch die anderen süddeutschen Regierungen, in Stuttgart und Darmstadt, könnten wir über die wahren Ursachen des Papenschen Verfassungsbruches aufklären. Abegg war hocherfreut, sagte aber, daß *er* eine solche Reise nicht finanzieren könne!

»Für den Fall, daß uns die Finanzierung gelingt, dürfen wir dann in Süddeutschland als preußische Vertreter handeln?« Nach kurzem Schwanken erklärte er sich einverstanden und unterschrieb und siegelte ein Schriftstück, daß uns als preußische Vertreter auswies. Da sein Telephon sicherlich abgehört wurde, vereinbarten wir, daß Werner die Verbindung aufrechterhalten solle.

Um zwei Uhr morgens waren wir in der Sebastianstraße. Neidhardt war glücklicherweise da, er hatte die Nachtwache übernommen. Ich verschwieg ihm nicht, daß ich beabsichtigte, meine Vertretereigenschaft etwas weiter auszubauen — wir würden versuchen, die süddeutschen Regierungen zu einem gemeinsamen Vorgehen gegen Papen zu bewegen. Neidhardt holte seine Ersparnisse hervor, tausend Mark, die er von der Bank abgehoben hatte, und gab sie uns. Als ich ihn auf das Unsichere unseres Erfolges aufmerksam machen wollte, ließ er mich nicht zu Worte kommen.

Um halb sechs rief Nathan die Lufthansa an. Tatsächlich waren noch zwei Plätze im Flugzeug nach München frei. Papen hatte über Berlin und Brandenburg den Ausnahmezustand verhängt. Die vollziehende Gewalt, die unbeschränkte Macht über Leben und Tod, hatte er dem General und späteren Feldmarschall Gerd von Rundstedt übertragen. Am Tempelhofer Feld patrouillierten mehrere Hundertschaften von Polizei, die ja jetzt unmittelbar der Reichsregierung unterstand. Mit schußfertigem Gewehr, wie man nachher erfuhr: aus Furcht vor einem Putschversuch des »Sturmvogel«, des Flugverbandes der Werktätigen, der kleine Maschinen mit Gummiantrieb baute und etwas größere für Segelflüge.

Aber niemand kümmerte sich um uns. Es war mein erster Flug. Um halb elf waren wir in München. Wir nahmen Zimmer im Hotel Bayerischer Hof am Promenadeplatz. Mitglieder der Dynastien und des Hochadels verkehrten dort — man würde mich also kaum »roter« Machenschaften verdächtigen.

Ich rief den Innenminister Stützel an: Wir kämen im Auftrage der verfassungsmäßigen Preußischen Regierung und müßten ihn sofort sprechen. Eine halbe Stunde später waren wir bei ihm. Über die wahren Motive Papens war er sich durchaus im klaren — auch, daß der gleiche Schlag eines Tages gegen Bayern erfolgen könnte. Darauf konnte ich unsere Vorschläge deutlich formulieren: Die bayerische Staatsregierung möge das Vorgehen Papens als Hochverrat brandmarken und nur die Regierung Braun-Severing als legitimen Verhandlungspartner anerkennen, was auch die Ablehnung der von Papen ernannten preußischen Reichsratsmitglieder bedeute. Alle verfassungstreuen Organisationen sollten mobil gemacht werden und — gewagtester Vorschlag! — die bayerische Staatsregierung solle die bayerischen Reichswehrdivisionen unter Eid nehmen.

Karl Stützel versprach, alle Vorschläge dem Kabinett mit positiver Befürwortung zu unterbreiten. Nach Berlin sollten wir das folgende berichten: Voraussetzung sei, daß die preußische Regierung ihren Anspruch, »Regierung zu sein«, aufrechterhielte. Am nächsten Tage wolle er uns genaueren Bescheid geben.

In der Nacht führte ich ein Telephongespräch mit Werner und Abegg. In verschleierter Form berichtete ich über das Ergebnis des Vormittags.

Am nächsten Tag waren wir wieder bei Stützel. Er hatte inzwischen mit dem Ministerpräsidenten Dr. Held und seinen Ministerkollegen gesprochen. Alle seien mit unsern Vorschlägen einverstanden, mit Ausnahme des letzten Punktes, den man für zu gefährlich halte.

Hier der wörtliche Bericht über diese Unterredung:

»... die preußische Regierung müsse sofort in einer der Öffentlichkeit zugänglichen Form, durch ein Telegramm oder durch eine Rede Brauns, Severings oder Hirtsiefers, verkünden, daß sie sich zum Schutze und der Wiederherstellung der Reichsverfassung an die süddeutschen Staaten gewandt habe. ›Denn‹, sagte Stützel, ›wenn wir ohne eine solche Kundgebung anfangen, dann wird die Reichswehr rascher gegen uns eingesetzt, als wir handeln können, und alle psychologischen Momente sind auf ihrer Seite. Der Reichswehrkommandeur in München ist zwar ein guter Bayer, aber in einem solchen Falle würde er dennoch den Befehl zum Feuern durchführen. Hat jedoch vorher der Appell an das Volk und die Weltöffentlichkeit stattgefunden, dann ist auch formell das Recht auf unserer Seite, denn dann greifen wir ja nicht an, dann verteidigen wir uns nur. Und nun, meine Herren, fahren Sie sofort nach Stuttgart zur Länderkonferenz der süddeutschen Staaten und versuchen Sie, von den anderen Regierungen die gleichen Zusagen zu erreichen, die Sie von der bayerischen Regierung eben durch mich erhalten haben‹.«

Ausklang der deutschen Republik

In Stuttgart gingen wir ins Hotel »Graf Zeppelin«, gegenüber dem Hauptbahnhof. Dort wohnte der badische Staatspräsident Dr. Josef Schmitt. Wir suchten ihn unangemeldet in seinem Zimmer auf. Baden, sagte er, habe sich der Klage Preußens vor dem Staatsgerichtshof angeschlossen, davon hinge nun alles ab. Mehr könne man im Augenblick nicht tun. Stützel trafen wir in der Villa Reitzenstein wieder. Er stellte uns dem Ministerpräsidenten Dr. Heinrich Held und dem hessischen Innenminister (SPD) Wilhelm Leuschner vor. Papen war inzwischen angekommen und hatte alle süddeutschen Ministerpräsidenten und zahlreiche Minister in der Villa Reitzenstein zusammengerufen, eine Art von inoffiziellem »Länderrat«.

Als ich im November 1946 in das kriegszerstörte Stuttgart kam, war die Villa Reitzenstein zum Sitze einer beratenden Versammlung geworden — des »Länderrats« der amerikanischen Zone. Er tagte unter dem Vorsitz des US Oberkommandierenden General Lucius D. Clay. Das Hotel Zeppelin diente den amerikanischen Offizieren zur Unterkunft. Eine schicksalshafte Kette von Ursache und Wirkung — vom Verrat der deutschen Demokratie im Jahre 1932 zur Zerstörung und Aufteilung Deutschlands so bald danach.

In Stuttgart fand Papen keine Unterstützung. Bayern schloß sich der Klage Preußens und Badens vor dem Staatsgerichtshof an. In verschiedenen öffentlichen Kundgebungen gebrauchte Dr. Held Sätze und Wendungen, die wörtlich mit unserm, der Bayerischen Staatsregierung übergebenen Memorandum übereinstimmten.

Am 23. Juli fuhren wir zu Wilhelm Leuschner nach Darmstadt. Auch hierüber finden sich in der »Tragödie eines Volkes« genaue Angaben.

Leuschner ging noch weiter als Stützel. Er versprach, eine Konferenz der süddeutschen Staaten und der Hansestädte einzuberufen. Überdies werde er Darmstadt der preußischen Regierung zur Verfügung stellen — als »Exilshauptstadt«, wie man heute sagen würde. Da Darmstadt innerhalb der entmilitarisierten Zone lag, war es sicher vor dem Zugriff der Reichswehr. Die hessische Polizei war zuverlässig republikanisch. Aber auch Leuschner stellte die Bedingung, daß sich die Regierung Braun-Severing mit einem Appell zur Wiederherstellung der Verfassung an die Öffentlichkeit wenden müsse. In der gleichen Stunde werde die Länderkonferenz einberufen werden, die zweifellos zum Sturze Papens führen würde. »Am späten Nachmittag«, sagte Leuschner beim Abschied, »können Sie in Berlin sein. Am Abend kann ich bereits die Nachricht haben, dann rollt alles weitere ab, wie wir es besprochen haben.«

Als »Die Tragödie eines Volkes« erschien, hat Wilhelm Leuschners Name der Öffentlichkeit nichts bedeutet. Heute ist er weltbekannt. Er gehörte zum Kreise jener Männer, die von Anfang an auf den Sturz der Nazis hinarbeiteten. Auch er starb durch Henkershand. So hat im Lichte des 20. Juli 1944 das, was er am 20. Juli 1932 zu tun versuchte, eine neue Bedeutung erhalten.

Auf der Rückfahrt nach Berlin haben wir uns keinen Illusionen hingegeben: Ein Staat ohne Lebenswillen ist ein untergehender Staat und wagt es nicht mehr, von seinen Bürgern Opfer zu verlangen. Dabei hätte die Deutsche Republik über Millionen von Menschen verfügen können, wenn sie sie nur gerufen hätte. Dem fügte ich hinzu: »Jeden Eid und Meineid, den seine Gegner ablegten, um sich freizuschwören, nahm dieser Staat schmerzlich lächelnd, aber als gültiges Zeugnis in Kauf. Und jede Handlung, die ihm zu seiner Rettung zugemutet wurde, erfüllte ihn mit Schauder, wenn sie statt aus dem Buchstaben der Verfassung aus ihrem Geiste zu rechtfertigen war.«

Wir ahnten also, daß das Ringen um eine deutsche Freiheit im Augenblick hoffnungslos geworden war. »Dennoch haben wir es durchgeführt. Denn das wäre ein schlechter Patriot, der sein Land noch schneller ins Verderben stürzen läßt, weil es sich ja doch nicht mehr verhindern lasse. Und da man Wunder nicht voraussehen kann, bestand immerhin noch der Bruchteil einer Möglichkeit dazu. Und hierfür mußte alles gewagt werden.« Auch diese Sätze sind nicht 1972 entstanden. Wie der ganze Tatsachenbericht über den 20. Juli 1932 stammen sie aus dem Jahre 1933.

Es war ein wunderschöner Sommertag, und so hatten sich Abegg und die preußischen Minister aufs Land begeben. Erst 24 Stunden später, am 25. Juli, trafen wir mit Otto Klepper und Abegg zusammen. Beide setzten sich für unsern Plan ein. Auf ihr Drängen fand noch am gleichen Abend eine Ministerbesprechung statt — ohne Braun und Severing. Es habe ja doch keinen Sinn mehr, ließen sie wissen; auch könnten die Wahlen und das endgültige Urteil des Staatsgerichtshofes gefährdet werden.

Also geschah nichts, gar nichts. Ein paar Tage später traf ein Kurier der bayerischen Staatsregierung ein: Eine Woche habe man gewartet, jetzt sei man gezwungen, sich mit Papen zu verhalten.

In der »Tragödie eines Volkes« habe ich zusammengefaßt:

»Damit also endete die Geschichte des Staatsstreichs vom 20. Juli 1932, und mit ihr endet die deutsche Republik . . ., das deutsche Volk trägt heute die Folgen des 20. Juli 1932, und es wird sie noch jahrelang spüren. Daß aber die Republik nicht schon damals äußerlich zusammenbrach, war nur, weil sich ihre Gegner über die Beute nicht gleich einigen konnten.«

Schon im Spätherbst 1932 sind einige Tatsachen durchgesickert. Anläßlich der Gaugeneralversammlung des Reichsbanners Berlin-Brandenburg kam es zu einer Anfrage an den Bundesvorstand: »Ist es wahr, daß nach dem 20. Juli Süddeutschland bereit gewesen wäre, zum Schutze der Weimarer Verfassung die nötigen Maßnahmen zu treffen, und daß diese Aktion an der Blindheit und Unfähigkeit der entscheidenden Politiker und Reichsbannerführer scheiterte?« Ich fühlte mich nicht berechtigt, die Zusammenhänge zu enthüllen.

Nicht lange vor seinem Tode, mit dem Datum vom 25. Januar 1965, hat mir Arthur Neidhardt, der in Bayerisch-Gmein eine neue Bleibe gefunden hatte, spontan über die Vorgänge jener Jahre geschrieben. Der Brief enthält u. a. die folgenden Sätze: »Ihre lieben Neujahrsgrüße waren für mich ein erneuter Beweis kameradschaftlicher Verbundenheit, einer Kameradschaft, die vor 35 Jahren geschlossen, mich bis an das Ende meiner Tage mit Ihnen verbinden soll. In der Stille meines Rentnerdaseins gehen meine Erinnerungen gar oft an die Ereignisse und besonders an die Männer und Jünglinge zurück, die im Glauben an ein demokratisches Deutschland im Reichsbanner Schwarz-Rot-Gold von 1924 bis zum bitteren Ende 1933 im Kampfe gegen Rotfront und SA standen. Es war ein Kampf, der in heute unvorstellbarer Weise geführt werden mußte und den höchsten Einsatz der Persönlichkeit, des Mutes, der Zeit, des eigenen Geldes, der Inkaufnahme der gesellschaftlichen Ächtung und gar oft auch des eigenen Blutes forderte ... Es gehört zu den angenehmen Erinnerungen aus dieser Zeit, als Sie mir im Oktober 1930 den freiwilligen Entschluß mitteilten, sich vorbehaltlos den Zielen des Reichsbanners zur Verfügung zu stellen. Sie hatten als erster Angehöriger des deutschen Hochadels den Mut, für Schwarz-Rot-Gold, Demokratie und Republik öffentlich einzutreten — in Hunderten von öffentlichen Versammlungen und Kundgebungen, mit Hunderttausenden von Teilnehmern standen Sie jahrelang als deutscher Prinz mit Ihrem Namen und Ihrer ganzen Person führend im Kampfe gegen das drohende Unheil.

Ich erinnere mich ferner, daß Sie nach gemeinsamer Beratung mit mir den Versuch unternahmen, eine Intervention der süddeutschen Freistaaten ... gegen den hochverräterischen Staatsstreich Papens gegen Preußen, vom 20. Juli 1932, zu erwirken. Wäre Ihre Aktion gelungen, so wäre wohl Hitler nie zur Macht gekommen. Sie scheiterten indessen an einem lächerlichen Mißverständnis und an der Schockwirkung führender preußischer Minister ...« Der Brief schließt mit einer Bemerkung über den sprichwörtlichen »Dank des Vaterlandes« und darüber, daß »Tausende unserer erbittertsten Gegner von damals heute zu Ämtern und Würden kamen, von denen viele unsere Getreuen von einst in den Tod und in die Konzentrationslager schickten«.

Am 14. Oktober 1932 war ich in Wien bei meiner Mutter. Es war mein 26. Geburtstag. Als Vertreter der Berliner Reichsbannerjugend besuchte ich Otto Bauer, den Vorsitzenden der österreichischen Sozialdemokraten, und seinen Stellvertreter, Julius Deutsch, den ersten Verteidigungsminister der Republik. Der Bundeskanzler Dr. Engelbert Dollfuß war gerade dabei, Österreich mit Hilfe Mussolinis faschistisch »umzufunktionieren«. Julius Deutsch nahm mich ins Parlament zu einer stürmischen Sitzung mit. Dabei lernte ich Kurt von Schuschnigg kennen, Dollfuß' Nachfolger als Bundeskanzler. Damals war er Justizminister.

Die österreichische Verfassung enthielt keinen »Artikel 48« — aber Schuschnigg fand den Ausweg. Er entdeckte nämlich das »Kriegswirtschaftliche Ermächtigungsgesetz« aus dem Jahre 1917. Es gab der kaiserlichen Regierung die Befugnis, Schäden, die der Wirtschaft durch die Kriegsverläufe zugefügt wurden, auf dem Verordnungswege zu bekämpfen. Offensichtlich betrachtete die Regierung Dollfuß-Schuschnigg die ganze Republik als einen durch den Krieg bedingten Schaden für die Wirtschaft. Als die Sozialdemokraten der »Begründung« Schuschniggs widersprachen, ging Dollfuß, wie ein Schuljunge, mit spitzer Schreibfeder auf einen ihrer Abgeordneten los. 1934, nach der blutigen Niederwerfung der Arbeiterschaft in Wien, erhielt das klerikal-faschistische Gebilde sogar eine neue »Verfassung«, gestützt auf das völlig obsolete »Kriegswirtschaftliche Ermächtigungsgesetz«. Vorsorglich setzten allerdings die frommen Männer als Rechtsquelle hinzu: »Im Namen Gottes des Allmächtigen, von dem alle Gewalt ausgeht...«

Julius Deutsch lud mich ein, in Schönbrunn in einer großen sozialdemokratischen Versammlung zu sprechen. Da ich in Österreich geboren und aufgewachsen war, habe ich mich dort nie als »Ausländer« betrachtet. Ich sprach also offen über das Benehmen von Dollfuß im Parlament und warnte davor, daß sich in Österreich Dinge ereignen könnten wie in Deutschland unter Papen. Nach der Versammlung ging ich eine Weile mit Julius Deutsch im schönen herbstlichen Park von Schönbrunn, an den mich viele Kindheitserinnerungen banden, spazieren. Kaum hatte er mich verlassen, tauchte hinter jedem Baum ein »Geheimer« auf — gute, alte Metternichsche Tradition. Sie erklärten mich für verhaftet und brachten mich ins Polizeipräsidium. Ich müsse Österreich binnen 24 Stunden verlassen, wurde mir vom Chef der Politischen Polizei eröffnet. »Warum?« »Weil Sie als Ausländer den Herrn Bundeskanzler einen ungezogenen Schulbuben genannt haben!« »Ich stelle fest, daß ich das Adjektiv ›ungezogen‹ nicht verwendet habe«, erwiderte ich. Am nächsten Tag rief Werner im Polizeipräsidium an — ich hätte Kopfweh, könne daher nicht abreisen. »Bitte, weiß man schon, wann das Kopfweh vom Herrn Bruder wieder besser sein wird?« fragte der Chef. Und dann geschah weiter nichts. Denn inzwischen war die Nachricht von meiner Verhaftung durch ganz Europa gegangen. Es war die beste »publicity«, die ich mir wünschen konnte. Meine Versammlungen überall in Deutschland zur Vorbereitung auf die Reichstagswahl vom 6. November waren überfüllt. In diesen Wahlen verloren die Nazis zwei Millionen Stimmen. Im Reichstag gingen sie von 230 auf 196 Sitze zurück. In weiteren örtlichen und regionalen Wahlen verloren sie noch mehr Stimmen. Die Weltwirtschaftslage besserte sich, die Arbeitslosenzahl stieg nicht weiter an. Sollte die Republik eine neue Lebenshoffnung haben? Also trat im November das Bündnis Hitler-Manuilsky wieder in Aktion, im sprichwörtlich gewordenen Berliner Verkehrsstreik. Zwei Wochen lang legte dieser Streik das Leben der Hauptstadt lahm. Er trug viel dazu bei, den Links- und Rechtsradikalen über ihre Wahlniederlage hinwegzuhelfen.

Am 17. November mußte die jämmerliche Papenregierung zurücktreten. Am 2. Dezember wurde General von Schleicher Reichskanzler, die »Graue Eminenz«, die jahrelang Kanzler geschaffen und gestürzt hatte. Dennoch — er bot die letzte Möglichkeit zum Überleben der Republik. Die Gewerkschaften und große Teile der SPD waren mit Recht dieser Meinung. Schleicher dachte an ein umfassendes Sozialprogramm. Die Reichswehr, sagte er, sei nicht dazu da, überlebte Formen des Privateigentums zu schützen — was ihn natürlich bei allen Wohlanständigen verdächtig machte. Er schien an ein Bündnis der Reichswehr mit den Gewerkschaften und anderen republikanischen Organisationen zu denken. Die Naziverbände wären notfalls mit militärischer Gewalt zu zerschlagen. Leider begriff Schleicher nicht, daß er als erstes die Papensche Verordnung vom 20. Juli 1932 aufheben müßte. Das hätte dem Urteil des Staatsgerichtshofes vom 25. Oktober entsprochen, das in allen wesentlichen Punkten der Klage Preußens, Bayerns und Badens stattgab. Otto Braun, viele andere Politiker und die Presse drängten ihn — aber vergeblich.

Die außenpolitische Lage hatte sich gebessert. Im Sommer war durch das Abkommen von Lausanne das Reparationsproblem endgültig erledigt worden. Nun erkannte ein Fünf-Mächte-Abkommen in Genf im Dezember die deutsche Gleichberechtigung auch in der Rüstungsfrage an. Das alles trug dazu bei, im ganzen Lande eine etwas fröhlichere Weihnachtsstimmung zu schaffen. Aber als die Glocken das neue Jahr einläuteten, lag doch etwas in der Luft, was uns frösteln ließ. Helga und ich standen auf dem Balkon unserer Charlottenburger Wohnung — die Straßen waren feucht-spiegelnd, kleine Nebelfetzen lagen auf den Laternen. Einige wenige Menschen mit hochgeschlagenen Kragen gingen darunter vorbei. Wir sagten nichts — aber jeder wußte vom anderen, daß er die gleichen Ahnungen hatte, was dieses Jahr 1933 betraf, das eben begonnen hatte.

Das Ende eines anständigen Staates

Am Abend zuvor war es spät geworden, daher frühstückte ich am 30. Januar 1933 im Bett. Als Herta, unser Mädchen, das Tablett abräumte, blieb sie zögernd an der Türe stehen. »Was ist los?« fragte ich. »Ich weiß nicht, Durchlaucht, aber die Menschen sind alle verrückt geworden«, antwortete sie. »Sie sagen Hitler sei Kanzler, Papen Vizekanzler.« Das war also das Ende, und so erfuhr ich davon. Eine Schockwelle ging um den Erdball, innerhalb weniger Stunden. Daß eine neue, grauenvolle Epoche der Geschichte begonnen hatte, das ahnten viele vom ersten Augenblick an. Um Hitler zu schlagen, hatten wir Hindenburg gewählt. Nun hatte Groener recht behalten — dieser Mann konnte nicht die Treue halten.

Mit all ihren Fehlern und Schwächen war die Weimarer Republik einer der anständigsten Staaten der Geschichte, mit einer Gesetzgebung, die vielen Völkern zum Vorbild wurde. An geistigen Leistungen zählen die Weimarer Jahre zu den fruchtbarsten der deutschen Geschichte. Die Dichter Stefan George und Rainer Maria Rilke, die großen Schriftsteller wie die Brüder Mann, Franz Werfel, Stefan Zweig, Robert Musil, Regisseure, Musiker, Schauspieler, Forscher und Erzieher, Journalisten und Verleger — sie alle reiften heran oder fanden ihre Vollendung während jener Jahre. Das gilt selbst noch für Talente wie Bert Brecht und Arnold Zweig, die später den Ungeist von Pankow dem Geiste von Weimar vorzogen. Von diesem Erbe zehrt heute noch die Bundesrepublik, auch in der Außen- und Sozialpolitik. Es gäbe sie vielleicht gar nicht ohne die Leistungen Friedrich Eberts, Walther Rathenaus und Stresemanns und ohne die verantwortungsbewußten Führer der deutschen Arbeiterschaft. Auch die deutsche Widerstandsbewegung, die schon 1933 begann, ist aus dem freiheitlichen Geiste von Weimar geboren, und nicht minder so die politische Emigration.

Am Abend jenes 30. Januar, während siegestrunkene Horden fackelschwingend zum Palais des Reichsverräters zogen, fanden in anderen Stadtteilen Reichsbannerversammlungen statt. In meinem Ortsverein Charlottenburg kamen 2000 Menschen zusammen, viel Jugend darunter. Ich meldete mich zu Worte, nur um zu sagen: »Kameraden, habt ihr begriffen, daß heute der Zweite Weltkrieg begonnen hat?«

Am 2. Februar wurde der Reichstag aufgelöst, Neuwahlen wurden zum 5. März ausgeschrieben. Sofort ergoß sich ein Mahlstrom nazistischer Propaganda über Deutschland. Der Rundfunk, bislang unpolitisch und überparteiisch, wurde in braune Regie übernommen. Die Zeitungen der

Opposition wurden der Reihe nach verboten, erst die kommunistischen, dann die sozialdemokratischen, schließlich alle, die sich der Propaganda für die »nationale Erhebung« versagten. Wenn sie nicht verboten wurden, dann wurden sie »gleichgeschaltet« — ein neues Wort im deutschen Sprach»schatz«.

Unter dem Datum vom 14. Februar finde ich in meinem Tagebuch die folgende Eintragung: »Ich spreche täglich in Wahlversammlungen, als ob der 5. März ein ganz normaler Wahltag wäre. Aber immer ist Polizei anwesend, und kaum daß ich die Regierung angreife, werde ich unterbrochen. Wenn ich Besuch bekomme, steht der Hausmeister im Flur und merkt sich, wer es ist und wie lange die Gäste bleiben ... Es kriecht heran wie ein Krake, schleimig, und streckt seine Greifer aus ...«

Am 19. Februar fand im Lustgarten die letzte Massenkundgebung des Reichsbanners statt. Vor der Rednertribüne am Seiteneingang des Schlosses hatte ich 1000 Vortruppjungen aufgestellt. Jedesmal, wenn das Wort »Freiheit!« fiel, brachen die Menschenmengen in Beifallsstürme aus. Viele Jahre später, im geteilten Berlin, traf ich immer wieder Teilnehmer an jener Kundgebung — für die Freiheit, in einem Volke, das nicht mehr frei war. Als sich die Massen verliefen, zog ich mit meinen 1000 Vortruppjungen, in geschlossenen Reihen, zum Gendarmen-Markt. Vor dem Staatlichen Schauspielhaus nahmen sie Aufstellung. Nach den Aufzeichnungen in meinem Tagebuch sagte ich: »Die Gespenster der Sklaverei sind aus ihren Gräbern herausgekommen, und es gibt nichts, was sie nicht bringen könnten: Militärdienst, Jahre Eures Lebens in Kasernen, Tod und Gefängnis für alle, die ihren Idealen treu bleiben. Nie dürft Ihr aber die Erinnerung an die Deutsche Republik in Euch erlöschen lassen — selbst wenn alles, was wir gemeinsam erlebten, Euch nur noch vorkommen wird wie ein Traum. Dann wird die Sehnsucht so groß werden und das Land Eurer Jugend wird Euch rufen — so gewaltig, daß die Kerker der Sklaverei aufbrechen werden, gesprengt durch einen mächtigen Strom.«

Volkmar von Zühlsdorff reichte mir die schwarzrotgoldene Adlerfahne — die gleiche, die jetzt über meinem Schreibtisch in Bad Godesberg hängt — ich nahm sie in die Arme wie ein Kind. Dann, zum letzten Male, erklang durch die Straßen von Berlin aus tausend jungen Kehlen der Ruf: »Es lebe die deutsche Republik!«

Die Diktatur kam in Fahrt. Man hörte von Terrorakten in den Arbeitervierteln und auf dem flachen Lande. Dynamitpatronen und Handgranaten traten an die Stelle der »altmodischen« Revolver und Schlagringe. Am 20. Februar, auf dem Wege zu einer Wahlversammlung in Berlin-Tiergarten, kaufte ich eine Abendzeitung. Da stand Görings Schießbefehl: »Erst schießen, dann Fragen stellen!« und die Versicherung dieses neuen preußischen Ministerpräsidenten, daß er alle Polizeibeamten decken werde, die wacker schössen! Ich nahm die Zeitung zum Rednerpult mit, las sie vor und rief dann in den Saal: »Heute hat Deutschland aufgehört, ein Rechtsstaat zu sein«.

Eine Woche später: Am Abend des 27. Februar war ich mit einem meiner Vortruppführer und mit Werner in dessen Studentenbude in der Nähe des Bayerischen Platzes verabredet. Die beiden erwarteten mich unten auf der Straße: »Der Reichstag brennt! Das war eben im Rundfunk!« Wir rannten zur nächsten U-Bahn. »Wat denn, wat denn!« rief uns der Mann an der Sperre nach, »bei Ihnen brennt's wohl?« »Klar!«, schrie ich zurück. »Die Nazis hab'n den Reichstag angezündet!«

Wir waren dort, vielleicht eine halbe Stunde nach der ersten Durchsage. Die große Kuppel brach auf wie ein explodierender Vulkan. Der weite Platz war überschwemmt mit SA-Männern. Zum ersten Male trugen sie Armbinden: »Hilfspolizei«. »De braunen Affen mit ihre kurze Beene«, höhnten die Zuschauer offen, »hätten jar nich' so schnell herpeesen können, wenn sie's nich schon vorher jewußt hätten ...« Wir sahen die Inschrift über dem Portal — »Dem Deutschen Volke« — in Wolken von schwarzem und braunem Qualm verschwinden. Dann gingen wir.

In der gleichen Nacht setzten die Massenverhaftungen ein. Eine neue Notverordnung wurde erlassen, »Zum Schutz von Volk und Staat«. Sie gab den Nazis Macht über Leben und Tod. Kleine Nachrichten erschienen in den Zeitungen: »Herr NN ist aus seiner Wohnung verschwunden.« Darunter war auch Dr. Günter Joachim, ein jüdischer Anwalt und Reichsbannerkamerad. In politischen Prozessen war er oft gegen Nazi-Schläger aufgetreten. Man hörte zum ersten Male das Wort »Emigration«, das man bis dahin nur im geschichtlichen Sinne gekannt hatte oder wenn man vom kommunistischen Rußland, vom faschistischen Italien sprach.

Den früheren Reichskanzler Brüning hörte ich zum letzten Male am 2. März bei einer eindrucksvollen Kundgebung im Sportpalast. Ich saß so nahe am Rednerpult, daß ich jedes Zucken in seinem asketischen Gesicht sehen konnte. Ein Geschlagener, nicht ohne eigene Schuld, aber jetzt von tragischer Größe. »Euer schwerstes Verbrechen ist, daß ihr das Bewußtsein von Recht und Unrecht zerstört habt!« rief er den neuen Machthabern zu. Ich mischte mich unter die Menge dieser letzten Demonstration der Republik. 20 000 Menschen schoben sich durch die Potsdamer Straße. Der Ruf »Freiheit!« kam auf und pflanzte sich fort wie ein Flammenmeer im Winde. Da, erst unterbewußt, hörte ich Pferdegetrappel. Ich sah mich als Kind auf dem Balkon des Hotels Imperial in Wien, während die Menge unter mir in der Ringstraße anschwoll. Berittene Polizei drang auf sie ein — die Menschen schrien und rannten. Viele stürzten zu Boden, andere gerieten unter die Hufe der Pferde. — Doch was geschah, war Wirklichkeit. Nur, daß ich jetzt selbst unter der Menge war, die von berittener Polizei, unter Nazikommando, brutal auseinandergetrieben wurde. Unter den Hufen der Pferde erstickten die Freiheitsrufe. Nur eine blutige Masse blieb übrig, zerschlagen, ohne Stimme.

Der Ausdruck »die letzten freien Wahlen« ist nur bedingt richtig. Aber immerhin gibt der 5. März 1933 einen gewissen Hinweis auf die wahre Meinung des Volkes. Die Nazis brachten es auf knapp 44 Prozent. Zusammen mit der »Kampffront Schwarz-Weiß-Rot« des Herrn von Papen und der Wohlanständigen verfügten sie über nicht ganz 52 Prozent der Reichstagssitze. Das langte gerade für eine wackelige parlamentarische Regierung, nicht aber zu Verfassungsänderungen. Daß sie nicht über solche »Zwirnsfäden« stolpern würden, war uns klar.

Wie immer an Wahltagen hatten wir den Balkon unserer Charlottenburger Wohnung mit der schwarzrotgoldenen Adlerfahne geschmückt. Dieses Mal war sie die einzige Fahne in diesen Farben, inmitten eines Meers von Hakenkreuzen und Schwarz-Weiß-Rot, vielleicht die einzige in ganz Berlin, wenn nicht in Deutschland. Helga und ich gingen früh zur Wahl. Gegen 10 oder 11 Uhr begann sich die Neue Kantstraße mit Menschen zu füllen. Ein summender Ton kam uns zu Bewußtsein. Werner, der über das Wochenende bei uns wohnte, ging auf den Balkon. »Das ist wegen der Fahne«, sagte er ruhig. So weit man nach beiden Seiten sehen konnte — Menschen starrten, reckten die Hälse — in einer Mischung von Freude und Entsetzen. Das *konnte* doch einfach nicht wahr sein! Ein paar braununiformierte Trupps drängten sich durch die Menge. Da rief ich das Überfallkommando an. Zur Ehre der preußischen Polizei muß gesagt werden: sie reagierte sofort! Schon klopfte es wütend an der Wohnungstür. Andere Nazis waren in den Stock über uns gelangt und versuchten vergeblich, die Fahne mit einer Schlinge herunterzureißen.

Nun raste das Überfallkommando heran. Sechsmal säuberten die Schupos das Treppenhaus. Unsere Fahne wehte bis zum Sonnenuntergang. Erst dann, nach allgemeinem Brauche, holten wir sie ein.

Es war ein so schöner Frühling, und auf den Straßen sah man viele vergnügte Gesichter. Nun werde es Arbeit geben, darum hatten viele für Hitler gestimmt, nicht, weil er fremde Länder erobern wollte! Eine »Neue Zeit« war angebrochen, die der Volksgemeinschaft, die die Nazis versprochen hatten, ohne Standesunterschiede, ohne Parteigezänk. Für die Idealisten — und die gab es, vor allem unter der Jugend — muß das Erwachen besonders grausam gewesen sein.

Am 14. März gegen 4.30 Uhr morgens schrillte die Wohnungsglocke.

»Machen Sie auf! Sofort! SA und Polizei!« Sie fühlten sich damals noch nicht ganz sicher, man konnte versuchen, sie zu bluffen. Also schrie ich zurück: „*Was* seid ihr? Banditen, die die ›nationalen Kräfte‹ kompromittieren wollen! *Ich* rufe die Polizei!« Daraufhin Stille. Der Offizier vom Dienst, Abteilung Überfallkommando, seufzte. »Schon wieder was los bei Ihnen ...!« Aber er versprach, das Nötige zu tun. Im ersten Morgengrauen sahen wir vom Balkon aus den Streifenwagen kommen. Ein Polizeibeamter sprang heraus und wurde an der Haustür von SA-Männern aufgehalten. Ein Wortwechsel — der Beamte grüßte, sprang auf den Wagen zurück, der Motor heulte auf und fort waren sie. — Jetzt waren wir also allein, ganz allein mitten im eigenen Vaterland. Das Telefon klingelte. Der Offizier vom Dienst: »Wir sind machtlos«, sagte er, »aber wir senden einen Beamten zu Ihnen. Dann müssen Sie aufmachen.« Ein brauner Strom ergoß sich in die Wohnung. »Sehr früh am Morgen für einen Besuch«, sagte ich. »Geben Sie acht auf das Porzellan.« Was suchten sie? Mein Ruf war wohl der übelsten einer, also wahrscheinlich »umstürzlerisches Material«. Text und Material der »Meraner Verfassung«, das Werk vieler Jahre — darum bangte ich — gerade *das* fanden sie nicht.

Was uns davor bewahrte, totgeschlagen oder verschleppt zu werden, war vielleicht nur, daß wir sie nicht ernst nahmen und daher keine Angst hatten. Mit Raubtieren soll es ähnlich sein — wer Furcht zeigt, ist verloren. Fast belustigt sahen wir zu, wie sie Schränke und Schubladen durchwühlten und sich mit »umstürzlerischem Material« versahen — einer goldenen Uhr, meinem Smoking, einem dunkelblauen Anzug, ein paar von Helgas Abendkleidern, javanischen Waffen und dazu einigen hundert Mark in bar. Endlich zogen sie ab, reich belohnt für ihre nationale Tätigkeit schon zu so früher Stunde. Meine Verhaftung, sagten sie, sei vorläufig verschoben, aber ich solle mich nur in acht nehmen!

In Blut und Grauen

Am Abend des 20. März sollte ich in einer Zentrumsversammlung in Neukölln sprechen. »Aber bitte nur über kulturelle Fragen«, schärfte mir die Parteiführung ein. Am Nachmittag des gleichen Tages bat mich die Mutter eines meiner Vortruppjungen, gleich zu ihr zu kommen. Ich fand ihn im Delirium, mit verbundenem Kopfe. SA-Trupps hatten des nachts wieder einmal die Arbeiterviertel »durchkämmt« und dabei ihn und einen anderen Sechzehnjährigen aus den Betten gerissen. Zusammen mit anderen Opfern, alten und jungen, wurden sie in den »Ulap« gebracht, einen SA-Keller. »Da kannste nich jehen, da rutschste immer aus im Blut«, sagte der Junge. Schirmlose Glühbirnen hingen herunter. In ihrem grellen Licht erkannte er den Rechtsanwalt Günter Joachim, dessen Verschwinden die Zeitungen gemeldet hatten. Wie man ihn mit brennender Zigarre blendete und mit Ziegelsteinen die Hoden zerquetschte, das konnte der Junge noch sehen. Dann brach er unter den Schlägen von Stahlruten und Gummiknüppeln bewußtlos zusammen. Ein paar Stunden später warfen sie ihn auf die Straße. Dort fand ihn jemand und brachte ihn zu seiner Mutter zurück.

Ehe ich zu meinem »Kultur«vortrag ging, verständigte ich den katholischen Bischof von Berlin, Christian Schreiber, von allem, was ich erfahren hatte. Später hörte ich, daß er in vollem Ornat in die Hölle des Ulap hinabgestiegen war, um Günter Joachim herauszuholen. Sein Leben konnte er nicht mehr retten. Gefoltert jenseits aller Beschreibungen starb er kurz danach, aber vielleicht doch im Bewußtsein, daß es in Deutschland noch einige Christen gab. Einige Monate später starb auch Bischof Schreiber — sehr plötzlich.

Meine Versammlung war überfüllt. Vielleicht ahnte man schon, daß ich nicht bloß über »Kultur« sprechen würde. Kurz zuvor hatte Göring eine Verordnung erlassen gegen die »Verbreitung jüdischer Greuellügen«. Was ich jetzt tat, erfüllte den Tatbestand dieses und manch anderen Nazi-»Gesetzes«. Aber mein Bericht schlug die Anwesenden, selbst noch die Nazis, in einen Bann des Grauens. Ich schrie heraus, was mir der Junge erzählt hatte, bis meine Stimme versagte und ein Wasserglas, das ich umkrampft hielt, zerbrach. »Wie Deutschlands Ehre, wenn wir eine solche Schande hinnehmen«, sagte ich, als die Scherben klirrend zu Boden fielen. Die Menge, totenstill, ließ mich durch.

Zwei Tage später konnte man in allen Zeitungen lesen, daß in Dachau ein Konzentrationslager mit einem Fassungsvermögen von 5000 Gefangenen errichtet worden sei. Andere KZs kamen hinzu, in rascher

Folge. Damals waren sie ausschließlich für Deutsche bestimmt, Gegner des Regimes, ohne Unterschied der Rasse, der Religion, der Partei. Ende April entstand die Gestapo unter Rudolf Diehls — auch das wurde öffentlich bekanntgegeben. Denn Terror, von dem niemand etwas weiß, würde Zweck und Wirkung verfehlen.

Ende März fuhr ich nach Schönwörth, vielleicht in unterbewußter Sehnsucht nach den Tagen sorgloser Kindheit. Der Inn führte Hochwasser. Wie Rudel junger grauer Wölfe stürzten die Wellen zu Tal. Die Eigentümer, die im Winter in München lebten, waren noch nicht da. Die eisernen Läden waren geschlossen. Im Dorfgasthaus »Zum Dampfl« — die gleichen Wirtsleute. Kinderbilder meiner Geschwister und von mir, Bilder meiner Eltern standen auf der Kommode der Gaststube.

Der Sohn des Dampflwirts schloß mir das eiserne Tor zur Kastanienallee auf. Vom gleichen Baume hing eine Schaukel — wie damals, als Paul Angele die Nachricht von Sarajewo brachte. Ich ging zum Flüßchen, den die Schneeschmelze in einen reißenden Wildbach verwandelt hatte. Die ersten Frühlingsblumen blühten, und am Ufer fand ich ein paar Feuersteine. Mit Gewalt riß ich mich los. Schluß mit diesen sentimentalen Kindheitserinnerungen. Ich gehörte nach Berlin und nicht nach Schönwörth.

Bei der Ankunft in München las ich, daß der Rumpfreichstag das »Ermächtigungsgesetz« angenommen habe. Auch die letzten Liberalen und das Zentrum hatten dafür gestimmt. Nur die Sozialdemokraten, soweit sie noch an der Sitzung teilnehmen konnten, waren dagegen. »Jetzt kann Adolf Hitler regieren!« stand in riesigen Buchstaben auf der ersten Seite des »Völkischen Beobachters«.

In Berlin erfuhr ich, daß die SA wieder da gewesen war und sich brutal gegen Helga benommen hatte. Jeden Augenblick konnten sie wiederkommen. Erst drei Monate seit dem Sturze der Republik — aber es war, als seien Jahrhunderte vergangen. Rudolf Olden und seine Frau Ika waren den Händen der Nazihäscher im letzten Augenblick entkommen, Theodor Wolff war jetzt in der Schweiz, andere Journalisten, die ich kannte, waren nach Paris geflohen. Arthur Neidhardt, Otto Wels, Erich Ollenhauer, Hans Vogel und andere der am meisten gefährdeten Führer der SPD waren in die Tschechoslowakei entkommen. Von dort versuchten sie, die Widerstandsgruppen in Deutschland aufzubauen.

Werner war in Wien. Nur Helga, Volkmar und ich waren noch in Berlin. Überall neue Gesichter, häßliche braune Uniformen, Hakenkreuze. »Was machen *Sie* denn noch hier? Sie sollten längst in Paris oder London sein!« Das flüsterte mir verstohlen ein Bekannter zu, den ich auf dem Kurfüstendamm traf. Er trug ein schwarweißrotes Bändchen im Knopfloch. Früher hatte er ein schwarzrotgoldenes getragen. Mitte des Monats wurde ich zum Polizeiamt Charlottenburg bestellt. »Bringen Sie gleich Ihren Paß und den Ihrer Frau mit!« sagte ein Beamter. Da ich nicht damit rechnete, so bald zurückzukommen, nahm ich ein Köfferchen mit Toilettesachen mit. Der Beamte, der mich empfing, hieß Hauptmann Ranfft. Sollte er noch leben, hoffe ich, daß er dies lesen wird. Er stand hinter seinem Schreibtisch, blätterte in einem Aktenbündel und sagte ein beiläufiges »Heil Hitler!«. Ich antwortete »Guten Morgen!« und wartete. Das Schweigen wurde drückend. Man hörte nur das Knistern der Aktenblätter. Dann sagte er leise: »Das Berliner Klima ist nicht sehr gesund für Sie. Sie sollten einen kleinen Erholungsurlaub nehmen, irgendwo im Süden. Haben Sie die Pässe mitgebracht?« Ich gab sie ihm. Er drückte Ausreiseerlaubnisse hinein (eine neue Vorschrift!), stempelte und unterschrieb sie. »Wann wird das Klima wirklich schlecht werden?« fragte ich. Wieder blätterte er. »Ihr Name beginnt mit L, das ist die Mitte des Alphabets. In zehn Tagen oder so, da wird das Klima sehr schlecht sein.« »Vielen Dank, Herr Hauptmann!« »Nichts zu danken. Heil Hitler!«

Jetzt wußten wir es. Wir kündigten unseren Mietvertrag. Am gleichen Tag fuhr Helga nach Tirol, um irgend einen netten Landsitz zu suchen — für die Zeit der deutschen Rechtlosigkeit. Lang konnte die ja nicht dauern — schließlich gab es die Westmächte, es gab die Reichswehr — auch die konnten nicht an einem solchen Regime und seiner Kriegspolitik interessiert sein.

Fredrick William Voight, der Korrespondent des »Manchester Guardian«, hatte zwei Zimmer abzugeben. Sollten wir in Tirol etwas finden, würde Helga dort bleiben, und ich würde, vielleicht in zwei Monaten, nach Berlin zurückkehren. Wir hatten Glück. Schon nach wenigen Tagen entdeckte Helga im Inntal bei Brixlegg einen netten Platz, Schloß Neumatzen. Ich telegraphierte ihr, sie solle den Pachtvertrag mit Vorkaufsrecht abschließen. Auch Volkmar wollte nicht unter den Nazis in Deutschland bleiben. Wir verabredeten, daß er schon im Sommersemester in Innsbruck weiterstudieren solle.

Die Zeit, die uns Hauptmann Ranfft gesetzt hatte, begann knapp zu werden. Am 26. April war die Wohnung leer. Ich hatte einen bequemen amerikanischen Wagen gekauft, genannt der »Grünliche«. Noch einmal fuhren wir durch Berlin. In der Sebastianstraße hauste jetzt ein SA-Sturm. Berliner Schloß, Universität, Unter den Linden, Brandenburger Tor — überall Hakenkreuze, der »vierfache Galgen«, wie ich sie nannte, zur Vorbereitung der Nazifeier vom 1. Mai. Das war nicht mehr das Berlin, das ich gekannt und geliebt hatte. Als ich 1950 zum ersten Male wieder herkam, da waren mir die Ruinen heimatlicher als die unversehrte, geschändete Stadt im April 1933.

Wir füllten den Grünlichen mit Koffern und dem nötigsten Hausrat. Herta nahmen wir auch mit. Unsere Möbel und alles übrige hatten wir einer Speditionsfirma übergeben, im Namen meiner Schwiegermutter, die holländische Staatsangehörige war. Ein paar Neugierige standen herum, als wir in den vollgepackten Wagen stiegen. »Kommt bald wieder!« rief uns einer zu. Knapp vor der AVUS hielt ich noch einmal an und sah zurück. Die Spitze des Funkturms war gerade noch sichtbar. Dann fuhren wir ohne Essenspausen zu machen nach Süden, durch schöne Städtchen und Dörfer, zwischen Feldern mit aufsprießender Sommersaat. Die Nacht verbrachten wir in Hof — heute die »Grenzstadt« Bayerns am Eisernen Vorhang. Am nächsten Vormittag waren wir in Bamberg, mit all seinen Jugenderinnerungen — mein erstes Gymnasialjahr, der Tod Kaiser Franz Josephs, die erste Meuterei in der deutschen Armee, der Beginn der Notzeit. Nachmittags kamen wir nach München — einst »Isar-Athen«, jetzt »Hauptstadt der Bewegung«. Der Justizpalast am Stachus war über und über mit Hakenkreuzfahnen bedeckt. »Welch ein Sinnbild — die Justiz unter dem Hakenkreuz«, sagte ich zu Helga. Im November 1946 sah ich den Justizpalast wieder, eine ausgebrannte Ruine, erfüllt von kaltem, dunklem Nebel. Die Kuppel war eingestürzt.

Aber wir verließen Deutschland nicht ohne ein letztes, beglückendes Erlebnis. Im Städtchen Oberaudorf, nicht weit von der österreichischen Grenze, war Jahrmarkt — Buden, Karusselle, ein fröhliches Volk. Nirgends eine Hakenkreuzfahne, kein »Heil Hitler!« Eine Kapelle spielte muntere Weisen, einen Schuhplattler darunter, mit einem neuen Kehrreim:

»Und weht das Hakenkreuz im ganzen Gau,
Bleibt unser Fähnlein doch weiß und blau!«

Beim Worte »Hakenkreuz« klatschten sich die Burschen kräftig auf den Hintern, und was sie damit sagen wollten, war klar. Dieses Klatschen und die Musik konnten wir noch eine ganze Weile hören, als wir wieder auf der Landstraße waren.

Die Berge, unter denen ich geboren wurde, kamen immer näher. Da, wo der Inn durch das Gebirge bricht, auf steilem Felsen, sah man bereits die mächtige Kufsteiner Festung Geroldseck. »250 Meter bis zur Grenze.« Einige Lastwagen standen vor uns. Ich hatte Zeit, mein Tagebuch weiterzuführen: »Ich bin dabei, zum zweiten Male innerhalb eines Monats diese Grenze zu überschreiten. Aber es ist anders als das letzte Mal, anders als je zuvor.« Wieso eigentlich? In spätestens zwei Monaten bin ich wieder in Berlin. Aber eine Vorahnung blieb, und ich schrieb weiter: »Hier beginnt die Emigration. Was ich besaß, bleibt hier zurück — mein ganzes Land, meine ganze Jugend. Was ich mit mir nehme, das ist nur die Fahne, der ich Treue geschworen habe, und ein Traum deutscher Freiheit, der sich sehnt, wieder wahr zu werden.« Als sich der Schlagbaum für die Lastwagen öffnete und die Zoll- und Paßbeamten auf uns zukamen, schrieb ich: »Jetzt wird Deutschland bald hinter mir liegen, und ich weiß, daß ich es niemals wiedersehen werde — es sei denn als Sieger und größer als zuvor.«

Umkämpftes Schloß in Tirol

Neumatzen war auf römischen Grundmauern von einem Baron von Lipperheide, dem Verleger eines Modemagazins der achtziger Jahre, erbaut worden. Von drei Seiten sah es fast aus wie ein richtiges Tiroler Schlößchen. Von der Straße, die nach Innsbruck und Kufstein führt, war es eher ein Schweizer Chalet, mit etwas zuviel Zwiebeltürmchen und Fachwerk-Erkern. Die Innenräume waren weit, vertäfelt und schufen eine Schönwörther Atmosphäre. Ringsum lag ein schöner Park in englischem Stil, mit dunkelroten Blutbuchen, dichtem Flieder, Jasminbüschen und seltenen aus Japan eingeführten Bäumen. Eine große Gärtnerei gehörte dazu, mit Glashäusern und ertragreichen Erdbeerbeeten. Im Park hinter dem Schloß stand ein Gästehaus, genannt das »Kasino«.

Zu Füßen eines steil aufragenden Hügels, auf dem das große Schloß Altmatzen liegt, gab es zwei Teiche. Der kleinere war etwas schlammig, aber die Karpfen schätzten das. Im größeren konnte man schwimmen, und da ein frischer Bach hineinfloß, begannen wir bald mit einer Forellenzucht. Gleich hinter dem Schloß und dem Park lagen hohe bewaldete Hügel.

Altmatzen stand gleichfalls auf römischen Mauern — Massiacum — daher der Name. Im frühen Mittelalter war es eine mächtige Grenzfestung in der Drei-Länder-Ecke von Bayern, Salzburg und Tirol. Seit zwei Generationen gehörte es einer englischen Familie. Da war die »alte« Mrs. Florence Baillie-Grohman — kein Kind wurde im Inntal geboren, ohne daß die Bauern sie zur Taufe einluden. Ihr Sohn Tom, später Vizeadmiral in der Royal Navy, hat nach dem Kriege das Marinedenkmal bei Mürwick vor der geplanten Zerstörung gerettet — es wurde damit zu einem Sinnbild deutsch-britischer Verständigung.

»Sollten die Nazis in Österreich einfallen«, sagte uns Mrs. Baillie-Grohmann gleich bei unserer Ankunft, »dann kommt ihr alle zu mir herüber. Ich hisse den Union Jack, und dann wollen wir doch sehen!«

Zwei Wochen nach unserer Ankunft kam auch der Möbelwagen. Gleichzeitig wurde ein Teil meiner englischen Erbschaft frei. Ich hätte also das Leben eines unpolitischen jungen Landedelmanns führen können, wenn mein Gewissen ... und wenn die Umstände es erlaubt hätten! In Österreich blühte der Nazismus, denn er hatte es verstanden, das nationale Empfinden, die Anschluß-Stimmung, auf seinen eigenen Stromkreis umzuschalten. Außerdem drängte die klerikal-faschistische Regierung des Bundeskanzlers Dollfuß einen großen Teil der Jugend ins nationalsozialistische Lager. Die österreichischen Sozialdemokraten wurden immer mehr ausgeschaltet. Und doch hätte nur ein demokratisches Österreich dem kommenden Angriff standhalten können. Statt dessen verschrieben die damaligen Wiener Politiker das Land dem italienischen Faschismus. Auch Mussolini haßte ja die österreichischen Sozialdemokraten, seitdem sozialistische Arbeiter in der sogenannten Hirtenberg-Affäre einen heimlichen Waffentransport aufgehalten hatten, der für die faschistischen Kampfverbände in Ungarn bestimmt war. Damit war der Duce vor der Weltöffentlichkeit bloßgestellt, und das hat er nie verziehen.

Bald wußten alle Nazis in Tirol, daß wir »Rote« waren — trotz unseres Namens und obgleich wir in einem Schlosse wohnten. Wir waren keine zehn Tage im Lande, da rief uns die Innsbrucker Polizeibehörde an und riet, wir sollten uns einige Revolver anschaffen. Der Grünliche trug immer noch die Berliner Polizeinummer und dazu einen schwarzrotgoldenen Wimpel — damals gewiß ein Unikum. So fuhren wir eines Tages nach Innsbruck, wo sich Volkmar immatrikulieren lassen wollte. Helga blieb im Wagen vor der Universität. Als wir herauskamen, schwärmte der Platz von kreischendem Pöbel. Mit Haß deuteten sie auf unseren Wimpel. Daß diese Farben gerade in Österreich einst hochgeehrt waren, war vergessen. Wir waren noch auf den Stufen der Universität, als Helga aus dem Wagen sprang, um die Fahne zu schützen. Sie hielt einen unserer neuen Revolver in der Hand. Ein Radfahrer flitzte vorbei und riß den Wimpel ab. »Her damit, oder ich schieße!« rief Helga. Er fuhr weiter, und sie schoß! Niemand wurde getroffen, aber der Haufen stob auseinander, vor Wut und Angst. Der junge Mann ließ den Wimpel fallen, und wir brachten ihn wieder an der Fahnenstange des Grünlichen an.

Es dürfte der erste Schuß gewesen sein, der auf Nazi-Angreifer abgegeben wurde. Die New York Times berichtete groß darüber und auch viele andere Zeitungen rings um die Welt. Die Naziversion hingegen lautete: »Die schießende Prinzessin, Frau eines anti-nationalen Emigranten, bedroht nationale Fußgänger.«

Der Bürgermeister von Brixlegg bat mich, in einer öffentlichen Versammlung zu berichten, wie es in Deutschland wirklich zugehe. Man höre soviel Widerspruchsvolles, und mir, als geborenem Tiroler, würden die Leute bestimmt Glauben schenken. Die Versammlung im Gemeindesaal war überfüllt. Ich berichtete in aller Offenheit, was ich selber erlebt hatte. Bei den meisten Anwesenden fand ich freundlichen Widerhall, aber eine Gruppe gab es, der mein Bericht offensichtlich mißfiel. Sie verließen die Versammlung, noch ehe sie zu Ende war. Als ich tags darauf zum Postamt kam, zwei Kilometer vom Schloß, flüsterte mir der Postdirektor zu: »Sie haben gestern nachts mit einer Nazistelle in Bayern ein Ferngespräch geführt und über Ihre Rede berichtet.« ... »Sie« ... das waren die Leute, die früher weggingen. »Sonst noch was?« fragte ich. »Ja — die draußen haben einen Preis auf Ihren Kopf gesetzt, fünftausend Mark, tot oder lebendig.« Da war es nun, das »unpolitische Leben eines Landedelmanns« — ein Wildwest-Leben vielmehr, wie unter feindlichen Indianerstämmen! Wenn der Abend sank, schlossen wir die eisernen Fensterläden, verriegelten die Schloßtür und das Tor zur Straße. Aber wir konnten ja nicht den ganzen Park und die bewaldete Hügelkette umzäunen!

Wie die Nazis, so hatten auch die jungen Sozialisten erfahren, wer wir sind. Nacht für Nacht hielten sie draußen Wache, ohne daß wir anfangs eine Ahnung davon hatten. Jede Nacht rückten die feindlichen Horden an, zwei-, dreihundert — und immer wieder wurden sie von unseren heimlichen Freunden zurückgedrängt. Während dieser ganzen Belagerung ging das Leben drinnen weiter — ein wenig wie in Edgar Allan Poes Novelle »Der Rote Tod«. Zum Abendessen zogen wir uns um, die Männer im Smoking, die Frauen in Abendkleidern. Meine Mutter und meine Schwiegermutter kamen, Werner war da und Bekannte aus England, Frankreich, Italien — sogar aus Berlin! Das war Dr. Kreisewolf und seine Frau, die mehrere Jahre in Kyoto verbracht hatten. Als Gastgeschenk brachten sie mir einen kleinen stehenden Buddha in einem Lackholzgehäuse. Ich müsse bereit sein, ihn anderen Menschen, die ihn brauchen, zu leihen, stets werde er zu mir zurückkehren. Das hat sich bewahrheitet. 20 Jahre lang hat er bei anderen zugebracht, aber immer kam er wieder zu mir. Jetzt steht er in meinem Hause in Bad Godesberg, und ich glaube nicht, daß ich ihn je wieder auf Wanderschaft schicken muß.

Schon griffen die Nazis über die Grenzen. Auf tschechoslowakischem Boden hatten sie Professor Theodor Lessing ermordet, einen politischen Emigranten. Sie haßten ihn, weil er als Professor an der Technischen Hochschule Hannover der politischen Verhetzung der Studentenschaft entgegengetreten war. In Tirol, nicht weit von Kufstein, war ein gewisser Ingenieur Bell »umgelegt« worden, vielleicht, weil er zuviel über das Sexualleben des Hauptmanns Röhm wußte.

Der Speisesaal lag über der Einfahrt. Als wir uns zu einem frühen Abendessen hinsetzten, noch vor Beginn des »Alarmzustandes«, hörten wir Marschschritte. Sie kamen den Parkweg von der Straße herauf und hielten in der Einfahrt vor dem Schloßtor. »Jetzt haben sie uns«, sagte ich. Werner, Volkmar und ich gingen in die Vorhalle hinunter, um sie zu empfangen. Vielleicht, daß man sie noch einmal »bluffen« konnte. Aber statt der erwarteten Gesellen in braunen Hemden und weißen Wadenstrümpfen stand ein junger österreichischer Offizier in der Türe, gefolgt von einer halben Kompanie des Bundesheeres.»Wir haben Befehl, das Schloß zu schützen — mehr weiß ich nicht«, sagte er.»Können Sie für meine Leute und mich Quartier beschaffen?«»Mit Vergnügen«, sagte ich. Im Kasino und den unteren Räumen des Schlosses gab es genügend Platz. Als alle gut versorgt waren, haben wir zum ersten Male nach langer Zeit ungestört geschlafen.

Die Nazis wurden immer dreister. Hakenkreuzflugzeuge kamen über die Grenze und warfen Flugblätter über Innsbruck, Kufstein, Brixlegg und im ganzen Inntal ab. Ein Vorspiel, wenn auch nur ein mildes, zu den Angriffen auf Guernica, Warschau, Rotterdam. Endlich griff die österreichische Regierung zu. Die Partei wurde verboten, es kam zum Belagerungszustand. Die österreichische Armee war zuverlässig, auch die Gendarmerie war es. Die Lage beruhigte sich. Der junge Offizier und seine Leute konnten nach Innsbruck zurückkehren. Erst ein Jahr später erfuhren wir, warum sie gekommen waren: Ein junger Mann, mit dem symbolischen Namen Freund, den ich damals gar nicht kannte, hatte in einem Innsbrucker Café eine Unterhaltung am Nachbartisch abgehört. Ein Gestapoagent besprach mit den örtlichen Nazis den Fall Löwenstein. Die Weltpresse beschäftige sich bereits damit, und so müsse damit Schluß gemacht werden. Also einfangen und nach Deutschland bringen — es waren bis zur Grenze hinter dem Achensee nur zwölf Kilometer — oder im Falle ernsthaften Widerstandes ... Ein Auto voll braver, national gesinnter Burschen und eine Kiste Handgranaten stehen zur Verfügung. Der junge Freund ging zum Landeshauptmann von Tirol, Professor Stumpf, und berichtete ihm, was er gehört hatte. Ein Telefonanruf beim Verteidigungsministerium in Wien — und kurz danach rollte die halbe Kompanie die 40 Kilometer von Innsbruck nach Matzen.

Der Kampf gegen den Nationalsozialismus, das war uns jetzt klar, mußte auf eine weitere, auf eine europäische Grundlage gestellt werden. Mit England, das ich noch nicht kannte, als Ziel, fuhren Helga und ich im Grünlichen nach Westen. Welchen Eindruck mir die alten Kampfgebiet um Verdun machten, habe ich in der »Tragödie eines Volkes« geschildert — die immer noch unfruchtbare Erde, die zerfressenen Grashalden, die niedrigen verkrüppelten Wälder. Aber wie wenige, auch in England, wollten begreifen, schrieb ich, »wie nahe die Gefahr eines zweiten europäischen Krieges gerückt ist ... im Geiste sah ich die Mahnung, die aus den Gräbern meiner Brüder hervorstieg«.

In Holland lernte ich einen alten Freund meiner Schwiegermutter kennen, Johan Huizinga, den großen Historiker und Philosophen, damals Rektor der Universität Leyden. Faschismus und Nationalsozialismus, sagte er, seien nicht nationale Erscheinungen, sondern internationale

Krankheiten: überall könnten sie ausbrechen. In diesem Augenblick kam mir der Gedanke: Man müßte einen »Jugendvölkerbund« gründen, um der Jugend aller Länder die Bedeutung von Freiheit und internationaler Freundschaft zu Bewußtsein zu bringen. Ein großer Jugendaustausch, eine »Jugendvölkerwanderung« — das wären die Kräfte, um einem gefährlichen Nationalismus wirksam zu begegnen. Huizìnga war begeistert. Er war der Lehrer der Kronprinzessin Juliane, der späteren Königin, und hielt große Stücke auf sie. Daher fragte ich ihn, ob er meine Gedankengänge nicht Königin Wilhelmine unterbreiten wolle? Holland, das Land von Hugo Grotius, sollte die Initiative zur Schaffung des Jugendvölkerbundes ergreifen. Huizìnga versprach, auch dies der Königin vorzutragen. Ich solle ein Memorandum verfassen und es ihm bald geben. Auch dem Erziehungsminister, Dr. Marchand, dem er mich vorstellen werde, solle ich ein Exemplar überreichen.

Das Gespräch mit Marchand blieb über die Jahre hinweg von Bedeutung. Wir sprachen über die Propaganda nicht nur der deutschen Nationalsozialisten, sondern auch ihrer Gesinnungsbrüder in Holland, Belgien, Frankreich. Hauptzweck sei überall, den Generationskonflikt auszunützen, um die Jugend in das Lager der Extremisten zu ziehen. Marchand meinte auch, das Problem des totalitären Staates sei mit politischen Mitteln allein nicht zu lösen. Es stehe im Zusammenhang mit der Ent-Gottung und Ent-Geistigung der modernen Gesellschaft. Ich trug ihm die Grundgedanken meines Jugend-Völkerbundsmemorandums vor, das ich für ihn schreiben würde, und gleich Huizìnga stimmte auch er zu. 33 Jahre später habe ich auf diese Begegnung Bezug genommen: Im Juni 1966, als ich in Rotterdam bei der Eröffnung einer Ausstellung »Die deutsche Widerstandsbewegung gegen Hitler« die Hauptrede hielt. Ich konnte auf jenes Memorandum hinweisen, dessen Durchschlag ich unter meinen Papieren wiedergefunden hatte!

Datiert London, im Juli 1933, war es als »Denkschrift zum Problem Jugend und Staat« an die Königlich Holländische Regierung gerichtet. Ich wies gleich eingangs darauf hin, daß die Auswirkungen des Nationalsozialismus nicht auf Deutschland beschränkt bleiben, sondern ganz Europa in Mitleidenschaft ziehen würden. Weil die Republik versäumt habe, dieser demagogischen Bewegung, die Not und Elend für sich ausnützte, energisch entgegenzutreten, sei heute die Mehrheit des deutschen Volkes in Knechtschaft geraten. Andere Länder könnten eines Tages ähnlichen Bedrohungen ausgesetzt sein. Es folgte der Vorschlag zur Gründung eines Jugendvölkerbundes mit einer ständigen Vertretung in Genf. Zu seinen besonderen Aufgaben würde gehören: Vergünstigungen auf allen Verkehrsmitteln, Besserung der sozialen Lage der Jugend, Heranziehung der jungen Generation zur Mitverantwortung im Staate und im internationalen Leben. Die Denkschrift schloß: »Da heute auf deutschem Boden für diese Gedanken nicht mehr gekämpft werden kann, möge die Regierung Ihrer Majestät der Königin der Niederlande für die Jugend aller europäischen Völker das Wort ergreifen und handeln.«

Nachdem ich diese Denkschrift in den Händen der Königin wußte, sandte ich Exemplare an das Sekretariat des Völkerbundes in Genf, an die österreichische und verschiedene Regierungen. Ungekürzt wurde die Denkschrift zuerst im »Prager Tagblatt« veröffentlicht, nach der Vernichtung einer freien Presse in Deutschland damals eines der wichtigsten Organe der deutschen Demokratie. Am 1. November 1933 erschien sie, etwas gekürzt, in der »Neuen Zürcher Zeitung«. Auch hiervon besitze ich noch ein Exemplar. Immer noch betrachte ich die Gedanken und Vorschläge von 1933 nicht als überholt. Oft habe ich in den letzten Jahren bei meinen Vorträgen in vielen Ländern darauf Bezug genommen.

Begegnung mit Westeuropa

Am 12. Juli 1933 landete ich zum ersten Male in England, der Heimat meiner Mutter. Mein Bruder Leopold, der seit langem hier lebte, hatte mir ein paar Empfehlungsschreiben gegeben, war aber selber in Spanien. Meine englischen Sprachkenntnisse waren immer noch sehr dürftig, aber mit der ganzen Unbekümmertheit der Jugend nahm ich an, daß jeder an einem Augenzeugenbericht über die deutschen Vorgänge interessiert sein müßte.

Der erste, der mich empfing, war der Chefredakteur der damals besten Monatsschrift, der »Nineteenth Century Review«, Reginald S. Harris. Persönlich bezaubernd, war er überdies ein tiefgründiger Philosoph. Sein Werk über Duns Scotus hat ihm einen bleibenden Platz in der Franziskanischen Schule gesichert, und dies, obgleich er ein agnostischer Humanist war! Durch ihn lernte ich im All Souls College in Oxford den George-Schüler und Historiker Ernst Kantorowicz kennen, den Verfasser des großen Werkes über Kaiser Friedrich II. Reginald Harris bat mich, für seine Zeitschrift einen Aufsatz zu schreiben: »The Real Germany« — Das wirkliche Deutschland — ein unerhörter Glücksfall für einen jungen ausländischen Journalisten. Der Aufsatz erschien in der Dezembernummer 1933 und hat meinen Weg in der Emigration sehr erleichtert. Ich schilderte darin die augenblicklichen Zustände mit ihrer Verzerrung des deutschen Bildes. Der Aufsatz schloß: »... doch brauchen wir nicht pessimistisch zu sein beim Gedanken an Deutschlands Zukunft. Sein wahres Bild wird leben, wenn in den Geschichtsbüchern Hitlers Name kaum noch Erwähnung findet.«

Im Laufe der nächsten Jahre habe ich eine Reihe weiterer Aufsätze in der »Nineteenth Century Review« veröffentlicht. Einer davon hieß »Infelix Austria«, ein anderer »Rom und das Neuheidentum«. Darin warf ich die Frage auf, warum der Heilige Stuhl und die deutschen Bischöfe untätig blieben angesichts »der Sterilisierungsgesetze, der Einkerkerung katholischer Priester und all der Morde an katholischen Führern und der Zerstörung der religiösen Freiheit«. Und gar, angesichts der nazistischen Rassegesetze, dieser »pathologischen Verherrlichung der Legende vom ›nordischen Blute‹, während doch die Kirche keine Rassenunterschiede kenne«.

Viscount Cecil of Chelwood empfing mich gleichfalls mit väterlicher Herzlichkeit. Zusammen mit Woodrow Wilson und dem Südafrikaner General Jan Smuts hatte er die Völkerbundsatzung entworfen. Er war ein jüngerer Sohn des verstorbenen Premierministers Marquess of Salisbury, in dessen Kabinett mein Großvater Pirbright Staatssekretär der Kolonien war. Lord Cecil hatte ihn noch gut gekannt. Wir sprachen französisch, er konnte also nicht ahnen, wie begrenzt mein Englisch war. Dennoch sagte ich sofort zu, als er mir anbot, vor dem Royal Institute for International Affairs zu sprechen, und zwar bereits am 20. Oktober! Dann rief er Sir Austen Chamberlain an, der mich am nächsten Tage zum Tee einlud. Auch er erinnerte sich an meinen Großvater, den Kollegen seines Vaters im Handelsamt. Er wußte auch noch, daß Professor Rappart mich ihm in Genf vorgestellt hatte. Die ganze Tragödie Europas kam mir an jenem Nachmittag zu Bewußtsein: Sir Austens Werk, das Werk Briands und Stresemanns schien vernichtet — und damit die Hoffnung auf ein einiges, freies Europa. Dennoch — und das habe ich nie vergessen — sprach er die Zuversicht aus, daß Vernunft und Anstand in Deutschland eines Tages über den Nationalsozialismus triumphieren würden. Nur, daß dies geschehen möge, ehe es zum zweiten Weltkrieg komme ...!

Mit einem Empfehlungsschreiben Leopolds suchte ich dessen Freund auf, Richard de la Mare, Sohn des Dichters Walter de la Mare. Im großen Verlag Faber & Faber war er einer der leitenden Männer. Er stellte mich Mr. — später Sir — Geoffrey Faber vor, dem Hauptinhaber der Verlags. Wie ich es fertigbrachte, den beiden, die kein Wort Deutsch konnten, den Plan meines Buches zu erklären, das weiß ich nicht mehr. Jedenfalls konnte ich einige Tage später den Vertrag unterzeichnen für »The Tragedy of a Nation« — Die Tragödie eines Volkes. Faber & Faber haben im Laufe der Jahre vier meiner Bücher veröffentlicht, aber das erste Buch bleibt für einen Autor, was das erste Kind für eine Mutter ist. Und der erste Verleger steht im Range der ersten Liebe. Wenn man einmal angefangen hat, Bücher zu schreiben, muß man weitermachen, obgleich es ein mühsames Werk ist. Aber als Autor befindet man sich in der Lage einer katholischen Ehefrau, ehe die Pille entwickelt wurde.

Kurz nach unserer Rückkehr nach Matzen erhielt ich einen Brief aus Wien von Richard A. Bermann, dem berühmten Schriftsteller und Journalisten. Sein nom de plume war Arnold Höllriegel. Im »Prager Tagblatt« hatte er meine Jugend-Denkschrift gelesen. Besonders beeindruckte ihn das Wort vom »Jugendvölkerbund«. »Unter der Jugend aller Länder und Völker sollte dies organisiert werden«, schrieb er, »um wahre internationale Freundschaft zu schaffen und um Haß und Krieg zu bekämpfen.«

In Bermann gewann ich einen meiner treuesten Freunde und Ratgeber. Körperlich stark behindert, kannten sein Mut und sein Unternehmungsgeist doch keine Grenzen. Als Kriegsberichterstatter im Ersten Weltkrieg ging er in Stellungen, die kein Soldat freiwillig aufgesucht hätte, er durchquerte die Libysche Wüste, schlug sich durch die Wälder des Amazonas, erforschte die arktischen Weiten Nordamerikas und die wundersame Welt der Südsee. Vielen seiner Bücher verdanke ich wichtige Einblicke in die Länder, die ich in den letzten Jahren besuchte. »Die Erben Timurs« ist die Geschichte der letzten großen Mogulkaiser, das »Urwaldschiff« ist eine farbenprächtige Schilderung der Conquista am oberen Amazonas, »Die Derwischtrommel« berichtet über den Aufstand des Mahdi gegen England.

Das Manuskript der »Tragödie eines Volkes« und ein englischer Text meiner Rede waren fertig, als ich mit Helga im Oktober wieder nach England fuhr. Den Vortrag konnte ich fast auswendig — aber vor der Diskussion graute mir. Parlamentarier, Minister, Gelehrte, Geschäftsleute und Publizisten kamen im Royal Institute zusammen. Denen erklärte ich nun, daß der Nationalsozialismus kein deutsches, sondern ein internationales Problem darstelle. Zu seinem Wesen gehöre die Daueraggression, erst gegen Österreich, dann gegen das übrige Europa. Man dürfe Hitler keine Zugeständnisse machen. Vielmehr solle man die Kräfte des Widerstandes stärken, die das Regime beseitigen könnten, ehe es zum zweiten Weltkrieg käme.

Der erste Diskussionsredner war ein früheres Mitglied des Parlaments. Statt eine Frage zu stellen, hielt er selber einen kleinen Vortrag. Endlich verstand ich, worauf er hinauswollte: »Wenn man Hitler nur etwas Zeit läßt — könnte dann nicht doch noch etwas Gutes dabei herausschauen?« Ich antwortete mit einem lateinischen Rechtssprichwort: »Quod ab initio vitiosum est tractu temporis convalescere nequit.« Stockend übersetzte ich: »Was unrecht ist in seinen Ursprüngen, kann durch Zeitablauf nicht geheilt werden.« Daraufhin wurden keine weiteren Fragen gestellt. Auf Einladung Sir Austen Chamberlains, der unter den Zuhörern war, wiederholte ich diesen Vortrag vor der League of Nations Union, der sehr einflußreichen Gesellschaft für den Völkerbund.

Richard de la Mare schlug vor, daß ich Wickham Steed, den früheren Chefredakteur der »Times« bitten solle, die Vorrede zur englischen Ausgabe meines Buches zu schreiben. In seinem Hause kamen deutsche und italienische Emigranten zusammen. Er versprach, meine Bitte zu erfüllen.

Als wir Ende November nach Österreich zurückkehrten, hatte sich die Lage wieder verschlechtert. Der faschistische Einfluß war jetzt so stark, daß der Westen kaum noch etwas machen konnte. Das meinte wenigstens Sir Walford Selby, der britische Botschafter, den ich mit einem Empfehlungsschreiben Sir Austens aufsuchte. Ich blieb als Bermanns Gast nach Weihnachten so lange in Wien, bis ich mit Otto Bauer, Julius

Deutsch und dem alten christlichen Gewerkschaftsführer, Leopold Kunschak, gesprochen hatte. Ich unterrichtete sie von einem Gedanken, der mir in England gekommen war. Die Nazis hatten im Sommer eine 1000-Mark-Ausreisegebühr festgesetzt, womit der deutsche Fremdenverkehr zum Erliegen kam. Dieser Verlust mußte ausgeglichen werden, wenn das Land nicht untergehen sollte. Wickham Steed hatte mich Sir Stafford Cripps vorgestellt, dem Labourabgeordneten und späteren Wirtschaftsminister. Dieser wiederum brachte mich in Verbindung mit der British Workers Travelling Association, dem Arbeiter-Reiseverein, mit Zehntausenden von Mitgliedern. Wenn man auch nur einen Teil von ihnen bewegen könnte, ihre Ferien in Österreich zu verbringen, würde das die Nazi-Maßnahmen weitgehend ausgleichen. Bauer und Deutsch waren begeistert von dem Plane und ermächtigten mich, in ihrem Namen weiterzuverhandeln. Knapp vor den Februarereignissen erhielt ich einen Brief Bauers, in dem es hieß: »Die Interessen unserer Partei sind identisch mit den Interessen unseres Landes.«

Anfang Januar 1934 kam, wie ich später vom tschechoslowakischen Botschafter beim Quirinal, František Chvalkovsky, erfuhr, der italienische Außenminister Fulvio Suvich nach Wien. Er überbrachte ein Ultimatum Mussolinis: Wenn Dollfuß nicht bald die Sozialdemokratische Partei, die Gewerkschaften und andere »linke« Organisationen liquidiere, könne er nicht mehr mit der politischen und finanziellen Unterstützung durch Italien rechnen. Mitte Januar unterrichtete ich in London Sir Stafford Cripps über meine Gespräche in Wien. Er gab mir einen Empfehlungsbrief an M. Schevenel, den Generalsekretär des Internationalen Gewerkschaftsbundes (IFTU), und riet mir, nach Paris zu fahren, wo eine wichtige Konferenz bevorstand. »Sein Ziel ist, den Faschismus in Österreich aufzuhalten«, schrieb Sir Stafford über mich. Ehe ich nach Paris fuhr, unterrichtete ich auch den österreichischen Gesandten in London, Baron Georg von Franckenstein, einen liberalen, antifaschistischen Diplomaten. In Paris war inzwischen eine österreichische Gewerkschaftsdelegation eingetroffen. Ein Angebot wurde ausgearbeitet, wie es fairer nicht denkbar war: Die britischen Gewerkschaften würden nicht nur Zehntausende ihrer Mitglieder nach Österreich schicken; Österreich werde auch Waffen erhalten, der richtigen Art und in ausreichender Menge, um jede innere oder äußere Bedrohung durch die Nazis abwehren zu können. Dafür solle Dollfuß das Parlament wieder einberufen, der SPÖ einen Anteil an der Regierung einräumen und Gewerkschaftsmitglieder sollten bei Vergebung öffentlicher Arbeiten, beim Bau der neuen Donaubrücke zum Beispiel, nicht weiter diskriminiert werden.

Ich kehrte nach London zurück, um Franckenstein und meine englischen Freunde zu unterrichten. Werner, der an den Pariser Besprechungen teilgenommen hatte, begleitete Schevenel nach Wien. Auf ein Ferngespräch Franckensteins hin empfing Dollfuß meinen Bruder und versprach, Schevenel zu sich zu bitten. Was diesem nach zweitägigen Warten widerfuhr, hat er meinem Bruder berichtet? »Dollfuß kanzelte mich ab wie einen Schuljungen und wies mir die Türe.« Am 12. Februar war ich zum Abendessen bei Mrs. Dougdale, der Nichte von Lord Balfour, einer der führenden Persönlichkeiten in der League of Nations Union. Wir hatten uns eben gesetzt, als Werner aus Wien anrief: »Ich habe weiter nichts zu sagen — höre nur zu!« Deutlich vernehmbar, für alle im Zimmer, drang das Dröhnen der Kanonen zu uns, mit denen Dollfuß die Wiener Arbeiterschaft niederwarf. Damit war Mussolinis Wunsch erfüllt, Sieger wurde Hitler. Nun gingen die Henker ans Werk. Ich sah es, als ich tags darauf, nicht weit vom House of Commons, eine Zeitung kaufte. Ich kannte den Labourabgeordneten Major Clement Attlee, wie er damals hieß, noch nicht persönlich, aber er empfing mich sofort, als ich mich bei ihm im Parlament melden ließ. Innerhalb einer Stunde waren 60 Unterschriften gesammelt, von Mitgliedern aller Parteien in beiden Häusern. Damit versehen ging ein Telegramm an Dollfuß ab. Es erreichte seinen Zweck: das Hängen hörte auf.

Bermann rief mich nach Wien. Dort erfuhr ich, daß noch Hunderte von Verwundeten in Kellern herumlägen. Sie trauten Dollfuß nicht, und wagten daher nicht, in die Spitäler zu gehen. Ich ging ins Erzbischöfliche Palais und bat, sofort zum Kardinal Innitzer geführt zu werden. Das geschah, und ich unterrichtete ihn von allem, was ich wußte, und bat um seine Hilfe. »Ich gehe gleich zu Dollfuß«, antwortete er. »Um der Liebe Christi willen werde ich ihn zwingen, barmherzig zu sein.« Früh am nächsten Morgen läutete mein Telefon. Der Kardinal war selber am Apparat. »Ihre Freunde brauchen keine Furcht mehr zu haben. In den Spitälern werden keine Fragen gestellt werden. Dollfuß hat nachgegeben.«

Der Blutsommer 1934

Anfang März 1934 erschien bei Faber & Faber »The Tragedy of a Nation«. Macmillan in New York brachte die amerikanische Ausgabe. Auf deutsch und holländisch erschien das Buch beim Verlag Steenuil in Amsterdam. Alle Ausgaben wurden in Deutschland sofort verboten. In der Presse aller demokratischen Länder erhielt das Buch gute Besprechungen. Wickham Steeds Vorwort wurde zitiert: »Sollte Prinz Hubertus zu Löwenstein, der Verfasser dieses ungewöhnlich interessanten Buches, typisch sein für die junge Generation seiner Landsleute, dann mag Hoffnung bestehen für Deutschland und für Europa.«

Das Buch setzt sich auch mit der Politik des Vatikans auseinander, der am 22. Juli 1933 das Konkordat mit der Hitler-Regierung geschlossen und damit Millionen von Katholiken in schwere Gewissenskonflikte gestürzt hatte. »Sollte man denn nur in Rom nichts gehört haben vom Terror des braunen Regimes, von der unsäglichen Qual der gepeinigten Tausenden in den Konzentrationslagern, die Tag und Nacht zum Himmel schreit« —? Nach einem Bericht des römischen Korrespondenten Joseph B. Philipps der »New York Herald Tribune« vom 9. April 1933, der mir im Wortlaut vorliegt, hielt man im Vatikan die Gefahr eines neuen »Kulturkampfes« bereits für überwunden. Die Entsendung Papens nach Rom in Begleitung Hermann Görings, »Kanzler Adolf Hitlers wichtigstem Stellvretreter«, werde im Vatikan als »ein Zeichen höflichen Entgegenkommens seitens des Naziführers gewertet«.

Schon wenige Tage nach Erscheinen der »Tragödie« schloß ich mit Faber & Faber einen Vertrag ab über ein neues Buch: »After Hitler's Fall; Germany's Coming Reich«. Darin wollte ich auf der Gedankengrundlage der »Meraner Verfassung« und meiner Dissertation eine Alternative zu Nationalsozialismus und Kommunismus darstellen.

Rudolf Olden und seine Frau lebten jetzt in Oxford als Gäste des Gelehrten Guilbert Murray. Seine Vorlesungen über den deutschen Liberalismus von 1803 bis 1933 und seine Bücher über Hindenburg und Hitler hatten ihm bereits in der ganzen englisch-sprechenden Welt hohes Ansehen verschafft. Eines Tages suchte er mich in London auf: Wir sollten zusammen ins Saargebiet gehen, wo die letzte Schlacht um die Demokratie auf deutschem Boden begonnen habe. In ungefähr einem Jahre werde ein Volksentscheid stattfinden, ob die Bevölkerung, damals 850 000 Seelen, zu Deutschland zurückkehren, sich Frankreich anschließen oder den Status quo, die gegenwärtige Völkerbundsregierung, beibehalten wolle.

Ehe Hitler zur Macht kam, war die Rückkehr der Saar eine Selbstverständlichkeit. Briand und Stresemann hatten gemeint, eigentlich könne man auf den Volksentscheid verzichten. An der Treue zum deutschen Volke hatte sich nichts geändert. Aber vielleicht könnte die Bevölkerung vorziehen, solange die Nazis an der Macht seien, in Freiheit unter der Völkerbundsregierung zu leben? »Dann bilden wir unter dem Schutze des Völkerbundes in Saarbrücken die deutsche Exilregierung!« erwiderte ich. Olden, der weit ältere, lächelte: »Ihre Phantasie brennt mit Ihnen durch — aber natürlich mache ich mit!« Richard Bermann sagte bald danach das gleiche und unterstützte mich publizistisch. Damit begann ein Unternehmen, das mit dem Volksentscheid vom 13. Januar 1935, unserer Niederlage, nicht zu Ende war. Welch große Bedeutung für die deutsche Sache und für die Aussöhnung mit Frankreich jener Kampf hatte, sollte sich in den Jahren 1954/55 herausstellen.

Im Juni 1934 fuhr ich nach Paris, um das Problem der Saar mit der deutschen Emigration zu besprechen. Mitten in eine unserer Zusammenkünfte platzte jemand herein und schrie: »Da sitzt Ihr und redet, und in Deutschland ist Revolution!« »Révolution en Allemagne!« schon riefen alle Zeitungsjungen es aus! Der 30. Juni 1934: Ernst Röhm und viele andere SA-Führer, jener Edmund Heines darunter, der Femomörder, waren umgebracht worden, manche auf Hitlers persönlichen Befehl, andere durch Schießkommandos. Aber unter den Opfern waren auch Kurt von Schleicher und seine Frau, Papens Sekretär Edgar Jung, Erich Klausener und andere aufrechte Katholiken. Die Nazis sprachen von 77 Toten. Aber ich erfuhr durch einen englischen Freund, Sir Victor Schuster, Direktor der National Provincial Bank, daß allein bei britischen Instituten ungefähr 1200 Versicherungsfälle angemeldet wurden. Zur »sittlichen Rechtfertigung« der Morde gaben Hitler und die Seinen an, es habe sich in der Hauptsache um Homosexuelle gehandelt. Hitler behauptete, von solchen »Lastern« bislang nichts gewußt zu haben. Dabei pfiffen es die Spatzen von den Dächern. 1931 waren Röhms ungeschlachte Briefe aus Bolivien in die Hände der preußischen Polizei gefallen und veröffentlicht worden. Sie hatten einen großen Heiterkeitserfolg und wurden ein solcher Witz, daß ich ein Rundschreiben an meine Vortruppführer herausgab: Unsere Jungen sollten große, starke SA-Männer nicht mit »Schwul Heil!« grüßen, das mache diese rasend vor Wut und könnte unsere kleinen Jungen in Gefahr bringen! Mit Hilfe des § 175, den sie noch verschärften, haben die Nazis bekanntlich viele unliebsame Gegner zur Strecke gebracht, Mönche, Geistliche, Offiziere, Jugendführer, sogar Sportler und Tennisspieler, die sich nicht dem Regime unterordnen wollten.

Ein paar Tage nach dem Blutbad mußte der britische Botschafter in

Berlin, Sir Eric Phipps, ein Abendessen für die Nazi-Prominenz geben. Göring, der zu spät kam, entschuldigte sich: er sei auf Jagd gewesen und habe allerlei geschossen. Sir Eric sah ihn durch sein Monokel an: »Tiere, wie ich annehmen möchte, Exzellenz?«

Die würdige »Times« nannte in einem Leitartikel den Namen »Nazi« einen »Gestank in den Nasen der Menschheit«. Am 11. Juli veröffentlichte der »Daily Telegraph« einen Leserbrief von mir — einen »Letter to the Editor« —, eine wichtige angelsächsische Institution öffentlicher Meinungsbildung. Darin hieß es: »Das Gemetzel in Deutschland, das die gesamte zivilisierte Welt erschütterte und entsetzte, bezeichnet den Anfang des unvermeidlichen Endes eines Regimes, das auf Terror und Ungerechtigkeit ruhend, siebzehn Monate lang der Welt weiszumachen versuchte, daß es die höchsten Werte eines großen Volkes verkörpere. Eine Katastrophe von apokalyptischem Ausmaße hat die deutsche Nation befallen und verschlingt Unschuldige und Schuldige gleichermaßen.« Der Brief warnte davor, dem Regime Zugeständnisse zu machen, die man den früheren deutschen Regierungen verweigert hatte — dadurch würde sein Leben unnötigerweise verlängert und die Gefahr nicht nur des Krieges, sondern auch des Kommunismus vergrößert werden.

Als ich jetzt diesen Leserbrief im Original wieder las, fiel mir der folgende Absatz auf: »Nach einem Bericht im Amsterdamer Telegraaf, übernommen von einem großen Teil der Presse auf dem Kontinent, habe der Oberbefehlshaber, General von Fritsch, gedroht, Hitler zu verhaften, wenn dieser nicht sofort die Hinrichtungen ohne Gerichtsverfahren einstelle.« Diese Nachricht ist damals kaum beachtet worden. Denn wer war schon der General von Fritsch! Im Lichte späterer Ereignisse kommt ihr aber ein großes historisches Interesse zu — die Entlassung Fritschs im Februar 1938 wegen angeblicher homosexueller Betätigung und dann sein Tod vor Warschau.

Der Gedanke an eine Amerikareise kam bei mir erst in späteren Monaten auf — aber die Nazis müssen schon damals so etwas geahnt und gefürchtet haben. Im Jahre 1970 erhielt ich eine Ablichtung aus den Akten des Auswärtigen Amtes, die an die Bundesrepublik zurückgegeben worden waren. Links oben das Aktenzeichen: AA / Inland II A/B — 83—45, 1934 Juni 19. Und der Inhalt: Ber. Dt. Botschaft London v. 19. 6. 1934. Verhinderung e. geplanten Reise d. Prinzen Hubertus zu Löwenstein in d. USA durch Nichtverlängerung d. Passes. 1 S. (Hetze d. dt. Emigr. Bd. 1, 1933—34.) Die Akten sind voll von solchen Spitzelberichten — eine unappetitliche Lektüre! Auch Nachbarn in Matzen haben über die Grohmanns und uns fleißig berichtet, und nahezu über jede meiner Versammlungen in Amerika gibt es entsprechende Berichte. Bemerkenswert ist, daß auch ein Spitzelbericht über meine Rede im Royal

Institute einlief — eine geschlossene Versammlung, an der niemals Landsleute der Redner teilnehmen durften.

Im Sommer 1934 lernte ich in London den großen Historiker Dr. George P. Gooch kennen, Chefredakteur der liberalen Monatsschrift »Contemporary Review«. Er war ein Freund des wahren Deutschland, das er niemals mit dem nationalsozialistischen verwechselte. Er hatte meine »Tragödie eines Volkes« in seiner Monatsschrift besprochen, und eines Tages rief er mich an: »Mein lieber junger Freund, wollen Sie mir nicht die große Freude machen, Sie persönlich kennenlernen zu dürfen?« Ich habe seiner väterlichen Freundschaft unendlich viel zu verdanken. Immer wieder hat er, aus der tiefen Erkenntnis der Geschichte, meinen Glauben an den kommenden Sieg der Freiheit gestärkt. Seiner Empfehlung verdanke ich auch die Bekanntschaft, dann die Freundschaft mit Dr. Nicholas Murray Butler, dem Präsidenten der Columbia University und Direktor des Carnegie Endowment for International Peace. Dr. Gooch starb, über 90 Jahre alt, im Jahre 1969. Wir sind bis knapp vor seinem Tode im Briefwechsel geblieben.

Was sollte aus Österreich werden? Es preisgeben? Ich warnte davor in meinem Aufsatz »Infelix Austria«: »Hitlers Eroberung von Wien würde bedeuten, daß das Hakenkreuz bald über Prag und Budapest wehen würde.« Die Einkreisung der Tschechoslowakei, die Ausdehnung des Nazi-Einflusses auf Jugoslawien und den ganzen Balkan wären die weiteren Folgen, bis dann »der bewaffnete Angriff gegen die anderen Nationen Europas erfolgen könne.«

Im Juni jenes Jahres war ich gerade in Matzen, als einige junge Nazis bei Rattenberg, in unserer nächsten Nähe, die Eisenbahnschienen in die Luft sprengten. Der Anschlag galt dem französischen Außenminister Jean-Louis Barthou, doch der hatte seine Reise verschoben. Die einzigen Opfer waren die ungeschickten dynamiteros selber, darunter leider auch unser Klempner Hans, als wir ihn am nötigsten gebraucht hätten. Gerade als wir uns zu Tisch setzten, platzte nämlich ein Wasserrohr in der Wand. Eine sprühende Flut ergoß sich über den Tisch. »Very different from England«, sagte unser Hausgast, Sir Victor Shuster, unerschüttert. Er besaß in der Grafschaft Sussex ein gepflegtes Landhaus mit 16 Dienstboten. Wir riefen den Installateur in Rattenberg an. »Es geht erst am Nachmittag«, sagte man uns. »Der Hans hat den Kopf verloren.« Es stimmte im wörtlichen Sinne.

Am 25. Juli gegen halb zwei rief Mrs. Grohman an: »Habt Ihr schon gehört? Die österreichische Regierung ist gestürzt, Wien ist in der Hand der Nazis. Radio München hat es eben mitgeteilt.« Ich rief Bermann in seiner Wiener Wohnung an. »Unsinn«, sagte er, »hier ist alles ruhig.« Eine halbe Stunde später rief er zurück: »Es stimmt — aber wie konnten

Sie es wissen, ehe es stattfand?« »Radio München ...«, sagte ich, dann wurde die Verbindung unterbrochen. Es war der Putsch, der Dollfuß das Leben kostete. Nach schweren Kämpfen konnten die Nazis niedergeworfen werden, nicht zuletzt, weil Mussolini einige Divisionen zum Brenner befahl. Im Falle einer Naziinvasion, oder wenn sich der Aufstand ausgebreitet hätte, wären sie in Österreich eingerückt. Für eine solche Konfrontation waren die Nationalsozialisten damals noch zu schwach. Die Ermordung von Dollfuß hat auch unter seinen sozialistischen Gegnern Abscheu und Empörung erregt. Ein junger Arbeiter, der die Februarkämpfe mitgemacht hatte, hat dies so ausgedrückt: »A Hund war er ja, der Dollfuß, aber an Menschn vabliaden lassn, *des* derf ma' net!«

Niederlage an der Saar

Als Hindenburg am 2. August 1934 starb, machte sich Hitler zum »Führer und Reichskanzler«. Der Weimarer Verfassung, die er beschworen hatte, war ein solches Amt unbekannt. Ich schlug vor: Verweigerung der diplomatischen Anerkennung! Das hätte damals für die oppositionellen Kräfte, vor allem in der Reichswehr, eine Ermutigung bedeutet.

Des Saarproblems wegen rückte Genf wieder in den Mittelpunkt des Interesses — auch wenn es nicht mehr das Genf des kurzen »Völkerfrühlings« war. Damals lernte ich Dorothy Thompson kennen, die brillante amerikanische Journalistin, eine große warmherzige Frau. Wir blieben Freunde bis zu ihrem Tode im Jahre 1955. Auch Eduard Benesch, damals tschechoslowakischer Außenminister, lernte ich 1934 in Genf kennen. Er war um diese Zeit Vorsitzender des Völkerbundrates. Da das Naziregime im Oktober 1933 den Austritt Deutschlands aus dem Völkerbund erklärt hatte, wäre es richtig gewesen, die Abstimmung an der Saar auf unbestimmte Zeit zu vertagen und die Völkerbundregierung inzwischen aufrechtzuerhalten. In einem »Saaraufruf« rief die gesamte deutsche Emigration zur Stimmabgabe für den Status quo auf. Aber Aussicht auf Erfolg bestand nur, wenn der Status quo eindeutig auf die Zeit beschränkt würde, während der die Nazis an der Macht sind. Darüber konnte ich mit Barthou sprechen, als er wenige Tage nach dem mißglückten Rattenberger Attentat tatsächlich durch Österreich reiste. Durch einen glücklichen Zufall begegnete ich ihm im Schlafwagen Innsbruck—Paris. Auch Benesch konnte ich bald von dieser Forderung unterrichten, die in allen meinen europäischen und amerikanischen Veröffentlichungen jener Monate immer wiederkehrt.

Am 3. November 1934, dem Hubertustag, veröffentlichte der »Reichsanzeiger« meine »Ausbürgerung«, weil ich den Saaraufruf unterzeichnet und ein »anti-deutsches« Buch herausgebracht habe. Das war »After Hitler's Fall«, das bei Faber & Faber und bei Macmillan erschien. Bislang war ich mit einem deutschen Paß gereist —aber was jetzt? Immer noch ein Problem für Millionen von Heimatvertriebenen und Flüchtlingen — »paßlos« inmitten allen Weltverkehrs!

Am 31. August schlug Barthou dem Völkerbund ein zweites Plebiszit vor. Er war einer der wenigen, die die ganze Größe der Gefahr begriffen und daher alles tat, um die europäische Verteidigung aufzubauen, und, ganz in unserm Sinne, zur Schwächung des Regimes den Status quo an der Saar zu unterstützen. Seine Ermordung in Marseille, am 9. Oktober jenes Jahres, zusammen mit König Alexander von Jugoslawien, der als einziger eine Versöhnung mit Italien hätte herbeiführen können, war ein vernichtender Schlag für den Frieden und ein Triumph für die Nazis. In Saarbrücken erlebten wir es, wie sie vor Freude über das Geschehene auf den Straßen tanzten und gröhlten. Wie recht hatten sie doch von ihrem Standpunkt aus. Denn Barthous Nachfolger wurde Pierre Laval.

Während man an der Saar in Nazikreisen schon offen von der »Nacht der langen Messer« sprach, von einer Bartholomäusnacht noch vor dem Volksentscheid, erklärte am 5. November 1934 der britische Außenminister Sir John Simon im Unterhaus: »Niemals konnte davon die Rede sein, britische Truppen einzusetzen, um an der Saar die Ordnung aufrechtzuhalten. Nichts dergleichen wird in Erwägung gezogen.« Darauf fuhren Helga und ich am nächsten Tage nach London. Bermann hatte mir einen Brief an einen seiner Freunde mitgegeben, General Sir Reginald Wingate. Er war ein früherer Generalgouverneur des Sudans und Sirdhar von Ägypten. In der Schlacht von Omdurman 1898, bei der endgültigen Niederwerfung des Aufstandes des Mahdi, den sein Nachfolger, der Kalif Abdullah el Taachi, weiterführte, hatte er sich ausgezeichnet. Ein Jahr später schlug er den Kalifen, der den Tod fand, in der Schlacht von Kordofan. Nun lebte er im Ruhestand, war aber hinter den Kulissen noch sehr aktiv als ein vertrauter Freund und Ratgeber König Georgs V. Beim Tee trug ich ihm vor, es sei gegen die Ehre Englands, als einer Schutzmacht der Saar, die Bevölkerung den Nazi-Schergen preiszugeben. Er bat um ein kurzes Aide Mémoire und suchte dann um eine Pivataudienz beim König nach. Unmittelbar danach teilte er mir mit: »Die britische Politik an der Saar wird grundlegend geändert — Truppen werden entsandt werden!« Folgendes war geschehen: Auf Sir Reginalds Bericht hin ließ der König Sir John Simon kommen und teilte ihm mit, daß er nicht länger König sein werde, sollte die Ehre der Krone an der Saar preisgegeben werden. In der Öffentlichkeit durfte dies damals nicht erwähnt werden, aber ich wurde ermächtigt, es Benesch persönlich mitzuteilen.

Während dieses gleichen Aufenthalts in England bat mich James de Rothschild, liberales Mitglied des Unterhauses, ein entfernter Vetter meiner Mutter, in einer Wohltätigkeitsversammlung für die Frauen und Kinder deutscher Emigranten zu sprechen. Daß mein Englisch noch nicht vollkommen sei, das wäre besonders wirksam! Er behielt recht. In ganz einfachen Worten schilderte ich das Leid der Verfolgten, worauf mehrere tausend Pfund zusammenkamen. Dieser Abend wurde mir zum Schicksal. Unter den Zuhörern war ein Amerikaner, Mitinhaber einer New Yorker Vortragsagentur. Er schlug mir vor, zu einer Vortragsreise nach den Vereinigten Staaten zu kommen. Die ahnungsvollen Nazis, die schon im Juni gewittert hatten, was sich im November abspielen würde! Ich bat mir 24 Stunden Bedenkzeit aus und rief Bermann an, der Amerika gut kannte. »Unbedingt annehmen — aber erst nach dem Volksentscheid!« riet er. Und so unterschrieb ich tags darauf den Vertrag, der mein weiteres Leben bestimmen sollte: Ende Januar 1935 würde ich nach Amerika gehen.

Im Grünlichen, den wir in Calais untergestellt hatten, fuhren Helga und ich nach Genf. Es herrschte große Nervosität. Gerüchte über weitere Attentatspläne schwirrten durch das Völkerbundspalais. Man behandelte gerade die Klage Jugoslawiens gegen Ungarn — denn es waren ungarische Terroristen gewesen, die den Mord an König Alexander vorbereitet hatten. Als nächster Punkt stand die Saar auf der Tagesordnung. Der Sieg schien so nahe! Ich kam zu Benesch ins Hotel Beaurivage, um ihn von der sensationellen Wendung der britischen Politik, von der bevorstehenden Entsendung von Truppen ins Saargebiet zu unterrichten. »Auch ich habe gute Nachrichten«, sagte er. »Der Völkerbundsrat wird ein zweites Plebiszit versprechen.« Das geschah, aber in zweideutiger Sprache. Die Beneschsche Fassung war von Laval verwässert worden — entgegen dem Willen des französischen Parlaments, und seiner eigenen offiziellen Erklärung. In der Sitzung vom 1. Dezember 1934 fragte der sozialistische Abgeordnete Henry Fontainer Laval: »Werden die Saarländer nach dem Sturze des faschistischen Regimes in Deutschland und seiner Ersetzung durch ein demokratisches, wenn sie begehren sollten, wieder Deutsche zu sein — was sie ja tatsächlich sind —, Gelegenheit erhalten, ihren Willen zu bekunden?« Laval antwortete, daß der Völkerbund darüber zu entscheiden habe. Aber, in Übereinstimmung mit Beneschs Politik, fügte er unter dem Beifall des ganzen Hauses hinzu: »Aber wenn Sie mich fragen, welche Haltung Frankreich einnehmen wird, La France ne s'y opposera pas!« (Frankreich wird sich dem nicht entgegenstellen.) In der Sitzung des Völkerbundsrates am 5. Dezember 1934 in Rom hat Laval diesen Satz fast wörtlich wiederholt. Es war demnach ein französischer Antrag, der im Protokoll vom 6. Dezember seinen Niederschlag fand — aber bei der Schlußredaktion nicht mehr mit der gleichen Schärfe. Sollte der Status quo die Mehrheit erhalten, hieß es jetzt, »dann werde der Völkerbund das Recht haben, über die Souveränität im Saargebiet zu verfügen«. Also konnte der Völkerbund einen neuen Volksentscheid anordnen, doch der Nazipropaganda war es leicht gemacht, diese Folgerung zu verdunkeln. Dennoch sollte jenes Protokoll vom 6. Dezember 1934 noch Frucht bringen, als in den Pariser Verträgen vom 23. Oktober 1954 ein Volksentscheid an der Saar vorgesehen wurde. Die Rückkehr der Saar, aufgrund dieser neuen Abstimmung, zu einem nunmehr demokratischen Deutschland, hat die Aussöhnung mit Frankreich erst ermöglicht.

Mit Rudolf Olden als Chefredakteur und mir als Herausgeber, gründete ich in Saarbrücken die Wochenzeitung »Das Reich«. Sinn dieses Namens: das Reich ist da, wo deutsche Freiheit herrscht. Nicht das Saarvolk, wenn es sich für den zeitbegrenzten Status quo entschiede, würde sich vom Reiche trennen. Es ist das Hitlerregime, das sich vom »Reiche«, von der deutschen, von der abendländischen Rechts- und Schicksalsgemeinschaft losgerissen hat. Saarbrücken, so deuteten wir an, würde zur provisorischen Hauptstadt werden, bis Berlin wieder frei sei. Ein wichtiger Mitarbeiter an unserer Wochenschrift war Dr. Siegfried Thalheimer, dessen hervorragende Zeitschrift »Westland« durch betrügerische Machenschaften von Naziagenten in die Hände von Goebbels gefallen war. Nach dem Kriege hat ihm sein Werk über die wahren Hintergründe der Affäre Dreyfuß auch in Deutschland wieder großes Ansehen als Schriftsteller und Historiker verschafft. »Das Reich«, mit seinem Gedanken an eine deutsche Exilregierung und seinem Eintreten für einen zweiten Volksentscheid, war der Naziproganda im Wege. Also verlangte das Regime von der Regierungskommission, an deren Spitze der Engländer Sir Geoffrey Knox stand, daß unser Blatt verboten, Olden, mein Bruder Werner und ich und wer sonst noch nicht »Saarländer« sei, ausgewiesen würden. Daß kaum einer der Nazijournalisten und Redakteure im technischen Sinne Saarländer war — *das* war natürlich etwas ganz anderes! Unter der Überschrift: »Saardeutsche — rettet das Reich!« brachte unsere Zeitschrift einen Aufruf Rudolf Oldens. »Schützt Euer Vaterland vor den Nazis! Ihr habt die Aufgabe, mitzuhelfen am Sturze des Hitlertums, das Deutschland in die Katastrophe des Krieges hineinführt.« Der Aufruf schloß: »Gerade um Euerer Liebe zu Deutschland willen müßt Ihr Euere Ungeduld bezähmen!«

Das war die letzte Nummer. »Das Reich« wurde verboten, und wir wurden aus dem Saargebiet ausgewiesen. Ein Sturm der Entrüstung ging durch Europa, die britische Regierung schaltete sich ein. Daraufhin wurden die Ausweisungen zurückgenommen, aber »Das Reich« blieb verboten. Alle Naziblätter erschienen munter weiter. 1940 hat sich Goebbels den Titel meiner Zeitschrift angeeignet. Es wurde ein Pseudo-Reich, wie das ganze Machtgebilde der Nazis nie etwas anderes gewesen ist.

Die britischen Truppen trafen am 17. Dezember ein. So konnte ich über Weihnachten nach Matzen gehen. Am Weihnachtsmorgen erhielt ich einen eingeschriebenen Eilbrief. Darin lag ein tschechoslowakischer Reisepaß mit Dr. Beneschs freundlichen Grüßen. In Genf hatte er mich gefragt, wann mein deutscher Paß abliefe. Zu Weihnachten, sagte ich, worauf er nickte und es sich aufschrieb.

Am Neujahrsabend waren Werner und ich wieder in Saarbrücken. Die britischen Truppen haben die »Nacht der langen Messer« verhindert, und wer politisch oder »rassisch« bedroht war, konnte das Saargebiet rechtzeitig verlassen. Was sie nicht verhindern konnten, waren die immer schmutzigeren Angriffe auf alle Gegner des Regimes und eine immer bösartigere Einschüchterung der Wähler. Nur mit Grausen denke ich an diese Zeit zurück. In meinem Buche »On Borrowed Peace«, das 1942 in Amerika und England erschien, habe ich die folgende Begebenheit aufgezeichnet: Da das Hotel Messmer und alle anderen guten Hotels überfüllt waren, fanden Werner und ich nur in einem kleinen, schäbigen, das immer nach Zwiebeln roch, Unterkunft. Aber etwas geschah, was uns neues Vertrauen zur Anständigkeit der Menschen einflößte: Eines Morgens sagte der Portier, von Natur ein unfreundlicher Mann, mit seiner barschesten Stimme: »Da war einer hier letzte Nacht, der wollte Sie sehen. Ich sagte, es ist zu spät, ich kann Sie nicht wecken. Da wird er warten, sagte er.« »Und dann?« fragte ich. »Dann habe ich ihn hinausgeschmissen.« »Warum? Vielleicht hatte er eine wichtige Nachricht für uns!« »Schon möglich. Aber seine Hüfttaschen gefielen mir nicht. Die waren so abstehend.«

Erst fünfundzwanzig Jahre nach Veröffentlichung dieser Begebenheit kam mir ihre volle Bedeutung zu Bewußtsein. Im Februar 1967 traf ich bei einer Vortragsreise in Irland den Historiker Professor Desmond Williams vom Trinity College in Dublin. Bei seinen Studien über die Vorgeschichte des Weltkriegs war er auf das folgende gestoßen: 1934 wollte Reinhard Heydrich von »allerhöchster Stelle« erfahren, ob man mich im Ausland nur schärfer überwachen oder ob man Maßnahmen zu meiner Liquidierung ergreifen solle? Da entschied Hitler durch eine Randnote: »Noch nicht!« Ein Schriftstück hierüber vom 12. Dezember 1934, unterzeichnet vom SS-Oberführer Klopfer, Staatssekretär in der Parteikanzlei, und gerichtet an Rudolf Hess, fand sich in den Akten des Auswärtigen Amtes. Dieser Klopfer war dann einer der Teilnehmer an der berüchtigten »Wannseekonferenz« vom 20. Januar 1942. Am 6. Dezember 1934 hatte der Völkerbundsrat über das zweite Plebiszit entschieden. Die Saarbrücker Begebenheit weist darauf hin, daß Hitler, als ihm die Bedeutung dieser Entscheidung zu Bewußtsein kam, und als »Das Reich« erschien, seine Schergen wissen ließ: sein gütiges »Noch nicht!« sei in ein »Jetzt!« umzuwandeln.

Beim Volksentscheid vom 13. Januar 1935 stimmten 9% für den Status quo, 0,4% für den Anschluß an Frankreich. Zur Zeit der Republik hätten glatte 100% für die Rückgliederung gestimmt. Aber die Nazipropaganda verstand es, die 90% als einen Sieg des Regimes darzustellen! Olden, Werner und ich verließen die Saar bald nach dem Volksentscheid, um nach Genf zu gehen. Daß wir überhaupt lebendig herauskamen, erscheint mir immer noch als ein Wunder.

Eine Entdeckung Amerikas

In Genf tagte unter dem Vorsitz von Benesch der Völkerbundsrat. Im Hotel Beaurivage besprachen wir, wie man den Saarflüchtlingen helfen und ihnen im demokratischen Ausland eine neue Bleibe verschaffen könne. Führend an Mut und Gastfreundschaft war und blieb die Tschechoslowakei. Ein Anruf Beneschs beim amerikanischen Konsulat in Genf genügte auch, um mir ein amerikanisches Visum zu verschaffen.

In London tröstete mich Dr. Gooch: »Mein lieber junger Freund, die Ideen, für die Sie kämpfen, sind unzerstörbar. Kein Despot hat sie je vernichten können.« Dann zitierte er das berühmte »... sed victa Catoni«, aus Lukians »Pharsalia«. Aber ich hätte zur Abwechslung gerne einmal die Causa Victrix vertreten, auch wenn diese »nur« den Göttern gefällt!

Um Mitternacht kam ich nach Southampton. Das Schiff hatte Verspätung. Stundenlang saß ich in den trüben, feuchten Hallen des Hafens. Die letzte Schlacht auf deutschem Boden war verlorengegangen. Was jetzt —? Um drei Uhr morgens konnten wir an Bord gehen. Es war die President Harding, nur 14 000 Tonnen, mir aber kam sie gewaltig vor, und mir schien, als triebe man mich in den Bauch eines Walfisches. In meiner Kabine, die groß und behaglich war, schlief ich sofort ein, um ein paar Stunden später unter dem Schlingern und Stampfen des Schiffes jäh aufzuwachen. Eine graue winterliche Gischt spritzte gegen das Bullauge meiner Kabine. Jeden Tag stellte ich die Uhr zurück, um sie dem Rhythmus einer Zeit anzupassen, die nicht die meine war. Ich konnte nur stillhalten wie auf einem Operationstisch — warten, ob es am Ende eines langen dunklen Ganges ein Jenseits geben würde. Haben wir genug getan, fragte ich mich immer wieder, um dieses Regime von der Macht fernzuhalten? Seine Führer waren gemeine Mörder, seine wohlerzogenen Diplomaten, seine »christlichen« Sprecher waren Heuchler und Lakaien eines Systems, das nun ein Weltverbrechen vorbereitete: den Angriffskrieg. Konnte ich in aller Ehrlichkeit den anderen Völkern die Wiedergeburt deutscher Demokratie in Aussicht stellen —? Ja! Denn nun dachte ich an Bischof Christian Schreiber, an die Gefangenen von Dachau und in den politischen Kerkern. Der Terror selbst bewies, daß das *Volk* nicht hinter dem Regime stand! Später habe ich oft an diese erste Fahrt gedacht. Hätten meine Schicksalsgefährten und ich nicht die Botschaft nach Amerika getragen, daß Hitler nicht Deutschland sei — wer weiß, ob es diese ganze Bundesrepublik heute gäbe!

»Freistatt für deutsche Kultur« — so hieß eine Denkschrift, die Richard Bermann für mich ausgearbeitet hatte. Das Manuskript von seiner eigenen Hand ist heute im Besitze der »Deutschen Bibliothek« in Frankfurt. Auf amerikanischem Boden, steht darin, sollte für die deutsche Kultur, die zu Hause keine Bleibe mehr habe, eine neue Heimstätte geschaffen werden. Die großen und berühmten Deutschen in der Emigration würden auch im Ausland gedruckt, gehört, gelesen werden. Aber der künstlerische und wissenschaftliche Nachwuchs — alle die, denen es noch nicht vergönnt war, sich einen Namen zu schaffen, auf *die* käme es an, wenn eine freie deutsche Kultur erhalten bleiben solle. Dieses Memorandum wurde zur Grundlage der »American Guild for German Cultural Freedom«.

Zehn Tage dauerte die Fahrt. Als wir im Hafen von New York einliefen, in dem die Eisschollen trieben, da war mir meine Kabine schon fast zur Heimat geworden. Dann ging alles sehr schnell. Ich stand wieder auf festem Lande, umringt von Journalisten, die wissen wollten, ob ich mit Kaiser Wilhelm verwandt sei, warum Hitler nicht heirate und wie mir die »Sky Line« von New York gefallen habe. Plötzlich tauchte auf dem Kai eine schwarzrotgoldene Fahne auf — wie eine Luftspiegelung, heraufgeworfen über den Horizont der Zeit. Ein Mann, umringt von einer ganze Schar mit dem Reichsbannerabzeichen, kam auf mich zu: »Ich bin Karl Kluge, Vorsitzender des New Yorker Reichsbanners. Willkommen, Kamerad Prinz Löwenstein, auf amerikanischem Boden!« Jetzt war ich kein Fremder mehr an fremder Küste, sondern in einem Lande, in dem die deutsche Demokratie noch eine Heimstätte besaß.

Im Hotel fand eine Pressekonferenz statt. Dabei sah ich Oswald Garrison Villard wieder und lernte George N. Shuster kennen, den Herausgeber der liberalen katholischen Wochenzeitung »Commonweal«. Shuster, auch er, gleich Villard, Nachkomme eines »48ers«, war nach dem Kriege der vorletzte Landeskommissar von Bayern. Alle Zeitungen berichteten, was ich gesagt hatte: Der Nationalsozialismus sei kein deutsches Problem mehr, sondern bereits ein Weltproblem. Zwar gehöre der Antisemitismus zu seinen scheußlichsten Eigenschaften, aber alle Menschen, die die Freiheit liebten, ohne Unterschied der »Rasse« und Konfession, würden betroffen. Bald würden dies auch die Völker außerhalb der deutschen Grenzen merken, denn Nationalsozialismus bedeute Krieg.

Nach der Pressekonferenz blieb noch genug Zeit, um die ersten Eindrücke von New York zu gewinnen — großartig, manchmal barbarisch, aber doch immer von überwältigender Schönheit. So empfand ich es — und bei jeder neuen Ankunft empfinde ich es wieder. Am Abend reiste ich dann nach Kanada weiter

»Nazi-Neuheidentum gegen Christentum« — das war der Titel meines ersten Vortrages auf nordamerikanischem Boden, am 3. Februar 1935 vor dem »Montreal Forum«. Meine Vortragsnoten, jetzt im Besitze des Bundesarchivs in Koblenz, enthalten bereits im Kerne alles, was über das Regime zu sagen ist, von seinen Ursprüngen bis zu seinem Untergang in Blut und Grauen. Hier ein wörtliches Zitat: »Schon gibt es viele christliche Märtyrer in Deustchland, nicht nur die Opfer des 30. Juni 1934, sondern Hunderte von namenlosen Blutzeugen des Glaubens. Das alte Wort wird wieder wahr; das Blut der Märtyrer ist der Samen neuer Christen. Jetzt, da der Kampf um die Saar, den die Nazis das ‚letzte Hindernis' für den Frieden nannten, verloren ist, wird der wahre Kampf beginnen.« Am 3. Oktober 1966 sprach ich in Montreal über das Thema: »Die deutsche Widerstandsbewegung«. Als in der Diskussion ein Student meinte, die Deutschen hätten mit ihrem Widerstand erst begonnen, als der Krieg offensichtlich verloren war, bat ich ihn zum Rednerpult: Er möge der Versammlung vorlesen, was hier geschrieben stehe, nämlich meine handschriftlichen Notizen vom 3. Februar 1935.

Nach meiner Rückkehr nach New York sprach ich im deutschen Viertel der Stadt in einer großen Reichsbannerversammlung. Es war »wie in Deutschland«, denn auch Nazistörtrupps waren erschienen, Mitglieder des »German-American Bund« und der »Freunde des neuen Deutschland«. Sie erhielten ihre Gelder durch die deutsche Botschaft in Washington oder durch die NSDAP-Auslandsstelle. Nach einem Bericht in der »New York Times« sagte ich u. a.: »Mehr und mehr wird der Nazismus zum Terror seine Zuflucht nehmen, weil nämlich die Mehrheit des deutschen Volkes nicht hinter Hitler steht. Die einzige ‚Lösung' die dieses Regime anzubieten hat, ist Krieg, und dieser Krieg wird zum Untergang Deutschlands führen.«

Ich sprach auch in Carnegie Hall, vor der großen Gemeinde der »Free Synagogue«. Deren geistiger Vater war Rabbi Stephen S. Wise, geboren in Budapest. Er sprach ein hervorragendes Deutsch und sah aus wie eine Mischung aus Goethe und Gerhart Hauptmann. Mein Vortrag wurde von Rundfunkstationen in ganz Amerika übertragen. Nun wußten alle Deutschamerikaner ganz genau, wo ich stand.

In einer Serie von sieben Aufsätzen unter dem Titel »Eine Reise nach Amerika« berichtete ich über meine Eindrücke im Wiener »Tag«, dessen Redaktion Richard Bermann angehörte. Der erste Bericht schilderte die Ankunft und die Begrüßung durch das Reichsbanner. Im zweiten sprach ich über die Stadt, die »noch nicht fertig sei — überall liegen Blöcke, Trümmer, Versuchsstücke herum«, und die Straßen seien unbeschreiblich —. »Tagelang lag das Eis so hoch, daß die Taxis umkippten.« Und dennoch — eine wunderbare Stadt, wo ein neuer Baustil entstünde, wo alle Rassen zusammenwohnten, bei allen Unterschiedlichkeiten verbunden durch ein demokratisches Staatsgefühl.

Eisenbahnfahrten waren damals einfach herrlich! Aussichtswagen mit kleinem Balkon am hinteren Ende, Clubmöbel, ein Duschraum, ein Friseur, ausgezeichnetes Essen, gemütliche Schlafwagen. Zwischen Chicago und der pazifischen Küste lebte man ein paar Tage und Nächte in einem Mikrokosmos. Hier gab es noch jenes Amerika unserer Jugendbücher: »Frontier«-Städtchen, endlose Prärien, allmählich mit einer südlichen Vegetation, mannshohe Kakteen, der Große Salzsee, die wunderbaren Berge — ein Gefühl grenzenloser Weite und einer berauschenden Freiheit. Eine große Liebe erwachte in mir zu diesem Lande, das seine ganze Geschichte hindurch, und auch heute noch, allen Verfolgten und Erniedrigten eine Heimstätte bot. Auf dieser ersten transkontinentalen Fahrt las ich in Walt Whitmans Gedichten »Grashalme«:

»Komm, ich will diesen Erdteil unauflöslich machen
Ich will erwecken die herrlichste Rasse, auf die die Sonne je schien
Ich will göttliche Zauberlande erschaffen
Durch die Liebe von Kameraden,
Durch die Liebe, ihr Leben lang, von Kameraden.
Ich will Gefährtentum pflanzen, dicht wie Bäume an allen Flüssen
    und überall, auf allen Prärien
Städte will ich schaffen, untrennbare, eines jeden Arm um den
    Nacken des anderen gelegt
Durch die Liebe von Kameraden,
Durch die männliche Liebe von Kameraden ...«

Ich kam zum Stillen Ozean, an dessen fernen Küsten andere Götter als die unsern verehrt werden. Ich sehnte mich danach, dem Laufe der Sonne zu folgen, bis zu den geheimnisvollen Ländern, zu denen mir San Francisco als das Tor erschien — nicht unähnlich Venedig und Istanbul, durch die der Orient nach Europa dringt. Auch in Los Angeles und Hollywood sprach ich. Ich lernte Charlie Chaplin kennen, Frederick March, Marlene Dietrich, sogar Greta Garbo, Norma Shearer, Mary Pickford und manche andere, darunter Mia May, die Heldin der Kolossalfilme der ersten Nachkriegszeit. Auf dem Rückweg nach Washington und New York sprach ich in Louisville, Kentucky, wo Peter Olden, Rudolfs jüngerer Bruder, College-Professor war. Der Gouverneur von Kentucky, Ruby Laffoon, verlieh mir den Rang eines Obersten der Nationalgarde, die einzige militärische Würde, die ich je erlangt habe.

Wie gut die Nazis gearbeitet hatten, das konnte ich auf dieser Reise feststellen! Fast in jeder Stadt fand ich bereits bei meiner Ankunft im Hotel einen pseudonymen Brief vor, voll von Beschimpfungen und Morddrohungen. In Chicago, Cincinnati, Indianapolis, Los Angeles und Philadelphia versuchten Störtrupps des »Bund«, die Versammlungen zu sprengen. Die Fäden liefen zur deutschen Botschaft und zu den Generalkonsulaten und Konsulaten. Das geschah unter dem Schutz der diplomatischen Immunität, wie ein parlamentarischer Untersuchungsausschuß in Washington am 14. Februar 1934 feststellte. Ihm lagen Beweise vor, daß die Nazis »mit den verschiedensten Arten von List und Schmeichelei, und wenn diese versagten, durch die niedrigsten Angriffsmethoden« versuchten, »die zwanzig Millionen amerikanischer Bürger deutscher Abstammung in die nationalsozialistische Bewegung zu ziehen«. Ich habe darüber im Wiener »Tag« berichtet. Im Lichte späterer Ereignisse ist der folgende Satz aus einem meiner Aufsätze vom 6. August 1935 interessant: »Von anderer Seite habe ich ferner erfahren, daß die Nationalsozialisten in Kalifornien bereits Versuche unternommen haben, mit gewissen japanischen Organisationen in Verbindung zu treten, die im Falle eines bewaffneten Konflikts den Vereinigten Staaten gefährlich werden könnten.«

Während ich in den Vereinigten Staaten war, führte Hitler die allgemeine Wehrpflicht ein. Auf der Konferenz von Stresa war nur Mussolini für ein schärferes Vorgehen. England und Frankreich waren vom Gedanken eines »Nichtangriffspaktes« besessen — als ob ein solcher Pakt schon je einen Angriff verhindert hätte ... ! Am 18. Juni kam es zum »Flottenabkommen« zwischen England und der Hitlerregierung, eine Ermutigung für deren Aggressionspolitik. In George N. Shusters »Commonweal« vom 17. Mai 1935 besprach ich die internationale Lage. Der Aufsatz hieß »Europe's Zero Hour« (Europas Entscheidungsstunde). Ich schrieb darin, England werde erst aufwachen, »wenn über Piccadilly Circus die Hakenkreuzflugzeuge kreisen«. Diesmal werde es keine »isolation« mehr geben, wenn die Katastrophe kommt.

Knapp vor meiner Rückkehr nach Europa lernte ich bei einem Wohltätigkeitsdinner Albert Einstein kennen. Er und ich sollten dabei sprechen. Aber es waren so viele Komiteedamen da, die als Rednerinnen zusammen mit ihm in den Zeitungen genannt werden wollten, daß wir zwei Stunden auf unser Stichwort warten mußten.

»Lieber Herr Professor«, sagte ich, »jetzt oder nie habe ich die Gelegenheit, aus erster Quelle zu erfahren, was die Relativitätstheorie ist!« Worauf er mir ihre Grundgedanken erklärte, so verständlich, wie nur ein großer Lehrer es vermag. Seine letzte Bemerkung, ehe er zum Reden kam, war: »Wenn also ich bereits mit meinem beschränkten Verstand diese große Harmonie des Weltall erkennen kann, dann gibt es Menschen, die so dumm sind, daß sie sagen, es gibt keinen Gott!« An jenem gleichen Abend gewann ich ihn als Sponsor für die »American Guild for German Cultural Freedom«. Oswald Garrison Villard und George N. Shuster waren die ersten Unterzeichner unserer »Charta« — ein klassisches Dokument geistiger Freiheit, verfaßt von Rechtsanwalt Samuel Wachtell, einem Freunde Bermanns. Sie wurde am 16. April 1935 vom

Obersten Gerichtshof des Staates New York genehmigt. Bald sollten viele führende Amerikaner des öffentlichen und des kulturellen Lebens die Charta gleichfalls unterzeichnen.

Ich unterschrieb einen Vertrag für eine neue Vortragsreise und schiffte mich kurz vor Ostern auf dem schönen italienischen Schiff Roma ein. Mussolinis Haltung in Stresa hatte mir gefallen. Durch Don Renato Prunas, einen nichtfaschistischen Diplomaten an der italienischen Botschaft in London, hatte ich erfahren, daß Mussolini Besprechungen meiner »Tragödie« gelesen hatte. Nun hörte ich vom italienischen Generalkonsul in New York, Pasquale Spinelli, daß er von den Deutschlandplänen meines zweiten Buches, »After Hitler's Fall«, Kenntnis erhalten habe. Da er selber während seiner sozialistischen Periode Emigrant gewesen war, hatte er Verständnis für solche Kräfte. Ich wollte also versuchen, Mussolini in Rom zu sprechen, denn zwei einander feindliche Diktatoren in Europa, das wäre entschieden besser als zwei verbündete!

Das Schiff legte im Hafen von Boston für ein paar Stunden an. Ich saß am Deck im warmen Sonnenschein und in guter Stimmung. In Amerika hatte sich alles besser entwickelt, als ich zu hoffen gewagt hatte. Aber sollte ich nicht aufzeichnen, was ich bisher auf meinem Lebensweg gesehen und erfahren habe? Man vergißt oft das Wichtigste, die Erinnerung trübt sich, und Schriftstücke können verlorengehen. Während sich das Schiff langsam vom Kai löste, nahm ich ein Schreibheft und überschrieb die erste Seite: »Conquest of the Past; an autobiography.« (Die Überwindung der Vergangenheit; eine Autobiographie.) Ein Buch wurde daraus, das mir noch heute als zeitgeschichtliche Quelle dient.

Kardinal Pacelli und die Nazis

Am 1. Mai liefen wir in Neapel ein. Bei aller Liebe zu Amerika dürstete mich nach dem Fluidum europäischer Geschichte. Ich übergab dem Hotelportier mein Gepäck und fuhr vom Hafen aus nach Pompeji. Erst als ich mich an den Steinen der Palaestra, am Hauche von zwei Jahrtausenden, satt getrunken hatte, kehrte ich in die »Moderne« zurück.

Helga kam mir nach Rom entgegen. Dort meldete ich mich beim tschechoslowakischen Botschafter, František Chvalkovsky, den Benesch schon benachrichtigt hatte. Durch Don Renato Prunas, der ins Außenministerium versetzt worden war, erfuhr ich, daß Mussolini nach wie vor einen gewaltsamen »Anschluß« Österreichs verhindern wolle. Bestimmte internationale Entwicklungen könnten aber zu einer »diplomatischen Revolution« führen. Chvalkovsky sprach deutlicher: Es drohe Krieg in Äthiopien. Sollte England sich Mussolinis Plänen widersetzen, Hitler würde ihn bestimmt unterstützen. — Ich suchte auch Dr. Wladimir Radimsky auf, den tschechoslowakischen Botschafter beim Vatikan. Mir lag an einer Audienz beim Kardinal-Staatssekretär, Eugenio Pacelli, um ihm vom Gewissenskonflikt vieler deutscher Katholiken in der Folge des Konkordats zu berichten. Beide Botschafter wollten mich verständigen, sobald sie entsprechende Nachrichten für mich hätten.

Am Brenner wartete Volkmar mit dem Wagen auf uns. Nach all den Wolkenkratzern war es herrlich, durch die Tiroler Städtchen und Dörfer zu fahren, den starken, jugendlichen Inn entlang, weidende Rinder zu sehen, und Pferde statt der Traktoren. Die Wälder waren voll goldenen Sonnenlichts, in der Luft lag der süße Duft frischgemähten Grases und zahlloser Frühlingsblumen. Matzen war jetzt in gutem Zustand. Zum Frühstück keine platzenden Wasserrohre mehr, der Park war gepflegt, und im klaren Teiche wuchsen die Regenbogenforellen.

Als ich Nachricht aus Rom erhielt, fuhr ich nach Wien, um Kardinal Innitzer um einen Empfehlungsbrief an Kardinal Pacelli zu bitten. Bei dieser Gelegenheit erzählte er mir, daß man ihn im Frühling 1933 in Rom ermahnt habe: »den Nazis eine Chance zu geben ... einer unserer treuesten Söhne, Herr von Papen, habe uns versichert, daß die Nazis einen echten, christlichen Kern besäßen, verborgen unter einer rauhen Schale«. Aber ein paar Monate später, als er wieder nach Rom kam: »... da ist der Papst da g'sessen, mit an ganz dicken Kopf, und die Leut' hab'n g'sagt, noch nie hat einer den Heiligen Vater so ang'logen wie der Herr von Papen.« Innitzer erzählte mir auch von den Drohbriefen, die er dauernd von den Nazis bekäme — das solle ich gleichfalls dem Kardinal-Staatssekretär berichten. »Eminenz, die Nazis wollen Sie umbringen? Das ist doch wunderbar«, sagte ich. »Was haben's da g'sagt?« »Kardinal sind Sie schon, was können Sie also noch werden? Papst bestimmt nicht, einen deutschen Papst wird es noch lange nicht geben. Aber *Märtyrer* können Sie werden, Eminenz!« Abwehrend hob er die Arme hoch: »Nein, nein! Die Krone des Märtyrertums ist nur für die Auserwählten!« Das war menschlich, war entwaffnend. Denn wer kann schon von sich sagen, daß er unter allen Umständen ein Held sein werde —? Der Brief, den er mir mitgab, war von großer Herzlichkeit — und das zu einer Zeit, da »prominente« Katholiken in Deutschland sich nicht mit mir sehen hätten lassen.

Ich nahm ein Flugzeug nach Venedig, ein schönes, aber etwas gewagtes Abenteuer. Im Hotel Danieli überbrachte ich Elisabeth Bergner einen Brief Bermanns, der sie bat, als Sponsor die »American Guild« zu unterstützen. Sie sagte sofort zu. Sie blickte auf die Lagune hinaus, durch die gotischen Fensterbögen ihres Zimmers: »Ich habe die ganze Nacht geweint«, sagte sie. Mit der Empfindsamkeit der großen Künstlerin ahnte sie, daß diesem europäischen Sommer nur noch wenige folgen würden.

In Rom ging Radimsky mit Innitzers Brief zum Vatikan. Er möge es dem Kardinal Pacelli leicht machen, die Audienz abzulehnen, bat ich — ich wolle ihn ja nicht »kompromittieren«. Die Antwort war überraschend: »Der Kardinal will Sie morgen vormittag sehen.«

Die Audienz fand am 27. Mai in einem kleinen Salon statt. Der Kardinal-Staatssekretär saß mir gegenüber auf einem rotseidenen Sofa. Eine Weile musterte er mich, lächelte und sagte auf deutsch: »Im November 1924, als Leopold Wenger an der Universität München die Rektoratsrede hielt — saßen Sie da nicht oben auf der Galerie, auf der rechten Seite?« »Daß ich Ew. Eminenz sah, ist nur selbstverständlich — daß Ew. Eminenz mich nicht nur sahen, sondern in Erinnerung behielten, nach all diesen Jahren...« »Nichts Außergewöhnliches. Nur ein fotografisches Gedächtnis!« Dann fragte er: »Sie sind eben aus den Vereinigten Staaten zurückgekommen — sind die Nazis dort sehr aktiv?« »Ja, sehr. Fast in jeder Stadt erhielt ich Drohbriefe. Ihre Tätigkeit ist bestimmt zentral gesteuert.« »Sehr interessant. Für solche Dinge haben diese Verbrecher stets ausreichende Geldmittel.« »Eminenz — darf ich ganz frei sprechen?« »Darum bat ich Sie, zu mir zu kommen.« »Gerade mit diesen Verbrechern, wie Ew. Eminenz die Nazis richtig kennzeichneten, hat die Kirche im Juli 1933 das Konkordat geschlossen. Es hat Millionen treuer Katholiken in einen furchtbaren Gewissenskonflikt gestürzt.« Daraufhin — nie vergesse ich es! — hob der Kardinal beide Arme zum Himmel und rief aus: »Das konnte man damals nicht wissen!« Die

Audienz war damit noch nicht beendet. Ich konnte ihm in Einzelheiten meine wachsende Sorge vortragen, daß es zu weiteren Verfolgungen und schließlich zum Kriege kommen werde. Hitlers ganze Politik deute darauf hin.

Für Botschafter Radimsky machte ich eine Aufzeichnung über das Gespräch mit Kardinal Pacelli: Dieser dürfte nicht nur die Nazis, sondern auch manchen seiner Ratgeber inzwischen durchschaut haben — Prälat Kaas, Papen, »prominente« deutsche Laien und Bischöfe. Ein genaues Gedächtnisprotokoll, mit Einzelheiten meines Berichtes an Kardinal Pacelli, hat sich, dank der Durchsicht und Bearbeitung meiner Papiere durch das Bundesarchiv 1970 wiedergefunden. Ich komme darauf zurück.

Während meiner zweiten Woche in Rom traf eine deutsche »Handelsdelegation« ein. Sie bot Hilfe an, sollte der Völkerbund Sanktionen beschließen. Gleichzeitig ließ Österreich wissen, daß es sich dem Versand von Kriegsmaterial durch sein Gebiet nicht widersetzen werde. Zehnmal oder noch öfter ließ Mussolini durch Chvalkovsky bestellen, ich möge mich für ein Gespräch bereithalten. Immer wurde es im letzten Augenblick abgesagt. Möglich, daß er Druck auf die Hitlerregierung ausüben wollte, durch die Drohung, sich mit der deutschen Opposition in Verbindung zu setzen. So hat später Stalin das Freideutschland-Komitee benutzt, wenn er die Vereinigten Staaten unter Druck setzen wollte. In der vierten Woche fand ich, daß ein weiteres Warten sinnlos sei. Die letzte Botschaft, die ich Mussolini durch Chvalkovsky sandte, war: 1934 habe der Aufmarsch von ein paar Divisionen am Brenner genügt, um eine Invasion Österreichs zu verhindern. Inzwischen habe sich das Kräfteverhältnis Faschismus-Nazismus erheblich verschoben. Mussolini möge nicht vergessen, daß die Nazis über das wirtschaftliche Potential von 80 Millionen verfügten, über viele Rohmaterialien, die Italien nicht besäße. — Nach dem Kriege ist František Chvalkovsky in Prag ohne Spruch und Urteil, als angeblicher Kollaborateur, gehängt worden. Dazu kann ich nur sagen, daß er als Botschafter in Rom nichts unversucht ließ, um dem Einfluß der Nazis entgegenzuwirken.

Eine Vorahnung von Herbst und Abschied lag in der Luft, als ich nach Matzen zurückkehrte. Und doch war der Park mit seinen dunkelroten Blutbuchen, seinen Jasmin- und Fliederbüschen und seinen japanischen Bäumen noch erfüllt von lebendigen Farben. Es war damals, daß ich den jungen Kooperator vom Pfarramt in Brixlegg fragte, ob der Himmel wirklich schöner sein könne als ein Sommertag in Tirol! Arthur Neidhardt kam nach Matzen zu Besuch und erzählte, daß sich im Sudetengebiet Unruhen zusammenbrauten. Irgend etwas müsse gegen die nazistische Verhetzung geschehen, vielleicht durch Errichtung eines deutschen Senders oder durch Gründung einer deutschen Buchgemeinschaft. Auf seinen Rat hin fuhren Helga und ich nach Prag. Schon wenn man die Buchläden und Zeitungskioske sah, hatte man ein Gefühl geistiger Freiheit. Alle Emigrantenzeitschriften, wie das »Neue Tagebuch« und die »Neue Weltbühne«, lagen auf, die gesamte Anti-Nazi-Literatur dazu, einschließlich meiner eigenen in Deutschland verbotenen, in Österreich »nicht vorrätigen« Bücher. Da konnte man schon verstehen, warum Hitler die Tschechoslowakei so haßte, diese Zufluchtsstätte deutscher Geistesfreiheit und vieler Verfolgter. Nicht nur ich, auch viele andere, hatten tschechoslowakische Pässe erhalten, und damit war der Versuch der Nazis, uns lahmzulegen, gescheitert. Ich überreichte Benesch eine Denkschrift über die drohenden Unruhen im Sudetengebiet und mit unseren Vorschlägen, was man dagegen unternehmen solle. Als ich ihn das nächstemal sah, war er ein Heimatvertriebener wie ich.

Auf der Rückfahrt sah ich meinen Vater in Wien zum letzten Male. Hitler lehnte er scharf ab, meinte aber, aus der Politik solle ich mich heraushalten. »Das ist keine Beschäftigung für einen Edelmann — als Politiker muß man ordinär sein!« Ich habe nicht mit ihm darüber gestritten. Ich erzählte ihm von meiner Liebe zu Rom und daß ich erst als Erwachsener ganz begriffen hätte, was er für uns in den trüben Gmundner Jahren getan habe.

Mein Bruder Leopold hatte uns für den Winter eine Wohnung in London am Chester Square gemietet. Helga würde schon im März nach Matzen zurückkommen, und ich Anfang Mai nach meiner zweiten Amerikareise. Wir packten also nur ein, was wir für den Winter brauchen würden, dazu für unsere kleine Stadtwohnung ein paar Teppiche, Silber für sechs Personen, ein silbernes Teeservice, einige Leuchter, Bilder, Ikonen, eine gotische holzgeschnitzte Madonna und natürlich die schwarzrotgoldene Adlerfahne.

Mrs. Baillie-Grohman kam zum Abschiedstee. Zehn Tage zuvor hatte der faschistische Angriff gegen Äthiopien begonnen. Beim nächsten Nazicoup würden also keine italienischen Divisionen am Brenner stehen. Schon gab es Gerüchte über eine bevorstehende Annäherung zwischen Hitler und Schuschnigg. Die meisten Nazigefangenen aus der Zeit des Juli-Putsches von 1934 hatte man entlassen, sozialdemokratische saßen immer noch hinter Gittern oder waren erneut verhaftet worden. »Ich frage mich«, sagte Mrs. Grohman beim Abschied, »ob Ihr nicht etwas mehr von Euren Sachen, vielleicht auch Möbel und Porzellan, nach England schicken lassen solltet...« Aber wir hörten nicht auf sie. Am 16. Oktober holten wir die schwarzrotgoldene Fahne ein. Die Parkwege waren sauber gefegt, aber gelbe Blätter trieben auf den Teichen. Zwischen blaßgrünen und gelblichen Blättern hingen noch einige rotbäckige Äpfel.

Immer noch war es der Grünliche, der uns von Berlin hierher gebracht hatte, in dem wir jetzt aus Österreich wegfuhren — erst nach Paris und dann nach London — nur für den Winter, versteht sich, nur für den Winter.

Goebbels in flagranti!

Unsere Londoner Wohnung bestand nur aus zweieinhalb Zimmern, aber da unsere Einladungen meist politischer Art waren, machte es den Gästen nichts aus, wie Sardinen zusammengepfercht zu werden. Einmal hatten wir acht Botschafter zu Gast, dazu drei Dutzend Abgeordnete, Wickham Steed, Rudolf Olden und seine Frau, Reginald Harris, Journalisten und Schriftsteller sowie meine Brüder Leopold und Werner, dieser nunmehr Student in Oxford.

Durch Dr. Gooch lernte ich zwei Männer kennen, denen die deutsche Widerstandsbewegung zu großem Danke verpflichtet ist — den Bischof George Bell von Chichester und den Dekan von Chichester, Arthur Stuart Duncan-Jones. Sie haben während des Krieges versucht, zwischen Adam v. Trott zu Solz, Dietrich Bonhoeffer und ihren Freunden und der britischen Regierung eine Verbindung herzustellen. Durch Viscount Fitzallan of Derwent, den letzten Vizekönig von Irland — Werners Taufpate, als dieser vom evangelischen zum katholischen Glauben übertrat — lernte ich den katholischen Erzbischof von Westminster und späteren Kardinal, Arthur Hinsley, kennen. Mündlich und schriftlich unterrichtete ich ihn über das Wesen des Nationalsozialismus, dem man mit äußerster Entschlossenheit und nicht, wie manchmal geraten werde, mit »äußerster Vorsicht« entgegentreten müsse. Es gehört zu seinem Wesen, vor Entschlossenheit zurückzuweichen, Wehrlose hingegen zu verfolgen. Mit dem Nationalsozialismus Verträge abzuschließen, Eide, Versprechungen, Zusicherungen anzustreben, sei schädlich und nutzlos. Man müsse sich auch klar sein, daß »sich die Nationalsozialisten an die Macht klammern, sei es um den Preis eines europäischen Krieges, der das Ende Deutschlands, das Ende Europas wäre«. Daher müßten die Katholiken in der ganzen Welt zusammenstehen, um das gegenwärtige und das kommende noch größere Elend vom Herzen Europas abzuwenden.

Diese Punkte sind in einem Memorandum und einem Brief enthalten, die unter dem Datum vom 8. Dezember (deutscher Text) und vom 11. Dezember 1935 (englischer Text) an den Erzbischof abgingen. Sie sind jene Schriftstücke, auf die ich schon Bezug nahm und die heute gleichfalls im Besitz des Bundesarchivs sind.

Es handelt sich bei diesen Dokumenten um fünf enggetippte Seiten! Was ihnen besonderes historisches Interesse verleiht, ist der Schlußsatz: »Was ich Euerer Exzellenz heute vortrug, entspricht im wesentlichen dem, was ich Seiner Eminenz, dem Herrn Kardinal-Staatssekretär Pacelli, am

27. Mai d. J. mündlich sagen durfte.« Damit weiß man also jetzt genau, welche Tatsachen dem späteren Papst Pius XII. bekannt waren.

Meinem Anliegen, einer Solidaritätserklärung mit den deutschen Bischöfen und Verfolgten, kam Erzbischof Hinsley »im Namen aller Erzbischöfe und Bischöfe von England und Wales« bereits am 16. Dezember nach. Er sandte eine entsprechende Botschaft an Kardinal Bertram nach Breslau. »In den schweren Bedrängnissen, die den katholischen Glauben in Deutschland getroffen haben«, fühle sich die Kirche in England eins mit ihren Brüdern in Deutschland. In allen Kirchen würden Gebete für die Bedrängten angeordnet werden. Kardinal Bertram bestätigte den Erhalt dieses Schreibens und nannte es »eine Quelle heiliger Freude und süßen Trostes ... durch diese wahrhaft brüderliche Verbundenheit mit uns ist unsere Zuversicht gestärkt worden«.

Im Januar 1936 traf ich in Paris, im Café Flore, mit einem meiner ehemaligen Vortruppführer zusammen. Er arbeitete jetzt in Goebbels' Propagandaministerium, war aber ein Anti-Nazi. Goebbels, berichtete er mir, ließe gegen tausend oder mehr Mönche und Laienbrüder homosexuelles Belastungsmaterial herstellen. Damit wolle er einen entscheidenden Schlag gegen die katholischen Schulen führen. Diese sollten als Brutstätten des Lasters angeprangert werden, wo hilflose Knaben geilen Pfaffen ausgeliefert würden. Dutzende von falschen Zeugenaussagen lägen bereits vor, dazu Stöße von pornographischen Fotomontagen. Die Schauprozesse, meinte mein Gewährsmann, kämen im Anschluß an die Berliner Olympischen Spiele im Spätsommer oder Herbst, es sei denn, daß Unruhe im Volke ein großes Ablenkungsmanöver schon früher wünschenswert mache. In London unterrichtete ich sofort Erzbischof Hinsley und bat ihn, den Vatikan von diesem Komplott zu verständigen. Ich selbst würde in Amerika durch Veröffentlichungen in der Presse versuchen, den Goebbelsschen Plan zum Scheitern zu bringen.

Am 6. Februar fuhr ich mit dem französischen Schiff Champlain nach New York. Mein Tagebuch dieser ganzen Reise ist erhalten geblieben. In der ersten Eintragung, »an Bord der Champlain«, heißt es: »Bei meiner Rückkehr nach Europa wird eine wesentlich andere Gesamtkonstellation da sein. Österreich: weiter unsicher. England: zunehmendes politisches Gewicht infolge vermehrter Rüstung, trotz Gegentendenzen steigende Erkenntnis der wahren Gefahr. Deutschland: neue Religionsverfolgungen und Scheinsozialisierungen, um die Radikalen zu befriedigen ...«

Gleich nach meiner Ankunft in New York hielt ich im Hotel Ritz-Carlton eine Pressekonferenz ab und enthüllte dabei den Goebbelsschen Plan. Die Wirkung war schlagartig. Innerhalb weniger Stunden brachten zahllose Zeitungen im ganzen Lande diese Nachricht, zum Teil in riesiger Aufmachung. Zu einem Sonderinterview mit »America«, der Wochenzeitung der Jesuiten, meldete sich bei mir Pater John A. Toomey SJ. Das Interview erschien am 21. März unter dem Titel »A German Prince On Hitler«. Von dieser Veröffentlichung, wie von einer späteren, hat mir »America« vor kurzem Ablichtungen geschickt.

Natürlich setzte sofort eine Flut nazistischer Proteste ein gegen solch bösartige »jüdisch-kommunistische Verleumdung«. Bis dann ... Als ich am 27. Mai spät abends über den Times Square ging, wurden die ersten Morgenausgaben verkauft. In allen Ländern haben die kleinen Zeitungsjungen den gleichen schrill-triumphierenden Ton, wenn etwas wirklich Wichtiges geschehen ist! So hatten sie auch in Paris am 30. Juni 1934 verkündet: »Révolution en Allemagne!«

»New York Times«, »New York Herald Tribune« — alle Blätter hatten ähnliche Schlagzeilen: »Nazis verhaften katholische Mönche und Laienbrüder aufgrund homosexueller Beschuldigungen; erster Massenprozeß in Koblenz, 276 Franziskaner verurteilt; nach halboffiziellen Berichten konnten sich weitere 61 durch Flucht nach Holland dem gleichen Schicksal entziehen.« »Diese Prozesse«, fuhren die Zeitungen fort, »wurden vom Prinzen Hubertus zu Löwenstein, einem Anti-Nazi-Deutschen, in seiner Pressekonferenz vom 14. Februar und in einem Sonderinterview mit ›America‹ am 21. März vorausgesagt.« Die »New York Post« schrieb im Leitartikel: »Dr. Joseph Goebbels steht verurteilt vor dem Tribunal der Welt, dieses Mal mit ›roten Händen‹ (d. h. in flagranti) erwischt!« Ähnliche Kommentare erschienen in vielen Blättern. Auch daß ich Erzbischof Hinsley schon im Januar verständigt hatte, wurde erwähnt.

Das zweite Interview mit Pater John A. Toomey SJ erschien in »America« am 6. Juni 1936 unter der Überschrift »Hitler Persecution Foretold« (Hitler-Verfolgung vorausgesagt). Dieses Interview brachte auch eine redaktionelle Bemerkung: es seien nach der Veröffentlichung des ersten Interviews der Zeitschrift eine Fülle von verleumderischen Angriffen gegen mich zugespielt worden, »die auf die deutsche Botschaft in Washington zurückzuführen seien«. Heute weiß man ja einiges mehr über jene »prominenten« Katholiken, die sich als Nazi-Zuträger betätigten. — Zwar hat die Verfolgung der nicht-kollaborierenden Christen keineswegs aufgehört, aber die von Goebbels erhoffte Wirkung auf die Öffentlichkeit war nun ein für allemal zunichte gemacht.

In Cincinnati notierte ich in meinem Tagebuch: »Bei der Ankunft erfahre ich von der Rheinlandbesetzung. Das *ist* der Krieg, entweder gleich oder ... erst ein erneutes Zurückweichen der Westmächte, eine neue Nazi-Welle in Österreich, und dann *doch* der Krieg, in einem Zeitpunkt, wo noch mehr Elend die Folge sein wird.« Vor der Presse sagte ich: »Warum haben England und Frankreich ihn nicht sofort zurückgedrängt? Noch könnte es getan werden.« Später erfuhr man, daß die Truppen tatsächlich den Rückzugsbefehl in der Tasche hatten, für den Fall eines ernsthaften Widerstands seitens der Westmächte.

Am nächsten Tage war ich in Washington beim tschechoslowakischen Botschafter Dr. Ferdinand Veverca. Zur Besprechung der Lage lud er auch den jugoslawischen Botschafter, Constantin Fotič, ein, den ich in Genf anläßlich der Völkerbundsdebatte über den Mord von Marseille kennengelernt hatte. Das Ergebnis, zu dem wir gelangten, war wenig erfreulich. Die Rom-Berlin-Achse war im Entstehen, Äthiopien praktisch in den Händen der Faschisten, die Sanktionen waren wirkungslos, da der Völkerbund kein Ölembargo verhängt hatte. Pierre Laval sympathisierte mit Hitler, England war nicht in der Lage, aus eigenem Antrieb zu handeln. Also würde auch die Rheinlandbesetzung hingenommen werden, und so werde es weitergehen, bis schließlich ... In meinem Tagebuch findet sich auch noch der Satz: »Das deutsche Volk wird die Zeche zu bezahlen haben.«

Noch intensiver als im vergangenen Jahre durchzog ich die Vereinigten Staaten. »Krieg zieht herauf — helft dem deutschen Volke, Hitler zu stürzen, ehe es zu spät ist.« Das war das Ceterum Censeo jeder Rede. Eines Abends, im Schlafwagen, als ich mich schon niedergelegt hatte und der Zug in Kansas City hielt, brachte mir der Pullmanschaffner ein Kabel. Mein New Yorker Vortragsbureau hatte es nachgesandt. Im matten Licht der Bettlampen las ich: »Berlin-Wien-Abkommen bevorstehend. Franckenstein widerrät dringend Rückkehr Österreich. Müssen Matzen aufgeben. Ankomme New York Ende April. Helga.« Mit dieser Nachricht begann unsere zweite Emigration. Wenn Matzen auch von Anfang an bedroht war, es war ein Heim, das wir liebten, ein fester Punkt in allen meinen Wanderungen. Trübe zogen die kleinen Städte vorbei, als ich am nächsten Morgen aufwachte, Tankstellen, Drugstores, endlose Prärien. Wohin gehe ich? Mein Heim — das war jetzt überall.

Aus den Presseausschnitten ersehe ich, daß ich in Los Angeles sagte: »Hitlers größtes Abenteuer wird sein, Deutschland in einen Krieg mit Rußland zu verwickeln ... Er meint, zuerst könne er Österreich durch Propaganda erobern, dann Rußland und Frankreich, nacheinander und getrennt, mit Waffengewalt.« In einem Damenklub, vor dem ich in Los Angeles sprach, hatte sich das Programm-Komitee nicht auf das Thema meines Vortrages einigen können. Es kam zu einem Kompromiß: »Die Abscheulichkeiten von Hitlers Konzentrationslagern«, verbunden mit: »Die gesellschaftlichen Gebräuche des deutschen Hohen Adels.«

In Paris, im Café Flore, hatte ich auch Willi Münzenberg kennengelernt, genannt der »Rote Presse-Zar«, weil er in Deutschland eine ganze Kette kommunistischer Zeitungen kontrolliert hatte. Rudolf Olden konnte ihn gut leiden, und auch ich mochte ihn sofort. Offiziell war er damals noch Kommunist, wenn auch nicht mehr ganz linientreu. Wir besprachen eine gemeinsame Front gegen das Hitlerregime — oft denke ich daran, wenn ich ins Café Flore komme, das sich kaum verändert hat. Münzenberg versprach, seinen »Vertreter in Amerika, Rudolf Breda«, anzuweisen, sich mit mir in Verbindung zu setzen. Der habe ausgezeichnete Verbindungen in Hollywood. Die Filmindustrie zu gewinnen, wäre von hohem politischem Wert. Bredas wirklicher Name war Otto Katz, unter Erwin Piscator war er in Berlin Regisseur gewesen. Er hatte eine Vorliebe für kleine Mädchen und einen schmachtenden Blick für Damen reiferen Alters — wie geschaffen für Hollywood! Breda nannte er sich nach dem Geburtsort des Reichstagsbrandstifters, Marinus van der Lubbe; er hat das »Braunbuch über den Reichstagsbrand und den Hitler-Terror« herausgegeben. Später nannte er sich auch »André Simone«, aber für mich blieb er immer Rudolf Breda. Seine Hollywood-Beziehungen waren in der Tat einmalig. Alle bekannten Direktoren, Produzenten, Regisseure, nahezu alle Schauspielerinnen und Schauspieler zählten zu seinem Bekanntenkreis. Selbst der katholische Filmzensor Joseph I. Breen, A. H. Giannini, der Präsident der Bank of America, der größten Bank der Vereinigten Staaten, und der katholische Erzbischof von Los Angeles, John Joseph Cantwell, gehörten zu seinen intimen Bekannten. Er stand auch ausgezeichnet mit konservativen Senatoren, Mitgliedern des europäischen Adels, wie der Herzogin von Atholl, dem Earl und der Countess of Listowal und mit österreichischen Erzherzogen und Erzherzoginnen.

Breda »verkaufte« den Kommunismus an Hollywood-Magnaten, indem er auf ihrem schlechten sozialen Gewissen herumritt, bis sie zerknirscht zum Scheckbuch griffen. Es war eine moderne Form des Ablaßhandels — kapitalistische Seelen konnten sich retten durch milde, nicht zu knapp bemessene Gaben an die Sache der alleinseligmachenden Dialektik. Man brauchte darum keineswegs seinen Lebensstandard aufzugeben! Dieser Mann hätte Public Relations-Chef der Komintern werden müssen, Abteilung Grande Bourgeoisie. Statt dessen hat man ihn im Jahre 1953 in Prag, im Zusammenhang mit den Slansky-Prozessen, aufgehängt — ein Akt krassen Undanks! Zwölf Jahre später wurde er rehabilitiert, und nun kann er entscheiden, was ärger ist: der rote Himmel oder die rote Hölle. — Breda hatte mich gleich nach meiner Ankunft in New York aufgesucht. Wir besprachen die Organisation eines großen Hollywood-Dinners, bei dem sich alle Prominenten versammeln sollten. Zur Vorbereitung wurde ein Komitee gegründet, dem Fritz Lang, Frederik March, seine Frau Florence Eldridge und einige Filmschriftsteller angehörten.

Mit Helgas Ankunft in New York begann die amerikanische Periode unseres Lebens, die, mit Unterbrechungen, bis 1946 dauerte. Die Presse widmete ihr Begrüßungsartikel und erwähnte auch wieder ihr mutiges Verhalten in Innsbruck im Jahre 1933, als sie einer riesigen Nazimenge gegenüberstand. Sehr bald begann sie in New York, dann im ganzen Lande, Vorträge zu halten. Kurz nach ihrer Ankunft gab Dr. Nicholas Murray Butler, den ich durch Dr. Goochs Empfehlungsbrief kennengelernt hatte, ein Abendessen für uns. Damit begann auch unsere persönliche Freundschaft, der ich es zu verdanken habe, daß meine amerikanischen Jahre nicht nur sorgenfrei, sondern konstruktiv wurden. Dr. Butler hatte als junger Student in Berlin noch Bismarck gekannt. Auch mit Kaiser Wilhelm II. war er befreundet, und er verteidigte ihn gegen die törichten Verleumdungen der Kriegspropaganda. Butler erhielt den Friedens-Nobelpreis dafür, daß er den Briand-Kelloggpakt anregte. Er war mit Stresemann befreundet und war der erste Ausländer, der je zum Deutschen Reichstag auf deutsch sprach.

In meinem Tagebuch vom 22. Februar 1936 taucht zum ersten Male der Name des emigrierten deutschen Physikers Dr. Brasch auf. Er hatte für A.E.G. gearbeitet und gehörte der Gruppe von Wissenschaftlern und Technikern an, die auf dem Monte Generoso die Blitzenergie für die Atomspaltung einsetzen wollten. Aber ihre Versuche blieben erfolglos. Einige wurden vom Blitz erschlagen, die Apparate wurden immer wieder zerstört. Brasch, ein Schüler Hahns und Heisenbergs, begriff, als er aus Nazi-Deutschland floh, die ungeheuren militärischen Möglichkeiten der Kernspaltung. Er fürchtete, daß die Nazis auf dem Wege zu einer praktischen Lösung seien — und das würde ihnen die Weltherrschaft geben! Ich stellte Brasch Dorothy Thompson vor, die sofort die Bedeutung des Problems begriff. Sie reichte ihn nach Washington weiter und stellte ihn Präsident Roosevelt persönlich vor. Zur gegebenen Zeit wurde Brasch Mitarbeiter des »Projekts Manhattan«, das zur Herstellung der ersten Atombombe führte. Als ich Dorothy Thompson zum letzten Male sah, in Berlin im Jahre 1954, erzählte sie mir, daß Dr. Brasch, wie sie unlängst gehört habe, nunmehr in der Sowjetunion tätig sei.

American Guild for German Cultural Freedom

Im Flugzeug nach Los Angeles zu kommen, das war damals noch ein Beitrag zur »publicity«. »Neunzehn und eine halbe Stunde nach dem Abflug von New York«, notierte ich bei der Landung in meinem Tagebuch. »Eigentlich phantastisch!« Für die gleiche Strecke braucht man heute dreieinhalb Stunden. Breda hatte alles gut vorbereitet. Am Flugplatz wartete ein Empfangskomitee: Starlets mit verheißungsvollen Augen, Regisseure, Produzenten, Filmschriftsteller. Das Dinner »Für die Opfer des Nazismus« fand im eleganten Hollywood-Restaurant Victor Hugo statt, das Gedeck zu 25 Dollar, was damals sehr viel Geld war. Den Vorsitz führte der Erzbischof Cantwell von Los Angeles. Breda empfing ihn am Saaleingang, fiel in die Knie und küßte inbrünstig den Bischofsring. In der Weltpresse hieß er seitdem »Der hochwürdige Pater Breda«. Eine französische Zeitung schrieb sogar: »... Pater Breda, berühmt durch seine Frömmigkeit.« Wie die »Los Angeles Times« berichtet, habe ich in meiner Tischrede gesagt: alles, was den Ruhm Deutschlands ausmachte, sei in den letzten drei Jahren zerstört worden. Die besten Schauspieler und Künstler, ungefähr tausendeinhundert Professoren und Wissenschaftler mußten das Land verlassen, nur weil sie an die Freiheit der Kunst glaubten, der Forschung, der Religion. »Der Prinz«, fuhr der Bericht fort, »sprach von fünftausend Todesopfern in den drei Jahren der Naziherrschaft.«

Da bei dem Dinner alles anwesend war, was in Hollywood Namen und Rang hatte, war Goebbels, wie man bald erfuhr, so wütend, daß er am liebsten die gesamte amerikanische Filmproduktion aus Deutschland vertrieben hätte. Die »Hollywood League against Nazism« wurde am nächsten Tage gegründet. Sie hat jahrelang eine wichtige Rolle gespielt beim Aufrütteln der öffentlichen Meinung. Das finanzielle Ergebnis des Dinners hat die »American Guild for German Cultural Freedom« in die Lage versetzt, mit der praktischen Arbeit anzufangen. Volkmar von Zühlsdorff, mein Stellvertreter als Generalsekretär der »Guild«, hat in der Hamburger Wochenschrift »Die Zeit« vom 23. Oktober 1959 ausführlich über die Arbeit während der Emigrationsjahre berichtet. Sein Bericht hieß »Von der Gefährdung des literarischen Lebens; die Deutsche Akademie im Exil als Beispiel für einen Versuch, deutsche Literatur zu bewahren«.

Die »Deutsche Akademie im Exil«, bestehend aus den bekanntesten Vertretern des deutschen Geisteslebens, wurde von mir gleichzeitig mit der Gründung der American Guild ins Leben gerufen. Im Verhältnis zur Guild, ein »eingetragener Verein«, war die Akademie der »Europäische Senat«. Die Stipendien, Druckzuschüsse, Förderungen der verschiedensten Art, wurden im allgemeinen dann gegeben, wenn zwei »Senatoren« sich gutachtlich dafür aussprachen. Präsident der Wissenschaftlichen Klasse der Akademie war Sigmund Freud, der Literarischen Thomas Mann. Neben diesen beiden zählte Zühlsdorff in seinem Zeit-Bericht, »nur um einige zu nennen«, auf: Heinrich Mann, Hermann Broch, Arnold und Stefan Zweig, Franz Werfel, Alfred Döblin, Annette Kolb — aber auch den Historiker Veit Valentin, den Theologen Paul Tillich, Emil Lederer und Siegfried Marck, Max Reinhardt und Erwin Piscator, Elisabeth Bergner, die Maler Paul Klee und Lionel Feininger, Mies van der Rohe, die Komponisten Paul Hindemith, Ernst Krenek und Arnold Schönberg, dazu Otto Klemperer, Bronislav Hubermann, Adolf Busch, Arthur Schnabel ...

Als »Europäischer Senat« hat dieses Gremium also einerseits dem literarischen, künstlerischen und wissenschaftlichen Nachwuchs Unterstützung verschafft, deren Quellen dem amerikanischen Idealismus entsprangen. Als »Akademie im Exil« hat diese, wie Zühlsdorff es in der »Zeit« ausdrückte, »den Gastländern die Bedeutung der deutschen Emigration bewußt gemacht, sie hat repräsentiert und den intellektuellen Flüchtlingen das Gefühl der Vereinsamung genommen«.

Präsident der »Guild« war der Gouverneur von Connecticut, Wilbur L. Cross. Oswald Garrison Villard war Schatzmeister. Alle großen Universitäten waren im Kreis der »Sponsoren« durch ihre Präsidenten oder durch prominente Mitglieder der Fakultäten vertreten. Die vollständige Namensliste klang wie ein Auszug aus dem »Who's Who«, mit Persönlichkeiten wie Dr. Nicholas Murray Butler, Owen D. Young, dem Initiator des Youngplanes, dem Präsidentschaftskandidaten Wendell E. Willkie usw.

In einem ganzseitigen »Letter to the Editor« in der »New York Times« vom 12. Dezember 1936, der für unsere Sache von großer Bedeutung war, hat Thomas Mann seinen Dank für die Hilfe der amerikanischen Öffentlichkeit ausgesprochen. Er nannte die Bewahrung der deutschen Kultur »eine Sache der Welt«. Die 35 Millionen Menschen außerhalb der deutschen Grenzen, »deren geistig-seelisches Leben sich mehr oder weniger entschieden in deutscher Sprache abspielt«, dürfe man nicht »den schmetternden Einwirkungen des Berliner Propaganda-Ministeriums überlassen«. »Freiheit und Geist sind ein und dasselbe«, schrieb Thomas Mann, »freier Geist ist ein Pleonasmus und unfreier Geist ein Widerspruch im Beiwort. Ein in den Dienst einer politischen Machtkonzentration gezwungenes, ein diktatorisch gegängeltes und befuchteltes ›Geistesleben‹ ist jeden moralischen Kredites bar, es existiert nur noch in

Anführungszeichen.« Von der »Akademie im Exil«, schrieb er, sie könne die Brücke bilden nicht nur zwischen der deutschen Kultur von gestern und von morgen, sondern auch zwischen dem deutschen Geistesleben und dem der anderen Völker ...»Die höhere Aufgabe der Akademie wird also eine Art von Schutzherrschaft sein über das bedrohte deutsche Geistesgut.«

An einem von der »American Guild« und ihrem »Europäischen Senat« — der »Akademie im Exil« — veranstalteten Preisausschreiben für das beste Nachwuchswerk im Exil, dotiert mit 2500 Dollar, beteiligten sich große Verlage aus acht Ländern. Zuschüsse zu Büchern, die anderenfalls nicht veröffentlicht werden konnten, wurden gegeben, wie zum Beispiel für Bert Brechts »Svendborger Gedichte« oder Professor Ernst Fraenkels (nachmalig an der Freien Universität, Berlin) »The Dual State« — immer noch vielleicht die beste Analyse des totalitären Staates.

Hunderte von Stipendien und Arbeitshilfen an junge Dichter, Wissenschaftler, Künstler in vielen Ländern wurden gewährt und in Notfällen — und die waren zahlreich — auch an Männer und Frauen von anerkanntem Rufe, wie Broch, Döblin, Musil, Brecht, Elisabeth Gundolf, Elisabeth Castonier, Annette Kolb.

Abgesehen von laufenden Stipendien hat die »Guild« auch unmittelbar eingegriffen, vor allem zugunsten mittelloser Flüchtlinge in Frankreich. Eisenbahn- und Ozeanreisen wurden bezahlt, Visen und Aufenthaltserlaubnisse wurden beschafft, Empfehlungen wurden gegeben an Verleger, Zeitungen, Schulen und Universitäten. Nach dem Fall von Frankreich konnten wir viele Hunderte von deutschen Anti-Nazis vor der Gestapo retten und nach Amerika bringen.

1937/38 entstand in England eine Schwesterorganisation dank der Initiative eines jungen Freundes, des Dichters Stanley Richardson. Sie hieß »Arden Society für verbannte Künstler und Schriftsteller in England«. Ich hatte Stanley 1937 zum ersten Male in der Presse-Abteilung der spanischen Botschaft in London getroffen. Auch in der »Arden Society« fanden sich viele prominente Persönlichkeiten zusammen: die Erzbischöfe von Canterbury und York, die Herzogin von Atholl, der Dekan von Chichester, Walter de la Mare, Augustus John, der Earl von Antrim, Dame Mary Tempest und viele andere. Der »Arden Society« gelang es, einem der stärksten dichterischen Talente gerade noch rechtzeitig die Flucht aus der Tschechoslowakei nach England zu ermöglichen. Er hieß Peter Karl Höfler, bekannt unter seinem Dichternamen Jesse Thoor. Ein fahrender Geselle ohne höhere Schulbildung, schrieb er Gedichte, Sonette vor allem, von überragender Schönheit und wilder Leidenschaft — Aufschreie gegen Tyrannei und alles Böse. Er war frei von aller Wehleidigkeit. Das »Böse« sah er im Herzen der Menschen, in der

Kälte ihrer Seele. Zwölf Sonette sandte er mir im Sommer 1938, als wir in Europa waren. Ich solle sie kurz überfliegen, ehe ich sie ins Feuer würfe! Statt dessen sandte ich sie an Franz Werfel und Alfred Neumann, die gleichfalls auf das tiefste beeindruckt waren. In einem handgeschriebenen Briefe Franz Werfels, datiert aus Sanary A.M. le Moulin Gris, am 21. Oktober 1938, heißt es: »Ich empfehle den Dichter Jesse Thoor auf das dringendste für ein Stipendium. Seine Sonette sind zweifellos die erstaunlichste Leistung, die mir auf dem Gebiet deutscher Lyrik seit Jahren begegnet ist. Sie zeigen nicht nur eine dichterische Sprech- und Bildkraft hohen Grades, sondern gestalten auch einen Zustand der Seele, der einmal vielleicht für unsere Epoche charakteristisch und dokumentarisch sein wird. Hier kündigt sich eine literarische Erscheinung an, der fortzuhelfen Pflicht und Ehre ist.« Ähnlich hat sich Alfred Neumann in einem Brief vom 25. August 1938 geäußert. Er spricht vom »stärksten Eindruck«, den er durch die Sonette empfangen habe, dieses »Nachfolgers von Villon und Rimbaud, dessen Nihilismus aber ins Quadrat unserer Schreckenszeit gesteigert ist— ein Schreckensdichter, aber ein Dichter ... Wer solche Verse findet wie: ›Den Sonnenball sah ich erloschen durch die Nächte kreisen / Wie eine Krähe, die im Winter von den Zweigen fällt‹ — der ist beinahe schon ein großer Dichter.« Klaus Mann, dem ich zwölf Sonette Jesse Thoors übersandte, hat sie in seiner literarischen Monatsschrift »Maß und Wert« veröffentlicht. Nach dem Kriege traf ich Jesse Thoor, der ihn in England überlebt hatte (erst war er, wie alle deutschen Emigranten, neun Wochen lang interniert), noch einmal in Deutschland. Bald danach ist er gestorben. Ein schmales Bändchen, gedruckt auf schlechtem Papier, erschien in den ersten Nachkriegsjahren. Es fand kaum Beachtung. Aber im Jahre 1965 hat das deutsche Fernsehen das Leben dieses ungebundenen Wanderers dramatisiert und viele seiner Sonette zitiert. Dabei wurden auch die »Arden Society«, die »American Guild« und mein Name erwähnt.

Rudolf Olden hat kurz nach Kriegsausbruch in einem englisch geschriebenen Memorandum die Bedeutung der deutschen Exilsliteratur dargestellt. Schon ihr Umfang war beachtlich: Mehrere Monatsschriften, zwanzig Wochenzeitungen und einige hundert Bücher. Die Nazis mit all ihrer vorgeblichen Verachtung »für diesen elenden Haufen von Emigranten« — wie Goebbels es ausdrückte — haben das Werk der Emigranten sehr ernst genommen. »Die ungeheure deutsche Propagandamaschine«, schrieb Olden, »kämpfte gegen die Exilliteratur. Es wäre ein Irrtum, anzunehmen, daß diese Literatur die deutsche öffentliche Meinung nicht beeinflußte. Bücher und Zeitungen wurden nach Deutschland hineingeschmuggelt, sie wurden unter anderen Umschlägen gelesen oder in den behüteten Räumen fremder Botschaften. Deutsche Reisende stießen auf diese Literatur, wenn sie ins Ausland fuhren. Diese Produktion hatte Einfluß auf die Gestaltung der öffentlichen Meinung fremder Länder. Viele dieser Bücher wurden übersetzt, die Zeitschriften wurden von der ausländischen Presse benützt, mit oder ohne Quellenangabe. Das wichtigste Ergebnis aber war: das Leben des deutschen Geistes starb nicht ab, ›die Diskussion ging weiter‹.«

Wie recht Olden hatte, zeigte sich nach dem Sturz der Diktatur. Weil die Diskussion weitergegangen war, weil das geistige und politische Leben im Exil weiterging, konnte sich die Wiedergeburt des kulturellen und nicht zuletzt des demokratischen Lebens nach 1945 so rasch vollziehen. Auf diese Aufgabe vorzubereiten war der letzte und tiefste Sinn aller unserer Bemühungen in den heimatfernen Jahren. Richard Bermann hat im letzten Absatz seiner Denkschrift »Deutsche Freistatt« bereits 1935 in prophetischer Voraussicht davon gesprochen: »Niemals freilich soll vergessen werden, daß es nur *eine* wirkliche Freistatt für den deutschen Geist geben kann: ein neu befreites, neu erbautes Deutsches Reich. Von unserer kleinen Freistatt aus soll, so gut es geht, die große angestrebt werden; wir bauen eine Bauhütte, ein Modell, eine Pflanzenschule. Deswegen werden wir über dem Kleinen und Provisorischen nie die Wirkung ins Große und Zukünftige verabsäumen: Den Kampf um die politische, soziale, geistige Freiheit aller Deutschen.«

Unter den überlebenden Stipendiaten ist Walter Mehring, den ich im Sommer 1971 in Zürich wiedertraf; auch Alfred Kantorowicz gehört zu dieser kleinen Gruppe. Er hat in seinem Buche »Exil in Frankreich«, aus dem er im Dezember 1971 in Bad Godesberg vorlas, der »American Guild« und der Hilfe, die ihm zuteil wurde, in ritterlicher Dankbarkeit gedacht. Auch die liebenswerte, große Erzählerin Elisabeth Castonier, mit der mich die freundschaftlichsten Bande verbinden, hat in ihren Lebenserinnerungen »Stürmisch bis heiter — Memoiren einer Außenseiterin« davon gesprochen, was die Hilfe der »Guild« bedeutete: Mit dem nackten Leben war sie der Hölle des nazibesetzten Wien entronnen und nach Italien gelangt. Da machte sie Alfred Neumann in Florenz auf die Guild aufmerksam. »Ich hatte keine Ahnung davon«, schreibt sie, »wußte nicht, daß Bruno Frank, die Brüder Mann, Feuchtwanger und viele prominente Schriftsteller ... sich unter dem Vorsitz von Prinz Hubertus Löwenstein als Hilfsorganisation für verfolgte Schriftsteller zusammengeschlossen hatten.« Ihr Antrag wurde prompt erfüllt, und das ermöglichte ihr, wenn auch sehr bescheiden, weiterzuleben, weiterzuarbeiten.

1969, unter der Regierung der Großen Koalition, ist das Interesse für die deutsche Emigration endlich lebendiger geworden. Die »Deutsche Bibliothek« in Frankfurt und das Münchner »Institut für Zeitgeschichte«

sandten uns eine junge Historikerin ins Haus, Dr. Bea Wrede-Bouvier, die in verständnisvoller, monatelanger Arbeit die Akten der »American Guild« sichtete: 1500 Lebensläufe, Originalbriefe von Thomas Mann, Siegmund Freud, Franz Werfel, Bert Brecht und vieler anderer, dazu die Angaben über neue geplante Arbeiten, auch Lebensberichte, zum Teil sehr erschütternde. Seit Herbst 1970 befindet sich dies alles in der »Deutschen Bibliothek« und wird nunmehr der Wissenschaft und Forschung zugänglich gemacht.

In der »Frankfurter Allgemeinen Zeitung« vom 12. November 1971 hat Klaus Viedebandt ausführlich berichtet. Unter dem Titel »Archiv der deutschen Exilliteratur; Prinz Löwenstein überließ die Sammlung der Deutschen Bibliothek in Frankfurt«, schreibt er, die Bedeutung für die Wissenschaft könnte von unschätzbarer Bedeutung sein. Er gibt auch, in großen Zügen, die Geschichte der »Guild« wieder und erwähnt, zu meiner Freude, die Verdienste, die Volkmar Zühlsdorff sich um Aufbau und Arbeit dieses Werkes erworben hat. Viedebandts dreispaltiger Bericht ist von anderen Blättern nachgedruckt worden.

Bea Wrede-Bouvier hat auch meine gesamte Korrespondenz geordnet, die lückenlos auf das Jahr 1937, zum Teil sogar auf 1933, zurückgeht. Dieses Material bis zum Jahre 1957, einschließlich aller Memoranden zur kommenden Friedensordnung, Unikate darunter, Zeitungsberichte, die nicht mehr zu beschaffen wären, ist jetzt im Besitz des »Bundesarchivs« in Koblenz. Auf Grund einer Vereinbarung mit dem »Institut für Zeitgeschichte« steht diesem für zwanzig Jahre das gesamte Material zur Verfügung.

»Von Westen Märchenruf«

Mitte Juni kam Bermann nach New York. Auf unserm Programm stand eine Autofahrt nach Kalifornien. Fritz Lang hatte uns eingeladen, in Santa Monica bei Hollywood seine Hausgäste zu sein. Von Botschafter Veverca, der nach Wien versetzt wurde, kaufte ich ein Chrysler-Imperial-Kabriolet, acht Zylinder, und nichts als Chrom und schwarzes Leder. Ich nannte es »Näschen«, seiner endlos langen Motorhaube wegen. Auf den offenen Straßen des Westens machte Näschen spielend seine 95 Meilen, 150 Stundenkilometer, eine eindrucksvolle Leistung im Jahre 1936. Heute umspannt ein dichtes Netz von Autobahnen den ganzen Kontinent. Damals, trotz aller Geschwindigkeit, war es noch ein großes Abenteuer, mühsam zuweilen, nicht ungefährlich, aber dafür mit der ganzen Romantik unserer Jugendbücher. Verstopfte Vergaser, die Tücken eines überhitzten Motors — all das gehörte dazu. Auch daß man manchmal am Straßenrand saß, meilenweit keine lebendige Seele, nur irgendwo das Heulen eines Coyoten. Heute bedarf es eines Streiks der Luftlinien, Eisenbahnen und Tankstellen, um einem zu Bewußtsein zu bringen, wie groß die Vereinigten Staaten sind! Nachts blieben wir meist in einer Cabin, einem Rasthaus an der Straße — Vorläufer der heutigen »Motels«. Ein Zimmer mit Dusche kostete einen Dollar, Frühstück, so reichlich, daß man sich das Mittagessen ersparen konnte, gab es für 25 Cents, ein »Steak Dinner« für 55 Cents. Reifenpannen, oder was immer, konnten Bermann nicht aus der Ruhe bringen. Er saß hinten im Auto, einen Spazierstock zwischen den Beinen, in einem Lodenmantel und mit einem großen formlosen Hut auf dem Kopf. Alles, was er sah, erfüllte ihn mit einem kindlichen Glücksgefühl, und er verstand es, uns daran teilnehmen zu lassen.

Es war wiederum das Amerika Walt Whitmans, das wir auf dieser Fahrt erlebten. »Von Westen Märchenruf...«, zitierte ich eine Zeile aus einem Stefan-George-Gedicht, als sich Täler und Berge, Wälder und Flüsse vor uns auftaten, wie die Seiten eines bunten Bilderbuches. Da war die kristallklare Luft in Virginia, sanfte Hügel, noch nordisch die Pflanzenwelt, aber in südlicher Üppigkeit. Jenseits des breiten Ohio umsprühten uns Schwärme von Glühwürmchen, größer und leuchtender als in Europa. Nach Westen — immer nach Westen, wie einstens die Pioniere in ihren Planwagen — nur rascher als sie, fünfhundert Kilometer im Tagesdurchschnitt! Ein geisterhaftes Trockengebiet jenseits des Mississippi, Dust Bowl genannt, die »Staubschale«. Knochen verdursteter

Rinder in den ausgedörrten Feldern, wo einstens Millionen von Büffeln gegrast hatten. Als sie ausgerottet waren, starb auch das Land.

Die Straße wurde zu einem Band geschmolzenen Stahls. Vor der erbarmungslosen Sonne flüchteten wir uns in »Schwimmbecken« bei den Tankstellen, Löcher heißen Wassers, umlauert von bösen Stechfliegen. Nach Sonnenuntergang kamen Wolken von riesigen Heuschrecken mit Schmetterlingsflügeln. Oft mußte ich anhalten, weil sie die Sicht behinderten. Die Berge stiegen herauf. Am 4. Juli, dem Unabhängigkeitstag, erreichten wir Taos in New Mexico. Bermann kannte es schon und stellte uns den Dreien vor, auf die es ankam: Mabel Dodge, eine wohlhabende Dame aus Detroit, die Tony Luhan, einen Häuptling der Pueblo-Indianer geheiratet hatte. In Indianertracht sah man ihn oft am Steuer seines Cadillac. Die beiden anderen waren Frieda Lawrence, geborene Baronin Richthofen, die Witwe des Schriftstellers D. H. Lawrence, und die Honourable Dorothy Brett, Tochter von Viscount Esher, einem Freund König Edwards VII. Alle drei Damen waren irgendwie mit der Lawrence-Saga verknüpft, jede von ihnen hat ein Buch über ihn geschrieben. Taos war wie ein fernwestliches Ascona, ein internationaler Treffpunkt von Künstlern und Schriftstellern. Viel Weltflucht spielte mit — verständlich in Anbetracht der Jahreszahl 1936! Toni Luhan stellte uns dem uralten »Alcalden« der Pueblo-Indianer vor. »Da Su Majestà el Rei de España«, sagte er stolz, als ich ihn fragte, wer ihm das Zeichen seiner Würde, einen schwarzen Ebenholzstab mit silbernem Knauf, gegeben habe. Für ihn war Neu-Mexiko immer noch Mexiko, Mexiko immer noch spanisch und Spanien immer noch Königreich. Schon vor Jahrtausenden haben die Pueblo-Indianer den nationalen Baustil Amerikas, den Wolkenkratzer, entwickelt. Jede Familie setzt ihre würfelförmige Behausung auf die bestehenden, rings um einen weiten Platz, in dessen Mitte eine Öffnung ist — der Eingang zur »Kiwa«, zum unterirdischen heidnischen Tempel. Gleichzeitig sind diese Indianer, die Pueblos und die Navajos, natürlich auch katholisch. Kein Uneingeweihter gelangt in die Kiwa. Nähert man sich dem Eingang, gerät man in den Schnittpunkt mehrerer Augenpaare, Männer, die beduinenhaft gekleidet auf den Dächern sitzen. Der Wille weiterzugehen schwindet. Taos und der Heilige Berg, der 4000 Meter hoch ist, bildeten die nördlichen »Pfalzen« des Aztekischen Reiches. Kaiser Montezuma, heißt es, getragen in einer goldenen Sänfte, sei einmal hierhergekommen — über tausend Meilen von seiner Inselhauptstadt, dem heutigen Mexiko. Nun schlafe der Kaiser in einer der Höhlen des Berges. Doch werde er wiederkommen, um sein Volk von der Fremdherrschaft zu befreien. Dieser indianische Kyffhäuser ist durch Bundesgesetz geschützt. Kein weißer Mann darf ihn betreten. Drei Jahre lang, Sommer und Winter, bleiben die Knaben des Stammes unter ihren

Führern, oben in den Wäldern, um in die Geheimnisse ihres Volkes eingeweiht zu werden.

Von Taos fuhren wir durch unberührte Tannen- und Eichenwälder zum Grand Canyon. Da gerieten wir in ein hundertfaches Tiroler Gewitter. Ich mußte anhalten, weil Fontänen von Feuer vor uns aufsprangen. Wer hätte je von unserm Schicksal erfahren, wenn . . . Mannshohe Kakteen und andere Stachelpflanzen glitzerten in einem salzhaltigen Sande, als wir in die Ebene von Arizona herunterkamen. Wenn der Abend sank, hörte man das heisere Geflüster der Präriehunde und das Heulen der Coyoten und gefleckten Hyänen. Knapp vor dem Städtchen Blythe, an der kalifornischen Grenze, erlitt Näschen einen Bruch der Kardanwelle. Wie aus dem Boden gezaubert stand eine freundliche Hexe vor uns, uralt. In ihrer Jugend, sagte sie, sei sie Bauchtänzerin gewesen. Sie wußte, wo man Hilfe herholen konnte. Schließlich wurden wir abgeschleppt und blieben 24 Stunden in Blythe, mitten in der Wüste, in einem Hotel mit Klimaanlage, der ersten, an die ich mich erinnere.

Am 11. Juli, genau zwei Wochen nach der Abfahrt von New York, erreichten wir den Pazifischen Ozean. Fritz Lang war nun auch in Amerika sehr berühmt geworden. Sein Film »Fury«, der das Lynchproblem behandelte, erregte ungeheueres Aufsehen. Wir blieben 14 Tage bei ihm, bis wir ein Haus fanden. »Es ist aber sehr alt«, sagte der Vermittler. »Fünfzehn Jahre!« Es war ein Haus mit einem großen Garten. Der Feigenbaum war unerschöpflich, dazu gab es viele Orangen- und Grapefruchtbäume. Der weite Rasen erlaubte uns, zahlreiche Gäste einzuladen. Charlie Chaplin und Paulette Goddard, seine damalige Frau, Frederick March und Florence Eldrige, Mary Pickford, Douglas Fairbanks, dazu »Producers« und Schriftsteller, Ernst Lubitsch, die Brüder Mankiewitsch, den Musiker Ernst Toch, einen lieben Freund, den ich nach dem Kriege noch oft wiedersah, wir hatten sie alle bei uns und waren Gäste in ihren Häusern. Eine sehr freundschaftliche Atmosphäre, aber bald fühlte ich doch, daß meine Aufgaben woanders lagen. Ich hatte gehofft, in Hollywood meine Autobiographie weiterschreiben zu können. Nach ein paar Seiten gab ich es auf. Die Luft war ungeeignet für eine menschliche und politische Rückschau.

»Die pazifische Gefangenschaft« — plötzlich war das Wort da, in unsern Gedanken und Gesprächen. Es wirkte lähmend, selbst die vielgepriesene Sonne von Süd-Kalifornien wurde zu einem Alptraum. Ich mußte weg — so rasch als möglich, denn in Europa war die Geschichte in Fluß gekommen! Am 18. Juli hatte in Spanien der Bürgerkrieg begonnen — Francos Aufstand mit Hilfe Hitlers und Mussolinis. Ein »Heiliger Krieg« in den Augen aller Reaktionäre, Klerikal- und Profanfaschisten! Im November konnte ich aus der pazifischen Gefangenschaft ausbrechen, zahlreiche Vorträge erwarteten mich in New York und Umgebung. Helga blieb als Gast der Marches noch in Hollywood. Sie dort — ich in einem New Yorker Hotelzimmer, es war ein trübes Weihnachten. Anfang Januar kam Bermann nach New York, um nach Wien zurückzukehren. Als sein Schiff noch im Hafen lag, brach er zusammen. Man brachte ihn in ein Spital, der Fall schien hoffnungslos. Man kannte seine Religion nicht, als er bewußtlos war, gab man ihm die Sterbesakramente ... Ein paar Wochen später konnte er seine Reise nach Wien fortsetzen.

Im Mai des Jahres 1971 kam ich nach Assumption University, in Windsor, Ontario. Begrüßt wurde ich von Pater L. Stanley Murphy, Basilius-Kongregation — demselben, der mich 1937 willkommen geheißen hatte! Er und sein Freund, Pater Young, hatten das »Christian Culture Forum« gegründet, durch die Jahrzehnte eine Tribüne geistiger Freiheit und offener Diskussion!

Im Juli 1936 hatte der Spanische Bürgerkrieg begonnen — im Januar 1937 sprach ich darüber in Detroit, nicht im Sinne des Generals Francisco Franco, dem bereits die Bewunderung des offiziellen Katholizismus gehörte. Die beiden jungen Patres waren nach Detroit herübergekommen, um mich zu hören. »Wir sind ganz anderer Meinung als Sie«, sagten sie lächelnd. »Aber kommen Sie nach Assumption, und halten Sie vor der Fakultät und den Studenten den gleichen Vortrag!« Das tat ich dann auch, und so begann eine Freundschaft bis zum heutigen Tag.

Das ist um so bemerkenswerter, als die deutschen Bischöfe am 1. Januar 1937 einen Hirtenbrief über Spanien veröffentlicht hatten. Für sie war es »ein Beispiel für das Werk des bolschewistischen Todfeindes«, daß sich die Spanische Republik gegen Franco und seine faschistischen und nazistischen Bundesgenossen wehrte! Daher betrachteten es die deutschen Bischöfe als ihre Pflicht, »das Oberhaupt des Deutschen Reiches ... mit allen heiligen Mitteln, die ihnen zur Verfügung stehen, zu unterstützen«. Da dieses »Oberhaupt des Deutschen Reiches« mit dem Blute zahlloser Opfer befleckt war, und da erst vor kurzem die schamlosen Prozesse gegen Mönche und Laienbrüder stattgefunden hatten, konnte man eine Unterstützung dieses Regimes »mit allen heiligen Mitteln« nur als eine blasphemische Verhöhnung des Christentums bezeichnen. Angesichts solcher Ärgernisse, im biblischen Sinne, ist der Widerstand der Kleinen und Schwachen unter den deutschen Katholiken um so bemerkenswerter.

Meinen Doktortitel hatte ich bis jetzt selten benützt, aber nun tat ich es bei jeder Gelegenheit: In der »New York Times« stand nämlich zu Beginn des Jahres 1937, daß die Nazis alle politisch Ausgebürgerten auch ihrer akademischen Titel und Würden für verlustig erklärt hätten.

Ich las auch wieder meine Doktorarbeit und fand, daß sie eigentlich recht aktuell sei — mit ihren Ausführungen über »Das Recht — ja die Pflicht zur Revolution«, gegen eine ungerechte Staatsgewalt. Von den drei Exemplaren, die ich noch besaß, sandte ich eines an Dr. Nicholas Murray Butler.

Kurz vor unserer Rückkehr nach Europa ließ mich der Verlag Houghton Mifflin in Boston wissen, daß er von der Arbeit an dem Manuskript »Conquest of the Past« gehört habe. Der Verlagsdirektor, Ferris Greenslet, fragte mich über alle Einzelheiten meines Lebens aus, am Schluß sagte er nur »auf Wiedersehen in England«. Volkmar Zühlsdorff wartete in London. Er hatte eben sein brillantes Doktorexamen bestanden und war gerade noch aus Österreich herausgekommen, ehe er unter dem Hitler-Schuschnigg-Abkommen nach Deutschland deportiert worden wäre.

Bereits am ersten Tage traf ich Ferris Greenslet wieder. »Ich habe eben mit Richard de la Mare gesprochen«, bemerkte er so nebenbei. »Faber & Faber und wir werden Ihr neues Buch veröffentlichen. Den Vertrag bekommen Sie morgen, den Vorschuß auch.« Ich unterschrieb, setzte mich an die Maschine, und im Herbst war das Manuskript in den Händen der beiden Verleger.

Der Vorschuß war sehr anständig, daher nahmen wir ein hübsches Haus in Bedford Gardens. Im Garten stand, wie in Hollywood, ein Feigenbaum, schließlich sogar mit reifen Früchten. Im Wohnzimmer, über dem Kamin, hing ich die schwarzrotgoldene Adlerfahne auf — ein europäischer Ruheplatz nach all den amerikanischen Wanderungen.

Ein apfelgrüner Scheck

Auch der anständigste Vorschuß ist einmal ausgegeben, und aus meinen großväterlichen Vermögen konnte ich nichts mehr freimachen. Die nächste amerikanische Vortragsreise begann erst im Januar 1938. Und bis dahin — ?

Ende Mai kamen wir eines Abends spät in unser hübsches Haus zurück. Die Miete war fällig und verschiedene Lieferanten mahnten. Im Flur, hereingeschoben durch den Postschlitz, lag ein länglicher Brief mit amerikanischen Marken. Von Dr. Nicholas Murray Butler. Die Treuhänder des »Carnegie Endowment for International Peace«, schrieb er, hätten mit großem Interesse meine Doktorarbeit gelesen. Sie fragten sich nun, ob sie mir eine Gastprofessur anbieten dürften, beginnend am 1. Oktober in Swarthmore College bei Philadelphia. Als nächstes käme dann die Universität von Virginia in Charlottesville und schließlich, bis Weihnachten, Rollins College, in Winterpark, Florida.

»In der hoffnungsvollen Erwartung«, hieß es dann, im besten Stil anglo-amerikanischer Höflichkeit, »daß Sie diese Professur annehmen werden, erlauben wir uns, als Vorschuß auf Ihr Honorar einen Scheck des Endowment, Nr. 22156, beizulegen. Die Auszahlung des Hauptbetrages kann nach Ihrer Ankunft in New York erfolgen.«

Jetzt erst sah ich ihn — einen apfelgrünen Scheck von tausend Dollar. Ein Wunder — wie wenn ich als Kind in Schönwörth einen Hang mit dichten Schwarzbeerbüschen fand oder in Gmunden Schwammerln oder ein Feld mit blauen Glockenblumen, eine Lichtung voll von roten duftenden Zyklamen —.

Tausend Dollar sind tausend Dollar. Ihre Kaufkraft war damals dreimal so hoch wie heute. Vor allem: der Apfelgrüne, das war der Unterschied zwischen dem Nichts und einem neuen Lebensabschnitt.

Ein lebhafter Briefwechsel setzte ein mit allen drei Colleges. Swarthmore ist ein ausgezeichnetes kleines College, erfüllt vom freiheitlichen Geiste der Quaker. Die University of Virginia, gegründet von Thomas Jefferson, ist erbaut im schönen klassizistischen Stil des frühen Amerika. Der Präsident der Universität schlug vor, ich solle eine Serie von Vorlesungen halten über Hegels politische Philosophie und eine Reihe öffentlicher Vorträge über das Thema »Krieg oder Friede in Europa? Die Rolle der Vereinigten Staaten, gesehen von einem Europäer«. Swarthmore und Rollins baten, ich möge, neben meinen Vorlesungen über deutsche und europäische Geschichte, Diskussionsabende mit den Studenten abhalten.

Im Laufe des Sommers kamen die Butlers nach London. Während eines Abendessens im Claridge Hotel fragte ich ihn: »Wie soll ich mich an einem amerikanischen College benehmen?« »Genauso, wie Sie sich zu Hause benehmen würden«, antwortete er. Das ist der beste Ratschlag, den ich je erhielt. Ich habe ihn vor der Jugend von fünfundsechzig Ländern befolgt, auf allen Kontinenten, gleich welcher »Rasse« und Nationalität meine jungen Zuhörer waren. Die ursprüngliche Einheit des Menschengeschlechtes hat sich in der Jugend am reinsten erhalten.

Die geplanten Hegelvorträge zwangen mich, meine Kenntnisse aufzufrischen und zu erweitern. Durch Dr. Gooch erhielt ich die Erlaubnis, in der Bibliothek des Britischen Museums zu arbeiten. Mit Freude denke ich an diese Sommerwochen zurück in diesen ehrwürdigen Räumen, in denen schon der Hegelschüler Karl Marx gearbeitet hatte. Über die Jahre hinaus war diese Zeit von Bedeutung, bis zu den neuesten Ausgaben meiner »Deutschen Geschichte«!

Durch den Präsidenten der »League of Nations Union«, John Eppstein, kam ich mit Winston Churchill in Verbindung. Im Laufe unseres Briefwechsel schrieb ich ihn am 11. Juni u. a., es könne keinen Zweifel geben für uns, »die wir die Geschichte des Nationalsozialismus kennen, daß dieses Regime zu einer internationalen Katastrophe führen werde, wie es bereits zur Zerstörung der Freiheit, der Kultur und der Menschenwürde in Deutschland geführt habe«. Trotz aller Unzufriedenheit mit diesem Regime sei aber nicht mit dessen Sturze zu rechnen, es sei denn, man böte dem deutschen Volke eine Alternative und zeigte ihm und der Welt, daß die Fragestellung: »Nazismus oder Kommunismus?« falsch sei. Als Schwerpunkt zur Sammlung der Opposition sollte in Paris eine große deutsche Zeitung entstehen, die allen regierungsfeindlichen Kräften eine gemeinsame Zielrichtung geben könnte. Ein solch revolutionärer Vorschlag — denn es ging ja dabei um die Vorbereitung der Revolution gegen das Hitlerregime — schien im damaligen Zeitpunkt selbst einem Manne wie Churchill zu radikal zu sein. Immerhin schrieb er am 16. Juni eigenhändig: »Ich danke Ihnen, daß Sie mir diese Angelegenheit in so höflicher Weise unterbreitet haben.«

Stanley Richardson, damals persönlicher Referent des spanischen Botschafters Don Pablo de Ascàrate, gehörte zu der Gruppe der »Jungen Dichter«, wie Stephen Spender, W. A. Aulden und Robert Isherwood. Mit seinen goldblonden Haaren, hellem Teint und tiefblauen Augen war er einer der schönsten angelsächsischen Jünglinge, die mir je begegneten. Er starb jung, wie so viele, die die Götter lieben. Im Frühling 1941, während eines Landurlaubs von der Royal Navy, bei der er sich freiwillig gemeldet hatte, wurde er bei einem Luftangriff auf London getötet. Er hinterließ einige schmale Bände lyrischer Gedichte, die eines

Tages auch auf deutsch erscheinen sollten: Dark Blue Sunlight; The Road to Emaus; The Heart's Renewal und Poems on Spain. »Ich will nach Spanien. Können Sie mir helfen?« fragte ich ihn bei der ersten Begegnung. Er stellte mich Don Pablo vor, und schon nach wenigen Tagen kam die Einreiseerlaubnis der spanischen Regierung. Die »Baseler Nationalzeitung«, die »New York Post« und die »Neue Weltbühne« machten mich zu ihrem Sonderberichterstatter. Mit dem Verleger Victor (später Sir Victor) Gollancz verabredete ich ein kleines Buch über meine Eindrücke.

Aus der seelischen Stimmung jener Tage entstand, mit dem Datum vom 15. August 1937, eine handschriftliche Aufzeichnung. »Gedanken zur Zeit und Zukunft, gleichzeitig ein Testament — im Sommer 1937, wo Entscheidungen vielfältiger Art heranreifen.« Dieses »Testament« war auch gedacht als ein Aufruf an die deutsche Jugend, »gegen Despotie, Willkür und Gewaltherrschaft, gleichviel ob Rot oder Braun«. »Das zukünftige Deutschland«, hieß es darin, »soll die Abrüstung aller erzwingen, indem es Zug für Zug seine eigene Rüstung herabsetzt. Es soll mit den Westmächten ein ewiges Bündnis schließen und mit dem Osten Frieden und Freundschaft halten. Es soll auf eine Europäische Wirtschaftsunion, dann auf eine politische Föderation hinarbeiten.« Stichwortartig enthält das »Testament« das folgende Programm nach dem Sturz des Nazismus: »Wiedereintritt in den Völkerbund, seine Umorganisation in kontinentale Abteilungen; Völkerbundsmandat für die verlorenen Gebiete im Osten, ausgeübt von Deutschland, Polen und einer neutralen Macht, am besten England oder die Vereinigten Staaten, nach deren Eintritt in den Völkerbund. Keine politische Wiedervereinigung. Rückgabe von Südtirol bis zur Sprachgrenze; Einberufung einer Deutschen Nationalversammlung. Amnestie für alle, mit Ausnahme der in erster Linie verantwortlichen Mörder und gemeinen Verbrecher: Keine Gewaltakte, ordentliche Gerichte.« Und schließlich: »Schonungslose Aufdeckung der Verbrechensliste der Nationalsozialisten, zur Zerstörung etwaiger falscher Romantik. Eid der Nation: ›Nie wieder Tyrannei!‹ Reichsfeiertag (der Befreiung) für alle Zeiten.«

Das meiste hat immer noch Gültigkeit. »Europäische Wirtschaftsunion« — sogar der Name stimmt mit der heutigen Organisation überein. »Dann eine politische Föderation« ... diese Forderung ist noch nicht erfüllt. Ein Mandat der Vereinten Nationen für die Ostgebiete, ausgeübt von Deutschland, Polen und einer neutralen Macht, die »Umorganisation der Vereinten Nationen« (als Nachfolger des Völkerbundes) in kontinentale Abteilungen — auch das ist zeitnahe.

Der spanische »Bürgerkrieg«

»Mais tout de suite, Monsieur le Prince!« sagte der Beamte auf der Préfecture de Police in Paris. Meines Namens wegen nahm er als selbstverständlich an, daß ich nach Franco-Spanien reisen wolle! »Alors, c'est bien autre chose!« sagte er, als ich ihn auf seinen Irrtum hinwies. Es bedurfte der Intervention der tschechoslowakischen Gesandtschaft, bis ich nach Tagen des Wartens die Aus- und Rückreiseerlaubnis erhielt.

Zehn Minuten nach fünf Uhr morgens kam ich in Toulouse an. Nach meinem Bericht in der deutschen wie der englischen Ausgabe (die deutsche erschien 1938 bei Stauffacher in Zürich) war ich der einzige Passagier in »der ungeheuren (!) Air France-Maschine«. Ich stellte Überlegungen an: wohin ich mich setzen würde, wenn wir jetzt von faschistischen Kampfflugzeugen angegriffen würden, aber sie wurden unterbrochen, als ein wunderbares Märchenschloß in Sicht kam, das Massiv des Montserrat, bedeckt von roten, gelben und violetten Wolken, gekrönt von einem silbernen Gipfel ... Montserrat soll die Burg des Heiligen Grals gewesen sein; Wagner dachte an ihn, als er den Parsifal schrieb.

Am Flugplatz in Barcelona erwartete mich eine Regierungsdelegation und ein Vertreter der Katholischen Volkspartei Kataloniens, der Uniòn Democràtica. In meinem Hotel, dem Majestic, begrüßte mich der junge, energische Minister für Presse und Information, Jaime Miravittles. Durch ihn lernte ich den Präsidenten der Autonomen Katalonischen Republik kennen, Señor Luis Companys. Er hatte soeben den Rektor der Universität von Barcelona, Dr. Bosch-Gimpera, einen überparteilichen Juristen, als Justizminister in sein Kabinett berufen. »Katalonien wird bald wieder sein, was es war«, sagte mir dieser. »Ein Land des wirtschaftlichen Aufstiegs, aber ruhend auf einer neuen Form der sozialen Demokratie.

Mit Präsident Companys sprach ich offen über das entscheidende Problem: die baldige Wiederherstellung der verfassungsmäßigen Freiheiten, vor allem der religiösen. Er sagte dazu: »In Barcelona werden täglich mit Wissen der Regierung zweitausend private Messen gelesen. Ich wollte, wir könnten die Kirchen bald wieder öffnen — aber wie können wir das, solange achtundvierzig von den einundfünfzig spanischen Bischöfen auf seiten Francos stehen und jeden Priester zu exkommunizieren drohen, der in der Öffentlichkeit eine Messe liest?« Das habe ich damals in meinem Spanienbericht aufgezeichnet und hinzugefügt: »Eine neue und größere politische und religiöse Freiheit wird aus dem spanischen Bürgerkrieg hervorgehen.« Luis Companys wurde 1941 von der Vichy-Regierung an Franco ausgeliefert und erschossen.

In Barcelona erlebte ich zum ersten Male einen Luftangriff. Es war schlimm genug — denn das Grauen ist etwas Relatives. London, Coventry, Dresden, Würzburg, nicht zu reden von Hiroshima und Nagasaki, lagen noch in der Zukunft. Die Bombardierung von Guernica im April 1937 durch Nazi-Flugzeuge war der erste große Schock — tausendachthundertsechzig Tote. Die Bombardierungen von Barcelona folgten. Nahezu ungehindert konnten die faschistischen Flugzeuge von Mallorca herüberkommen und ihre Ladungen abwerfen.

In einem Regierungswagen, am Steuer ein deutscher sozialistischer Emigrant, »Kamerad Ernst«, und in Begleitung eines Vertreters der Generalidad und eines Pressephotographen fuhr ich zur Front. Bis Lérida, das damals hundertdreißig Kilometer hinter der Kampflinie lag, war man kaum einem Anzeichen des Krieges begegnet. Nun änderte sich das Bild, bereits am Stadtausgang. Al Frente de Aragon, stand auf den Wegweisern. Am Nachmittag erreichten wir das Städtchen Bujalaroz, Hauptquartier des Ejército del'Este, der an der Aragonfront kämpfenden Ostarmee. Dort traf ich den Verteidigungsminister Prieto. Er kam aus den Schützengräben zurück, wo er die Operationen seiner Truppen beobachtet hatte. Er war voll des Lobes für die deutschen anti-faschistischen Freiwilligen. Besonders, so sagte er mir, beeindrucke ihn Ludwig Renn, der »preußischen Offiziersgeist mit demokratischer Gesinnung vereine«. Von Artillerie und Fliegerbomben zerstörte Häuser, ganze Straßenzüge in Trümmern, Lastwagen, Geschütze, Maschinengewehre, Rote-Kreuz-Wagen, die ersten Kriegsgefangenen — so ist mir Bujalaroz in Erinnerung geblieben. Unter den italienischen Soldaten, die nach den schweren Niederlagen der faschistischen Interventionsarmee bei Brihuega und Guadalajara gefangengenommen wurden, herrschte eine starke antifaschistische Stimmung.

Siétamo, Farlete, Quinto — Codo, »wo bis auf die Ruinen, an die wir uns schon gewöhnt hatten, nicht mehr viel zu sehen war«, kommentierte ich — Alcañis... die Namen all dieser Geisterstädte steigen vor mir auf. Heute kann ich sagen: In Spanien habe ich eine Vorausschau erlebt jenes Deutschlands, das ich bei der Rückkehr aus der Emigration vorfand... Über Osera am Ebro berichtete ich in meinem Spanienbuch: »Als unser Wagen durch die verlassenen, von noch schwelenden Häuserruinen flankierten Straßen fuhr, waren die einzigen Menschen, die wir trafen, diensttuende Soldaten; die Einwohner hatten die glücklose Stadt verlassen.« Noch anderes berichtete ich aus Osera, was bis heute in Deutschland unbekannt sein mag: Ich fand dort die ersten Beweise für Sabotageakte der deutschen Arbeiter an der für Franco bestimmten Munition. Die Kirche war von mindestens vierzig Schrapnellgranaten deutscher Herkunft getroffen worden, aber nur sechs oder sieben davon waren explodiert. »Die anderen lagen herum, als seien sie mit Blei statt mit unzähligen Kugeln und hochexplosiven Stoffen gefüllt. Bei anderen wiederum war nur der Zünder losgegangen, ohne daß der Rest der Granate explodiert wäre. ›Das geschieht oft‹, sagte mir einer der Soldaten, ›auch bei Fliegerbomben deutscher Herkunft‹. Man findet das an der ganzen Front.« So berichtete ich aus eigener Anschauung, auch von manchem anderen Abschnitt der Front. »Dies mag ein Symptom sein für die wahren Gefühle des deutschen Volkes«, fügte ich hinzu.

Im vordersten Graben, auf dem Kamm der letzten Hügelkette vor Saragossa, traf ich General Kleber, wie er sich damals nannte, den Mann, der viele Monate lang Madrid tapfer verteidigt hatte. Von Geburt Österreicher, hatte er einige Jahre in Kanada und in den Vereinigten Staaten gelebt. Vor uns, in der heißen, zitternden Luft, konnte man durch die Feldstecher die Silhouette von El Pilar erkennen, der Kathedrale von Saragossa. Eine der ersten »modernen« Panzerschlachten entwickelte sich vor mir. Dabei setzte der Feind eine neue panzerbrechende Waffe ein. »Thermitgranaten«, meldete ein junger deutscher Freiwilliger dem General. »Ein I.G.-Patent. Die Hitzeentwicklung liegt über dem Schmelzpunkt des Eisens.« Ich sah die Leichen von Frankisten und Republikanern auf dieser furchtbaren Fahrt, tote Nazi-Deutsche und Anti-Nazis, Skandinavier, Amerikaner, Italiener, Engländer — ich sah Hochaltäre, verkrustet mit Blut, Kirchenschiffe, übersät mit Patronenhülsen und Granatsplittern, ausgebrannte Paläste und Bauernhäuser.

Spanischer »Bürgerkrieg«? Es war ein Vorspiel zum Weltkrieg, ein blutgetränktes Manövergelände für die Heere Hitlers und Mussolinis. »Wir wissen«, schrieb ich darüber, unmittelbar nach meiner Rückkehr nach England, »daß die nächsten Opfer, wenn diese Mächte siegen, die Tschechoslowakei und andere mitteleuropäische Staaten sein werden, bis der faschistische Block stark genug ist, um sich gegen den Osten und gegen die westlichen Demokratien zu kehren«.

Am »Tag von Belchite« kam mir das alles doppelt und dreifach zu Bewußtsein. Belchite war stark befestigt und bildete einen wichtigen Stützpunkt in der faschistischen Front. Ich lag im Schützengraben mit Einheiten der Internationalen Brigade, jungen Männern vieler Nationen. Eine Staffel republikanischer Flugzeuge kam im Tiefflug über unsere Köpfe und entlud ihre Bomben. Hier der Bericht: »Es war das erste Mal in meinem Leben, daß ich Zeuge einer solchen Szene wurde. Säulen von Rauch und Feuer sprangen hoch ... und während ich das Inferno über dieser Stadt zusammenbrechen sah, stieg vor meinen Augen eine noch schrecklichere Vision auf, für die dieser Krieg in Spanien nur eine Warnung ist — Europa, überwältigt vom kommenden Grauen und ein Meer von Feuer über unsern Städten und Dörfern ...« Unmittelbar danach griff eine Staffel von Junkers, aus der Richtung von Saragossa kommend, unsere Linien an. Ich bin dann mit der ersten Welle der republikanischen Infanterie in die Stadt gelangt, aber die Kämpfe um manches Haus, manche starke Verschanzung gingen noch länger weiter. Besonders unangenehm waren die kleinen Fiat-Flugzeuge, »ekelhafte Biester«, nannte sie ein junger Deutscher. »Sie verfolgen die Autos und Lastwagen hinter der Front und gehen sehr tief herunter.« Sie verfolgen auch einzelne Gruppen, Bauern, Fußgänger. Das waren also die Vorläufer der gefürchteten Tiefflieger des Zweiten Weltkrieges!

Auch der Begriff »Fünfte Kolonne« ist damals entstanden. »Vier Kolonnen belagern Madrid, die fünfte ist schon darinnen«, sagte Franco — die faschistischen Parteigänger. An der Aragonfront lagen oft nur wenige hundert Meter zwischen den Schützengräben. Aber querdurch, weit mehr als in jedem nationalen Krieg, ging die Trennungslinie zweier Welten. »Drüben der Bereich Hitlers, Mussolinis, des Weltfaschismus und die Operationsbasis für einen neuen Weltkrieg. Und auf unserer Seite alles, was dem entgegensteht ...« Im gleichen Frontabschnitt sah ich Bauern bei der Feldarbeit, im wörtlichen Sinne »zwischen zwei Feuern«. Andere beschnitten ihre Weinstöcke — mit dem Laub bedeckten wir unsere Schützengräben.

Noch im Widerschein des brennenden Belchite sah ich Soldaten in einem Flusse schwimmen, in den Straßen halbzerstörter Dörfer spielten Kinder. Diese Bilder wurden durch ähnliche in Süd-Vietnam wieder heraufbeschworen. Ja selbst in den Kampfgebieten von Kambodscha, als ich im Juni und Juli 1970 dort war, als Gast der Ersten US-Kavalleriedivision! Wie die campesinos in Katalonien und Aragon, so arbeiten die vietnamesischen und kambodschanischen Bauern auf ihren Feldern, nur daß sie spitze Kulihüte tragen und es Reisfelder sind — unbeirrt durch Bombenflugzeuge und raketenfeuernde Hubschrauber. Am Mekong sah ich Badeszenen wie am Flüßchen bei Belchite, und selbst Saigon, teils Pariser Vorstadt, teils Garnision, ruft spanische Erinnerungen wach — etwa an Valencia, eine heiße, dampfende Hafenstadt, voll von Flüchtlingen. Massen in den Straßen hier und dort, als gäbe es keine Naziflugzeuge oder Vietkong-Raketenwerfer, gleich jenseits des Saigonflusses.

Madrid — »Mekka der Weltdemokratie«

Madrid nannte man damals das »Mekka der Welt-Demokratie«. Im Luxushotel Vittoria fand ich eine prächtige Suite für ein paar Mark pro Tag. Denn das Hotel lag an der »Avenida de las Bombas« — so viele faschistische Granaten gingen dort nieder. 28 feindliche Batterien umringten die Stadt in einem Dreiviertelkreis! Zur Front begab ich mich zu Fuß oder mit der Straßenbahn. An einer Stelle lief die Front mitten durch die Hörsäle der Ciudad Universitaria. Meinen alten Freund Julius Deutsch, auch er auf »Pilgerfahrt« nach dem demokratischen Mekka, traf ich wieder. Ein Jahr später, nach dem Falle Österreichs, übernahm er ein militärisches Kommando. Ludwig Renn lernte ich damals kennen, eine ritterliche Gestalt, ein Don Quichotte des Kommunismus. Walter Ulbricht war gleichfalls in Madrid, unter einem anderen Namen. Aber auch sein wirklicher hätte mir nichts gesagt.

Der Rundfunk entwickelte sich zu einem wichtigen Instrument der psychologischen Kriegsführung. Schon in Barcelona, in einer Rede in der Camera de Cultura, die vom Rundfunk übertragen wurde, hatte ich die Freundschaft des deutschen, von Hitler unterdrückten Volkes mit dem leidenden spanischen betont. Von Madrid aus, in einem Studio, das tief unter der Erde lag, konnte ich über die »Stimme Spaniens«, Kurzwelle 31, 65, auf deutsch und englisch sprechen. Der Text dieser Ansprache ist erhalten geblieben. Ich sprach von »Hitlers Krieg gegen das spanische Volk« — und sei Spanien erst einmal in der Hand der Faschisten, dann »steht der Weg offen zu einem allgemeinen europäischen Zusammenstoß, der von Anfang an das Ziel der Hitlerregierung war ... aber dieser Krieg wird das Ende Deutschlands sein, denn was heute in Madrid geschieht, wird morgen in Berlin und München geschehen«. Es folgte ein Aufruf an die demokratischen Mächte, dem spanischen Volk gegen die nazistisch-faschistische Invasion zu helfen. Dazu kam noch ein Aufruf an die deutsche Arbeiterschaft, mit jedem Mittel die Waffenlieferungen an Franco zu sabotieren. Scharf wies ich die dreisten Behauptungen zurück, es gehe um einen Kampf des Christentums gegen den Unglauben! Ausgerechnet die Nazis, mit ihrem Götzendienst an »Blut und Rasse«, machten sich zum Sprecher des Christentums!

Vom obersten Stockwerk der Telefonica, dem höchsten Gebäude Europas, gewann ich einen Überblick über die Zerstörungen. Mögen sie »klein« erscheinen im Verhältnis zu denen des Zweiten Weltkriegs — für 1937 waren sie ungeheuer. Nicht nur die Straßenbahnen, auch die Straßenbeleuchtung, das Telefon, die Stromversorgung — das alles arbeitete weiter. 1956 in Budapest sollte ich das gleiche erleben.

In Valencia erwartete mich der Justizminister, Don Manuel Irujo, ein baskischer Katholik. Er war noch jung, offenherzig, voll tiefem Einblick in die wahren Ursachen der antikirchlichen Stimmung in Spanien. Die Kirchenverbrennungen, die Spanien in der Weltmeinung so großen Schaden zufügten, sagte er, haben mit dem Kommunismus nichts zu tun. Es gab dergleichen bereits 1823, 1835, 1868, 1873 und 1909. »So merkwürdig das klingen mag«, erklärte Don Manuel, »diese Kirchenverbrennungen sind eine Art von infantilem Protest gegen den Staat, ein Appell an Gott gegen menschliche Ungerechtigkeit. Etwa so: ›Lieber Gott, Du hast uns nicht geholfen, dafür zünden wir Dir jetzt Dein Haus an.‹ Gewiß eine seltsame, höchst beklagenswert falsche Vorstellung von Gott. Das entschuldigt nicht, aber man muß es wissen.« Gerade in Anbetracht der neueren und neuesten Entwicklung der von den spanischen Bischöfen 1971 beschlossenen Trennungen von Staat und Kirche sind Don Manuels Ausführungen von 1937 besonders bemerkenswert: In seiner baskischen Heimat, da sei die Kirche stets eine des Volkes gewesen, daher die Terrorakte der Frankisten gegen das Baskenland, denn »für die Faschisten stand die Religion immer im Dienste ihrer politischen Ziele. Wenn die Kirche diese nicht unterstützt, werden die Faschisten so antikatholisch wie die wildesten Anarchisten.« Zum Unterschied vom Baskenland, sagte Don Manuel, habe die Kirche in Spanien die Verbindung mit dem Volke verloren. Das Volk, wegen der jahrhundertelangen Verquickung von Kirche und Staat, sah in der Kirche eine Einrichtung der Reichen, des Adels, des Großgrundbesitzes. »Unser Ziel muß es sein«, sagte Don Manuel, »die sozialen Verhältnisse zu bessern und die Kirche dem Volke wieder näherzubringen. Aus diesem spanischen Kriege soll eine neue religiöse Freiheit hervorgehen — neu wenigstens für Spanien, wo die Religion in den letzten 400 Jahren unter Zwang ausgeübt wurde ... Es wird eine Kirche des Volkes sein, die für die soziale Gerechtigkeit eintritt, eine Kirche, sehr verschieden von der bisherigen, und nun wahrhaft im Geiste des Herrn.« Wir besprachen auch die Möglichkeiten, die Beziehungen zwischen dem Vatikan und der Spanischen Republik, die offiziell nie abgebrochen worden waren, wieder zu beleben. Es wäre nicht weise, wenn sich die Kirche mit der Franco-Junta identifizieren würde ... ! »Ich arbeite für den Tag«, sagte Don Manuel Irujo beim Abschied, »da die Kirche in Spanien ein Bollwerk der Freiheit und der Demokratie sein wird.« Wie ich 1967 bei meinem ersten Spanienbesuch seit dem »Bürgerkrieg« feststellen konnte, ist der Name Don Manuel Irujos nicht vergessen. Viele seiner Gedanken haben Wurzeln geschlagen — heute ist die Kirche Spaniens durch viele ihrer Vertreter, wenngleich noch nicht durch alle, auf eine neue Bahn geführt worden.

Auf dem Rückweg, vorbei an brennenden Treibstofflagern nördlich von Valencia, konnte ich in Barcelona noch einmal über Kurzwelle 31, 65 zum deutschen Volke sprechen und ihm über meine Eindrücke berichten. Unmittelbar nach meiner Ankunft in London hielt ich eine Pressekonferenz ab. Nach einem Bericht im »Manchester Guardian« sagte ich dabei: »Was Madrid heute leidet, wird Paris morgen erleiden, und von Paris nach London wird es ein noch kürzerer Schritt sein.« Innerhalb einer Woche schrieb ich auf englisch das kleine Buch »A Catholic in Republican Spain«. Victor Gollancz veröffentlichte es am 22. November 1937. Der »Left Book Club« übernahm es und verschaffte ihm dadurch eine Massenwirkung. Allein 50 000 seiner eigenen Mitglieder erhielten es zugeschickt. Volkmar Zühlsdorff übersetzte den englischen Text ins Deutsche. Ich habe für die Stauffacher-Ausgabe von 1938 eine neue Vorrede hinzugefügt. In beiden Ausgaben heißt es: »Ich bin tiefer denn je davon überzeugt, daß die Zukunft Europas von dem Ausgang des Krieges in Spanien abhängen wird. Spanien kämpft für uns alle. Die Niederlage des Faschismus in Spanien würde überall der Anfang vom Ende der faschistischen Verschwörung sein. Eine Niederlage der Republik wäre der Anfang des Weltkrieges.« Das ist wörtlich in Erfüllung gegangen. Mit dem Siege Francos in greifbarer Nähe, besetzte Hitler am 15. März 1939 Prag. Am 28. März kapitulierte Madrid, am 1. September fielen die Bomben auf Warschau.

Die »Baseler Nationalzeitung«, die »Neue Weltbühne«, die »New York Post« veröffentlichten meine Spanienberichte. Sie wurden in der ganzen Welt zitiert und erregten unter Klerikal-Faschisten und Berufsfrommen viel Ärger. Als dann erst mein Buch erschien, da ging ein Aufschrei durch deren Reihen. Aus Deutschland erhielten katholische Colleges Briefe, mich nicht mehr zu Vorträgen einzuladen. Aber ich fand auch Freunde, Männer wie den französischen Thomisten Jacques Maritain und den großen Schriftsteller Georges Bernanos. »America«, »Commonweal«, »Assumption College«, bald auch noch andere katholische Publikationen und Colleges standen mir zur Seite.

Dieses Buch, und allein schon die Tatsache, daß ich auf republikanischer Seite in Spanien war, haben durch die Jahrzehnte weitergewirkt, sehr zum Nutzen der Bundesrepublik! Ich hatte in Mexiko 1964 soeben die deutsche Botschaft betreten, als ein Mann mit ausgebreiteten Armen auf mich zukam: »Amigo, kennst Du mich noch: Barcelona, Valencia, Madrid — überall habe ich für Dich Deine Rundfunksprachen an die Deutschen organisiert!« Er sorgte dafür, daß ich über zwei Dutzend Rundfunkstationen sprechen konnte. »Das ist ein alter antifaschistischer

Freund von mir, aus der Zeit des Krieges in Spanien«, stellte er mich vor.

Auch das war der Bundesrepublik von Nutzen, daß ich, wie mein »Amigo« vor der Presse erwähnte, im Mai 1943 beim ersten Anti-Hitler-Kongreß des lateinamerikanischen Frei-Deutschland-Komitees in Mexiko City dem Präsidium angehörte. Da ich meiner Lehrtätigkeit in den Vereinigten Staaten wegen nicht persönlich kommen konnte, wurde ich durch meine Schwiegermutter, Hermynia Schuylenburg, vertreten, die an meiner Stelle am Vorstandstisch Platz nahm. Sie war eine sehr bemerkenswerte Frau, die zehn oder zwölf Sprachen beherrschte, eine Nachkommin des Herzogs von Alba. Sie starb, über 96 Jahre alt, im September 1971.

Selbstverständlich hielt ich Verbindung mit der spanischen Emigration, darunter mit dem verstorbenen baskischen Präsidenten José Antonio de Aguirre. Die Freilassung des von baskischen Autonomisten entführten deutschen Wahlkonsuls in Bilbao, Eugen Beihl, zu Weihnachten 1970 steht damit im Zusammenhang. Zuerst in einer Pressekonferenz in Bombay, dann nach meiner Rückkehr nach Deutschland in persönlichen Botschaften wandte ich mich an den Sprecher der Basken, Telesforo de Monzon in Saint-Jean-de Luz, stellte mich für Beihl als Geisel zur Verfügung und berief mich auf meine Freundschaft mit Aguirre. Das führte am Weihnachtsabend zu der von mir erbetenen Freilassung des deutschen Wahlkonsuls.

Professor in Amerika

Am 1. Oktober 1937 begann meine Arbeit als »Visiting Professor of the Carnegie Endowment for International Peace« in Swarthmore College — und damit ein Lebensabschnitt, der bis zu unserer Rückkehr nach Deutschland, im Jahre 1946, dauern sollte. Im allgemeinen wurden diese Gastprofessuren nur für ein oder zwei Semester gegeben. Aber dank der Freundschaft Dr. Butlers und des Vertrauens, das ich mir in der akademischen Welt erwerben konnte, wurde diese Professur immer wieder verlängert. Im Laufe dieser Jahre habe ich Universitäten und Colleges jeder Art in allen der damals 48 Staaten Amerikas kennengelernt. Tausende von jungen Amerikanern haben von mir die Grundlage erhalten ihres Wissens über deutsche Geschichte und Kultur und über das Werden Europas. Manche dieser Studenten wurden meine persönlichen Freunde. Die Verbindungen sind nie abgerissen. Immer noch hat die Bundesrepublik ihren Nutzen davon, daß ganze Generationen in Amerika durch mich erfuhren, daß Hitler nicht Deutschland sei.

Nach dem Kriege kam ich zum ersten Male im Jahre 1955 zurück, und inzwischen war ich immer wieder an den Stätten meiner früheren Tätigkeit. Man muß sich nur von Jahr zu Jahr bewußter werden, daß neue Jugenden herangewachsen sind, für die Hitler, Mussolini, Stalin, der Reichstagsbrand, Pearl Harbour nur noch geschichtliche Begriffe sind. Wer die amerikanische Jugend, ihre Schulen und Hochschulen nicht kennt, kennt Amerika nicht — aber wiederum: Man darf die Unruhen und Gewalttätigkeiten der letzten Jahre nicht mit der Jugend als solcher gleichsetzen.

Drei emigrierte deutsche Professoren waren damals in Swarthmore tätig, der Kirchenhistoriker Richard Salomon, früher Dekan der Philosophischen Fakultät Hamburg, Professor Wolfgang Köhler, der bekannte Psychologe der Universität Berlin, und der Mathematiker Professor Rademacher, einer der führenden Männer der deutschen Friedensbewegung. »Hitlers Geschenk an die Vereinigten Staaten« hat Robert M. Hutschins, der langjährige Präsident der Universität Chicago, die heimatvertriebenen deutschen Lehrer, Professoren und Künstler genannt. Wie jede Emigration in der Geschichte, hat auch diese dem Gastland großen Nutzen gebracht. Doch andererseits: Was wäre aus diesen Menschen geworden, wenn Amerika sie nicht gastfrei aufgenommen hätte? In Westeuropa wurden ihre Schicksalsgefährten bei Kriegsausbruch in Lager gesperrt oder gar der Gestapo ausgeliefert.

Die Studenten von Swarthmore, eigentlich alle amerikanischen Studenten, nahmen leidenschaftlich Anteil am Spanischen Bürgerkrieg, selbstverständlich für die Republik. In England war es nicht anders. Auch die Unterdrückung aller Freiheit im nationalsozialistischen Deutschland und im faschistischen Italien bewegte die Studentenschaft. Sie gingen mit Begeisterung mit, wenn man davon sprach, daß die Diktatoren gestürzt werden müßten und daß Europa zu einem »Commonwealth«, zu einer politischen und wirtschaftlichen Einheit werden müsse. An der Universität von Virginia lernte ich das Leben des Südens in seinen gewinnendsten Formen kennen. Die große klassische Tradition von Thomas Jefferson und des frühen Amerikas schufen eine Verbindung mit dem Geiste eines freien Europas.

Meine Hegelvorträge, erarbeitet im Britischen Museum, haben in Amerika eine Belebung der Hegelforschung bewirkt. Mein Programm lag in den Händen des Vorsitzenden der Geschichtsfakultät, Professor Orson James Hale. Wir wurden gute Freunde. 1951 traf ich ihn in München wieder — er war der letzte amerikanische Landeskommissar von Bayern.

Rollins College, im Herzen Floridas, war damals mehr ein akademischer Kurort für Kinder wohlhabender Eltern als eine Stätte angestrengten Studiums. Aber auch dort fand ich Freunde, darunter einen bemerkenswerten jungen Studenten namens Fentress Gardner. In der deutschen Nachkriegsgeschichte spielte er eine wichtige Rolle. In seinem Jeep kam er nach Stuttgart, gerade als sich farbige französische Truppen in amerikanischen Uniformen zur größten Massenschändung von Frauen, Mädchen und Kindern anschickten, die außerhalb der sowjetischen Besatzungszone jemals stattfand. Nominell standen sie unter dem Befehl Eisenhowers. Der junge Oberleutnant Gardner fuhr zum französischen Kommandanten und befahl ihm aus eigener Initiative, die Stadt sofort zu räumen, anderenfalls würde auf sein Hauptquartier das Feuer eröffnet werden! Und so wurde Stuttgart Teil der amerikanischen Zone, von größter Bedeutung für Stadt und Land! Ich traf Fentress Gardner 1946 in Stuttgart wieder. Da war er Stellvertretender Leiter der Zivilverwaltung Baden-Württemberg. Mit seinem Takt und seiner menschlichen Wärme wurde er zu einem der Brückenbauer zwischen Amerika und Deutschland. Im Frühling 1971 begegnete ich ihm in Washington, am Eingang des State Departments. Die Jahre haben ihn nicht verändert!

Weihnachten 1937 verbrachte ich auf hoher See. Am 30. Dezember traf ich in Locarno-Minusio ein, wo Helga mich erwartete. Wir hatten vor meiner Amerikareise Stefan Georges letzte Wohnstätte gemietet. Das Haus hieß Il Mulino. Ursprünglich war es eine Mühle, jahrhundertealt. Ein wilder Mühlbach rauschte vorbei — Schönwörther Kindheitserinnerungen!

Am Silvestertag trafen Bermann aus Wien, Volkmar aus London bei uns ein. Als rings um den Lago Maggiore die Glocken das neue Jahr einläuteten, hatten wir eine Vorahnung der Dinge, die da kommen würden. Ein Brief Bermanns, geschrieben unmittelbar nach dem Zusammentreffen Hitlers mit Schuschnigg in Berchtesgaden, am 12. Februar 1938, zeigte es. Er sende diesen Brief durch einen Freund, bemerkt er eingangs, könne also jetzt offen reden ... Wien sehe schrecklich aus, seitdem sich Schuschnigg von Hitler »ins Boxhorn habe jagen lassen«. In Österreich möge es nicht viele Nazis geben, sie säßen aber in allen Schlüsselpositionen. Bereits die allerersten Stadien der »Nazifizierung« seien unerträglich, schon gäbe es Zensur (daher »der Brief durch einen Freund«!). Das Schreiben endete: »Ich bleibe nur noch hier, um einen langbefristeten Paß mit hinauszunehmen. Dann gehe ich, undramatisch, ohne Flucht noch formelle Übersiedlung.«

Der Brief erreichte uns in Amerika. Volkmar war mitgekommen als mein wissenschaftlicher Assistent. Außerdem wollte Oswald Garrison Villard, der ihm das Affidavit gegeben hatte, daß er sich der »American Guild« annehme. Später erhielt er einen Forschungsauftrag der Columbia University und arbeitete an der neuen Columbia Encyclopedia mit.

Daß die Stunde Österreichs geschlagen hatte, stand für mich fest. Nach Berichten in der »Chicago Daily News« und im »Catholic Register«, Denver, Colorado, vom 23. Februar 1938, nannte ich als Datum der kommenden Invasion »die Mitte des nächsten Monats«. Am 28. Februar berief ich in New York eine Sondersitzung des Direktoriums der »American Guild« und beantragte, an Bermann, als unseren Vertreter, sofort genügend Geld zu überweisen, um alle unsere Schutzbefohlenen aus Österreich herausbringen zu können. Das Geld wurde bewilligt. Die Anweisung ging mit der S.S. Berengaria, deren Abfahrt aus New York durch einen Brand um 24 Stunden verzögert wurde, mit dem Ergebnis, daß Bermann zwar das Geld an alle unsere Stipendiaten auszahlen konnte, selber aber nicht mehr herauskam. Am Abend des 13. März rief ich von Dr. Wachtells Haus in New York bei Bermann an. Es dauerte Stunden, bis die Verbindung zustande kam. Im Plauderton, auf deutsch, fragte ich, wie es ihm gehe und ob er nicht bald zu seinen Freunden nach New York kommen möchte? In seinem Zimmer war ein solches Stimmengewirr, daß ich ihn kaum verstehen konnte, ... »wurde an der Grenze zurückgeschickt ... mein Paß weggenommen«, hörte ich schließlich. »Wird alles in Ordnung kommen, wir kümmern uns darum, bleiben Sie nur ganz ruhig«, sagte ich. Man vernahm deutlich das Quietschen und Stampfen gestiefelter Füße. Plötzlich, mit Panik in der Stimme, schrie er auf englisch: »Please, cable Benesch — save me!« »Sprechen Sie gefälligst Deutsch!« unterbrach eine rüde Stimme. »Ja, ja —.« Eine tödliche Stille, dann nochmals: »Please, save me!« und die Verbindung wurde jäh unterbrochen. Von einem Western Union Bureau, das die ganze Nacht offen war, sandten wir ein Kabel an Benesch, mit dem Vermerk: »Via San Francisco—Wladiwostock—Prag«, damit die Nazis es nicht abfangen konnten. Wir baten, für Bermann einen Sonderpaß ausstellen zu lassen. In der gleichen Nacht erreichte Villard auch noch den Außenminister Cordell Hull. Er bat ihn, Bermanns Verbleib zu ermitteln und ihm ein Sondervisum ausstellen zu lassen. Hull reagierte sofort. Er sandte uns die Kopie seiner telegraphischen Dienstanweisung: »AMLEGATION Vienna: Auf Bitten Gouverneur Cross von Connecticut und Oswald Garrison Villard ersuche ich um Ermittlung des Befindens und Aufenthaltsortes Richard Bermanns, österreichischer oder tschechoslowakischer Nationalität, Vertreter der American Guild for German Cultural Freedom. Seine Freunde bislang außerstande, Kontakt mit ihm herzustellen, an seiner Adresse Türkenschanzstraße 1. Er ist auch Mitarbeiter des Wiener Blattes Der Tag. STCOP HULL (SW).« Eine Woche später unterrichtete uns Hull, daß Bermann, nach einer Auskunft des amerikanischen Generalkonsuls in Wien, in einer Pension am Semmering sei, »schwerkrank und in Furcht vor Verhaftung«. Bald erfuhren wir auch, daß diese »Pension« eine Art von Gefängnisspital sei. Zwei Versuche Bermanns, aus Österreich zu fliehen, waren fehlgeschlagen. Hull gab Anweisung, auf der amerikanischen Dienststelle in Wien vorsorglich ein Visum für Bermann bereitzuhalten.

In New York gingen jetzt die Wellen der Empörung hoch. Ich selber sprach von den Treppen der New York University am Washington Square, am unteren Ende der 5th Avenue, zu einer hunderttausendköpfigen Menge. Ich sprach in Detroit, in Chicago, in Boston und weiß Gott noch wo. Es kamen auch große Summen für die Flüchtlinge zusammen, aber Wohltätigkeit ist kein Ersatz für schlechte Politik. Unter dem Titel »Todeswalzer an der blauen Donau« veröffentlichte ich in der literarischen Wochenzeitung »Saturday Review of Literature« am 26. März 1938 einen Aufsatz, in dem es abschließend hieß: »Die Annektion Österreichs bildet lediglich den Ausgangspunkt für weitere Aggressionen.«

Europa, Sommer 1938

Nun war das Europa, in das wir Ende März zurückkehrten, noch kleiner geworden. Österreich, wo unsere Emigration begonnen hatte, gab es nicht mehr. Mit dem Überschreiten der Tiroler Grenze endete meine Autobiographie, »Conquest of the Past«, die inzwischen bei Faber & Faber in London und bei Houghton Mifflin in Boston erschienen war. Die Perspektiven haben sich verschoben, aber nach wie vor dient mir dieses Buch als wichtige Quelle für Ereignisse und Tatsachen, die ich sonst vergessen oder verloren hätte.

In Paris fanden wir eine behagliche, wenn auch ein wenig spießige übermöblierte Wohnung in der rue de Vaugirard, am Montparnasse. Vermieter waren ein französischer Kolonialbeamter und seine hochbusige Madame. Sie waren nach Saigon versetzt worden. Wo das lag, davon hatte ich nur eine höchst nebelhafte Vorstellung.

Zwei Wochen nach unserer Rückkehr erreichte mich über die tschechoslowakische Gesandtschaft ein Brief Bermanns — aus Prag. Wie durch eine Kette von Wundern war es unseren Mittelsmännern gelungen, ihn in seiner »Pension« aufzuspüren und nach Wien zu bringen. Dort lagen Beneschs Paß und Cordell Hulls Visum für ihn bereit. Er schrieb, er würde nun bald nach Paris kommen.

Daß die Tschechoslowakei das nächste Opfer Hitlers sein werde, stand fest. Daher flog ich nach London, um Jan Masaryk zu sprechen. »Hab' ich mir dem Hehnlein gesagt«, erzählte er in seinem »böhmakelnden« Deutsch, »Hehnlein, sei nicht so bled! Jetzt bist du die Greta Garbo der europäischen Politik, nachher wirst du die Abortfrau sein!« Er war zutiefst pessimistisch. »Der Chamberlain, hab' ich mir gesagt neilich zu einem von die Buben von dem Keenig (er meinte den Duke of Glouchester!), wann der nochmals dem Hitler nachgibt — bitte scheen, dann ist halt Weltkrieg!«

Durch den kaiserlich-äthiopischen Gesandten, M. Tesas, einen Freund Stanley Richardsons, wurde ich dem Kaiser Haile Selassie vorgestellt — nunmehr ein Heimatvertriebener wie ich. Der Kaiser erwartete mich stehend vor dem Kamin im Wohnzimmer seiner Gesandtschaft. Er trug seinen schwarzen Überwurf, der klassisch geworden ist. Er sprach Amharisch, ich Französisch, Tesas übersetzte. Wir machten einen tour d'horizon: Das Schicksal unserer beiden Länder, fanden wir, ist eng miteinander verknüpft. Äthiopien und Deutschland würden in der gleichen Stunde ihre Freiheit zurückerlangen. Beim Abschied schenkte mir der Kaiser eine handsignierte Fotografie. In ihrem dunkelgrünen

Rahmen, geschmückt mit der goldenen Krone Äthiopiens, steht sie im Wohnzimmer meines Hauses in Bad Godesberg. Ich sah den Kaiser im Juli 1963 wieder, als er mich zu einem Staatsbankett einlud. Vor und nach dem Essen sprachen wir unter vier Augen. Bei Tisch saß ich zwischen ihm und dem Premierminister. Wir sprachen über unser Zusammentreffen in London im Jahre 1937. »Sie gehören zu den letzten, mit denen ich noch darüber reden kann«, sagte der Kaiser. »Auch die Kaiserin hat mich verlassen.« »Als ich Ihre Majestät heute morgen in der Krypta der Kathedrale besuchte«, erwiderte ich, »sagte ich zu den Herrn meiner Begleitung: »Welch glückliches Land, eine solche Fürbitterin am Throne Gottes zu haben!« Wir sprachen auch über recht unerfreuliche Dinge. Da reiste ein deutscher General a. D. kreuz und quer durch Afrika und verkaufte Waffen an jeden, der zahlen konnte. Die Republik Somali war unter den dankbaren Abnehmern. »Weiß man in Deutschland nicht, daß Somali eine aggressive Politik gegen Äthiopien betreibt?« fragte der Kaiser. »In einigen Tagen werde ich in Mogadishu sein, Majestät«, erwiderte ich. »Ich hoffe, den Präsidenten der Republik, Aden Abdullah Osman, sprechen zu können.« Es gäbe keinen Streitpunkt zwischen freien Nationen, trug ich in Mogadishu vor, der nicht durch Verhandlungen gelöst werden könnte. Statt Gebietsansprüche an Äthiopien zu stellen, wäre es doch weiser, über eine Autostraße zu verhandeln, vom ehemalig britischen Nordteil zum ehemalig italienischen Südteil von Somali? Zu Weihnachten 1963 sandte mir der Kaiser durch seinen Botschafter in Bonn, Assefa Lemma, ein Handschreiben mit seinen Festagswünschen und eine goldene und silberne Zigarettendose mit dem kaiserlichen Wappen.

Bald nach der Besetzung Österreichs lernte ich in London Sigmund Freud persönlich kennen, mit dem ich schon lange im Briefwechsel gestanden hatte. Ich wurde ihm vorgestellt durch seine treue Schülerin und Freundin, Prinzessin Marie Bonaparte, Prinzessin Georg von Griechenland. Sie war, als die Nazis in Wien einrückten, sofort hingeeilt, um ihm zu helfen. Eine Bande von Braunhemden brach in seine Wohnung ein, zum Entsetzen von Freuds Tochter, Anna, und der Prinzessin. Freud blieb ganz ruhig. Als die Eindringlinge einer Kassette 6000 Schilling, die der Psychoanalytischen Gesellschaft gehörten, entnahmen und in die Taschen steckten, lachte er laut auf. Endlich gingen sie, nicht zuletzt dank der bonapartistischen Würde der Prinzessin Marie. Auch schien sie Freuds Furchtlosigkeit beeindruckt zu haben. »Aber Vater, warum hast du denn gelacht?«, fragte Anna. »*So* komisch war das ganze nun nicht!« »Doch«, sagte Freud. »Ich war über 50 Jahre lang Arzt, aber für einen einzigen Besuch bei einem alten, kranken Mann habe ich nie 6000 Schilling bekommen!« Als ich ihn bei der Gründung der American Guild bat, die Präsidentschaft der Wissenschaftlichen Klasse der Deutschen Akademie im Exil zu übernehmen, hatte er geantwortet: »Ich bin ganz mit Ihnen. Die Sache der geistigen Freiheit ist meine eigene Sache. Aber vergessen Sie nicht — ich bin ein sehr alter Mann.« Dieser »sehr alte Mann« nahm es auf sich, jeden Vorschlag zur Förderung eines jungen Talentes genau zu prüfen, und wenn er ihn für unterstützungswürdig hielt, für ein Stipendium oder eine sonstige Hilfeleistung seitens der »American Guild« zu empfehlen. In den Archiven der Guild gibt es manchen Brief von Freuds eigener Hand. Seit Jahren litt er an Krebs, aber dieses Wort sprach er nie aus. Er nannte es »Das Ding«. Auch in London arbeitete er noch 14 Stunden am Tag, um sein letztes großes Werk, »Moses«, zu vollenden. Daß ein Gelehrter jüdischer Abstammung gerade in diesem Augenblick den Juden »ihren größten Sohn« — Moses — wegnehme, schrieb er in der Vorrede, werde ihm bestimmt verübelt werden. Denn es ging in diesem Buche um den Nachweis von Moses' ägyptischer Abstammung. Aber keine nationale oder rassische Erwägung dürfe je einen Wissenschaftler abhalten, von dem, was er für wahr und richtig halte, Zeugnis abzulegen. — Ich glaubte, daß ich vielleicht eine Viertelstunde bei ihm bleiben dürfte. Aber er behielt mich anderthalb Stunden bei sich und bestritt selber den größten Teil der Unterhaltung. Dabei zeichnete er Hitlers Charakter vom Standpunkt der Psychoanalyse — aber er wollte nicht, daß ich davon Gebrauch mache. Ich habe daher nicht einmal im engsten Familienkreis erzählt, was er mir anvertraut hatte. Heute sind viele von Freuds Grundbegriffen in den täglichen Sprachschatz eingegangen. Er gehört zweifellos zu den großen Befreiern der Menschheit.

In unserer Wohnung auf dem Montparnasse hielten wir offenes Haus für die politischen Emigranten und die Abgesandten der deutschen Widerstandsbewegung. In New York war durch meine Initiative ein »Komitee für illegale Literatur« entstanden. Davon besitze ich noch umfangreiches Material: eine Papiertüte mit hundert Gramm „Lyons Tea", einen Agfa-Umschlag für fotografisches Material, ein Couvert für Markensammler, einen Prospekt einer Nazi-Ausstellung in Düsseldorf, »Schaffendes Volk«, geziert mit Hakenkreuz und Teutonenfaust; ein sinniges Brieflein zum Muttertag, eine Tüte Tomatensamen für Schrebergärtner und Prospekte von Bad Mergentheim und Bad Nauheim. Alles auf Originalpapier oder in Originalpackungen. Aber in all diesen Dingen stak eine kleine Bombe: Mitteilungen über die Kriegsvorbereitungen oder Nachrichten, die in Deutschland unterdrückt wurden. Viel von unserm Material sandten wir auch über Kurzwelle 29, 8 hinüber ins »Dritte Reich«. Die Druckerzeugnisse wurden über die Grenzen geschmuggelt, durch Eisenbahn- und Postbeamte, Matrosen, Reisende, unsere Verbindungsleute in den offiziellen Reisebüros.

Auf den Innenseiten eines der Mergentheimer Prospekte war eine Rede über Spanien abgedruckt, die ich über 29, 8 gehalten hatte. Sie endet mit einem erneuten Aufruf zur Sabotage der Rüstungsindustrie. Das war besonders wichtig, da sich bereits der offene Angriff gegen die Tschechoslowakei vorbereitete, »wo die Deutschen unendlich viel mehr Freiheit haben als unser Volk unter der Hitlerregierung«. Wie Spanien, sagte ich weiter, »brauchen die faschistischen Mächte auch die Eroberung der Tschechoslowakei für den von ihnen geplanten Weltkrieg. Diesen Krieg müssen sie haben, weil es unter der Oberfläche ihrer 99-Prozent-Mehrheit-Propaganda schlecht für die Diktatoren aussieht. So ist der Kampf des spanischen Volkes und der tschechoslowakischen Demokratie ein Kampf für unsere Freiheit.«

Zu unsern ständigen Gästen zählte Joseph Roth, dieser große Schriftsteller und überaus liebenswerte Mensch. Die »American Guild« hat ihm jahrelang ein Arbeitsstipendium gegeben. In ihm lebte die beste Tradition des alten Österreichs mit ihrem europäischen Geiste. Er starb im Armenhaus — aber durch Fernsehen und allerlei Veröffentlichungen ist sein Name wieder ruhmvoll in der Öffentlichkeit bekannt geworden. Auch Erwin Piscator und seine Frau, die ehemalige Tänzerin Maria Ley, die Witwe Ernst Deutschs, des AEG-Erben, sahen wir oft. Sie hat ihrem Mann in Amerika, wo wir gleichfalls engen Kontakt hielten, den Aufbau seiner Versuchsbühne an der New School for Social Research in New York ermöglicht.

Politisch einer der wichtigsten unserer Gäste war der Publizist Paul Dreyfuß, den Rudolf Olden mir vorgestellt hatte. Barthou hatte ihn oft zu Rat gezogen und dafür gesorgt, daß er am Leben blieb. Nun fiel diese Aufgabe der »American Guild« zu. Seine persönlichen Bedürfnisse waren höchst bescheiden, er erbat von der »Guild« 1500 Franc im Monat, das waren damals ungefähr 40 Dollar. Die »Guild« übernahm es auch, eine »Geschichte der Deutschen Republik« zu finanzieren, die er gemeinsam mit Rudolf Olden schrieb. Das Buch beruhte auf einer Fülle von »innersten«, zum Teil »geheimsten«, aber belegbaren Informationen. Paul Dreyfuß hätte Reichtümer erwerben können, wenn er sein Wissen einem alliierten Nachrichtendienst zur Verfügung gestellt hätte. Er besaß genaue Kenntnis — bis heute weiß ich nicht, woher — über die technischen Einzelheiten neuer Waffen, über die Stärke und Einsatzfähigkeit der deutschen Wehrmacht. Er wußte aber auch viel — zu viel! — über die Zusammenarbeit zwischen der französischen und der deutschen Rüstungsindustrie und zwischen den Geheimdiensten der beiden Länder. Das kostete ihn schließlich das Leben. Unter den Papieren Dreyfuß' fand sich eine genaue Beschreibung der Nazi-Panzerdivisionen, der Geschwindigkeit und Feuerkraft der Panzer und der motorisierten Artillerie. Einiges davon hat er unter seinem Schriftstellernamen Strategos in der linken französischen Wochenschrift »Future« am 10. Oktober 1936 veröffentlicht. Danach waren um diese Zeit bereits 600 Kampfflugzeuge der ersten Linie einsatzfähig. Große Reserven von Aluminium französischen und ungarischen Ursprungs wurden angelegt. Die Verteilung der drei Armee-Gruppen deute auf die Richtung des geplanten Einsatzes hin: Die Gruppe Berlin für den Krieg gegen den Osten, die Gruppe Kassel für den Westfeldzug, die Gruppe Dresden für die Niederwerfung der Tschechoslowakei. »Anscheinend ist eine vierte Armee-Gruppe in Aufstellung begriffen«, fügte er hinzu, »mit dem Hauptquartier in Hamburg, für den Krieg gegen den Norden.« Im Jahre 1936 demnach die Voraussage des Angriffs gegen Dänemark und Norwegen! Volle Kampfbereitschaft, schätze er, werde erst 1940 gegeben sein, zum mindesten für einen größeren Krieg. 1938 werde der Aufbau der Artillerie der jetzigen Streitkräfte, 1940 der Artillerie der neuen Wehrmacht von ungefähr 1 100 000 Mann abgeschlossen sein.

Während dieses Pariser Sommers sah ich auch den österreichischen Sozialistenführer Otto Bauer wieder. Er gab die ausgezeichnete Zeitschrift »Der Sozialistische Kampf« heraus. Darin lehnte er den Gedanken, Österreich nach dem Sturze des Nationalsozialismus von Deutschland wieder zu trennen, ab. Daß die gewaltsame Annexion Österreichs etwas ganz anderes gewesen sei als der freiwillige Anschluß, den alle demokratischen Kräfte seit 1918 angestrebt hatten, das bräuchte man nicht eigens zu betonen. Aber jetzt könne es nur das eine revolutionäre Ziel geben, den Nazismus überall zu stürzen, nicht aber das reaktionäre Österreich wiederum vom übrigen Deutschland zu trennen.

Richard Bermann kam Ende Juni im Flugzeug in Paris an. Er arbeitete an seinem Roman »Home from the Sea« — Robert Louis Stevensons letzte Lebensjahre und sein Tod in Samoa. Außerdem hatte er begonnen, seine Autobiographie zu schreiben. Er fuhr weiter nach London, um Sir Reginald Wingate und andere über die wachsende Bedrohung der Tschechoslowakei zu unterrichten. Auf der Ile aux Moines in der Bretagne trafen wir wieder zusammen. Bezaubernde Zimmer im Hotel du Golfe und eine vorzügliche Verpflegung! Nirgendwo habe ich so viele Hummern, Austern, Krabben, See-Anemonen und dazu ganz ungewöhnliche Meerestiere auf dem Tisch gesehen! Und die Preise! Helga, Volkmar und ich zahlten für unsere Zimmer mit Verpflegung, einschließlich Bedienung, zusammen 100 Franc — das waren knapp drei Dollar, zwölf Mark pro Tag. Die Bretagne ist erfüllt von uralten druidischen Kultstätten. Schon die Römer hatten versucht, sie auszurotten. Immer noch berichtet man von geheimnisvollen Geschehnissen an den Menhiren und Dolmenen, auf der Ile aux Moines und in Carnack, an den steinernen

Opferstätten, die man in vielen Gärten findet. Auch Elisabeth **Gundolf** und Stanley Richardson kamen uns besuchen. Er dichtete, sie arbeitete mit einem Stipendium der »Guild« an einem nachgelassenen Manuskript ihres Mannes über Martin Luther. Auch mit der Sichtung der ungeheueren Korrespondenz ihres Mannes hatte sie begonnen.

Von »München« nach Prag

Am 12. August ordnete Hitler große Manöver an und rief 750 000 Mann zu den Waffen. Demonstrativ besichtigte er den Westwall. Als Gegenmaßnahme bezog die britische Flotte am 7. September ihre Kampfstellungen. Frankreich rief eine Million Reservisten zu den Fahnen. Das Kriegsfieber stieg, aber es gab im Westen keinen nationalen Haß. Stanley, der Dichter, hat die Stimmung am besten gekennzeichnet: »Hubertus, das ist das erste Mal seit den Kreuzzügen, daß es einen Kampf geben wird ohne Haß. Denke nur, was das bedeutet: Wir werden gegen die Kanonen eines Regimes kämpfen, für die Befreiung seines Volkes!«

In der schlichten Inselkirche auf der Ile aux Moines nahm Richard Bermann die Taufe. Obgleich ich 23 Jahre jünger war als er, wurde ich sein Pate. Seit langem hatte er diesen Schritt geplant, ihn aber immer wieder hinausgeschoben. Nun, da er Heimatvertriebener war und ein Regime in Deutschland herrschte, für das, wie in einem Zoo, die »Rasse« das Allein-Maßgebende war, konnte niemand ihn beschuldigen, er habe durch die Taufe dem jüdischen Schicksal entgehen wollen!

Mitte September mußte ich nach Amerika zurück. Gleich nach meiner Ankunft in New York fuhr ich nach Washington zum neuen tschechoslowakischen Botschafter, Wladimir Hurban. Chiffriert übermittelte er meine Berichte an Präsident Benesch: Da die Nazis die Sudetendeutschen, unter Konrad Henlein, benützten, um die Tschechoslowakei zu sprengen, solle er, Benesch, einen revolutionären Gegenzug tun: Einen Aufruf an die Wiener Arbeiter, die traditionellen Freunde der Tschechoslowakei, sich gegen das Naziregime zu erheben, sobald der erste Schuß fiele. Auch die deutsche Untergrundbewegung sollte mobil gemacht, mit Waffen versorgt und einheitlich geleitet werden. Ich ließ ihn auch wissen, daß sich Präsident Roosevelt seinen Mitarbeitern gegenüber geäußert habe: Wenn die Tschechoslowakei für ihre Freiheit kämpfte, werde Amerika nicht tatenlos danebenstehen.

Ich war am Knox College im Staate Illinois, als ich auf dem Heimweg von einer Vorlesung die Nachricht hörte: »Chamberlain fliegt nach München.« Was das bedeutete, wußte man sofort, was daraus wurde, ist Teil der Weltgeschichte. Ein paar Tage später fragte mein neuer New Yorker Vortragsagent, William Feakins, bei mir an, was ich von Chamberlains Ausspruch hielte: »Friede in unserer Zeit«. Ich antwortete telegraphisch: »Friede? Ich sage den Ausbruch der nächsten Krise für die zweite Märzwoche 1939 voraus.«

Das Pogrom vom 9. November 1938 — die »Reichskristallnacht« — war selbst den Beschwichtigungspolitikern zuviel. Als Vorwand für ihre Massenverbrechen hatte den Nazis bekanntlich die Ermordung des deutschen Diplomaten Ernst vom Rath in Paris durch den polnisch-jüdischen Jungen Herschel Grynzpan gedient. Ich war gerade bei Dorothy Thompson, als das Bild dieses schönen, ausgesprochen jüdisch aussehenden Jungen in den Zeitungen erschien. Wie war es möglich, fragten wir uns, daß er ohne Passierschein in die Deutsche Botschaft hineingelangte? Ohne angehalten zu werden stieg er die Treppe hinauf, ging zielsicher auf ein bestimmtes Zimmer zu und schoß Herrn vom Rath nieder. Dieser war übrigens, wie ich durch seine Cousine, Marietta von Wentzel (deren Mutter eine geborene vom Rath war), wußte, ein Anti-Nazi.

»Ich unglücklicher Knabe, was habe ich getan!« rief, den Zeitungsberichten nach, der Täter aus, als sein Opfer zusammenbrach. Sollte er ihn schon früher gekannt haben? Sollten vielleicht Nazi-Agenten diesen höchst empfindsamen Jungen mit Haß gegen vom Rath erfüllt und zum Mord getrieben haben? Dorothy Thompson, voll Mitleid für den schönen »unglücklichen Knaben«, bat um Spenden für seine Verteidigung. Sie beauftragte Maître Thorez, Frankreichs größten Strafverteidiger, sich um den Fall zu kümmern. Bald erhielt sie die Ergebnisse. Aber sie ist tot, und sollten die Erben noch das Material besitzen, dann werden sie eines Tages zu entscheiden haben, ob sie es der Öfentlichkeit übergeben wollen.

Kurz nach München, als ich an der Universität von Mississippi war, kam Volkmar von Zühlsdorff nach Amerika zurück. Auf meinen Antrag wurde er zum Stellvertretenden Generalsekretär der »American Guild« gewählt. Neue größere Mittel mußten aufgebracht werden, denn der Flüchtlingsstrom aus Europa wuchs stetig an. Am 23. Dezember kam Helga nach New York. Wir feierten Weihnachten in einem Hotelzimmer, hatten aber einen Baum und taten so, als ob wir »zu Hause« wären... Die Weihnachtsbotschaft, die ich über 29, 8 nach Deutschland sandte, ist erhalten geblieben. Bei der Durchsicht meiner Papiere durch Dr. Bea Wrede-Bouvier fand sich der Durchschlag des Textes auf deutsch, und es fand sich auch eine französische Übersetzung, die am 29. Dezember 1938 in den »Nouvelles d'Allemagne« in Paris erschienen ist: Die Hitlerregierung feiere Weihnachten im Triumphe wegen der Annektion Österreichs und des Sudetengebietes — das Volk in neuer schwerer Sorge, unter neuen Verfolgungen und größerer Kriegsgefahr... »In diesen Wochen haben wir auch erlebt, wie vor der ganzen Welt der deutsche Name geschändet wurde — bei der »Reichskristallnacht«... mit Grauen erfüllt mich der Gedanke an die Stunde der Abrechnung, wenn man, Hitler mit Deutschland gleichsetzend, die Opfer des Terrors, das Volk, für die Untaten der Peiniger verantwortlich machen wird.« Um eine solche Gleichsetzung zu verhindern, genüge die passive Ablehnung des Regimes nicht mehr — die Zeit für offenen Widerstand sei gekommen! Im Herbst hätte die Hitlerregierung nicht den Krieg wagen können, denn sie wußte, daß die Revolution vor der Türe stand. »Aber im kommenden Frühling wird die neue Krise da sein! ... Dieses Abenteuer, der Krieg gegen Rußland oder gegen den Westen, je nach Laune unserer Zwingherrn, kann nur durch das Volk verhindert werden ... Trefft das Regime an seiner empfindlichsten Stelle! Sabotiert die Rüstungsindustrie! Sabotiert die Arbeit an den Militärstraßen, den Flugplätzen, den Befestigungsanlagen, die in Wirklichkeit für den Angriff geschaffen werden.« »Krieg oder Revolution — etwas anderes gibt es nicht mehr! ... Wenn Ihr, deutsche Mütter, deutsche Väter, Euere Söhne seht, die bald auf den Schlachtfeldern vermodern sollen, wie heute schon Hunderttausende in den Konzentrationslagern und Gefängnissen deutscher Schande, dann seid Euch klar, daß nur der Sturz der Diktatur ihr Leben retten kann.« Ich schloß mit einem Aufruf an die deutsche Jugend, würdig zu werden der Barrikadenkämpfer des 19. Jahrhunderts, würdig auch der Jungen auf spanischer Erde, »als Bahnbrecher und Vortrupp der kommenden Freiheit, der *deutschen Revolution.*«

Bei einem Abendessen, das Dr. und Mrs. Butler für Eduard Benesch, den gestürzten Präsidenten der Tschechoslowakei gaben, sprachen wir darüber, ob es nicht vernünftiger gewesen wäre, 1918 geschlossene deutsche Siedlungsgebiete Deutschland zu übergeben? Benesch sagte, *er* sei dafür gewesen, etwa das Egerland an Deutschland abzutreten. Es war Woodrow Wilson, der erklärt habe: »Kein Fußbreit ehemalig österreichisch-ungarischen Gebietes darf an Deutschland kommen!« In Chicago traf ich Benesch wieder. Ich erinnerte ihn daran, daß es unter den Sudetendeutschen viele Anti-Nazis gäbe. Bei Namen nannte ich Wenzel Jacksch, den Vorsitzenden der deutschen Sozialdemokraten. Auch er war jetzt in der Emigration. »Die Geschichte, Herr Präsident«, sagte ich wörtlich, »wird Sie danach beurteilen, wie Sie Wenzel Jacksch und die Seinen bei Kriegsende behandeln.« Viele Jahre später war Jacksch mein Kollege im Bundestag. Ich habe ihm oft von diesem Gespräch erzählt. Dieser ausgezeichnete Mann verunglückte tödlich Ende November 1966, unmittelbar bevor er in der Regierung der Großen Koalition ein Ministeramt übernehmen sollte, das seinen Leistungen und seinem Können entsprach. Ich konnte Jacksch sagen, daß Benesch es bestimmt ehrlich meinte, als er mir versicherte, daß er völlig mit mir übereinstimme. Es gehört zur Tragik Beneschs, daß er, der ganz westlich orientiert war, aufgewachsen in den Ideen der französischen Demokratie, ein Opfer der Sowjets werden sollte, ja, daß er das Seine dazu beitrug, die wiedergewonnene Freiheit seines Landes an die Kommunisten zu verlieren.

Schließlich erzählte mir Benesch, daß ihn die Tschechen in Amerika gebeten hätten, sie so zu organisieren wie während des Ersten Weltkrieges. »Ich habe geantwortet: Wartet noch, bis Hitler in Prag ist!« Das Datum meines Gespräches mit Benesch war der 25. Februar 1939.

Am 12. März war ich wieder in New York. In Greenwhich Village, dem New Yorker Schwabing, hatte Helga eine hübsche Wohnung gefunden, groß genug, um unsere Freunde und Bekannten zu empfangen. Am 14. März brach die neue Krise aus, wie Benesch es geahnt, wie ich es gleich nach München vorausgesagt hatte. Es kam die Besetzung der Rumpftschechoslowakei und die Errichtung des »Protektorats« Böhmen und Mähren. Daß Polen als nächstes Land auf der Liste stand, das konnte man sich ausrechnen. Es war das Ende der Beschwichtigungspolitik. Am 31. März sagte die britische Regierung Polen im Falle eines Naziangriffs die britisch-französische Hilfe zu. Das, nebenbei bemerkt, war nichts »Neues«. Schon beim Abschluß des Vertrages von Locarno, im Jahre 1925, hatten England und Frankreich die Grenzen Polens garantiert.

Bald nach dem Fall von Prag kamen Bermann und Stanley Richardson, dieser als Vertreter des Erzbischofs von Canterbury, aus London an. Der Anlaß war ein Wohltätigkeitsdinner im Hotel Waldorf-Astoria zugunsten der »American Guild«. Hauptredner war Harold Ickes, der amerikanische Innenminister, Samuel L. Barlow, einer der ältesten Freunde der »Guild«, war Toastmaster. Er und seine Frau Ernesta hatten mir schon ganz früh ihr schönes Haus in New York für Veranstaltungen der »Guild« zur Verfügung gestellt. Einer seiner Vorfahren unterzeichnete die Declaration of Independence 1776, er selbst gilt als einer der großen Musiker Amerikas. Beiden konnte ich später das Bundesverdienstkreuz Erster Klasse verschaffen. Thomas Mann und seine Frau, Klaus und Erika Mann, Oswald Garrison Villard, Stanley, Helga und ich saßen am Rednertisch. Hinter uns, an der Wand, hing die schwarzrotgoldene Adlerfahne. Harold Ickes' Rede wurde von allen Rundfunkstationen übertragen. Er sagte unter anderm: »Wir beabsichtigen, die alte deutsche Kultur in einer Atmosphäre der Freiheit lebendig zu erhalten ... wir wissen, was geschieht mit einer Kultur, wenn sie durch einen Diktator gedrosselt, geschlagen, gefangengehalten und prostituiert wird.« Als Generalsekretär der Guild gab ich meinen Tätigkeitsbericht ab: Bislang hatten über achthundert Schriftsteller, Wissenschaftler und Künstler Stipendien und/oder sonstige Unterstützungen erhalten.

Viele rieten uns ab, überhaupt nach Europa zu reisen. Wir sollten lieber in Amerika den Beginn meiner nächsten Professur abwarten. Aber wir wollten näher am Schauplatz des Geschehens sein. Am Vorabend unserer Abreise gaben wir eine große Abschiedsfeier. Hermann Broch war da, Richard Bermann, auch Ernst Toller war gekommen. Wir waren gut befreundet geworden. Den marxistischen Materialismus hatte Toller mehr und mehr überwunden und war zu einer geistigen, ja religiösen Weltauffassung gelangt. Er arbeitete an einem Theaterstück, das »Pastor Hall« heißen sollte, die Geschichte eines Priesters, der sein Leben opfert für die Verfolgten und Leidenden. Das Stück klang aus mit dem Vaterunser. An diesem Abend war Toller sehr niedergeschlagen. Nie vergesse ich den Klang seiner Stimme, als er Abschied nahm: »Sagen Sie, wie geht dieses Lied — London Bridge is falling down — falling down — down . . .« Bermann brachte uns zum Hafen. »Ihr alter Kritiker muß zugeben«, sagte er etwas stockend, »daß Sie, seitdem wir uns 1933 kennenlernten, reifer geworden sind, realistischer.« Vergeblich versuchte er, seine innere Bewegtheit zu verbergen. »Nur bitte nicht zu viele Ideen auf einmal! ›Ihr Kopf, Majestät‹, sagte einmal ein treuer Ratgeber zu Napoleon III., ›ist wie ein Kaninchenstall. Ununterbrochen wird darin gezeugt und geboren.‹ Also verstehen Sie mich, Prinz Hubertus — mehr Realismus!« Dann plötzlich: »Aber, um Gottes Willen, werden Sie mir nur nicht zu realistisch, es wäre grauenvoll und ganz unrealistisch!« »Vergelt's Gott für alles«, sagte ich. »Bitte warten Sie nicht, bis das Schiff abfährt.« »Ich denke gar nicht daran. Also auf Wiedersehen im September.«

Er stand noch immer am Pier, als sich das Schiff schon weit in den Hudson hineingeschoben hatte. Wir winkten einander zu, dann verschwand der große formlose Hut in der Menge.

Frühling 1939

Auf hoher See änderten wir unsere Pläne. Helga wollte nach Paris, wo sie einen Arzt kannte, zu dem sie Vertrauen hatte. Volkmar, Stanley und ich würden in England an Land gehen. Als das Schiff in Cobh, in Südirland, anlegte, kam die Nachricht von Ernst Tollers Tod, in der düsteren Einsamkeit eines New Yorker Hotels.

Rudolf Oldens Geschichte der Weimarer Republik, die er gemeinsam mit Paul Dreyfuß schrieb, hatte gute Fortschritte gemacht. »Aber wir werden sie in Amerika zu Ende schreiben müssen«, bemerkte er. Er hielt den Krieg für nahezu unvermeidlich, „nachdem man die Tschechoslowakei geopfert hat!« England war ihm zur Heimat geworden, er glaubte immer noch an die »Internationale des Liberalismus«. Noch einmal emigrieren zu müssen ... der Gedanke erfüllte ihn mit Grauen. Ich mußte ihm etwas sagen, aber es war schwer auszudrücken: »... Sie und Bermann, Sie beide haben mir immer nur Gutes erwiesen. In Berlin ebneten Sie meinen Weg beim ›Berliner Tageblatt‹, an der Saar standen Sie an meiner Seite...« »Ich bitte Sie!« unterbrach er mich — doch dann in sehr ernstem Tone: »Wenn Sie wirklich so denken, kümmern Sie sich gelegentlich um meine Tochter Maria Elisabet. Sie ist noch sehr klein, und ich fange an, alt zu werden.«

Stanley und ich fuhren nach Cambridge. Auf den »Grantchester Meadows«, die Ruppert Brooke besungen hat (Stanley zitierte das ganze Gedicht), tranken wir Tee und aßen köstlichen Honig und sprachen über das Leben und den Tod dieses genialen jungen Dichters von apollinischer Schönheit — fast eine legendäre Gestalt, wie ein jugendlicher Heros der Antike, auch heute noch verehrt von bester englischer Jugend. Als Leutnant in der britischen Marine starb er auf der Insel Skyros. Dort haben seine Freunde ihm den Grabstein gesetzt mit der griechischen Inschrift:

Hier ruht der Diener Gottes Ruppert Brooke
Der starb, um Konstantinopel von den Türken zu befreien.

Als ich in mein Hotel kam, fand ich ein Telegramm Helgas vor mit einer guten Nachricht. Schon am nächsten Morgen fuhr ich nach Paris. In der Pension Les Chimères in Neuilly, einem Landhaus aus dem Ersten Kaiserreich, fanden wir schöne Zimmer. Ringsum war ein großer, stiller Park mit alten Bäumen und vielen Blumenbeeten. Mitte August wollten wir an einen kleinen Badeort an der französischen Riviera gehen. Im September mußte ich wieder nach Amerika. Helga würde in Paris die Geburt des Kindes abwarten.

Ich hatte einen gültigen tschechoslowakischen Paß, aber als ich am 14. Juni wieder in England eintraf, hätten mich die Paßbeamten fast zurückgeschickt — wenn sie nur gewußt hätten, wohin! »Jetzt werden Sie uns noch erzählen, daß Sie heute abend den Erzbischof von Canterbury treffen werden«, sagte der Beamte bissig. »Nein — aber den von York«, erwiderte ich. Das war ein Freund Stanleys — Erzbischof Temple, nachmalig wirklich von Canterbury! Ich traf ihn des öfteren in Stanleys kleiner Wohnung. Der ökumenische Geist dieses Mannes hat in unsern Tagen Früchte getragen. Die Annäherung zwischen Rom und Canterbury geht auf ihn zurück. Bei meiner eigenen Initiative zur Versöhnung zwischen Rom und Konstantinopel, über die noch zu berichten sein wird, dachte ich an die Anregungen, die ich von Erzbischof Temple empfing.

Am Nachmittag des 14. Juni begleitete ich Stanley zu einer »party« im Hause eines seiner ehemaligen Mit-Studenten. Zwanzig, dreißig junge Leute waren da, aber wie geführt vom Schicksal ging ich auf einen zu, der am äußersten Ende des Wohnzimmers stand, mit dem Rücken zum Kamin. Er sah mich nicht gleich, denn, als träumte er, hatte er seinen feingeschnittenen Kopf mit dunkelblonden Haaren leicht zurückgelehnt, und seine Augen blickten über die Schar der Gäste hinaus. Da tat ich das »Unenglischste«, was man tun kann. »Sie sind es, den ich kennenlernen möchte!« sagte ich. Schon nach wenigen Minuten sprachen wir, als hätten wir uns immer schon gekannt. Sein Name war John Richard Strick, Sohn des verstorbenen Generalmajors John A. Strick. Seine Mutter entstammte einer alten keltischen Familie in Cornwall und lebte auf ihrem Landsitz Abbotsham Court bei Bideford in North Devon. John war, als ich ihn kennenlernte, noch nicht ganz einundzwanzig Jahre alt. 1932—36 war er Schüler in Wellington College in Berkshire, eine Eisenbahnstunde südlich von London. Das College war unter den Auspizien des Herzogs von Wellington gegründet worden, im Geiste von Waterloo, der englisch-deutschen Freundschaft. Nach dem Abitur studierte John ein Semester in Freiburg. Dabei erhielt er einen klaren Einblick in das Wesen des Nationalsozialismus. Als ich im Jahre 1963 zum ersten Male zu einem Vortrag nach Wellington kam, erzählte mir einer von Johns alten Lehrern: Für jede Sache, die er für gut und richtig hielt, habe er sich schon als kleiner Junge bedingungslos eingesetzt — natürlich auch für die Spanische Republik. Geboren wurde er 1918, am 16. Oktober — also wiederum die »Sterne« dieses Tages! Dem Taufschein nach Anglikaner, wurde er frühzeitig mit dem esoterischen Christentum bekannt. Sein keltisches Erbe, meinte er, habe ihm geholfen, die geistigen Kräfte hinter der Welt der Erscheinungen zu erkennen. Auch östliche Gedanken, wie Reinkarnation und Karma, waren ihm aus eigenem Erleben vertraut.

Im Wintersemester wollte er in Cambridge studieren. Ehe er, eine Woche nach unserer ersten Begegnung, nach Hause fuhr, lud er mich ein, ihn im Juli in Abbotsham Court zu besuchen.

Wieder verbrachte ich jeden Tag viele Stunden in der Bibliothek des Britischen Museums. Ich sammelte Material für ein neues Buch, das ich mit Stanley zusammen schreiben wollte. Es hieß »Enemies of the Cross« (Feinde des Kreuzes), gemäß dem paulinischen Worte, Phil. 3, 18. Das Buch untersuchte die Haltung des »offiziellen« Christentums in Deutschland, Österreich, Spanien, Italien, Portugal, England und Amerika. Was war geschehen, um sich der totalitären Staatshäresie entgegenzustellen — was, um den sozialen Forderungen des Christentums gerecht zu werden? In welchem Ausmaße haben die »Spitzen der katholischen Gesellschaft«, die »Wohlanständigen«, die Politik des Vatikans gegenüber Nazismus und Faschismus zu beeinflussen versucht?

Das Buch wurde im Oktober 1939 fertig, es wurde gesetzt und gedruckt, ist aber nie erschienen. Der Inhaber des Verlags, den es längst nicht mehr gibt, ein reicher Playboy mit Linksdrall, nahm Anstoß an meiner Kritik des Ribbentrop-Molotow-Paktes und verlangte, daß ich sie auslasse! Ich habe mich nicht gescheut, antwortete ich, meine eigene Kirche zu kritisieren, ich scheute mich auch nicht, die Sowjetunion zu kritisieren! Hierauf verbrannte er das Manuskript, zerstörte den Satz, die Fahnen, die umbrochenen Seiten. Aber er wußte nicht, daß ich ein vollständiges Exemplar unkorrigierter Fahnen besaß! Die ließ ich binden. Als Unikat steht dieses nie veröffentlichte Buch in meiner Bibliothek. Es enthält eine Fülle von immer noch zeitgemäßem Material, von dem ich sonst längst nichts mehr wüßte.

Oft sah ich im Sommer 1939 Elisabeth Gundolf. Das Martin-Luther-Manuskript machte Fortschritte, ebenso die Arbeit an Friedrich Gundolfs Korrespondenz. Nach ihrem Tode, 1958, wurde ein großer Teil davon veröffentlicht. Wieviel sie dabei »redigiert« und ob sie wirklich alle Briefe bewahrt hat, wage ich nicht zu entscheiden. Sie war eine überaus kluge Frau, charmant, wenn sie wollte, sogar warmherzig. Aber sie haßte Stefan George über das Grab hinaus — aus unverlöschlicher Eifersucht! Das sagte ich ihr ganz offen. Wir blieben dennoch gute Freunde, korrespondierten auch noch in den ersten Nachkriegsjahren.

Der Krieg kam immer näher, und immer brennender wurde die Frage nach dem »Tag danach«. Nahezu unbekannt im heutigen Deutschland, bereits im Sommer 1939 haben sich die Fronten gebildet: Soll Deutschland nach seiner Niederlage, an der man nie zweifeln konnte, als »besiegtes« oder als »befreites« Land behandelt werden? Welche Regierungsform sollte den Nazismus ersetzen — eine neue Republik, ruhend auf dem Willen des Volkes, oder eine ausländische Militärdiktatur? Die öffentliche Auseinandersetzung begann mit einem Aufsatz von Leopold Schwarzschild im »Neuen Tagebuch« vom 15. Juli 1939, »Am Tag danach«.

»Am Tag danach«, das heißt nach Hitlers Fall, schrieb er, solle die Regierung »für eine sehr geraume Weile« von den Siegern übernommen werden. Es gehe um die »Besiegung Deutschlands, nicht um seine Befreiung«, denn auch ein besiegtes Deutschland, ohne Nazis, sei immer noch eine Gefahr. Er sah richtig voraus, daß der Krieg mit dem totalen Zusammenbruch aller Autoritäten in Deutschland enden werde, der politischen, militärischen, der geistlichen (?), der zentralen wie der örtlichen. Er sah also »nicht die geringste Möglichkeit, aus den vorhitlerischen Autoritäten oder aus den ehemaligen Parteien ein neues Regime zu konstruieren« — *das* war eine Schlußfolgerung, die bekanntlich nicht gestimmt hat! Aber gerade wenn man so etwas fürchtete, dann gab es nur *eine* Lösung: eine neue verfassunggebende Nationalversammlung.

Nichts besseres konnte den Nazis widerfahren, als aus Emigrantenkreisen zu hören, daß Nazismus und Deutschland ein und dasselbe seien und daß man für den »Tag danach«, bei allen demokratischen Redensarten, nur ausländische Bajonette bereit habe! Kein Wunder, daß sich die Nazipresse darauf stürzte, allen voran »Das Schwarze Korps«, von mir genannt »Fachschrift für Mörder«. Bereits am 27. Juli brachte es einen dreispaltigen Aufsatz unter der Überschrift »Sie meinen es zu gut mit uns!« Der Artikel war natürlich antisemitisch, beschimpfte Schwarzschild, zitierte aber seine Argumente, um die demokratische Propaganda des Westens als heuchlerisch und verlogen hinzustellen.

Hermann Budzislawski, der Herausgeber der »Neuen Weltbühne«, hat in seinem Blatte sofort geantwortet, Schwarzschilds Argumente widerlegt und auf den Schaden solcher Veröffentlichungen für die Sache der deutschen Emigration und der Widerstandsbewegung hingewiesen. Er gab mir dann Gelegenheit, gleichfalls in der »Neuen Weltbühne«, Nr. 31 vom 2. August 1939, sehr ausführlich zu diesem ganzen Fragenkomplex Stellung zu nehmen. Mein Aufsatz hieß »Nach Hitlers Fall« und bemerkte eingangs, daß man zwar jener »Fachschrift für Mörder« überhaupt nicht antworten sollte — hier aber sei es nötig »für die Akten der Geschichte ... weil vielleicht einmal der Tag kommt, da man der dokumentarischen Beweise bedarf«. Zu Schwarzschilds Thesen der Notwendigkeit einer langdauernden Militärregierung: Der Exerzierstock des Feldwebels als Erziehungsmittel zur Volksherrschaft ... eine ungeheuerliche Vorstellung! Das würde bedeuten, die eine Diktatur durch eine andere ersetzen zu wollen. Aber »es handelt sich ja um die Besiegung Deutschlands, sind wir belehrt worden, nicht um seine Befreiung — und damit ist man eigentlich auf Hitlers Standpunkt angelangt. Nur wer dreist Deutschland und Nationalsozialismus einander gleichsetzt, darf die Ansicht wagen, um diesen zu vernichten, sei es nötig, daß Deutschland vernichtet werde«. Die geschichtliche Sendung der politischen Emigration könne nur sein: »Hüter zu sein der vom Faschismus vernichteten nationalen Freiheit, die durch die revolutionäre Demokratie wiedererlangt werden muß und die sich in ihr verwirklicht.« Auch die Gefahr der Aufteilung stand uns schon vor Augen: »Sollte das geographische Gebiet des Deutschen Reiches zerrissen werden, würde dies... nahezu alle deutschen Kräfte von der inneren Umbildung von Staat und Gesellschaft ablenken... eine Zerstückelung der Nation durch ausländischen Machtspruch und eine darauf folgende fremde Militärregierung wären das sicherste Mittel, das deutsche Volk auf Jahrzehnte jeder Kraft zur Selbstbefreiung zu berauben.«

In Frankreich fanden Schwarzschilds Thesen eine geteilte Aufnahme. Henri de Kerillis hat sie in der rechts-nationalen Zeitung »L'Epoque« begrüßt und bejaht. Léon Blum und die demokratische Linke haben die Ansichten des »Schwarzen Korps«, Schwarzschilds und Kerillis' scharf bekämpft. Blum nahm im »Populaire« vom 19. und 20. Juli 1939 persönlich Stellung und trat für das souveräne Recht des deutschen Volkes ein, nach seiner Befreiung vom Nazismus seine Regierung und Verfassung selber zu bestimmen.

Am Schlusse meines Weltbühnen-Aufsatzes definierte ich die Emigration als eine »Treuhänderschaft, ausgeübt für die, denen das Schicksal im Augenblick ein eigenes Handeln unmöglich macht«. Die Beispiele Rußlands, Irlands und der Tschechoslowakei bewiesen, welch große Rolle eine Emigration spielen könne und daß es nie »zu früh« sei, mit den Vorbereitungen zu beginnen.

Hier sind also wirklich schon die Weichen gestellt worden. Die verhängnisvolle Politik von Unconditional Surrender, die den Krieg unnötig verlängerte und die deutsche Widerstandsbewegung weitgehend lähmte, entsprach der Denkrichtung von Schwarzschild und der Chauvinisten, blind und schlecht beraten, wie solche Menschen es stets sind, im westlichen Lager. Zwar hat sich die alliierte Politik, allen voran die amerikanische, bald geändert, aber ein großer Teil des Schadens war nicht mehr gutzumachen.

Europas letzter Sommer

Am 14. Juli fuhr ich von London nach Bideford, wo John mich erwartete. Auf schmalen, gewundenen Straßen, zwischen Hecken und Feldern, vorbei an Farmhäusern mit grauen Schieferdächern, gelangten wir nach Abbotsham Court. Ursprünglich war es eine Abtei gewesen. Ein breiter Mittelturm beherrschte das Bild. Im Garten vor dem Haupteingang blühten Blumen, wie die Natur sie gepflanzt hatte. Erst als ich 1954 wieder nach Abbotsham kam, gab es auch Büsche mit brennend roten und schneeweißen Rosen. Sie stammten aus Anzio. Johns Mutter und ich begrüßten einander, als hätten wir uns immer schon gekannt. Der Briefwechsel, der bald begann, ist bis zum heutigen Tage fortgesetzt worden. Hinter dem Schloß, geschützt gegen die starken Westwinde, stand ein Feigenbaum mit reifenden Früchten. Dann lag eine steinige Wiese vor uns, die steil abfiel zum Strande einer wilden See. Im Hintergrund sah ich die Insel Lundy, einstens eine Stätte druidischer Heiligtümer. Die Bilder, die ich aufnahm, sind verlorengegangen, die Wasser, die damals schäumende Brandung waren, sind längst versunken in der ewigen Stille des Ozeans. Aber ich sehe noch alles vor mir ... dieses »Damals« ... und einen Jungen mit keltisch blauen Augen, das Haar aufgehellt von einer starken Sonne und flatternd in einem ruhelosen Winde. Am Abend hörten wir am Rundfunk die Nachrichten aus Paris: die große Volksfeier und die Militärparade des Quatorze Juillet. Einheiten der Royal Air Force nahmen daran teil. Man hörte das Motorengeräusch und die begeisterten Begrüßungsrufe der Menge: »Les Anglais! Les Anglais!«

In Johns kleinem blauen Wagen fuhren wir nach Tintagel in Cornwall. Er sprach vom Sagenkreis König Arthurs und den Verheißungen der Rettung aus schwerster Not. In seinen Kriegsbriefen kam er oft darauf zurück. »Zu kämpfen ohne Haß« — auch das gehöre zum geistigen Erbe der Arthurlegende. In einem kleinen Haus fanden wir Unterkunft, als regenschwere Sommerwolken heraufzogen. Im Wohnzimmer, dessen Fenster ganz von rotleuchtenden Blumen bedeckt waren, reichten uns gute Menschen, die wir nie vorher gesehen hatten, ein köstliches Mahl. Rauschend fiel nun der Regen, es wurde fast dunkel im Zimmer, bis auf das tiefe Rot der Blumen. Als der Regen aufhörte, gingen wir in den Garten. Einige Sterne wurden sichtbar, John nannte ihre Namen, wir sprachen über ihre Bedeutung und ihre Bahnen. Und wir wußten: Was immer auch kommen werde im Leben oder im Tod, nichts würde uns trennen können.

Am 20. Juli war ich wieder in London. Ich riet dem britischen Informationsministerium, uns den BBC für den Aufbau eines »Generalstabs«

der deutschen Widerstandsbewegung zur Verfügung zu stellen. Die einzelnen Gruppen müßten koordiniert werden und voneinander Kenntnis erhalten. Die hohen Beamten lächelten gütig. »Very interesting! Aber für uns ganz entschieden zu heiß!« »Vielleicht jetzt im Juli«, sagte ich. »Im September, glauben Sie mir, wird es nicht mehr zu heiß sein!« Ich verließ England noch am gleichen Tag.

Paris wimmelte von amerikanischen Touristen. Man schien drüben jetzt überzeugt zu sein, daß der Krieg doch nicht in die Reisesaison hineinplatzen werde! Aber geisterhaft, über dem Lichterglanz des Nachtlebens, konnte man die Sperrballons erkennen. Sie sollten die Stadt vor einem Überraschungsangriff schützen! Seit de Gaulles großer Wäsche sind viele der öffentlichen und privaten Gebäude sauberer geworden. Andere fangen schon wieder an, grau zu werden. Aber im großen und ganzen hat sich Paris weniger verändert als die meisten anderen Großstädte. La Coupole und Le Dôme am Boulevard Montparnasse, Flore und Les Deux Magots in St. Germain des Près — die gleichen Cafés, sogar noch die gleichen Zeitungskioske, wo man damals die deutsche Exilliteratur kaufte. Wenn ich mit einem jungen Freund, der jene Zeit nur vom Hörensagen kennt, vor einem dieser Kioske stehe, glaube ich plötzlich den scheuen Blick eines deutschen Touristen aufzufangen, der sich heranschleicht, um Willi Münzenbergs »Zukunft« oder die »Neue Weltbühne« zu kaufen.

Richard Bermann verbrachte den Sommer in Yaddo, einer Künstlerkolonie bei Saratoga Springs im Staate New York. Am 14. August schrieb er: »Hermann Broch (sehr lieb und gescheit) ist nach Princeton abgesegelt und bleibt bis Ende September dort.« Er selber werde bis 5. September in Yaddo bleiben. Das Stevenson-Manuskript war druckreif, seine Autobiographie machte Fortschritte. Zur politischen Lage meinte er: »Der Krieg kommt nicht, wie Sie meinen, noch in diesem Herbst. Er ist vorläufig daran gescheitert, daß die Diktatoren, gegen das Programm, ihre Klauen noch nicht auf Rumänien gelegt haben und daß sie vor einem Eingreifen Amerikas nicht sicher sind.« Für den kommenden Winter sagte er als Naziprogramm voraus: diplomatische Offensive gegen Jugoslawien und Ungarn, um Rumänien einzukreisen, und faschistische (antisemitische) Propaganda in Amerika, speziell mit dem Ziel, Roosevelt zu beseitigen. Sein nächster Brief, den ich allerdings erst sehr viel später erhielt, war vom 24. August und begann: »Heute und von hier aus betrachtet sieht die Weltlage so aus, daß der sofortige Ausbruch des Krieges kaum mehr zu bezweifeln ist. Trotzdem wehren sich die Instinkte in meiner Seele noch gegen diese Überzeugung; auch benimmt sich Mussolini nicht so, als ob er an Krieg glaube. — Sei dem wie immer: es ist zweifelhaft geworden, ob wir einander im September wiedersehen.«

Paul Dreyfuß hatte wachsende Schwierigkeiten mit den französischen

Behörden — weil er zu viel wußte! Die Gefahr bestehe, berichtete er mir, daß sie ihn nach Nazi-Deutschland ausweisen wollten und damit dem sicheren Tod überantworten. Nur eine amerikanische Intervention könne ihn retten. Ich kabelte an Villard, worauf dieser, im Namen der »Guild«, an Albert Sarraut, den französischen Außenminister, und an den Polizeipräsidenten von Paris gleichlautende Kabel sandte: »Der prominente deutsche Flüchtling Paul Dreyfuß erhält ein Stipendium der ›Guild‹ für ein wichtiges geschichtliches Werk. Die Erteilung einer Aufenthalts-Dauererlaubnis würde sehr geschätzt werden.« Dies hatte die erhoffte Wirkung. Für den Rest des Sommers blieb er unbehelligt.

Am Vorabend des 11. August, des zwanzigsten Jahrestages der Weimarer Verfassung, gaben Helga und ich einen Empfang für die deutsche Emigration in Les Chimères. Das Gästebuch, das ich noch besitze, enthält eine Reihe interessanter Unterschriften: Erich Ollenhauer, Rudolf Hilferding, Reichsfinanzminister a. D., von der Vichy-Polizei den Nazis ausgeliefert, dann umgekommen in einem KZ — Julius Deutsch, die Piscators, Professor Julius Bab, Hermann Budzislawski von der »Neuen Weltbühne«, Paul Dreyfuß, Hans Vogel, Vorsitzender der SPD im Exil, die Schriftsteller Leonard Frank, Hans Sahl und, nicht zu vergessen, Willi Münzenberg. Für dessen »Zukunft« schrieb ich nun regelmäßig. Eben war eine umfassende Wertung der Weimarer Verfassung aus meiner Feder dort erschienen. Es war das letzte Mal, ehe der Vorhang fiel, daß Vertreter nahezu aller politischen Richtungen gemeinsam der verratenen Verfassung gedachten.

Am 12. August verließen wir Paris. Unser Ziel war Le Brusc, damals ein kleines Dorf mit einem großen Strande, nicht weit von Sanary an der französischen Riviera. Der Maler Paul Hannaux und seine Frau Irene, eine Emigrantin aus Berlin, die wir seit Jahren kannten, hatten es entdeckt — so wie das Jahr davor die Ile aux Moines. Auch John und einige junge englische Maler waren dort, und alle Berichte klangen gut. Die Hannaux erwarteten uns in Toulon. »Jetzt bitte nicht mehr deutsch reden!« rief uns Irene zu, mit lauter Stimme, auf deutsch. Sie brachten uns in ihrem Wagen ins Hotel Brise-des-Pins, am Rande eines großen Pinienwaldes. Le Brusc bereitete sich auf den Jahrmarkt vor, La fête du village, mit vielen bunten Buden und allerlei Tingeltangel. Als die Fête begann, hörte man in der Entfernung Kanonendonner. Die Forts von Toulon machten Schießübungen. Ihre Scheinwerfer stießen tief in den Nachthimmel. Aber die Fête ging unbekümmert weiter. Ein neuer Tanz war aufgekommen, La Chamberlaine. Am Arm trug man einen Schirm, am Schluß reichten sich alle die Hände oder faßten sich an den Schirmen und dazu sang man im Chor »Tout le monde veut la paix et on danse la Chamberlaine — la Chamberlaine...«

Am 22. August fuhren John und ich über eine Meeresbucht hinüber nach Sanary. Auf dem Weg zum Landungssteg kaufte ich eine Zeitung und steckte sie ungelesen in die Tasche. Wir waren mit dem emigrierten deutschen Schriftsteller Hans Siemsen verabredet. In Berlin war er gut bekannt gewesen, vor allem unter der Jugend, seiner witzigen Aufsätze und Reiseberichte wegen. In einem Hain uralter Ölbäume, die auf griechisch-römische Tage zurückgehen mochten, hauste er in einer Wellblechbaracke, zusammen mit seinem jungen Freunde Walter. Der war erst vor ein paar Wochen der Hitler-Jugend entlaufen. Wir aßen im Freien und waren guter Dinge. Walter erzählte interessante Einzelheiten aus dem Leben und Treiben der HJ. Die Nazipropaganda, meinte er, werde keinen dauernden Einfluß auf die Jugend ausüben. Sobald der Spuk vorüber sei, »werden die Jungs das alles abschütteln wie die Gans das Wasser«. Eine Meinung, die sich als völlig richtig erweisen sollte! Beim zweiten Krug roten Landweins sprachen wir über unsere nächsten Pläne. Hans Siemsen hatte in der Redaktion der »Zukunft« Arbeit gefunden. auch Walter würde dort irgendwie unterkommen. Mitte September, sagte ich, führe ich nach Amerika zurück, John werde in Southampton zusteigen und bis Cobh in Südirland mitkommen. Ein großes Abenteuer, denn er war noch nie auf einem Ozeandampfer gewesen. Es war ein besonders heiteres Zusammensein, und beim Abschied sagten wir, daß wir uns zu viert in Paris wiedersehen wollten.

Das Wetter schlug jäh um. Als John und ich zum Landungssteg gingen, fing es zu regnen an. Die Luft war drückend, das Meer sah aus wie geschmolzenes Blei. Während wir auf das nächste Motorboot warteten, holte ich die Zeitung aus der Tasche, und beide sahen wir hinein. Welch interessante Nachrichten! Der Präsident der Republik hat den folgenden Herrn das Band der Ehrenlegion verliehen ...; Mr. Hoare-Belisha, Mitglied des britischen Kabinetts, der den Sommer an der Côte d'Azur verbracht hatte, habe gestern ein Abschiedsessen gegeben. Am Sonntag werde in Toulon eine Regatta stattfinden. Bis wir zur letzten Seite kamen, »Dernières Nouvelles«: »Havas meldet halbamtlich aus Moskau, daß ein Freundschafts- und Neutralitätsvertrag zwischen dem Deutschen Reiche und der Union der Sozialistischen Sowjetrepubliken vom Reichsaußenminister von Ribbentrop und dem sowjetischen Außenminister Wlacheslaw Molotow paraphiert worden sei und morgen unterzeichnet werden würde.«

Der Abend des 28. Juni 1914: Paul Angeles schlürfende Schritte auf der kieselbelegten Kastanienallee und wie er vor dem Haupteingang von Schönwörth meinem Vater von Sarajewo berichtete ... Deutlich, als stünde er dicht vor mir, hörte ich die Stimme meines Vaters, als wir uns zum Abendessen hinsetzten: »Das ist der Weltkrieg.«

»Meine Tränen vorweg geweint...«

Die Havasmeldung bestätigte sich. Als ich Lion Feuchtwanger anrief, der in einem Nachbarort wohnte, antwortete er verlegen, mit allgemeinen Redensarten: »... man müsse abwarten ... vielleicht ist es für den Frieden so am besten ...« Er war ein treuer »fellow traveler« und schwenkte ohne die geringsten Bedenken auf die »neue Linie« ein.

Äußerste Rechte und äußerste Linke fanden sich wieder einmal in schönstem Gleichklang. »Mourir pour Danzig?« schrieb die französische Rechtspresse und prägte damit, ohne es zu ahnen, ein warnendes Sprichwort für spätere ähnliche Ereignisse. Louis Aragon brachte im prokommunistischen »Ce Soir« die Meldung über den Ribbentrop-Molotow-Pakt unter der Überschrift: »Vive la Paix!« Der Friede der Sowjetunion, natürlich, und wenn die Welt darüber in Flammen aufgehen sollte.

»Heute ist es Danzig, morgen ist es die Welt«, telegraphierte ich an Münzenberg.

In Amerika kam es zu »Friedensparaden« der Kommunisten und Linksintellektuellen, Arm in Arm mit allen Isolationisten und Rechtsgruppen, es kam zu gemeinsamen Agitationen gegen die amerikanischen Wehrgesetze, gegen jede Unterstützung Englands und Frankreichs. Bis zum 21. Juni 1941, als Hitler seinen Bundesgenossen Stalin angriff! Da sollte dann jeder Amerikaner zu den Waffen greifen, wer auch nur gewisse Zweifel äußerte, war ein »Faschist«. Denn jetzt führte die Sowjetunion ja einen »großen patriotischen Krieg« für Freiheit und Demokratie!

Ein widerliches Schauspiel, das sich noch oft wiederholen sollte. Haben sich doch linksintellektuelle Juden 1967 in nazistischen Antisemitismen ergangen, ein Hans Eisler, ein Albert Norden. Der geplante Genozid an Israel, mit MIGs, Panzern und Granaten, war für sie die »Abwehr imperialistischer zionistischer Aggression«.

In Le Brusc begann das muntere Leben am Strande zu verebben, wie in Thomas Manns »Tod in Venedig«. John dachte daran, als er seinen Gedichtzyklus schrieb, »Balkon-Szene, Le Brusc, 28.—29. August«...

»So death in the water city
Is repeated here
Where there is no plague, but
A cancer more terrible and
More surprising...«

Werden uns die Sterne noch einmal gnädig sein — Uranos, der kühle, warm und ferne Neptun, oder Venus, die Wohlgesonnene?

... we are left, almost naked
Upon the red rocks, considering
The swift approach of titanic
Betelgeuse; skin burned
Charred
A little heap
Of ashes under the midnight sun.
›The destroyer will come‹
Sang the pigeon awaiting death
In a shaded courtyard,
›The destroyer will come‹.«

(Versuch einer Übersetzung:)
So ist der Tod in der Meeresstadt
Hier wiederholt
Wo keine Seuche wütet, aber
Ein Krebs, schrecklicher und
Noch — unfaßbarer —
Preisgegeben sind wir, fast nackt
Auf den roten Felsen, starrend
Auf das rasche Nahen der ungeheueren
Betelgeuse; mit versengter Haut
Verkohlt
Ein Häuflein
Asche unter der Mitternachtssonne.
›Der Zerstörer wird kommen‹
Sang die Taube, den Tod erwartend
Im umschatteten Hofe,
›Der Zerstörer wird kommen‹.

Die Gäste reisten ab, die Jahrmarktsbuden verödeten. Irgendwo drehte sich noch ein Karussell. Ein paar Kinder ritten auf den Pferden, zu einer schrillen Musik, die jäh unterbrach. Am Strand hatte sich ein rotes Sonnensegel losgerissen und flatterte sinnlos in einem kühlen Winde. Am 24. August wurden drei Jahrgänge einberufen. John und ich saßen unter einem Baume, als sich die jungen Soldaten vorbeischleppten, müde, unlustig. Auch er müsse jetzt bald einrücken, sagte er, da er zu den »Territorials« gehöre. »Jungen wie du müssen zurückkommen«, sagte ich. »Sonst verliert die Weltgeschichte ihren letzten Sinn.« Ein Schauder überlief ihn. Er streckte die rechte Hand aus. »Glaubst du, Fleisch sei härter als Granaten?« Das war ein ganz unenglischer Ausdruck, paßte nicht zu Johns geschliffener Sprache. »Härter als Stahl« heißt es. Ich habe diesen ungewöhnlichen Ausspruch in einem Buche veröffentlicht — »On Borrowed Peace« —, das 1942 erschien.

Am Sonntag, dem 27. August, feierten wir Helgas 29. Geburtstag. Beim Mittagessen im Garten des Hotels Brise-des-Pins war außer dem unseren nur noch ein Tisch belegt. Die Hannaux aßen mit uns, John kam ein paar Minuten später. Er hatte die BBC-Nachrichten abgewartet. »The news is better«, sagte er, Daladier habe eben an Hitler appeliert. Aber am Nachmittag sprach man bereits von der allgemeinen Mobilmachung, und tags darauf erhielt John ein Telegramm, er müsse sofort nach England zurückkommen. An diesem letzten Tage hatten wir keine Hoffnung mehr: Eine friedliche Lösung war unmöglich geworden. Bestimmt gab es im Ribbentrop-Molotow-Abkommen Geheimklauseln. Selbst wenn Hitler im letzten Augenblick gestürzt werden sollte, die Sowjets bestünden auf ihrem Pfund Fleisch. Wir waren noch einige Stunden allein am nächtlichen, verlassenen Strande. Dann kam der Abschied. »Jetzt werde ich nicht mit dir von Southampton nach Irland fahren können«, sagte John.

Am 1. September fuhren Helga, Volkmar und ich nach Paris. Der Zug war überfüllt. Mittags, in Lyon, hörten wir von der allgemeinen Mobilmachung. Als es Abend wurde, merkten wir, daß die Zugfenster schwarze Luftschutzvorhänge hatten. Um 23.30 Uhr waren wir in Paris — ein endloses Meer von Dunkelheit. Mit Mühe fanden wir einen Träger und ein Taxi und fuhren ins kleine Hotel Royal am Boulevard Raspail. Dicke schwarze Vorhänge verhüllten den Eingang. Beim Empfang brannte nur eine flackernde Kerze. Während wir uns eintrugen, bemerkte der Besitzer, ein Monsieur Jambon, so nebenbei: »Les troupes allemandes ont franchi la frontière polonaise; Varsovie été bombardée par des avions Nazis.«

Am nächsten Morgen, einem Samstag, ging ich zum Büro der United States Lines, um für Helga, Volkmar und mich Kabinen zu bestellen. Amerikanische Bürger hatten Priorität, aber da technisch noch Frieden war, nahm die Linie meine Bestellung an. Dann versuchte ich, mit meinen Freunden in Verbindung zu kommen. Willi Münzenberg bat mich, einen aktuellen Aufsatz für die »Zukunft« zu schreiben. Paul Dreyfuß war nicht zu erreichen — verhaftet, wie ich bald erfuhr. Zusammen mit Julius Deutsch, Georg Bernhard von der einstigen »Vossischen Zeitung«, Ernst Feder vom »Berliner Tageblatt«, Arthur Koestler, Oscar Maria Graf und zahlreichen anderen, veröffentlichte ich einen scharfen Protest gegen den Ribbentrop-Molotow-Pakt. Die Zeitung »L'Aube« berichtete darüber am 4. September, wir hätten auf das entschiedenste erklärt »notre adhésion complète au vaste front de Paix qui réunit les peuples libres et les grandes démocraties du monde«.

Am Sonntag, dem 3. September, gingen Volkmar und ich zur Messe in Notre Dame des Champs am Boulevard Montparnasse. Überall wurden die britischen Sonntagsblätter verkauft. Balkenüberschriften berichteten von den Ereignissen in Polen, aber im Westen sei noch nichts Endgültiges geschehen. Die Frist, die Premierminister Neville Chamberlain Berlin gestellt habe, sei noch nicht abgelaufen, verschiedene Vermittlungsversuche stünden zur Debatte. Hunderte von Soldaten standen oder knieten im Mittelgang. Die Kirche war überfüllt. Statt der Sonntagsmesse wurde eine besondere Messe für den Frieden gelesen. Das Evangelium war Johannes XIV, 27: »Meinen Frieden lasse ich Euch, meinen Frieden gebe ich Euch; nicht wie die Welt ihn gibt, gebe ich ihn Euch. Lasset Euer Herz nicht verwirrt sein, und fürchtet Euch nicht!«

Nach dem Gottesdienst blieben wir auf den Stufen vor dem Haupteingang stehen. Der sonnenüberflutete Boulevard Montparnasse sah aus wie immer — voll von sonntäglichen Menschenmengen. Plötzlich bemerkten wir Ingrid, die jüngere Schwester von Irène Hannaux, die sich durch die Menge drängte. Auf deutsch rief sie uns zu: »Kinder, Ihr wißt, daß Krieg ist —?« Jahrelang hatte ich diesen Krieg vorausgesagt, zum ersten Male am 12. Juli 1930 in der »Vossischen Zeitung«. Dennoch war ich nicht darauf vorbereitet — nicht mehr als all die Menschen auf dem Boulevard — nun, da schlagartig die Lautsprecher einsetzten und die Nachricht verkündeten.

Am gleichen Tag schrieb ich meinen ersten Kriegsartikel, der bereits am 6. September in der Nr. 36 der »Zukunft« erschien. Er hieß »Europas kommender Friede« und zeigte große weiße Stellen! Ich stellte dem Aufsatz eine Strophe aus Stefan Georges Gedicht »Der Krieg« voraus:

»Lang hab' ich roten schweiß der angst geschwitzt
Als man mit feuer spielte ... meine tränen
Vorweggeweint ... heute find ich keine mehr.
Das meiste war gescheh'n und keiner sah ...«

Die nächste Zeile — »Das trübste wird erst sein und keiner sieht!« — war bereits dem Zensor zum Opfer gefallen! Gestrichen wurden auch alle meine Bemerkungen über die Beschwichtigungspolitik und vieles über die Bedeutung der innerdeutschen revolutionären Kräfte. Schon unmittelbar nach Hitlers Machtantritt hätte man für das »Nachher« planen müssen. Aber nicht nur wie Deutschland, sondern wie ganz Europa aussehen solle, »Am Tag danach«, müsse jetzt überlegt werden. »Denn daß Hitler diesen Krieg plante, hat man immer gewußt. Nur daß ihm die Entfesselung gelingen würde, konnte bis zum Jahre 1935 zweifelhaft erscheinen.« Entscheidend sei jetzt, daß die deutsche Opposition das Vertrauen der Welt gewänne, wobei den »Kräften des demokratischen Sozialismus eine große Bedeutung zufalle, denn sein Evolutionsprogramm und seine gesunde Mischung von Weltbürgertum und nationaler Verantwortung werden dem kommenden Deutschland wohl zu dienen vermögen.« Dazu kämen dann alle anderen Gruppen, die sich zu den bürgerlichen Grundrechten und zum internationalen Recht bekennen. »Der Friede Europas«, heißt es dann, »kann nur gesichert werden, wenn Europa selber als eine organische Einheit gesichert wird ... Im Rahmen des geeinigten Europas haben die Nationen ihren Platz, aber es müssen freie Nationen sein, politisch sowohl wie sozial, dann werden sie friedlich sein und die Kraft haben, neue Kriegstreiber rechtzeitig auszumerzen. Die Freiheit der Nationen hat als Voraussetzung die Gerechtigkeit, und Gerechtigkeit ist nicht möglich ohne ein höchstes Sittengesetz.«

Hier liegt ja die letzte Ursache für Krieg und Despotie: es ist die Entsittlichkeit und Entchristlichung des Völkerlebens, die Ersetzung der privaten und der öffentlichen Moral durch einen erst heidnisch-zivilisierten, dann heidnisch-totalitären Opportunitätsstandpunkt.

Wieder eine zensierte Stelle: hier hatte ich die Organisation eines Deutschen Nationalrates vorgeschlagen! Dieser Nationalrat, eine Art von Frei-Deutschland-Exilsregierung, muß einen Frieden aushandeln — *jetzt!* Denn »nichts wird die böse Herrschaft des Nationalsozialismus mehr erschüttern ..., als wenn man sagen kann: Nach Hitlers Fall wird ein Friede kommen, der das Selbstbestimmungsrecht der Völker achtet«. Der kommende Friedensvertrag, den man schon heute als das oberste und einzige Kriegsziel aufstellen muß, um diesem Kampfe seine historische Rechtfertigung nicht zu nehmen, muß die Europäische Gemeinschaft freier Völker sein. Aus dem Ersten Weltkrieg ging der Genfer Völkerbund hervor ..., »aus diesem Zweiten Weltkrieg, den alle nichtdeutschen und alle deutschen Kräfte des Weltgewissens beenden müssen, damit die abendländische Kultur nicht ausgelöscht werde, muß eine moralische und politische Einheit hervorgehen, in der jedes Volk die Fesseln brechen kann, die es an die alte Ausbeutung und alles Lebensfeindliche binden«.

Der Aufsatz schloß: »Wann wird man in der Geschichte je sagen dürfen: ›Dann wird das Blut nicht umsonst geflossen sein?‹ Nur eines ist gewiß: Wenn die Deutschen und alle anderen Volksführer diese Stunde versäumen, dann wird das Blut erst zu fließen aufhören, wenn Europa nicht mehr ist.«

Ich übergehe all die Überfreundlichkeiten, als Volkmar und ich verhaftet wurden, Stunden auf der Wachstube, eingesperrt in dreckigen Toiletten, dann allerdings Sturzbäche von Entschuldigungen. Plötzlich hieß es, wir, wie alle Emigranten, müßten uns in Colombes melden. Das war das eben eröffnete Internierungslager für alle »feindlichen Ausländer«. Wir nahmen ein Taxi — aber plötzlich hatte ich eine Eingebung: »Nicht nach Colombes! Fahren Sie zur amerikanischen Botschaft!« Dort bekamen wir ein herzliches Empfehlungsschreiben. Viel stand zwar nicht darinnen, denn wir waren ja keine amerikanischen Bürger, aber immerhin, es wurde gesagt, daß die Botschaft sich freue, daß ich mit meiner Frau und meinem Sekretär Dr. von Zühlsdorff nach Amerika zurückkehrte, um dort meine Carnegie-Professur wiederaufzunehmen. Ein weiteres freundliches Schreiben gab mir der tschechoslowakische Botschafter Stepan Osuski. So bewaffnet fuhren wir nach Colombes und meldeten uns »zur Internierung«. Das heißt wir hielten die Schreiben hoch und verlangten den Kommandeur zu sprechen, um die Ausreise aus Frankreich zu bekommen.

Colombes — welch trübseliger Anblick! Ein großes, offenes Stadion, Tausende von deutschen Emigranten aller Berufe, die auf die »Internationale der Demokratie« vertraut hatten. Zusammengepfercht unter freiem Himmel blieben sie dort bis tief in den Winter hinein, um dann in andere Lager geschleppt zu werden, nach Gurs, nach Vernet. Einigen gelang es, nach Nordafrika zu entkommen, anderen verschafften wir Visen nach Amerika. Wiederum andere wurden der Gestapo ausgeliefert wie Hilferding und Breitscheidt.

Allein schon das amerikanische Briefpapier — Foreign Service of the United States — wirkte Wunder. Wir drangen tatsächlich bis zum Lagerkommandeur vor, einem etwas hilflosen alten Oberst, der uns ein Schreiben gab: »Frei! Aus Versehen verhaftet.« Dann schritten wir wieder hindurch zwischen den Scharen unserer Mit-Emigranten, die auf dem bloßen Erdboden lagen. »Nehmt es mir nicht übel, ich kann euch nur helfen, wenn ich nach Amerika zurückkomme«, sagte ich — ein Versprechen, das ich loyal erfüllt habe. Es folgten einige abscheuliche Stunden im innersten Sanktuarium der Préfecture de Police. Nie gehe ich ohne Schaudern an diesem düsteren Gebäude an der Seine vorbei. Es stellte sich heraus, daß die Behörden nicht einmal Stempel und Formulare für Ausreisegenehmigungen hatten — sie mußten erst beschafft werden. So versäumten wir unser Schiff, die S. S. Washington. Verzweifelt kabelte ich an Dr. Butler. Durch seine Intervention bekamen wir Fahrkarten für die S. S. Roosevelt, die am 19. September von Bordeaux abfahren würde.

Im Rückblick war ich froh über diese Verzögerung. Dadurch hatte ich die Möglichkeit, die innerfranzösische Lage besser abzuschätzen — ein Durcheinander sondergleichen. In der ersten Kriegswoche gab es Fliegeralarm, in der zweiten Gasalarm. Gasmasken gab es keine. Hunderttausende flohen aus der Stadt, alle Straßen waren hoffnungslos verstopft. Überall Hilflosigkeit, fast Anarchie. Erst 1940, hatte Paul Dreyfuß gesagt, würden die Nazis für einen großen Krieg voll gerüstet sein. Nur noch wenige Monate also ...

Am 20. September, morgens um 6 Uhr, fuhren wir von Paulliac ab. Eine riesige amerikanische Flagge wehte vom Mast, auf beiden Seiten war das Schiff mit dem Sternenbanner bemalt. Keine überflüssige Vorsichtsmaßnahme. Im Atlantik lagen Nazi-U-Boote, schon wenige Tage nach Kriegsausbruch war das britische Passagierschiff Athenia torpediert worden. Am nächsten Nachmittag, um 3.30 Uhr, waren wir in Cobh. Hier hatte John an Land gehen wollen. Dort drüben, irgendwo, lag Abbotsham Court — versunkene Sommertage. Ich sandte ihm ein Kabel — im Jahre 1967 hat seine Mutter mir das Original zurückgegeben. Auch an Bermann kabelte ich, um ihm unsern Ankunftstag mitzuteilen. Im Abenddämmern stachen wir in See, hinein in eine bange, sternenlose Nacht. In unserem Kielwasser erloschen die Lichter Europas wie Augen, die in der Flut ihrer eigenen Tränen erblinden.

Amerika — Zuflucht der Freiheit

Am 29. September, früh morgens, tauchte am westlichen Horizont ein silberner Punkt auf, der rasch größer wurde. Alles stürzte an Deck, mit dem Jubelruf: »Ein Blimp!« — ein amerikanisches Marineluftschiff, das zu unserer Begrüßung erschienen war. Es zog Kreise und blieb über uns, bis wir amerikanisches Hoheitsgewässer erreichten. Schaulustige Mengen warteten am Quai. Viele Journalisten und Pressefotografen waren erschienen, die meine Meinung hören wollten. Nach Zeitungsausschnitten, die ich besitze, sagte ich in diesem ersten Kriegsinterview: die stärkste revolutionäre Kraft wäre die Ausarbeitung eines Friedensvertrages, der sofort nach dem Sturze der Nazis in Kraft treten könnte.

Ich hielt Ausschau nach Bermann, aber der große formlose Hut war nirgends zu erblicken. Ich entwischte den Journalisten und ging zum nächsten Fernsprecher, um ihn anzurufen. Eine fremde Stimme meldete sich. »Kann ich Dr. Bermann sprechen?« fragte ich. »Er ist nicht mehr hier. Er starb in Yaddo am 5. September.« Der 5. September — den hatte er in seinem Briefe vom 14. August als den Tag seiner geplanten Abreise genannt.

Ich berichtete Dr. Butler von meinen Eindrücken in Paris. Er war empört über die Behandlung der deutschen Emigranten und versprach, bei den französischen Behörden seinen ganzen Einfluß geltend zu machen. Das Semester hatte schon begonnen, ich mußte so rasch wie möglich meine Arbeit aufnehmen, im State College in Pullman, im nordwestlichsten Staate Washington. Bis Chicago reiste ich im Flugzeug, durch Sturm und Gewitter. »Mußte ich *dazu* nach Amerika kommen?« dachte ich, als das Flugzeug wieder einmal steil absackte. In Chicago übersiedelte ich auf die Eisenbahn und legte mich in einen gemütlichen Schlafwagen. Endlose Prärien sah ich am nächsten Morgen vorbeiziehen, auch viele kleine Städte, die alle gleich waren. Eine davon hieß »Sleepy Eye«, Schlafäuglein. Dort gab ich einen Brief an John auf. Schon in New York hatte ich seine ersten Kriegsberichte vorgefunden. Später, im Felde, fand er zwischen Patrouillengängen, im Hagel der feindlichen Artillerie die innere Muße, über neue Bücher zu berichten, ja, selber Gedichte zu schreiben. Viele seiner Briefe, die ich alle besitze, sind literarische Dokumente.

Von Pullmann, Washington, ging ich an die Staatsuniversität von Nebraska in Lincoln. Heute liegt in der Nähe dieser Stadt das Hauptquartier des Strategic Air Command (SAC). Volkmar und ich besuchten es, als wir 1958 unser Buch über die »NATO« schrieben.

Am 3. November, meinem Namenstag, war ich in San Diego, in Süd-Kalifornien, als Vertreter des Carnegie Endowment bei einem großen Kongreß der »International Relations Clubs«. Mein Vortrag enthielt einen genauen Plan für den Aufbau Deutschlands und Europas nach dem Kriege. Darin waren eine Europäische Föderation und ein Gemeinsamer Markt vorgesehen. Ich zitiere aus dem Originaltext: »Artikel 1. Die europäischen Staaten verpflichten sich feierlich zur gegenseitigen Achtung und zum Schutze ihrer Gebiete, Verfassungen und nationalen Freiheiten. Sie verpflichten sich, gemeinsam das Europäische Bundesgebiet gegen äußere Angriffe zu verteidigen. Innerhalb dieses Gebietes werden sie eine Zoll- und Wirtschaftsunion, mit einer gemeinsamen Währung, errichten. Artikel 2. Der Europäische Bund, ebenso wie alle seine Mitgliedstaaten, gewährleisten die bürgerlichen und politischen Rechte und Freiheiten des einzelnen. Die Bürger aller Mitgliedstaaten besitzen die Staatsbürgerschaft im Gesamtgebiete des Bundes.« Der Plan sah außerdem vor: Ein Europäisches Parlament, eine seiner Kammern gewählt vom Volke Europas, die andere bestehend aus den Vertretern der Mitgliedstaaten. Die Europäische Regierung sollte ihren Sitz in Genf haben. Nationale Minderheiten sollten geschützt werden und das Recht haben, bei einem Europäischen Obersten Gerichtshof Berufung einzulegen gegen die Urteile nationaler Gerichte. Allen Völkern müsse freier Zugang zu den Weltmärkten und zu den Rohstoffen gewährleistet werden. Ein solches Programm, betonte ich, wäre das wirksamste Mittel zum Sturze der Diktaturen, denn warum sollten die Völker unter ihnen weiterkämpfen, wenn die Freiheit ihnen den Frieden und der Friede ihnen eine gerechte internationale Ordnung brächte?

Als ich nach Lincoln zurückkam, wartete ein Brief auf mich in Richard Bermanns Handschrift... es war der Brief vom 24. August, der anfing: »Heute und von hier aus betrachtet...« Er war nach Le Brusc gegangen, um mich auf vielen Umwegen in Lincoln zu erreichen. Dieser Brief war sein Vermächtnis — aber schon hatte sich ja erwiesen, daß man im europäischen Westen von einem inner-deutschen Freiheitskampf nichts wissen wollte. Dennoch haben einige seiner Ausführungen immer noch geschichtliche und moralische Bedeutung: In Europa, schrieb Bermann, seien zwei große Dinge zu tun: ein Komitee zu organisieren, aus dem später die Regierung der Deutschen Republik hervorgehen soll, das aber von *Anfang an* die gesetzgebende und exekutive Gewalt über die deutsche Weltemigration zu beanspruchen hätte. Außerdem solle man unter schwarzrotgoldenen Fahnen eine Deutsche Legion organisieren, die überall gegen den Faschismus kämpfen sollte, wo *keine* deutschen Heere stehen. Es sei für die Zukunft wichtig, daß von Anfang an solche militärischen Einheiten bestünden und daß sie sich auszeichneten, etwa gegen die Italiener. Mit der Niederlage Hitlers müßten dann auch deutsche Kontingente in Deutschland einrücken. »Ich denke«, schreibt er, »Sie sollten diese Pläne zuerst in London vorlegen. Ich zweifle nicht an Ihrer Energie noch an Ihren Fähigkeiten. Sie sind in der letzten Zeit erfreulich gereift. Der Artikel über Schwarzschild war z. B. das Beste, was ich bisher von Ihnen gelesen habe.« Vielleicht nicht der Sieg der Westmächte, wohl aber die Zukunft des deutschen Teiles von Europa hänge davon ab, daß die antifaschistischen Deutschen jetzt etwas *tun*. Ein prophetischer Satz — denn lebt das neue Deutschland nicht weitgehend vom 20. Juli 1944...?: »Es wird nichts nützen, wenn man nachher sagt, man sei im Herzen nie Nazi gewesen. Jetzt ist die Zeit da, zu handeln und sich zu opfern; jede noch so aussichtslose Revolte im Rücken der Nazis wird für die Zukunft Wichtigkeit haben.« Daß man bei einem solchen Regime keine »patriotischen« Bedenken haben dürfe, sei selbstverständlich, denn es gehe darum, »diese Mörderclique zu beseitigen, die eben im Begriff ist, das absolut größte Verbrechen der Weltgeschichte zunächst gegen das deutsche Volk, dann gegen die Welt zu begehen«. Der Brief schloß: »Ich wollte, ich wäre bei Ihnen. Ich bitte Sie sehr ernstlich: Wenn Sie einen Grund haben, mich zu sich zu rufen, vergessen Sie, daß ich krank bin; man kann nicht ewig leben, und man kann nicht besser sterben als für eine Idee.« — Leider blieb es, »dank« dem Versagen der Westmächte, Stalin vorbehalten, nach Stalingrad eine Art von Deutscher Legion zu bilden... mit ganz bestimmten Eigenzielen!

Mein nächster Lehrauftrag führte mich an das State College (jetzt University) in Ames im Staate Iowa. Am Sonntag, dem 26. November, wurde ich ans Telefon gerufen — ein Ferngespräch aus New York. Am Telefon war Volkmar: »Gratuliere, Du hast eine Tochter!« »Wer hat *was?*« fragte ich fassungslos. Er wiederholte die Mitteilung, und nun begriff ich sie. »Sie soll Maria Elisabeth heißen!« sagte ich. Sie war in der medizinischen Abteilung der Columbia University auf die Welt gekommen, fast zweieinhalb Monate zu früh. Die Klinik liegt hoch über dem Hudson an der schönen Washington Bridge, die nach New Jersey führt. Von weitem sieht sie aus wie eine große Harfe. Die Geburt dieses Kindes, auf das wir so viele Jahre gewartet hatten, war ein Wendepunkt in unserm Leben. Obgleich Maria Elisabeth bald unsere ruhelosen Wanderungen mitmachen sollte, war dennoch ein Element der Ausgeglichenheit in unser Zigeunerdasein gekommen.

Aber in diesem Herbst gab es auch andere Nachrichten, weniger beglückende. Rudolf Olden schrieb mir auf englisch aus Oxford am 28. Oktober 1939: »... von Europa, lieber Prinz, habe ich nur betrübliche Nachrichten. Ganz abgesehen von den großen Sorgen gibt es die kleinen, und die sind auch schon schlimm genug. Alle oder doch fast alle unsere Freunde in Frankreich sind im Gefängnis. Unter ihnen Berthold Jacob (berühmter Anti-Nazi, Journalist), als besondere Auszeichnung im Gefängnis La Santé, in Einzelhaft, ohne Bücher. Anscheinend hat man entdeckt, daß er ein gefährlicher Spion ist. Aber offensichtlich hat man keine Beweise, andernfalls würde er, wie andere, vor Gericht gestellt werden. Sie als Jurist werden sich noch erinnern an die sogenannte ›Bestrafung auf Verdacht‹, eine besonders infame Einrichtung... Paul Dreyfuß ist im Lager C, Baracke 32, Camp de Vernet d'Ariège, ohne einen roten Heller, und das ist das Schlimmste, was einem in einem Lager widerfahren kann... Und sie waren die beiden treuesten Partisanen Frankreichs und des Friedens in Deutschland, Männer, die alles riskierten, um ihren Überzeugungen treu zu bleiben. Ich kann mir nicht helfen, aber ich finde es nicht weise, was die Franzosen da tun.« Sein Bruder Balder sei verhaftet, berichtete Rudolf Olden weiter, auch Leo Lania, Leonhard Frank, Willi Speyer, Kurt Kersten. Der Brief beschwört mich, Menschen zu unterrichten, deren Meinung »Frankreich nicht mißachten kann« — etwa Dorothy Thompson und Walter Lippman.

Ich habe sofort alles nur mögliche unternommen. Ich schrieb auch dem französischen Botschafter in Washington, dem Grafen von St. Quentin, einen ausführlichen Brief. Die »Guild« ihrerseits intervenierte. Einige Gefangene wurden daraufhin freigelassen, andere nicht.

Ein weiterer Brief Rudolf Oldens, datiert Yatscombe, Boar's Hill, Oxford, 14. März 1940, eingetroffen am 27. März, war deutsch geschrieben... »Gestern schrieb ich an Volkmar Zühlsdorff, u. a. wie gut mir Ihr Brief an den französischen Botschafter gefallen hat. Und gerade höre ich, daß zwei der von Ihnen erwähnten Personalien sich inzwischen geändert haben. Walter Mehring ist freigelassen — und Paul Dreyfuß ist gestorben. Das ist nun bitter. Er hatte ein volles Recht darauf, in einem Nazilager zu sterben. Aber in einem französischen Lager? Wie kommt er dazu?« Derselbe Brief berichtet, daß Berthold Jacob im gleichen Lager säße, und »es soll gar nicht komfortabel dort sein«. Er bittet dann, ich möge noch einmal an den Grafen von St. Quentin schreiben, den Tod Dreyfuß' beklagen und auf die Similarität der Fälle Dreyfuß-Jacob hinweisen.

Ich schrieb sofort: Paul Dreyfuß habe seit 1938 ein Stipendium der »American Guild« gehabt, und Exzellenz werden gewiß verstehen, daß wir die Früchte dieser Arbeit retten möchten! Er möge uns daher raten, was wir tun sollten, um in den Besitz von Dreyfuß' literarischem Nachlaß zu kommen? Der Botschafter antwortete auf das höflichste, daß er sofort durch Kabel die französischen Behörden unterrichtet und sie gebeten habe, Paul Dreyfuß' literarischen Nachlaß sicherzustellen. Das war das letzte, was wir in dieser Sache hörten.

Wiederum hatten wir in Greenwhich Village, dem New Yorker Schwabing, eine schöne Wohnung gefunden. Dort feierten wir Weihnachten — Maria Elisabeths erstes Weihnachten! Auf der Spitze des Christbaums strahlte ein roter und silberner Stern. Er hat seitdem alle unsere Christbäume geschmückt, auch, und immer noch, die in Bad Godesberg. Am 17. März 1940, Palmsonntag und St. Patrick's Day in einem, wurde Maria Elisabeth von Pater Ford, dem Studentenseelsorger der Columbia University, in der Corpus-Christi-Universitätskirche getauft. Taufpaten waren Edward Benesch, vertreten durch den tschechoslowakischen Generalkonsul in New York, und Mrs. Nicholas Murray Butler. An der Feier nahm auch Jacques Maritain teil. Oft war ich in seinem Hause in Meudon bei Paris zu Gast gewesen. Umgeben von seinen Jüngern, erinnerte er an die großen Lehrer des Mittelalters. Nach dem Kriege wurde er Botschafter beim Vatikan.

Was in Europa geschah, hatte für die breiten Massen weitgehend an Interesse verloren. »Im Westen nichts Neues« — man sprach vom »phony war«, dem Sitzkrieg, als ob dieser Zustand ewig weitergehen könnte. Es war der sowjetische Angriff auf Finnland, der das Interesse der amerikanischen Öffentlichkeit an den Geschehnissen jenseits des Atlantiks wieder wachrüttelte.

Vom Sitzkrieg zum Blitzkrieg

Hermann Broch, einer der liebenswertesten Menschen, denen ich je begegnete, war im Winter 1939/40 ein ständiger Gast in unserm Haus. Auch zwischen Volkmar Zühlsdorff und ihm entwickelte sich eine tiefe Freundschaft, die in einem lebhaften Briefwechsel, der zum Teil bereits veröffentlicht ist, ihren Ausdruck fand. Broch war nicht »nur« Künstler. Alle großen Probleme der Zeit ergriffen ihn ganz unmittelbar. Bis in seine letzten Lebenstage hinein versuchte er, dem Bösen, dem Massenwahn, der Unmenschlichkeit gute Kräfte, einen zeitlosen Humanismus, entgegenzusetzen. Lange hat er an seinem letzten großen Roman gearbeitet, »Der Tod des Vergil«, ohne eine Lösung finden zu können. Wir haben damals viel miteinander gesprochen, auch weil ich selber an einem kleinen Buche schrieb — »The Child and The Emperor« — das als erstes einer Trilogie bei Macmillan in New York im Jahre 1945 erscheinen sollte. Es ist eine Legende, die Begegnung zwischen dem 14jährigen Christusknaben in Rom mit dem sterbenden Augustus, dem »Kaiser des Heils«, wie er im Mittelalter oft genannt wurde. Die Vierte Vergilische Ekloge, mit ihrer Verheißung eines göttlichen Kindes, spielt in diesem Buche eine wichtige Rolle. »Selbst wenn die messianische Auslegung dieser Ekloge ›wissenschaftlich‹ nicht gerechtfertigt sein sollte«, sagte Hermann Broch. »Es ist dennoch nötig und richtig, sie so auszulegen!« Die Bekanntschaft, dann die Freundschaft mit Broch, sagte ich oft, sei Richard Bermanns Vermächtnis. Durch ein geistiges Gegengeschenk durfte ich mich dankbar erweisen — so hat er es selber empfunden.

Im Winter 1944 sandte ich ihm ein Exemplar des Manuskripts und fuhr bald darauf zu ihm nach Princeton, wo er im Hause von Erich von Kahler wohnte. »Ich danke Ihnen sehr«, sagte er. »Nun weiß ich, wie ich den ›Tod des Vergil‹ abschließen muß.« Dann zeigte er mir den neuen Text, die Todesstunde des Vergil: ». . . zwischen den Fingern, tief in der Leere, kaum wahrnehmbar, als seien alle Nebel des Firmaments davongezogen, dort schimmerte es schwach, vergehend wie das Seufzen eines verblassenden Sternes, und war doch auch schon befreit aufseufzend auf den Lippen, gesucht und wunderbar gefunden: ›Der Ring gehört dem Lysanius.‹ Dem Irdischen war Genüge getan; strahlend war es und tonlos leicht: ›So sei es . . . dem Lysanius.‹ ›Den gibt es doch gar nicht‹, murmelte etwas, und vielleicht war es der Photius. ›*Dem Kinde . . .*‹«

Wo immer ich in diesem Winter Vorträge hielt — das Thema, das allein interessierte, war Finnland und der sowjetische Überfall. Bis zum heutigen Tage ist dies nicht vergessen — denn dazu kam ja, daß die

Sowjetunion damals Hitlers Bundesgenosse war. Ich schrieb an den finnischen Gesandten in Washington, Hjalmar Procopé, und meldete mich als Freiwilliger in der finnischen Armee. Ich dachte an Bermanns Rat, als ich hinzufügte, mir schwebe eine »Deutsche Legion« vor! Der Gesandte leitete meinen Brief an seine Regierung weiter, ich erhielt eine ermutigende Antwort, aber unmittelbar danach war der Kampf zu Ende.

Neville Chamberlain hatte bei Kriegsausbruch, am 3. September 1939 erklärt: »Wir kämpfen nicht gegen das deutsche Volk! Wir kämpfen gegen ein meineidiges Regime, Euer Feind und unser Feind!« Aber leider tauchten bereits in jenem ersten Kriegswinter Pläne auf ganz anderer Art: Deutschland müsse »atomisiert« werden — *das* war der Ausdruck, der verwandt wurde. Mit der Atombombe, die noch gar nicht entwickelt war, hatte dieser Ausdruck nichts zu tun. Man verstand darunter die Zerstückelung Deutschlands. Landkarten erschienen in den Illustrierten: Sie zeigten das Rheinland teils französisch, teils als »autonome« Republiken. Norddeutschland, das »protestantische« Deutschland, wie es genannt wurde, sollte vom »katholischen« Süden getrennt werden, und weite Teile Ostdeutschlands sollten an Polen fallen!

Zu schweigen war unmöglich. Ich schrieb einen scharfen Artikel, der am 17. März 1940, Elisabeths Tauftag, unter dem Titel »Gefahren der Vernichtungspolitik in der alten Welt« in der New Yorker »Staatszeitung« erschien, einem der ältesten und damals angesehensten deutschen Blatte Amerikas. Hier sind einige Stellen daraus: »Wer heute die Kurzwellen-Sendungen der Westmächte hört oder wer ein wenig hinter die offizielle Propaganda zu schauen vermag, muß vor dem Ungeist erschrekken, der das politische und internationale Leben zu beherrschen beginnt. Es ist, als ob die Menschen aus der Geschichte nichts lernen wollten und als ob alle Fehler von 1919 bis zur Ruhrbesetzung vergessen wären. Kein Zweifel ist mehr möglich: auch in England schwingen immer weitere Kreise in die Richtung, die vom französischen Chauvinismus angegeben wurde: ›Die politische Macht Deutschlands muß gebrochen werden.‹« Hierauf besprach ich die verschiedenen »Rezepte«, wie sie sich aus den »Landkarten« und den Illustrierten ergaben. Und dazu: »Preußen als Quelle allen Übels muß überhaupt zerlegt und der Osten an Polen abgetreten und ... der Rest in weitere souveräne Staaten zergliedert werden.« *Das* hat nichts mit der Opposition gegen die Nazis zu tun — bei solchen Plänen kann kein »ehrlicher Patriot, der aus nationaler und geschichtlicher Überzeugung zum totalitären Staatsgedanken in Opposition steht«, mitwirken! Schließlich hieß es: »Sagen wir es klar heraus: eine gegen Deutschland gerichtete Vernichtungspolitik legt die Grundlagen für den dritten Weltkrieg, bevor der zweite vorüber ist. Mehr: sie bedeutet, die Haut des Bären zu verkaufen, bevor man ihn erlegt hat, und sie ist das sicherste Mittel, den jetzigen Krieg zu verlängern, bis ganz Europa zerstört ist und Anarchie und Bolschewismus als die einzigen Sieger hervorgehen.«

Die Wirkung dieses Artikels war sehr groß. Als von britischer und französischer Seite bedeutet wurde, die amerikanische Regierung möge künftighin solche Veröffentlichungen unterbinden, kam als Antwort: jeder, dessen politische Integrität bekannt sei, könne in Amerika sagen und schreiben, was er wolle. Auch nachdem Amerika selber im Kriege war, ist niemals versucht worden, mich unter irgendeine Zensur zu stellen, obgleich meine öffentlich geäußerten Ansichten in vielen Punkten der Politik der Regierung Roosevelt zuwiderliefen.

Innerhalb der deutschen Emigration verursachte mein Aufsatz gleichfalls einen gewaltigen Aufruhr. Er führte zum Bruch mit der Familie Mann. Thomas Mann schrieb mir sogar: »Wenn die längst zutiefst pazifistisch gewordenen Nationen England und Frankreich diesmal Deutschland aufteilen würden, so wäre dies kein Unglück.« Ich habe ihm ähnlich erwidert, wie in meiner Antwort an Schwarzschild: daß ich nämlich *jeden* Imperialismus für böse hielte, nicht nur den deutschen! Im übrigen ging meine Arbeit ungehindert weiter, auch ohne die Manns. Nach dem Kriege, als so viel von dem, was ich am 17. März 1940 geschrieben hatte, sich in erschreckender Weise verwirklichte, habe ich diesen Aufsatz in den deutschen Zeitungen Amerikas erneut abdrucken lassen.

Am 22. März 1940 sandte ich eine neue Denkschrift an die Presse und an eine Reihe führender Persönlichkeiten: Gründung eines »Save Europe Committee«! Der Untertitel lautete: »Komitee für einen gerechten Frieden, ein demokratisches Deutschland und ein föderiertes Europa.« Die Voraussetzungen hierfür seien eine gründliche Beseitigung des Nazismus, umgehende Räumung aller überrannten Gebiete, damit eine Europäische Föderation entstehen könne, mit allen wesentlichen Zügen des heutigen Gemeinsamen Marktes. Im Nachhinein habe ich mir oft überlegt — was hat dies alles genützt? Einiges wohl doch. Gedanken wurden formuliert und in den Raum gestellt — und das ist immer eine politische Kraft. Die Niederlage der Rachepolitiker, der Vansittarts und der »Morgenthau-Boys«, wurde in der Stille unserer Arbeitszimmer vorbereitet — die Feder war stärker als brutale Gewalt!

Im Sommersemester hatte ich eine Gastprofessur in Ames, dem College, wo ich Maria Elisabeths Geburt erfahren hatte. Jäh wandelte sich die europäische Szene, als aus dem »phony war«, dem »Sitzkrieg«, der »shooting war« wurde, auch »Blitzkrieg« genannt. In der College-Zeitung schrieb ich eine »column«, einen in jeder Nummer erscheinenden Beitrag, unter dem Gesamttitel »Transatlantic Survey«. Auch all diese Aufsätze sind erhalten geblieben und jetzt im Bundesarchiv, ebenso wie das Manuskript einer Sendung über die sehr starke College-Radiostation, »War Time Thoughts on Continental Unity«. Darin vervollständigte ich das Programm für die »Europäische Föderation« — die durchaus möglich sei, denn »Haß ist kein natürliches Phänomen. Nach dem Kriege wird es noch weniger Haß geben als jetzt... die Nationen Europas werden, erschöpft und müde von ihrem Blutverlust, bereit sein, einer neuen, friedlichen Gemeinschaft zu dienen«. Diese Voraussage hat sich im großen und ganzen bewahrheitet.

Paul Dreyfuß behielt recht. 1940 waren die Nazis kampfbereit, Dänemark fiel, Norwegen, Holland, Belgien, schließlich Frankreich. Daß Hitler dennoch den Krieg verlieren würde, bezweifelte ich nicht. Am 23. Mai 1940, in »Transatlantic Survey«, warnte ich die Alliierten, sie möchten sich hüten, wiederum den *Frieden* zu verlieren. Also das nächste Mal weder ein Versailles noch eine Maginotlinie, um sich gegen die Folgen von Versailles abzusichern, sondern eine gerechte und vernünftige Friedensordnung, die nicht nach fünfundzwanzig Jahren zusammenbricht.

Zu Beginn der Sommerferien kauften wir dem Präsidenten des Colleges seinen Wagen ab, einen Achtzylinder Buick. Ich nannte ihn »Büffel«, und er sollte uns bis zum Abschied von Amerika treu dienen — über 100 000 Meilen. Dann fuhren wir ostwärts, Helga, Maria Elisabeth, Volkmar und ich. Gerade als wir in einem furchtbaren Gewitter den Mississippi überquert hatten, erfuhren wir vom Falle Frankreichs.

Schon am 14. September 1939 hatten der Nobelpreisträger Sir Norman Angell und Dr. Gooch in »Letters to the Editor« in der »Times« leidenschaftlich für die deutschen Emigranten plädiert. Es hieß in diesen Zuschriften: »Wir glauben, gemäß den Worten der Königsbotschaft, daß wir für die Ordnung und den Frieden der Welt kämpfen... einschließlich Recht und Freiheit für das deutsche Volk.« Der Krieg werde kurz sein, wenn das deutsche Volk und die Welt diesen Worten Glauben schenken können. Aber »wenn es Hitler gelänge, weiterhin sein Volk davon zu überzeugen, daß unser Sieg diesem noch Schlimmeres bringen werde als unser letzter Sieg, durch ein zweites und ärgeres Versailles, dann dürfte der Widerstand entsprechend lang und bitter sein«.

Dr. Gooch seinerseits nannte die Verfolgten des Nazismus, die vertrauensvoll nach England gekommen seien, seine »deutschen Freunde«, die als Freunde und nicht als Fremde, oder gar als Feinde, behandelt werden müßten. Aber im Frühsommer 1940 brach die große englische Tradition des Gastrechtes zusammen. Am 28. Juni veröffentlichte der »Manchester Guardian« einen Leserbrief Rudolf Oldens: »So wie England versäumte, seine Feinde zu erkennen«, heißt es darin, »scheint es jetzt unfähig zu sein, seine Freunde zu erkennen. Statt engste freundschaftliche Beziehungen zu den Männern zu unterhalten, die eines Tages die Revo-

lution nach Deutschland hineintragen könnten, brandmarkt man sie als
›feindliche Ausländer‹, verjagt sie aus ihren Arbeitsplätzen, treibt sie aus
ihren Wohnungen. Ist *das* die Vorbereitung des künftigen Bündnisses mit
ihnen? Mußten diese potentiellen Revolutionäre hierherkommen, um
zu erfahren, daß es nur das ›Blut‹ ist, das zählt? Um zu erfahren, daß
nach britischer Anschauung jeder, der sich gegen seine eigene Regierung
wendet, ›vertrauensunwürdig‹ ist und daß man ihn wie einen Verbrecher
behandeln müsse? Zu erfahren, daß für Grundsätze zu kämpfen schänd-
lich und unehrenhaft ist...« Dieser Brief wurde geschrieben am Tage,
da Rudolf Olden selber verhaftet wurde! Das teilte mir Ika Olden unter
dem Datum des 26. Juni aus Oxford mit. Ihr Mann habe alle nur mög-
lichen Anstrengungen gemacht, um die Erlaubnis zu irgendeiner nütz-
lichen Arbeit zu erhalten — alles vergeblich! Ob ich helfen könne?

Ich fuhr sofort nach Washington zur britischen Botschaft. Seine Freilassung wurde zugesagt, erfolgte aber erst, als er einen Ruf der New
School for Social Research in New York erhielt. Daß sein Glaube an die
»Internationale der Freiheit« zerbrach, war ein noch härterer Schlag als
die Leiden, die er in einem britischen Internierungslager erdulden mußte.

Am hilfsbereitesten in Washington erwies sich der mexikanische Botschafter Don Francisco Castillo Nájera, dem ich durch exilspanische
Freunde vorgestellt wurde. Er gab mir en bloc vierhundert Visen,
wodurch die Beschaffung amerikanischer Ein- oder Durchreiseerlaubnisse
wesentlich erleichtert wurde.

Auf dem Briefpapier der »American Guild« unterbreitete ich den
amerikanischen Behörden in alphabetischer Reihenfolge Seiten und Seiten von Namen. Wo immer es möglich war, hatte Volkmar eine kurze
Biographie ausgearbeitet. Die Liste begann mit »Abusch, Alexander«
(jetzt Ost-Berlin!), und schloß mit »Zuckerkandl, Berta«, einer bejahrten
österreichischen Journalistin und Schwägerin von Clemenceau. Franz Blei
war auf der Liste, Hermann Budzislawski (jetzt in der »DDR«), Alfred
Döblin, Lion Feuchtwanger, Leonhard Frank, Walter Mehring, Alfred
Kantorowicz, Annette Kolb, Arthur Köstler, Anna Seghers (jetzt in der
»DDR«), Gustav Regler, Hans Sahl, Fritz von Unruh, Siegfried Thalheimer usw. Allen konnte geholfen werden.

Bei einigen gab es Schwierigkeiten ihrer bekannten kommunistischen
Haltung wegen — schließlich war die Sowjetunion Hitlers Bundesgenosse! Aber ich weiß von keinem Falle, in dem die Vereinigten Staaten
ihre Tore vor einem gefährdeten politischen Flüchtling verschlossen hätten — wer nach Amerika kam, brauchte keine Aufenthalts- oder Arbeits-
erlaubnis. Er wurde behandelt wie jeder andere. Nach fünf Jahren, und
wenn er Soldat wurde, nach wenigen Monaten, wurde er Vollbürger.
Wer aus einem »Achsenland« stammte, konnte den Wehrdienst verwei-

gern, ohne damit seinen Anspruch auf das Bürgerrecht zu verlieren. Das sind Tatsachen, die man in Deutschland nie vergessen sollte.

Mitte Juli fuhren wir im Büffel wieder nach Westen, nach Taos in Neu Mexiko. Dort stellten uns Frieda Lawrence und Dorothy Brett einen Deutschen namens Dr. Fritz Ermarth vor, der um 1930 nach Amerika gekommen war. Ein Nazi war er zweifellos nicht, aber merkwürdig war, daß er noch in diesem Frühling Deutschland besucht und über Moskau—Wladiwostok zurückgekehrt war. Wer er wirklich war, *das* sollte ich erst viel später erfahren. Ich hielt es für möglich, daß er ein »Gentleman-Agent« der Wehrmacht sei. Daher war das Leitmotiv aller meiner Briefe: Hitler muß gestürzt werden, ehe es zu spät ist... ehe »der Himmel verdunkelt wird von den Flügeln der alliierten Flugzeuge und die Sonne sich verfinstert vom Rauche der brennenden Städte«. Ich hoffte, ohne irgendeinen Beweis dafür zu haben, daß er Mittel und Wege besäße, all dies an die anti-hitlerischen Kreise der Wehrmacht weiterzugeben.

Als wir hörten, die Oldens hätten sich nach Amerika eingeschifft — ihre Tochter Maria Elisabeth war mit einem Kindertransport bereits in Kanada eingetroffen —, eilten wir nach New York zurück. Aber ihr Schiff, die »City of Benares«, wurde in der Nacht zum 17. September während ein wilder Equinoktialsturm den Atlantik peitschte, tausend Kilometer westlich von England torpediert. Baron Laszlo Hatvani, ein enger Freund der Oldens, berichtete uns über jene Nacht des Entsetzens, auf Grund eines Augenzeugenberichtes von Professor J. P. Day von McGill University, einem der wenigen Überlebenden: »Nachdem das Torpedo getroffen hatte und wir am Deckende der Schiffstreppe gemustert wurden, kam Ika Olden zu mir und bat, ihrer kleinen Tochter Maria Elisabeth all ihre Liebe zu bestellen, sollten wir durchkommen und sie nicht.« Ein anderer Überlebender, Oberst Baldwin Webb, drängte Ika Olden, doch in das Rettungsboot zu kommen. Aber sie weigerte sich, solange ihr Mann noch unten in der Kabine sei. Einem weiteren Bericht zu Folge seien sie beide in einem Boot gesehen worden. Wahrscheinlicher ist, daß sie gemeinsam in ihrer Kabine den Tod gefunden haben.

Aus einem anderen Briefe von Baron Hatvani ersehe ich, daß Olden, ehe er im Internierungslager seelisch zerbrochen wurde, voll guten Mutes war. Er sah sich schon als deutscher Botschafter in London nach dem Kriege und tätig für den Wiederaufbau Deutschlands.

Ein Haus in Newfoundland

Auf ein Kind müssen auch die politischsten Eltern Rücksicht nehmen. Maria Elisabeth konnte nicht gut im Büffel dauernd durch die Lande reisen und in Hotelzimmern und Drugstores aufwachsen. Als wir im Januar 1941 im alten, gemütlichen Hotel Brevoort in Greenwhich Village wohnten, entdeckte Helga in der Auslage eines Grundstückmaklers die Photographie eines holländischen Farmhauses von 1749. Es lag im nordöstlichen Teil von New Jersey, 32 Meilen, ungefähr 54 Kilometer, jenseits der Washington Bridge, der »Großen Harfe«. Das Dorf, zu dem das Haus gehörte, hieß Newfoundland — ein Name, der uns gefiel. Neufundland — so hatten die ersten Siedler es genannt, als sie von einer Hügelkette aus das Flußtal des Pequannock entdeckten — von der indianischen Bevölkerung wohlbestelltes Land.

Es war sehr kalt, als wir einzogen. Schneemassen versperrten fast den Zugang zum Hause, und dieses wirkte auf mich unwirtlich und finster. Aber in wenigen Tagen hatte Helga es zu einem gemütlichen Heime gemacht — für die nächsten fünfeinhalb Jahre. Ein großer, wilder Garten gehörte dazu, ein Schwimmbecken war da, umgeben von Beeten und Rosenlauben. Der Pequannock floß durch das Grundstück. Eine gedeckte hölzerne Brücke führte hinüber auf eine große Wiese. Das Wohnzimmer, mit einem breiten, offenen Kamin, und, ein paar Stufen tiefer, das Speisezimmer wurden von handbehauenen Eichenbalken getragen. In meinem Arbeitszimmer, getäfelt, auch mit einem großen Kamin, sind fünf meiner Bücher entstanden, darunter mein Hauptwerk, »The Germans in History«, und meine religiöse Romantrilogie, »The Child and the Emperor, The Lance of Longinus und The Eagle and the Cross«. Macmillan in New York hat sie veröffentlicht. Nach dem Kriege sind sie auch auf deutsch erschienen. Briefe zu Tausenden, Memoranden, Aufsätze, vieles davon immer noch von zeitgemäßer Bedeutung, entstanden am gleichen Schreibtisch, einem Geschenke Villards. Die schwarzrotgoldene Adlerfahne fand darüber ihren Platz.

New Jersey liegt auf der geographischen Breite von Neapel. Der Frühling kommt schon im März, und alles blüht mit südlicher Üppigkeit, große Blumenfelder rings um das Haus, Tigerlilien, Rosen, Nelken, Glockenblumen. Bis zu den Fenstern meines Arbeitszimmers wuchsen die Steckrosen und Sonnenblumen. Auch große Fliederbüsche standen im Garten, und beim Schwimmbecken blühten dunkelblaue Iris. Jeden Morgen und Abend kamen Hirsche und Rehe von den Hügeln herunter, um im Pequannock zu trinken. Hasen, Erdschweinchen und Bieber gab es zu

Hunderten. Die großen Familien des Ortes waren die Cahills, die Posts und die Littles. Die alte Mrs. Cahill, deren Mann Hausmaler war und in seinen Mußestunden nachforschte, was die Bibel über Stalin, Hitler und Roosevelt zu sagen hatte, hielt das Haus in Ordnung. Zum Sonntagsfrühstück machte sie uns die köstlichsten Pfannkuchen, die man mit »Maple Syrup« übergießt. Eddy Post war unser Nothelfer, wenn der Wagen nicht ansprang, wenn ein Rohr verstopft war oder bei Kurzschlüssen. Sein Bruder Harry war Tischler. Als Konstanza, unsere zweite Tochter, geboren wurde, fertigte er eine wunderschöne Wiege für sie an. All diese guten und warmherzigen Menschen ließen uns nie im Stich. Wenn wir nach New York mußten, kümmerten sie sich um die Kinder. Sie beschafften uns, als dies immer schwerer wurde, Holz, Kohle, Autoreifen. Die meisten von ihnen waren Protestanten, schottisch-nordirischer Herkunft. Daß wir Katholiken waren, störte sie nicht. Unser zuständiger Pfarrer war ein deutscher Franziskaner, Pater Berard Vogt. Schlicht und menschlich wie er war, konnten wir anfangs nicht ahnen, daß er einer der großen Philosophen seines Ordens war. Ich erfuhr es durch Zufall, als ich einmal Reginald Harris erwähnte. »Der, der das Standardwerk über Duns Scotus geschrieben hat?« fragte Pater Berard.

Unsere Pfarrkirche, St. Joseph, in den Hügeln von New Jersey, hatte bunte Tiroler Glasfenster. Im Winter türmte sich der Schnee oft meterhoch auf, ein eisiger Wind fegte durch das Pequannocktal und drang in alle Ritzen. Aber vielleicht gerade darum waren die Weihnachtsmessen so unvergeßlich für Maria Elisabeth — wenn das Licht geheimnisvoll durch die bunten Fenster auf eine wilde Schneelandschaft hinausleuchtete. Im Sommer, wenn das klare Wasser aus den Hügeln New Jerseys unser Schwimmbecken füllte, tanzten große Glühwürmchen ihre magischen Reigen über dem Pequannock und vor einem breitschattenden Baume in der Flußbiegung. Im September und Oktober leuchteten die Blätter in den reichen Farben, die man nur im amerikanischen Herbst findet.

Gäste hatten wir zu jeder Jahreszeit. Die Piscators kamen, Julius Deutsch und seine Frau, Friedrich Stampfer, an den ich mich eng anschloß, die Barlows, die Stresemanns und ein »neuer« Freund, Clifford Forster, Vizepräsident der »Civil Liberties Union«. Auch heute noch, jedesmal wenn ich nach New York komme, spreche ich in seinem Hause vor einer großen Menge meinungbildender Menschen über die internationale Lage. Auch er hat auf meine Bitte hin das Bundesverdienstkreuz Erster Klasse erhalten. »Tante Bea«, wie die Kinder sie immer noch nennen, kam, und nun besucht sie uns jedes Jahr in Bad Godesberg: Beatrix Beird, ursprünglich Lektorin in einer literarischen Agentur, die mehrere meiner Bücher vermittelte. Wenn Dr. Butler mich seinen Freunden, den anderen Universitätspräsidenten, vorstellte, sagte er: »Wir machen jetzt einen Professor aus ihm« — und dann fragte er regelmäßig, ob ich nicht eine feste Professur haben möchte? Die Universität könnte ich mir selber aussuchen. Aber wie ich in Matzen nicht zum Landedelmann werden konnte, so konnte ich jetzt nicht amerikanischer Professor werden, auf Lebenszeit ernannt und pensionsberechtigt.

Der bekannte amerikanische Journalist Clarence Streit hatte knapp vor Kriegsausbruch ein Buch veröffentlicht, das große Begeisterung unter der Universitätsjugend hervorrief. Es hieß »Union Now« und regte die Bildung einer weltweiten Föderation aller demokratischen Staaten an. Nach Kriegsausbruch veröffentlichte Streit eine neue Version: »Union Now With Britain«. Es war also eine ziemliche Sensation, als ich in der Novembernummer 1941 des »American Mercury«, damals eine der führenden Zeitschriften, einen Artikel veröffentlichte, der hieß: »Union Now With Germany«. Auf Tausenden von Plakaten wurde diese Nummer angekündigt. Wahnsinnig geworden, dachten die Menschen zuerst — Eine Union mit den Nazis??

Hier ist der Kern meines Planes: Auf freiem deutschem Boden solle eine deutsche Regierung errichtet werden, zusammengesetzt aus politischen Persönlichkeiten, die das Vertrauen der demokratischen Welt genössen. Diese Regierung solle sofort einen Friedensvertrag mit den alliierten Mächten aushandeln, der in Kraft träte, »sobald diese Regierung, nach dem Sturze der Nazis, nach Deutschland zurückkehrt, um ihre Macht einer freigewählten Nationalversammlung zu übergeben.« Da es in Europa kein freies deutsches Territorium mehr gibt, schlug ich vor: Die britische Mandatsmacht solle uns ein kleines Stück der ehemaligen deutsch-ostafrikanischen Kolonie zur Verfügung stellen. Auch die Frei-Frankreich-Bewegung des Generals de Gaulle hat von Afrika aus gewirkt. Das Bestehen einer solchen Regierung würde einen Aufstand gegen die Nazis ermutigen, »gegen diese Besatzungsarmee von dreißig SS-Divisionen mit ihrem Gefolge von Gestapo-Agenten und Parteifunktionären«. »Die Naziherrschaft, gehaßt und verachtet von Millionen, wird noch geduldet, weil das deutsche Volk sich keinen Regierungswechsel vorstellen kann, der zur Wiederherstellung der Demokratie und zur Sicherung des Friedens führen würde.« Eines meiner Hauptziele war, den anti-nazistischen Kräften in der Wehrmacht den Rücken zu stärken. Ihr Widerstand ergäbe sich nicht ausschließlich aus militärischen Erwägungen, sondern ruhe auf sittlichen Überlegungen. (Der 20. Juli 1944 hat diese Annahme bewiesen!)

Die »New York Times« unterstützte in einem Leitartikel meinen Plan, ebenso wie Oswald Garrison Villard in seiner »Column«, die in Dutzenden von Zeitungen erschien. Er nannte meine Vorschläge »staatsmännische Weisheit, geboren aus langer Kenntnis und klarem Verständnis des deutschen Kampfes gegen Hitler«. Dieser Plan sollte überall, »wo Männer gegen Hitler stehen, veröffentlicht werden«. Aber im Dezember 1941 erfolgte der japanische Angriff auf Pearl Harbour, Amerika trat in den Krieg ein, und meine Vorschläge gingen unter in der Sturzflut der neuesten Ereignisse.

China war nun offiziell Verbündeter der Vereinigten Staaten, und so bot ich am 12. Dezember 1941 dem chinesischen Botschafter in Washington, Dr. Hu She, brieflich meine Dienste an als Freiwilliger in der chinesischen Armee. Seine Antwort war in Stil und Gedanken eines großen Gelehrten würdig. Meine jetzige Tätigkeit, meinte er, sei »nützlicher für China, für Frei-Deutschland, für die Menschheit«, als meine Dienste als Soldat auf chinesischem Boden sein könnten: »Vielleicht wäre es ein weiser Rat, dem Beispiel Goethes zu folgen, der auf dem Höhepunkt der napoleonischen Kriege sich dem Studium der chinesischen Sprache widmete und der Einwirkung des Lichtes auf die Pflanzen. Dieses bewußte Sich-Freihalten von den erregenden Geschehnissen der Welt mag uns Modernen nicht zusagen. Aber es steckt doch eine Wahrheit in dem Worte: Auch jene dienen, die nur standhalten und warten.«

Als ich 1963 Taiwan besuchte, traf ich Dr. Hu She wieder. Er war jetzt Präsident der Academia Sinica. Drei Jahre später, als ich in Taipeh eine Honorarprofessur der Führungsakademie des Heeres der Chinesischen Republik erhielt, war Hu She nicht mehr am Leben. Ich übergab Hu Shes Brief und den Durchschlag meiner Antwort meinem Duz-Freund Generalleutnant Wego Chiang, dem jüngsten Sohn des Marschalls. Er leitete sie an die Academia Sinica weiter, deren neuer Präsident mir schrieb, daß »diese Dokumente von geschichtlichem Interesse sich nunmehr in der Hu-She-Gedenkhalle befinden, in ständiger Ausstellung«.

Vom Angriff auf Pearl Harbour hatte ich erfahren, als ich als Carnegieprofessor an Rutgers University lehrte, nur sechzig Meilen von Newfoundland. Rutgers war 1766 von König Georg III. von England, Kurfürsten von Hannover, mit der gleichen Charta wie Göttingen gegründet worden. »Pearl Harbour« geschah am Sonntag, dem 7. Dezember 1941, und so groß war der Schock, daß sofort Stimmen laut wurden: kein Flugzeug, kein Panzer, keine Patrone dürften mehr nach England geschickt werden, denn jetzt müsse erst einmal Amerika verteidigt werden. Aber zwei Tage danach erklärte Hitler den Vereinigten Staaten den Krieg. Wen die Götter verderben wollen ... Im Juni jenes Jahres hatte Hitler ja bereits seinen Bundesgenossen Stalin angegriffen, und nun waren, dank seiner »Genialität«, die Vereinigten Staaten zum Bundesgenossen der Sowjetunion geworden.

Amerika im Kriege

Theoretisch waren nun auch in Amerika die Staatsangehörigen der Achsenmächte »feindliche Ausländer«. In der Praxis hatte dies nichts zu sagen. Ein paar »Bundisten«, aktive Nazis, wurden milde interniert. Niemand wurde verfolgt oder auch nur verwarnt, wenn er für einen gerechten Frieden mit dem deutschen Volke plädierte, »Hitlers erstem Opfer«: Anderenfalls wären ein Mann wie Friedrich Stampfer und ich selber aus den Gefängnissen nicht mehr herausgekommen.

Das brauchte nicht betont zu werden, wäre nicht nach dem Tode Heinrich Brünings eine Legende aufgekommen, von ihm selber noch in die Welt gesetzt: Daß er seiner aufrechten deutschen Gesinnung wegen mit Verhaftung, ja Einweisung in ein »Konzentrationslager« bedroht worden sei, auf Grund der Hetze der »anti-deutschen pro-kommunistischen Emigraten«, die ihn »mundtot« machen wollten. Brüning hat den Mund nicht aufgemacht zur Verteidigung des deutschen Volkes. Nicht ein einziges Mal hat er, als sein Name noch etwas galt, öffentlich für einen gerechten Frieden plädiert oder sich gegen die Geschichtslügen eines Vansittart und später eines Morgenthau gewandt.

Ein paar Tage nach Pearl Harbour lud Dr. Butler meinen Carnegie-Kollegen, den Grafen Carlo Sforza, den ehemaligen und künftigen italienischen Außenminister, und mich zum Abendessen ein. Wir sollten dafür sorgen, trug er uns auf, daß die akademische Jugend Amerikas über Hitler und Mussolini nie das wahre Deutschland und das wahre Italien vergesse. In seiner Tischrede pries Butler den freiheitlichen Geist jenes wahren Deutschlands, er ehrte das Andenken Stresemanns und nannte es eine Tragödie für die Welt, daß ihn die Westmächte nicht besser unterstützt hätten. Nach dem Essen bat mich Butler, ein Memorandum auszuarbeiten, das er dem State Department geben wolle.

Ich übergab es ihm schon nach wenigen Tagen. Es enthält in neuer Form die alten Forderungen: »Hic et nunc« den kommenden Frieden zu planen, wenn dieser nicht wiederum verlorengehen sollte. Ich zitierte ein eben erschienenes Buch, »Problems of a Lasting Peace«, von Herbert Hoover, dem früheren Präsidenten, und Botschafter Hugh Gibson: »Es kann in Europa keinen dauernden Frieden geben, wenn Deutschland aufgeteilt wird, ebensowenig wie es in Nordamerika Frieden geben könnte, wenn andere Nationen versuchen würden, die Vereinigten Staaten auseinanderzureißen oder Teile von ihnen an Mexiko zu geben.« Ein »Neo-Nazismus« mit umgekehrten Vorzeichen mache sich breit: gemäß Vansittarts Black Record gäbe es eine deutsche »Rasse«, die vom Urbeginn gekennzeichnet sei durch Bosheit, Machthunger, Angriffslust. Daher verlangten in Amerika bereits einige Extremisten »eine Massensterilisation, um das deutsche Volk von 80 auf 50 oder 40 Millionen zu reduzieren.« Für die kommenden Prozesse gegen Naziverbrecher forderte ich die Beachtung der Regeln demokratischer Justiz und warnte vor der Übernahme nazistischer Grundsätze, wie etwa »ex post facto-Gesetze«. Andererseits sollten keine politischen Entschuldigungen angenommen werden. Mörder bleibt Mörder, auch wenn seine Mitgliedschaft in einer Naziorganisation den Mord »erlaubte« oder gar befahl. Die Paragraphen des deutschen Strafgesetzbuches, ich legte sie in einem Zusatzmemorandum dar (»The State versus Hitler et all« — Der Staat gegen Hitler und Genossen), reichten aus zur Aburteilung aller Verbrecher, von Hitler bis herunter zu den kleinen Mittätern.

Das Memorandum für Butler und das State Department betonte erneut die einzigen zuverlässigen Grundlagen eines dauernden Friedens: Eine Europäische Föderation, ein Gemeinsamer Markt und eine freiheitliche deutsche Reichsregierung, aufbauend auf der Verfassung von Weimar.

Zu den Treuhändern des »Carnegie Endowment« gehörte auch John Foster Dulles, damals außenpolitischer Berater der Republikanischen Partei. Ich lernte ihn durch Dr. Butler kennen und hatte Gelegenheit, mit ihm über die Nachkriegsordnung zu sprechen und über die Gefahren, die man bereits heraufziehen sah. 1953 wurde Dulles bekanntlich Außenminister. Ihm ist es weitgehend zu danken, daß sich im Westen Deutschlands die Bundesrepublik als ein freier Staat entwickeln konnte. Daß es heute als »fortschrittlich« gilt, ihn zu kritisieren, ist eine andere Sache.

Die Grundgedanken des Memorandums habe ich mit Dr. Butlers Erlaubnis in zwei umfassenden Aufsätzen in der Vierteljahresschrift »Social Science« der Öffentlichkeit zugänglich gemacht. Der erste erschien in der April-1942-Nummer: »Foundations of an Equitable Peace«, der zweite im Oktober des gleichen Jahres: »Germany's Coming Reich«. In einem Leserbrief an die »New York Times«, veröffentlicht am 9. August 1942, schlug ich die Gründung einer »Amerikanischen Akademie für Internationalen Wiederaufbau« vor, »um alle Kräfte, die eine demokratische Nachkriegsordnung planen, zu aktivieren, zusammenzufassen und zu leiten.« Diese Vorschläge wurden übernommen vom »Post War World Council«, den Normann Thomas, der sozialistische Präsidentschaftskandidat, und Villard ins Leben riefen. Ich war einer der ständigen Berater dieser Organisation. 1943 veröffentlichte der »World Council« eine Schrift Villards, die in Deutschland bekannt werden sollte! Sie hieß »Sollen wir Deutschland regieren?« Er wandte sich darin gegen das alliierte Kontrollsystem durch »alliierte Gauleiter« und diese »lächerliche Idee der ›Wiedererziehung‹«. Als ob er den Morgenthauplan vorausgeahnt hätte, warnte er davor, die deutsche Industrie zu zerstören, das Land aufzuteilen und die Deutschen auf Hungerrationen zu setzen. Eine solche Politik würde nicht nur Deutschland, sondern ganz Europa in Chaos verwandeln.

Im Frühling 1942 begann ich mit einem zweiten autobiographischen Bande — heute für mich eine wertvolle Quellensammlung. Er hieß »On Borrowed Peace« — »Der geborgte Friede«, von Hitler nämlich, der schließlich den Krieg lieferte. Ich widmete das Buch: »Captain John Richard Strick, Sinnbild des jungen England; und Volkmar Zühlsdorff, Sohn des wahren Deutschland, mein Schicksalsgefährte im Exil«. Der Bericht begann mit dem Grenzübertritt am 30. April 1933 und endete mit der Geburt unserer zweiten Tochter, Konstanza, am 4. Juli 1942, dem amerikanischen Nationalfeiertag. Im letzten Kapitel des Buches steht eine fiktive Rundfunkansprache, die ich am »Tag danach« von Berlin aus halten würde. Sie enthält einen Dank an Amerika und die Bitte, uns jetzt nicht zu verlassen »in der Stunde des Neubeginnens«. Zwar kam die Rettung, aber erst, »als unser Land, wie alle anderen, am Rande des Todes stand... Das Hakenkreuz, dieser vierfache Galgen, ist verschwunden... aber die Wohnstätten von Zehntausenden sind nur noch rauchgeschwärzte Ruinen. Die Felder Europas sind verödet, wie ein Rudel von Wölfen rast der Hunger durch unsere Städte... All das habe ich Euch vor Jahren vorausgesagt, und jetzt ist es geschehen, durch unsere Schuld, durch unsere größte Schuld...« Im Sprachlabor von Hamline University habe ich diese Rede im Oktober 1942 auf eine Platte gesprochen und sie mir nach dem Kriege, als so viel davon eingetroffen war, wieder angehört.

Der Sommer 1942 war einer der schönsten, den wir in Newfoundland erlebten. Die Fliederbüsche und die zahllosen Blumen leuchteten in üppigster Pracht und warfen ihr Licht, während ich »On Borrowed Peace« schrieb, in mein Arbeitszimmer und auf den Adler hinter meinem Schreibtisch. Und dennoch lag bereits eine Ahnung kommender Wandlungen in der Luft... »Wenn sich die Stille des Abends auf das Haus senkt, auf die Bäume, die Blumen, dann erfüllt die sinkende Sonne hinter dem Baum in der Fluß-Schleife einen unendlich weiten Himmel in allen Tönungen von Rot und Gold...« Aber »ich kann die Scharen der Völker jenseits des Ozeans nicht vergessen, die ihre Befreiung ersehnen. Alles um mich herum, die Bilder meiner Freunde, der lebenden und der toten, mahnen mich an meine unwandelbare Pflicht gegenüber der Sache, die mich in die Verbannung führte und derentwegen ich jetzt unter einem Volke lebe, für das die Freiheit noch Wirklichkeit ist.«

Am 29. September, dem Michaelstag, wurde Konstanza von Pater Berard Vogt in New York getauft. Ihr Taufpate war Villard. Am Taufessen nahmen auch Frau Käthe Stresemann — von den Kindern »Tante Kaethe« genannt — und die Söhne Wolfgang und Joachim teil. 1952 war ich Wolfgangs Trauzeuge, als er in München heiratete.

Als ich wenige Tage später als Carnegieprofessor nach Hamline University, in St. Paul, Minnesota, kam, hatte die Schlacht von Stalingrad gerade begonnen. »Bei meinem Weggang«, sagte ich in der ersten Vorlesung, »wird eine weltgeschichtliche Entscheidung gefallen sein.« Den Kern meines Programms bildete ein Sonderkurs von zwölf Vorlesungen, »Europa in Geschichte und Gegenwart«. Als »Studentischen Assistenten« bekam ich einen klugen Neunzehnjährigen zugeteilt, Hans Christian Larson. Sehr bald wurden wir Freunde, und wir sind es noch immer. Er hat in den Nachkriegsjahren so viel für Deutschland und die deutschamerikanische Freundschaft geleistet, daß er im Sommer 1971 das Bundesverdienstkreuz Erster Klasse erhielt. Gleich zu Beginn unserer Freundschaft, unter den klaren Sternen des mittwestlichen Herbsthimmels, planten wir unsere kommenden Fahrten — sollte es nach dem Kriege noch ein Deutschland geben, ein Italien, ein Europa.

Im November jenes Jahres entwickelte ich vor dem Elften New York Herald Tribune Forum meinen Plan für ein weltweites, integriertes Erziehungssystem: Freizügigkeit für alle Studenten und Professoren, internationale Anerkennung aller Diplome und Lehrbefähigungszeugnisse, Finanzierung durch den Kulturfond der Vereinten Nationen. Im Kerne waren diese Gedanken schon in meiner Denkschrift über den »Jugendvölkerbund« enthalten, und ich vertrete sie nach wie vor in Vorträgen in der ganzen Welt, im Rundfunk, in vielen Schriften.

Mein nächster Carnegie-Auftrag führte mich nach Assumption College in Ontario, wo sich Father Murphy, der getreue, um mein Programm bekümmerte: »Aufstieg und kommende Niederlage des Nationalsozialismus — der Aufbau Europas nach dem Kriege als einer wirtschaftlichen und politischen Einheit.« Ein Wochenende verbrachte ich im Hause des Abgeordneten Paul Martin, dem ich meine Gedanken in Einzelheiten vortrug. Nach dem Kriege war er Außenminister, jetzt ist er der Führer der Regierungspartei im Senat in Ottawa. 1971 und 1972 besuchte ich ihn in seinen Amtsräumen, dann kam er beide Male zu großen »parties«, die Volkmar von Zühlsdorff für mich gab.

Bei meiner Rückkehr aus Hamline hatte mich Dr. Butler gefragt, welches Textbuch ich für meine Geschichtsvorlesungen verwandt hätte? Ehe ich antworten konnte, fügte er hinzu: »Warum schreiben Sie nicht selber eine Deutsche Geschichte? Zeigen Sie uns das *wahre* Bild Deutschlands, treten Sie der Vansittartschen Geschichtsklitterung entgegen!« Im Januar 1943 begann ich damit, am 16. Oktober war das handgeschriebene Manuskript fertig. Mit einer umfassenden Annotierung und Bibliographie, die

Volkmar zu verdanken sind, erschien das Buch bei Columbia University Press unter dem Titel »The Germans in History« in New York im Dezember 1945. Nach meiner Rückkehr nach Deutschland wurde es zur Grundlage meines Werkes: »Deutsche Geschichte; der Weg des Reiches in zwei Jahrtausenden«. Es liegt nunmehr in vierter Auflage vor. Das Buch enthielt auch den Stoff für meine »Kleine Deutsche Geschichte«, von der mehrere Zehntausende von Exemplaren verkauft wurden. Es liegt jetzt in acht Sprachen vor. 1969 kam es in Thai, 1971 auch in Hindi heraus.

Der englische Urtext enthielt bereits einen Plan für die Nachkriegsordnung, einschließlich einer Verfassung Deutschlands und des Europäischen Bundes freier Nationen. Der Kommunismus werde die Not und Zerrissenheit Deutschlands für seine imperialistischen Ziele ausnützen ... »dann aber kann nicht bezweifelt werden, daß früher oder später ein allgemeiner Weltenbrand entstehen wird«. Zwar dürften Europa und der Nahe Osten zuerst die Hauptkriegsschauplätze bilden. Jedoch werde ein solcher Krieg, mit allen Merkmalen der nationalen und sozialen Revolution, auch die westliche Hemisphäre nicht unberührt lassen.

Daß so etwas veröffentlicht werden konnte, zeigt das ganze Ausmaß der amerikanischen Meinungsfreiheit. Die Vereinigten Staaten und die Sowjetunion waren immerhin noch Verbündete, und das geschlagene Deutschland war nach wie vor der Feind schlechthin.

»Frei-Deutschland« — oder ein freies Deutschland?

Der Krieg begann, sich bemerkbar zu machen. »Kaffee soviel Sie wollen«, stand in den drug stores, »erste Tasse: ein Nickel, zweite: hundert Dollar.« Zucker wurde rationiert, Benzin, Konserven, Autoreifen. Auch Kohle wurde knapp.

Im Februar 1943 kam das Ende von Stalingrad. Eine deutsche Exilregierung, gerechte Friedensvorschläge wurden zum Gebot der Stunde. Aber nicht der Westen ergriff die Initiative, sondern die Sowjetunion. Ein ganzseitiger Bericht in der »Prawda« und Radio Moskau teilten einer peinlich berührten westlichen Welt mit, daß ein »Frei-Deutschland-Komitee« gegründet worden sei. Ein entsprechendes Manifest war unterzeichnet worden vom Feldmarschall Friedrich Paulus, vom Grafen Heinrich von Einsiedel, einem Urenkel Bismarcks, und zahlreichen anderen Stalingrad-Gefangenen, Offizieren und Soldaten. Auch einige politische Emigranten in der Sowjetunion unterschrieben, darunter Walter Ulbricht und Wilhelm Pieck, Namen, die uns nichts besagten. Stalin stand Pate, aber es war dennoch kein »Kommunistisches Manifest«, sondern ein patriotischer Aufruf, nach Ton und Inhalt durchaus demokratisch: Das deutsche Volk solle den Sturz des Nazismus nicht den alliierten Heeren überlassen, da diese »die Aufteilung unseres Vaterlandes« bringen könnten. »Unser Ziel — ein Freies Deutschland!« verkündete das Manifest. »Die vordringlichste Aufgabe ist jetzt die Bildung einer echten nationalen Regierung.« Nur eine solche könne, gestützt auf das Vertrauen des deutschen Volkes und der ehemaligen Kriegsgegner, Frieden schließen.

Das alles entsprach genau den Gedanken, die ich seit Jahren in Wort und Schrift vertreten hatte. Als daher in Mexiko ein latein-amerikanisches Frei-Deutschland-Komitee entstand, unterzeichnete ich, ohne zu zögern, den Gründungsaufruf, zusammen mit Heinrich Mann, Ludwig Renn, Paul Merker, Alexander Abusch, Anna Seghers und anderen. Wir riefen alle Schichten des deutschen Volkes und der freiheitsliebenden Deutschen im Ausland auf, durch die *Tat* den Krieg zu beenden und »den Weg zu bereiten für das kommende, freie, demokratische Deutschland«. Heinrich Mann und ich traten an die Spitze des gewählten Ehrenpräsidiums.

Aber auch der Westen sollte nun handeln! Daher ernannte mich die »New York Herald Tribune« zu ihrem Sonderkorrespondenten für England. Alle meine politischen Freunde in den Vereinigten Staaten unterstützten mein Ersuchen um ein britisches Visum und um eine »Priorität« auf einem nach England fahrenden Schiff. Im April 1943 erhielt ich in

Newfoundland einen geheimnisvollen Telephonanruf: Ich sollte sofort nach New York kommen, Reisezeug mitbringen, aber so wenig wie möglich. Das britische Transportministerium hatte mir tatsächlich auf einem Holland-Amerika-Dampfer, der in einem Geleitzug nach England fahren sollte, einen Platz verschafft. Aber das Visum kam nicht — bis zum letzten Augenblick hoffte ich noch, denn es war mir fest zugesagt worden. So fuhr das Schiff ohne mich ab. Später hörte ich, daß es torpediert wurde und mit Mann und Maus untergegangen sei —.

So konnte ich das »Frei-Deutschland-Komitee« nur »durch die Feder« unterstützen, etwa in einem ausführlichen Leserbrief in der »New York Herald Tribune« vom 22. August 1943 ... im Schatten ausländischer Bajonette könne sich keine Demokratie entwickeln, stark genug, um auf eigenen Beinen zu stehen. Daher sollte in allen alliierten Ländern des Westens ein Deutscher Nationalrat gebildet und mit den Frei-Deutschland-Komitees in Moskau und Mexiko koordiniert werden. In England wurde im September 1943 tatsächlich eine solche Frei-Deutschland-Bewegung ins Leben gerufen. Schon achtzehn Monate ehe Moskau handelte, hatten deutsche politische Emigranten die Initiative ergreifen wollen, aber Außenminister Anthony Eden hatte ihnen jede Anerkennung verweigert. Auch jetzt blieb ihr Zusammenschluß ohne wirklichen Einfluß auf die Geschehnisse.

In Amerika schien die Regierung Roosevelt vor nichts mehr Angst zu haben als vor einem »soft peace« — einem Frieden, der nicht den Wünschen der Rachepolitiker entsprochen hätte. Dieser »Neo-Nazismus« mit umgekehrten Vorzeichen ermöglichte es Stalin, die Vereinigten Staaten nach Strich und Faden zu erpressen. Wenn seine Forderungen erfüllt wurden, ließ er das Frei-Deutschland-Komitee in der Versenkung verschwinden — mehr Kriegsmaterial, Zustimmung zu seinen Nachkriegszielen —, und wie den Teufel im Kasperletheater ließ er es herausspringen, wenn er neue Wünsche durchsetzen wollte. Damit aber wurde die amerikanische Regierung zum Gefangenen ihrer eigenen Komplexe und verlor ihre Handlungsfreiheit im Umgang mit der Sowjetunion.

Im »Aufbau« vom 16. April 1943 nahm ich zu einer Rundfrage Stellung, die von der Redaktion, wie es im Vorspann hieß, »an einige prominente Emigranten aus Deutschland« gerichtet war: Solle die Einheit Deutschlands nach dem Kriege erhalten bleiben oder nicht — solle Preußen aufgelöst werden und sei die »Atlantic Charta« auch auf ein besiegtes Deutschland anzuwenden? Meine Erwiderung erschien unter den Titel »Für eine soziale Republik« und enthielt alles, was dazu eben zu sagen war. Am Schluß hieß es: »Der ›Neo-Nazismus‹, der sich heute ausbreitet, ist die gefährlichste Fünfte Kolonne im Lager der Vereinten Nationen. Er verlängert den Krieg, schafft, sollte er zur Macht kommen, einen fadenscheinigen Waffenstillstand statt eines echten Friedens und wird unweigerlich zum dritten Weltkrieg führen.«

Im Mai 1943 verlieh mir Hamline University das Ehrendoktorat der Literatur. In meiner Erwiderung auf die Ansprache des Präsidenten der Universität dankte ich für diese Auszeichnung, auch »im Namen jener deutschen Universitäten, die mir während der Jahre der Freiheit meine Ausbildung gaben«.

Die offizielle Kriegspropaganda lief auf hohen Touren, als ich im Oktober jenes Jahres meine Lehrtätigkeit in Bowdoin College, Brunswick, Maine, fortsetzte. Bowdoin College, gegründet 1794, hat einen ausgezeichneten akademischen Ruf. Henry W. Longfellow studierte hier, um später am gleichen Orte als Professor für Deutsch zu wirken. An einem Abend sprach ich vor der versammelten Studentenschaft in der College-Kirche über die »Grundlagen einer kommenden Europäischen Föderation« (European Commonwealth). Ich sprach vom wahren Deutschland, von seiner Bedeutung für die Kultur der Menschheit und eine künftige Friedensordnung. Deutschland dürfe weder zerschlagen noch gedemütigt werden, sondern müsse als gleichberechtigter Partner am Leben der Völkergemeinschaft teilnehmen können. Viele meiner jungen Zuhörer waren schon in Uniform und schickten sich an, über See zu gehen. Die größten militärischen Gruppen waren die der »Premeteorological Unit« und die vom »Army Special Training Program«. Einen Augenblick lang war Stille, dann erhob sich die Studentenschaft und klatschte stehend Beifall — »standing ovation« nennt man das, das Stärkste, was es gibt. Der Dekan der Universität, Dr. Richard Nixon, trat zu mir zum Rednerpult und bat die Studenten, stehen zu bleiben: »Wir wollen das Land ehren«, sagte er, »aus dem unser Freund kommt und in dessen Namen er heute hier sprach. Wir wollen es tun durch das Singen eines Liedes. Leider beherrschen wir nicht den deutschen Text, aber die Melodie wird zum Ausdruck bringen, was wir meinen. Schlagen Sie auf: Seite ... des Studentenliederbuches.« Dann, von den Lippen junger Amerikaner, dabei, über See zu gehen, hörte ich eine Kirchenhymne mit der Melodie des Deutschlandliedes. Die Tränen liefen mir übers Gesicht — ich habe mich ihrer nicht geschämt, schäme mich heute nicht, davon zu berichten.

An der Fakultät wirkte seit langem ein deutscher Professor, Dr. Fritz Kölln, ein Mitglied der Anthroposophischen Gesellschaft. Ich saß im »Beta-Haus« mit ihm zusammen, als eine Gruppe von »Teenagers« hereinstürmte. Sie hatten eben ihren Stellungsbefehl erhalten. Nun ist das Leben in Amerika für junge Leute, deren Eltern etwas Geld haben, bekanntlich sehr angenehm. Der Stellungsbefehl brachte ihnen mit einem Schlage den Krieg zu Bewußtsein — vielleicht in den Dschungeln von

Guinea oder Birma oder in den haifischverseuchten Wellen des südlichen Pazifik...

Ihr Grauen machte sich Luft in einem wüsten Ausbruch von Haß und Beschimpfungen gegen das japanische Volk. Rasse und Farbe spielten dabei die Hauptrolle. Als ihnen endlich der Atem ausging, sagte Dr. Kölln ganz ruhig: »Paßt auf, Jungen! Wenn Ihr die Japaner so haßt, dann könntet Ihr Euch eines Tages wiederfinden als ein kleines, gelbes Baby in Tokio.« Das konnte nur bedeuten: »Vielleicht werdet Ihr sterben und dann wiederkommen als Kind jener Rasse, die Ihr so verachtet.« Fassungsloses Schweigen, dann, in völlig verändertem Tone, einer der Jungen: »I guess, we have been talking nonsense!«

Diese Begebenheit habe ich oft in Japan erzählt — sie besitzt eine zeitlose völkerverbindende Kraft. Aber wenn man sehr oft über etwas spricht, weiß man am Ende nicht mehr genau: Was ist Tatsache, was hat man selber hinzugefügt? So schrieb ich an Dr. Kölln und bat ihn, mein Gedächtnis aufzufrischen. Unter dem Datum, Bowdoin College, am 11. Oktober 1966, hat er geantwortet: Er habe genaue Notizen aus jener Zeit und könne daher meinen Bericht in allen Einzelheiten bestätigen. In einem Ferngespräch, das ich mit ihm von Boston aus führte, hat er überdies berichtet: von den Prä-Meteorologen seien fast alle noch gefallen, ungefähr zweihundert. Sie wurden plötzlich in einer Notlage, der sogenannten »Battle of the Bulge«, der deutschen Ardennenoffensive im Dezember 1944, eingesetzt. Auch von den anderen Studenten, die damals noch Zivilisten waren, sind viele in den letzten Kriegsjahren gefallen — möglich, daß manche dieser jungen Toten an den Abenden im Beta-Haus teilgenommen haben... Ende Februar 1969 habe ich Dr. Fritz Kölln in Bowdoin College besucht. Das »Beta-Haus« war unverändert — geisterhaft fast, und nicht *einer* mehr da.

Im Januar 1944 überschritt die sowjetische Armee Polens östliche Vorkriegsgrenzen. Damit begann die »Kommunistisierung« Polens, und es wurde klar, daß die Sowjetunion nicht *einen*, sondern *zwei* Kriege führte — einen Verteidigungskrieg gegen die deutschen Invasoren und einen Angriffskrieg zur Ausbreitung des sowjetischen Imperiums. Im gleichen Monat zeichnete sich bereits die geplante Annexion Ostpreußens ab. Friedrich Stampfer war der erste, der offen Protest erhob gegen diese ungeheuerliche Verletzung der Atlantic Charter. Darauf nahm ich Bezug in einem Leserbrief an die »New York Herald Tribune«, veröffentlicht am 30. Januar 1944, unter der Überschrift: »East Prussia Shift Opposed«: »Während das Angebot des Danaidengeschenks von Ostpreußen noch in verschleierter Form in der russischen Note vom 11. Januar enthalten war, hat nun Wolna Polska, das Organ der sowjetisch gelenkten ›Union Polnischer Patrioten‹ in Moskau, am 20. Januar offen diese Provinz gefordert und, um das Maß voll zu machen, auch noch Schlesien und Pommern mit hineingeworfen. Der Ursprung solch erstaunlicher Forderungen mag Aufschluß geben über den wahren Zweck ...« Vor siebenhundert Jahren seien diese Provinzen durch deutsche Siedler der europäischen Zivilisation erschlossen worden, und immer blieben sie deutsch. Das Deprimierende an diesem willkürlichen Jonglieren mit Ländern sei der Rückfall in die Kabinettspolitik des Absolutismus des 18. Jahrhunderts, »als man Länder und Menschen verhandelte, als ginge es um Weideflächen und grasendes Vieh«. Ich schlug vor: Kontaktaufnahme zwischen demokratischen Polen und Deutschen im Exil, um die Nachkriegsbeziehungen zu besprechen. Zwischen dem freien Polen von morgen und dem freien Deutschland, nach Hitlers Fall, könnten alle Probleme durch friedliche Verhandlungen gelöst werden. Der Brief schloß: »Ich kann nicht schweigend über einen weiteren Vorschlag hinweggehen, der zu diesem Thema in einer Leserzuschrift gemacht wurde, nämlich, daß die Bevölkerung Ostpreußens nach Sibirien verschleppt werde! Die Frage erhebt sich, ob die ungeheuren Opfer dieses Krieges von den freiheitsliebenden Menschen in aller Welt nur dafür gebracht wurden, um am Ende Dachau, Gurs und Lublin zu einem einzigen, umfassenden Konzentrationslager auf den sibirischen Ebenen zu vereinigen.«

Wenigstens vom Frei-Deutschland-Komitee in Mexiko konnte man erwarten, daß es sich gegen diesen »Neo-Nazismus« im alliierten Lager wenden werde. Aber es schwieg. Ich wandte mich daher an Ludwig Renn, den ich von Spanien her kannte, und bat ihn, die Haltung des Komitees klarzustellen. Es sei nicht ausreichend, die Aufteilung Deutschlands nur vom Westen her abzulehnen. Jeder deutsche Demokrat müsse sich ähnlichen Versuchen des Ostens gleichfalls entgegenstellen. Da ich keine befriedigende Antwort erhielt, trat ich aus dem Präsidium und der Organisation selber aus und teilte der Öffentlichkeit die Gründe für diesen Schritt mit.

»Für die beiden Länder, die ich liebe«

Schon im September 1939 wurde John Offizier in einem irisch-englischen Traditionsregiment, den First Irish Rifles. Die Kopfbedeckung hieß caubeen, eine weiche, nach hinten zurückgezogene Mütze. Sie war geschmückt mit der irischen Harfe und einem blau-grünen Federbusch, genannt hackle. Zur Paradeuniform trug man eine altirische Waffe, eine Keule aus Eichen- oder Schlehdornholz, shillalagh. Bis zum November gehörte Johns Regiment zur Küstenverteidigung. Als die Invasionsgefahr nachließ, wurde es nach Indien, dann nach Ägypten und Palästina versetzt. Aus allen Ländern, nah und fern, erreichten mich Johns Briefe. In Jerusalem, im Pflasterhof des Pilatus, der jetzt von einem Kloster umschlossen ist, schrieb er, wurde ihm bewußt, daß von hier die Via Dolorosa ausging; plötzlich habe er sich »in der Gegenwart großer Kräfte« gefühlt — die Tränen seien ihm dabei über die Wangen gelaufen. Im Briefe eingeschlossen war eine kleine silberne Medaille des Erzengels Raphael, die eine belgische Nonne ihm gegeben hatte. Es war ein sehr bedeutungsvolles Schreiben. Johns religiöses Bewußtsein war durch östliches Gedankengut bestimmt. In Christus sah er einen der großen Meister, aber nicht den *Einen*. Nun, so schien es mir, habe er eine Katharsis, eine Einweihung erlebt, in der Begegnung mit den »großen Kräften«.

Im Juli 1943 landeten die Irish Rifles in Sizilien. John wurde an der Schläfe verwundet und im Flugzeug in ein Lazarett nach Nordafrika gebracht. Ende August kam er zurück, Anfang September wurde er Hauptmann. Im Oktober begann die Invasion Süditaliens. Er nahm teil an den Kämpfen nördlich des Volturno und bei Monte Cassino. Dabei erlitt er eine Brustwunde. Am 20. Januar 1944 geriet John bei Castelforte am Nordufer des Garigliano mit seiner Aufklärungsabteilung in ein Minenfeld. Er wurde mehrfach verwundet und erlitt einen Nervenschock. Aus dem Feldlazarett schrieb er mir am 21. Januar ... »per Bahn, auf Tragbahren, eine eher unbequeme Art zu reisen. Vor mir ein deutscher Soldat, ein achtzehnjähriger Junge, ziemlich schwer verwundet. Jenseits des Mittelgangs ein neunzehnjähriger Deutscher, nett aussehende Jungen«. Ihre Unterhaltung, die er mit anhörte, war interessant: gegen den Krieg — und keiner von den beiden war auch nur Mitglied der HJ gewesen. Noch zwei weitere junge Deutsche, die John anredeten, ohne seinen Rang zu kennen, sprachen sich gleichfalls gegen den Krieg aus ...

Im gleichen Brief schilderte er eine Reihe erstaunlicher Errettungen, etwa, daß eine Kugel, die ihn aus dreißig Meter Entfernung in die Brust traf, nur einen halben Zoll tief eindrang. Auch die Mine war sehr groß, mit genug Sprengkraft, um einem Panzer die Raupenkette herunterzureißen. »Ich weiß nicht...«, schloß er, »...ist das eine Warnung des Schicksals, aufzuhören ... oder eine Gewähr dafür, daß ich ruhig weitermachen kann ...?« Ich versuchte, ihm ein Kabel zu schicken: »Es ist eine Schicksalswarnung!« Es wurde nicht angenommen. Da ich wußte, daß er sich seines Nervenschocks wegen schämte, schrieb ich ihm am 4. Februar durch Luftpost ... »Du brauchst Dich nicht zu schämen — Feldherrn wie Caesar, wie Moltke erlitten ähnliches. Es ist nicht das grobe Holz, aus dem die großen Soldaten geschnitzt sind.« Sein nächster Brief vom 28. Januar kam noch aus dem Lazarett. Er drängte zurück an die Front, um bei seinen Kameraden zu sein. Ich erhielt diesen Brief am 10. Februar. Am 5. Februar schrieb er, jetzt sei er wieder beim Regiment. Am gleichen Tag beschwor ich ihn in einem Luftpostbrief, sich einen längeren Erholungsurlaub zu gönnen. Am 23. Februar wiederholte ich meine Bitte noch eindringlicher.

Am 7. März war ich mit Helga in New Brunswick, um an Rutgers University einen Vortrag zu halten. Es war ein düsterer Tag, ein eisiger Wind wehte, ein dunkelgrauer Nebel trieb über der Stadt. Gerade als wir nach Newfoundland zurückfahren wollten, rief Volkmar an. Ein Telegramm von Johns Mutter war eingetroffen: »In tiefem Schmerz teilen wir mit, daß John ungefähr Mitte Februar gefallen ist. Betet für uns. Iris Strick.« Es war am 18. Februar, dem schwersten Tag in den Kämpfen um den Brückenkopf von Anzio. Im Vorwort zu Johns Gedichten, die Harold Nicolson herausgab, schreibt dieser: Ein Augenzeuge, Major W. E. Brooks, habe ihm Johns Tod geschildert. In einem schweren Artilleriefeuer schlugen zwei Granaten auch im Befehlsstand ein. Als Major Brooks zu John hinübersah, hatte sich dieser mit dem Kopf auf einen Büschel Gras gebettet. Er sah aus, als habe er sich im Schlafe umgedreht. »Ich fragte ihn, ob alles in Ordnung sei ... aber er gab keine Antwort und rührte sich nicht mehr ... Er sah so friedlich aus, daß ich nicht glaubte, er sei tot, bis ein Sanitäter es mir sagte.«

Beim Abschied, in Le Brusc, hatte John gesagt: »Glaubst Du, Fleisch ist härter als Granaten?« In »On Borrowed Peace«, erschienen 1942, hatte ich diesen so »unenglischen« Ausdruck aufgezeichnet. Nun verstand ich ihn ... Die Ode des Horaz, die ich am Gymnasium zuerst gelesen hatte, tauchte vor mir auf ...

 Tu semper urges flebilibus modis
 Mysten ademptum nec tibi vespero
 Surgente decedunt amores
 Nec rapidum fugiente solem.

Aber eines Abends, einige Wochen später, begriff ich die tiefere Bedeutung des Wortes *ademptus* ... »Auffahrt«, nicht »Tod«, hinweggenommen, aber nicht ausgelöscht. Die Gewißheit des *Lebens* liegt darin. »Jung rufen die Götter zu sich, wen sie lieben. So sagt man doch. Und der Kampf ist immer ungleich, denn die Götter sind stärker. Selbst dann, wenn ihre Liebe es nicht war. Verwehendes Bild eines letzten Sommertages...« Das schrieb ich zwölf Jahre danach in meinem Roman »Die Römischen Tagebücher des Privatdozenten Dr. Remigius von Molitor«. Dabei dachte ich an John. Was ich im Worte *ademptus* erkannte, gibt mir die Gewißheit, daß ich ihm einmal wieder begegnen werde.

»Er starb, damit auf dieser Erde die Freiheit nicht untergehe. Er kämpfte ohne Haß oder Bitterkeit für ein Ideal.« Das schrieb mir am 22. März 1944 seine Mutter. Um die gleiche Zeit erhielt ich meine Briefe vom 5. und 23. Februar zurück, mit dem Vermerk: »killed«. John fand seine letzte Ruhestätte auf dem britischen Soldatenfriedhof bei Anzio. Im März 1949 besuchte ich sein Grab zum ersten Male. Als ich einige Jahre später wieder dort war, schien es mir, als ob die Buchstaben auf dem grauen Steine etwas verblaßten. Aber ich dachte an ein Wort Hegels, daß man in den Gräbern nur die Toten findet. Von einem großen Rosenstrauch, der dort blüht, hat Arthur, Johns jüngerer Bruder, Samenkörner geholt und im Vorgarten von Abbotsham Court gepflanzt. Diese Anzio-Rosen leuchteten in Weiß und Rot, als ich 1954 zum ersten Male wieder zu Besuch kam.

Meine Christuslegende »The Child and the Emperor« wurde im Frühling 1944 fertig. 1945 erschien sie bei Macmillan. Ich habe den kleinen Band John gewidmet: »Der fiel auf dem Wege nach Rom — daß die Jugend aller Völker zu Brüdern werde.«

»Ich möchte diesen Krieg überleben, um für die beiden Länder leben zu können, die ich liebe: England und Deutschland.« Das schrieb John in einem seiner letzten Briefe. Zum ersten Male habe ich dieses große Wort in der Wochenschrift »The New Leader«, am 15. April 1944 veröffentlicht. Als ich 1963 nach Wellington College kam, wo Johns Name jetzt im Goldenen Buche, das in der Kirche verwahrt wird, verzeichnet steht, habe ich es wiederum zitiert — als ein Vermächtnis für die englische und die deutsche Jugend gleichermaßen.

Elisabeth und Konstanza besaßen kraft ihrer Geburt die amerikanische Staatsangehörigkeit, und wir hätten diese bereits 1943 erwerben können. Aber wir wußten, daß wir trotz aller Zerstörungen gleich nach dem Kriege nach Deutschland zurückkehren würden. Sonst würden die Jahre des Exils im Nachhinein jeden Sinn verlieren. Man muß sein Schicksal, das man selbst gewählt hat, bejahen bis zur letzten Konsequenz. So rückte also die neue Wirklichkeit immer näher, die ich 1942, im letzten Absatz meines Buches »On Borrowed Peace« vorausgesehen hatte: »Noch murmelt der Pequannock in der Fülle der Gegenwart, aber schon hat die

Zukunft ihr Werk begonnen, und bald wird sie wiederum wandeln, was so fest begründet schien ... Dann, wenn der neue Zyklus meines Lebens beginnt, will ich, mit Gottes Hilfe, den Adler der Republik, der mir über das Antlitz der Erde folgte, zurücktragen vom Hause in Newfoundland — auf alle Fahnenmaste meines befreiten Vaterlandes.«

Je weiter die sowjetischen Heere nach Westen vorstießen, desto tiefer versank Stalins Versprechen an das deutsche Volk, daß Deutschland nicht aufgeteilt, sondern als ein freier, demokratischer Staat wiederhergestellt werden solle, in Vergessenheit. Dafür schien in England die politische Vernunft zu erwachen. Am 29. Februar 1944 brachte die »Times« in ihrem Leitartikel einige bemerkenswerte Vorschläge: Deutschland solle ungeschmälert in die kommende Europäische Föderation eingegliedert werden. Als politische und wirtschaftliche Einheit müsse es mit seinem ganzen Produktionsvermögen für den Wiederaufbau und einen dauernden Frieden arbeiten. Dies, fügte die »Times« hinzu, sei auch die überwiegende Meinung selbst unter den europäischen Opfern des Nazismus.

»This is where we came in«, sagt man in durchlaufenden Filmvorführungen, wenn die Bilder wiederkehren, die man beim Hereinkommen gesehen hat. Unter diesem Titel schrieb ich einen Artikel, der im Mai 1944 in der großen katholischen Monatsschrift »Catholic World« erschien. Die Bilder des Anfangs — die von den Nazis eroberten polnischen Städte ... jetzt kehrten sie in den Kriegsberichten wieder, nochmals erobert ... diesmal durch Stalin, Hitlers Verbündeten von 1939. »Zwischen Rußland und dem Ärmelkanal steht nach Deutschlands Niederlage nur Stalins Unterschrift. Das aber, angesichts bestimmter geschichtlicher Tatsachen, ist keineswegs eine beruhigende Lage!« Es folgte ein Katalog sowjetischer Vertragsbrüche gegenüber allen Nachbarstaaten, einschließlich Polens. Die letzte Handlung des Völkerbundes sei der Ausschluß der Sowjetunion gewesen, wegen ihres Angriffs gegen Finnland. Und nun verlangten die Sowjets sowohl polnisches wie deutsches Gebiet! An die Stelle des Nazismus werde ein neuer totalitärer Machtblock treten, es sei denn, daß man, durch das Angebot eines gerechten Friedens, die deutsche Widerstandsbewegung umgehend zum Sturze Hitlers und der Seinen ermutigte. Auf der Grundlage der Vorschläge der »Times« könnte dieser Sturz jederzeit erreicht werden, »trotz der ungeheuren Opfer, die ein offener Aufstand gegen die Hitlerbanden fordern würde«. Anderseits werde keine deutsche Gruppe einen Bürgerkrieg beginnen, wenn an der »bedingungslosen Übergabe« festgehalten werde. Diese Forderung werde von Millionen von Deutschen ausgelegt als die Ankündigung der politischen und wirtschaftlichen Zerstörung ihres Vaterlandes. »... auch wird, ohne glaubwürdige Zusicherung seitens des Westens, kein verantwortungsbewußter Führer der deutschen Opposition die Gefahr übersehen wollen, daß ein solcher Bürgerkrieg den Zusammenbruch der Ostfront bedeuten und damit genau *die* Lage schaffen würde, die am meisten zu fürchten ist ...« Wenn also Deutschland nicht bald aus dem Kriege herausgenommen werde, dann wird das Ende erst kommen nach völliger Erschöpfung und Millionen von Opfern auf allen Seiten.»Und dann wird sich, was man als ›Sieg der Demokratie‹ vorweg gepriesen hat, als ein kurzer Waffenstillstand herausstellen, bis an der Elbe der dritte Weltkrieg beginnt.«

Die gleiche Warnung hatte ich am 15. April j. J. in der Wochenzeitung »The New Leader« ausgesprochen: dieser »dritte Weltkrieg« werde kommen, nicht weil das zerschlagene und verwüstete Deutschland so unersättlich sei, sondern weil an der Elbe die beiden rivalisierenden Machtgruppen schicksalhaft gezwungen wären, um die endgültige Vorherrschaft zu kämpfen. »Aber dies wäre ein gegenseitiger Selbstmord, mit dem die letzten Überreste unserer Zivilisation ins Grab sänken.« Mein Vorschlag war: die aus der erhofften Revolution hervorgehende deutsche Regierung müsse im Westen sofort den Kampf einstellen und den alliierten Heeren den Durchzug nach dem Osten ermöglichen. Die umstrittenen Gebiete sollten von diesen besetzt werden, bis die Völker, in freier Abstimmung, über ihre Zukunft entscheiden könnten.

In der Wochenschrift der Jesuiten, »America«, vom 16. Oktober 1943 und in vielen Zeitungen und Vorträgen und Veröffentlichungen aller Art habe ich immer wieder auf den rechtlichen Fortbestand der Weimarer Verfassung hingewiesen. Das stieß bei der äußersten Linken der Emigration auf erbitterten Widerstand. Wäre »Weimar« anerkannt worden, dann hätte man Deutschland nicht aufteilen und die sowjetische Besatzungszone zu einem kommunistischen Satellitenstaat machen können.

Interessant ist vielleicht, daß auch Bert Brecht damals einen Aufruf der »American Association for a Democratic Germany« unterschrieb. Der Theologe Paul Tillich, Wolfgang Stresemann, Elisabeth Bergner und ich gehörten zu den Gründern. In unserm ersten Aufruf hieß es: Pläne für einen ungerechten Frieden arbeiteten dem Feind in die Hände; die Zeit sei überreif, die Grundlagen einer Europäischen Föderation zu schaffen und alle demokratischen Kräfte inner- und außerhalb Deutschlands zur Mitarbeit aufzurufen. Auch viele Amerikaner unterzeichneten diesen Aufruf, darunter Dorothy Thompson und Louis B. Lochner, die Theologen Reinhold Niebuhr und Dr. Harry Emerson Fosdick und die Columbia-Professoren Robert MacIver und Christian Gauss.

Mit der alliierten Landung in der Normandie am 6. Juni 1944 begann der letzte Akt des Krieges. Dank unserm Kurzwellengerät konnten wir auch die Nazi-Kriegsberichte mithören ... Am 12. und 13. Juni verkündete Goebbels triumphierend: Geheime Waffen seien zum Einsatz gekommen! Wörtlich sagte er: »Eine ganze feindliche Flotteneinheit, die in den Wirkungsbereich unserer neuen Waffen geriet, hat sich einfach aufgelöst. Das haben sie sich selber zuzuschreiben!« Sollten sie ...? Ein grauenhafter Gedanke. Meine Gespräche im Jahre 1936 mit dem Atomphysiker Dr. Brasch fielen mir ein. Obgleich wir nichts vom »Project Manhattan« wußten, man ahnte natürlich, daß der Wettlauf um die Atomkraft im Gange war. In der Hand der Nazis — das wäre ihr globaler Sieg. Ein paar Tage später lüftete sich das Geheimnis. Es war die V-1, der am 8. September die V-2 folgte. Bemerkenswerte Waffen, aber nicht kriegsentscheidend, da sie keine atomaren Sprengköpfe besaßen.

Der 20. Juli 1944

Am 20. Juli 1944, einem goldenen Sommerabend, spielte ich in unserm Hause in Newfoundland an unserm Kurzwellen-Empfänger herum. Plötzlich brach eine heisere Stimme heraus: »Eine kleine Gruppe blaublütiger Schweine hat versucht, den Führer zu ermorden.« Es war Robert Ley, der auf diese Art der Welt mitteilte, daß Männer der Widerstandsbewegung das letzte Mittel eingesetzt hatten, um Deutschland von der Schmach der Tyrannei zu befreien. Eine halbe Stunde später gab OWI — Office of War Information — die Nachricht aus, auf englisch, deutsch und vielen anderen Sprachen. OWI war eine mächtige Einrichtung, durchsetzt mit Philokommunisten und professionellen Hassern. »Eine kleine Gruppe blaublütiger ... Reaktionäre«, sagte der Sprecher, also nur *ein* Wort anders als in Leys Mitteilung. Nicht eine Volksbewegung, fuhr OWI fort, sondern Militaristen und Reaktionäre, die erkannt hätten, daß der Krieg verloren sei, und die daher Hitler ermorden wollten, »um die Wehrmacht für den nächsten Krieg zu retten«.

Am 21. Juli, als noch Hoffnung auf Erfolg zu bestehen schien, schrieb ich einen Leserbrief an die »New York Herald Tribune«, der am 31. Juli veröffentlicht wurde. Die Überschrift lautete: »Deutsche Revolte schon lange schwelend? Westmächte verantwortlich gemacht für Hitlers Aufstieg zur Herrschaft.« Ich schrieb nämlich, daß ohne die Beschwichtigungspolitik Hitler im September 1938 aller Wahrscheinlichkeit nach gestürzt worden wäre. 1939 hingegen hätten Hitlers »Erfolge« die Moral der deutschen Opposition gebrochen. Doch zeigten die jetzigen Ereignisse, daß die revolutionäre Bewegung schon viele Jahre alt sei. Frühere Versuche, Hitler zu beseitigen, seien von der Gestapo entdeckt und vereitelt worden, und sie könnten nicht einfach aus der Sorge um die militärische Lage erklärt werden! »... sollte eine oppositionelle Reichsregierung gebildet werden, von der Göring am 20. Juli über den Rundfunk in panischer Angst sprach, dann müßte sie sofort als Partner in allen Verhandlungen, die zum Frieden führen, anerkannt werden.«

Redaktionell vertrat die Zeitung jedoch einen anderen Standpunkt. Am 2. August hieß es im Leitartikel: »Wenn das Hitlerregime seine letzte Phase beginnt mit der Zerstörung der militärischen Tradition, dann nimmt es den Alliierten einen großen Teil ihrer Arbeit ab.« Und am 9. August: »Das amerikanische Volk wird nicht traurig darüber sein, daß die Bombe Hitler aufsparte für die Liquidierung seiner Generale. Amerikaner haben nichts übrig für Aristokraten, am wenigsten für solche im Paradermarsch, die, wenn es in ihre Pläne paßt, mit niedriggeborenen, pöbelhaften Korporalen zusammenarbeiten. Mögen die Korporale die Generale umbringen oder vice versa, am besten beides.« Ebenfalls am 9. August schrieb die »New York Times«, die Verschwörung gegen Hitler erinnere an »die Atmosphäre der schmutzigsten Unterwelt von Gangstern viel mehr als an die, die man innerhalb eines Offizierskorps und einer zivilisierten Regierung erwarten würde«. Da hätten sich einige hohe Offiziere verschworen, »das Oberhaupt des deutschen Staates und Oberbefehlshabers der Armee zu kidnappen oder zu ermorden, wobei der Plan ausgeführt werden sollte ›mittels einer Bombe‹, der typischen Waffe der Unterwelt«.

Ein Sturz der Hitlerregierung hätte Frieden bedeutet — und das paßte nicht in die Pläne der Haßpolitiker. Auch hatte Roosevelt nur dann Aussicht, im November 1944 zum vierten Male gewählt zu werden, wenn noch Krieg war. — Erst in den fünfziger Jahren hat das deutsche Volk die ganze Wahrheit über den 20. Juli erfahren. Immer noch wird die Bedeutung dieses Tages, wie der ganzen Widerstandsbewegung, heruntergespielt. Aber selbst nach alliierten Statistiken betrug die Zahl der Blutopfer des Regimes, vom Juli 1944 bis zum April 1945, ungefähr 50 000.

Auf der Zweiten Konferenz von Quebec, vom 10. bis 16. September 1944, kam es zur Annahme des »Morgenthauplanes«. Daß ein solcher Plan pathologischen Hasses und monströser Dummheit überhaupt zu einem Regierungsprogramm demokratischer Staaten werden konnte, war nur möglich auf Grund der Umfälschung des deutschen Geschichtsbildes. Seine Durchführung hätte, wie Außenminister Cordell Hull in seinen Memoiren nachweist, den Tod von 40% des deutschen Volkes — achtundzwanzig Millionen Menschen — bedeutet. Ganz Europa wäre in ein Armenhaus verwandelt worden, das schließlich die Sowjets als »Befreier« begrüßt hätte. Ebenfalls gemäß Cordell Hull, in einem Memorandum an Präsident Roosevelt: Churchills Unterschrift ist mit dem Versprechen einer Sechs-Milliarden-Dollaranleihe gekauft worden.

Reichlich spät, am 21. Dezember 1964, hat Eisenhower in einem Interview mit der »Washington Post« bestätigt, was die Emigration von Anfang an gesagt hat, — daß nämlich die Forderung nach bedingungsloser Übergabe den Krieg verlängert habe. »Hätte man den Deutschen klargemacht, daß sich der Kampf gegen das Naziregime und nicht gegen das deutsche Volk richtet, hätten die Streitkräfte vielleicht Hitler beseitigt oder verhaftet und dann um Frieden gebeten.« Es ist der amerikanischen Öffentlichkeit, dem Sturm des Protestes der sich erhob, als durch die Indiskretion eines Journalisten, die zu einem Wutausbruch Roosevelts führte, der Morgenthauplan bekannt wurde, zu danken, daß dieser Wahnsinnsplan des Massenmordes nicht durchgeführt und schließlich aufgegeben wurde. Aber in der Außenpolitik gibt es Dinge, die selbst durch tätige Reue nicht wiedergutgemacht werden können. In meiner »Deutschen Geschichte« habe ich Bismarck zitiert: »Über die Fehler in der auswärtigen Politik wird sich die öffentliche Meinung in der Regel erst klar, wenn sie auf die Geschichte eines Menschenalters zurückzublikken imstande ist, und die Achivi qui plectuntur — das Volk, das es zu büßen hat — sind nicht immer die unmittelbaren Zeitgenossen der fehlerhaften Handlungen.« Wobei allerdings zu sagen ist, daß sich heute die Folgen oft schneller einstellen als zu Bismarcks Zeiten! Die katastrophalen Folgen von Versailles haben sich sehr rasch gezeigt, und *Yalta,* der ganze Begriff einer »Krimkonferenz«, ist von Anfang an mit dem Odium der Teilung Deutschlands und Europas belastet.

Aus der Zeit von Quebec bis über die Konferenz von Potsdam hinaus gibt es wieder zahlreiche Memoranden an Churchill, Attlee, die amerikanische Regierung, an Senatoren und Abgeordnete. Vielleicht wurde damit doch ein gewisser Beitrag zur Wendung der amerikanischen Politik geleistet, auch wenn die Folgen einiger ihrer Grundfehler nicht mehr beseitigt werden konnten.

Am 7. und 8. Mai 1945 endete mit der bedingungslosen Kapitulation der deutschen Streitkräfte dieser Teil des Weltkonflikts. Die Nachricht, daß Hitler eine Woche davor umgekommen sei, war eigentlich schon unerheblich. Als im August 1945, nach der zweiten Atombombe, auch Japan kapitulierte, kehrte Amerika sehr schnell zum gewohnten Tun zurück. Im neuen Semester sprachen die Studenten schon vom »letzten Kriege«, nicht mehr vom »Krieg«. Auch war der Nachholbedarf groß, es gab wieder neue Autos, automatische Kühlschränke, bald auch das Fernsehen. Es bedurfte des Koreakrieges, um der Öffentlichkeit zu zeigen, daß »der Krieg« noch lange nicht vorüber war.

Durch das Rote Kreuz erhielt ich Nachricht von meinem Vater. Er war gesund, lebte aber in Wien in großem Elend. Eine Granate hatte sein Haus in der Strohgasse vom Dach bis zum Keller durchschlagen, unersetzliche Kunstwerke und Familiendokumente waren vernichtet worden. Seine Waffensammlung, die einst in Schönwörth in der »Rüstkammer« aufbewahrt war, hatten sowjetische Offiziere mitgehen lassen, wohl im Rahmen der »Entmilitarisierung«. Auf der Straße warteten schon die internationalen Schwarzhändler. Der zivile Postverkehr ließ noch ein Jahr auf sich warten. Aber durch den Wiener Vertreter der »New York Herald Tribune«, Seymour Freidin, konnte ich ihm per Militärluftpost 40-Pfund-Pakete schicken, Reis, Mehl, Zucker, Kaffee, Fleischkonserven, dazu Toilettenpapier, Schuhbänder, Nadel und Faden — alles unerhörte Kostbarkeiten zur damaligen Zeit!

Am 12. April 1945, dem Todestag Roosevelts, sandten wir unsere

Anträge auf Repatriierung nach Washington. Gleichzeitig registrierte ich mich bei der deutschen Interessenvertretung der schweizerischen Botschaft als deutscher Staatsbürger, da ja »Hitlers ›Ausbürgerungen‹ jetzt wohl auch den letzten Rest ihrer Scheinlegalität verloren hätten«. Butler, Villard, Dorothy Thompson und Dutzende von Senatoren und Abgeordneten unterstützten unsere Anträge. Aber es gab ein zusätzliches Problem: Unsere Kinder! Als amerikanische Staatsbürger — würden sie als Sieger oder als Besiegte nach Deutschland gehen? Lange hörten wir nichts. Endlich im Dezember 1945 unterrichtete mich das State Department, daß die sowjetischen Mitglieder des Alliierten Kontrollrats gegen unsere Rückkehr ihr Veto eingelegt hätten. Das war zur gleichen Zeit, da die Sowjets alle kommunistischen deutschen Emigranten aus Mexiko gratis und franko nach Europa zurückbrachten.

Wenn ich beweisen könne, daß ich ein »bona fide resident« der amerikanischen Besatzungszone sei, solle ich meinen Antrag wiederholen. In diesem Falle hätten die Sowjets nichts mitzureden. Zum Glück besaß ich noch meinen bayerischen Heimatschein vom Bezirksamt Traunstein am Chiemsee. Den sandte ich nach Washington, erneuerte meinen Antrag und wartete auf die kommenden Dinge.

Finis Germaniae?

Den ersten Augenzeugenbericht über die Zustände in Deutschland erhielt ich am 5. Juli 1945, als mich Dorothy Thompson gleich nach ihrer Rückkehr in Newfoundland anrief. Ich habe die wichtigsten Tatsachen in einem Briefe vom gleichen Tage festgehalten, gerichtet an Alexander Böker, seit dem Herbst 1971 deutscher Botschafter beim Vatikan. Ich hatte ihn 1936 durch meinen Bruder Werner in Oxford kennengelernt. Er war einer der letzten prä-nazistischen deutschen Rhodes-Scholars. Während des Krieges war er in den Vereinigten Staaten und kam ein Jahr nach uns wieder nach Deutschland. Auch dieser Brief liegt jetzt im Bundesarchiv. Hier sind einige Stellen daraus: ».‥ ein Bild des Grauens, wie man es sich nicht ärger denken kann: Würzburg völlig weg, Residenz, Dom, vom Schlosse über dem Main sieht man nur noch die Wände. München: Michaelskirche, Frauenkirche so gut wie zerstört — kaum mehr ein richtiges Gebäude. Dasselbe in Regensburg, Augsburg ... Bolschewismus allerorten, wegen der Infamie und fortdauernden Verblödung der anderen Seite; die Nazis machen jetzt gemeinsame Sache mit den Kommunisten; der völlige und durch nichts zu beschreibende Schiffbruch der westlich-alliierten Politik, dazu, wie sie sagt, in Amerika die gemeinste Hetzkampagne, mit bewußten Lügen, bewußter Irreführung. Kein Zweifel, meint sie, daß der Bolschewismus siegen wird, wenn nicht in letzter Minute eine Änderung kommt ...« Ich schloß: »Ich kann heute nicht weiterschreiben. Ich weiß nur: Deutschland muß und wird wieder sein. Sonst hätte die Weltgeschichte keinen Sinn mehr ...«

Gleich nach ihrem Telephonanruf schrieb ich an Dorothy Thompson: »Ich weiß noch nicht, wann wir die Erlaubnis bekommen werden, heimzukehren. Ich hoffe bald ... sie müssen uns gehen lassen, auch im allgemeinen Interesse. Heute besteht die Gefahr, daß alle Deutschen, die für eine Westorientierung eintraten, vor ihrem eigenen Volke ihr Gesicht verlieren. So geht die Strömung auf den Osten zu und auf einen neuen Weltkrieg ... Du erinnerst Dich, daß ich jahrelang für die Anerkennung der Weimarer Verfassung gekämpft habe. Die Herren (William) Shirer, Emil Ludwig, Friedrich Wilhelm Förster schrien sich jedesmal heiser, wenn ich damit herauskam. Warum, das ist leicht einzusehen!«

In einem Briefe vom 14. August teilte ich Böker mit, daß ich auch an Attlee geschrieben habe, ich kennte ihn von 1934 her. »Ich stellte ihm Potsdam dar, wie es eben dargestellt werden muß: die endgültige Lächerlichmachung jeder ›Demokratie‹, nur ›Stooges und Quislings‹ können da mitmachen ... Potsdam besitzt nicht einmal die erpreßte deutsche Unterschrift, wie Versailles sie hatte. Es ist ein ›Vertrag zuungunsten eines Dritten‹.«

Als der neue Bürgermeister von Weimar, bis dahin ein Gefangener in Buchenwald, über seiner Stadt die schwarzrotgoldene Fahne hißte, brachte die »New York Herald Tribune« am 13. Mai wieder einen meiner Leserbriefe. Ich nannte dieses Ereignis »den ersten Hoffnungsstrahl in einem Meer von Dunkelheit und Verzweiflung« und erinnerte daran, daß das gestürzte Regime immer nur eine De-facto-, nie eine De-jure-Regierung war. Schon 1933 habe es seine Legalität verloren, als es die gewählten Abgeordneten anderer Parteien ihrer Sitze im Reichstag beraubte. Im gleichen Briefe teilte ich mit, daß alle Ausgebürgerten jetzt auch rechtlich und öffentlich ihren Status als Bürger der deutschen Republik wiederaufnehmen könnten. Auf Grund der Weimarer Verfassung müßte die Demokratie durch Ausschreibung von Gemeinde-, Provinz- und nationalen Wahlen sofort wiederhergestellt werden. Aber die schwarzrotgoldene Hoffnung war verfrüht. Die Militärregierungen verboten diese Farben sofort wieder. Nur bei ganz besonderen Anlässen durften sie in der Öffentlichkeit gezeigt werden. Unter dem Eindruck von Potsdam schrieb ich einen Leserbrief an das »Brooklyn Tablet«, die größte katholische Wochenzeitung. Er erschien am 11. August 1945 unter der Überschrift: »Einer der ersten Anti-Nazis verurteilt Deutschlandplan.« Es war ein wilder Ausbruch der Empörung über den Verrat an den Idealen, an die ich geglaubt hatte: »Noch nie waren Schamlosigkeit, Selbstgerechtigkeit, Grundsatzverrat, Dummheit und Schuld so dicht ineinander verwoben. Von jetzt an gibt es nur diese Alternative: Der Krieg wird zur Dauereinrichtung, oder Europa, das ganze Europa, wird sowjetisch, bis dann zur gegebenen Zeit der interkontinentale Krieg zwischen Sowjeturasien auf der einen und Amerika auf der anderen Seite beginnt« etc.

Im Herbst 1945 sandte mich das Carnegie Endowment nach Holy Cross College, dem großen Jesuiten-College in Worchester, Massachusetts. Meine Geschichtsvorlesungen bauten auf meinem Buche »The Germans in History« auf, mit seiner streng »ghibellinischen« Konzeption der Unabhängigkeit der Reichsgewalt vom Papsttum. Die guten Väter waren sich dessen wohlbewußt, aber sie waren weitherzig. Als mich Pater Lucey SJ, Vorsitzender der Geschichtsabteilung, fragte, welches Lehrbuch ich verwenden werde, und ich sagte: »Mein eigenes, mit Ihrer gütigen Erlaubnis!«, stutzte er einen Augenblick. Dann, mit der Andeutung eines Lächelns: »Einverstanden! Nur schicken Sie mir nicht allzu viele Päpste in die Hölle!« »Nicht mehr, als Dante getan hätte«, sagte ich, und wir blieben über die Jahre hinweg gute Freunde. Holy Cross liegt fast 500 Kilometer von Newfoundland, ich konnte also nicht oft nach

Hause kommen. Auch nicht am 26. November zu Maria Elisabeths 6. Geburtstag. Das Geschenk mußte etwas warten: Ich besorgte für uns beide Karten für eine Matinée am 5. Dezember in der Metropolitan Opera: Richard Wagners »Lohengrin«, mit Lauritz Melchior und Kirsten Flagstad. »Eines der wichtigsten Ereignisse meines Lebens«, sagte mir Maria Elisabeth noch unlängst in Bad Godesberg. Am gleichen Abend fand die »Geburtstagsfeier« meines Buches »The Germans in History« statt. Columbia University Press, vertreten durch ihren Chef, Dr. William Bridgwater, gab hierfür einen Empfang im Ritz-Carlton Hotel in New York. Das Buch ist Dr. Nicholas Murray Butler gewidmet, »Vorkämpfer internationaler Verständigung, Philosophen, Erzieher und Staatsmann.« Die Presse nahm das Buch sehr freundschaftlich auf. Eine Reihe von Universitäten führte es als offiziellen Text ein. Dank Dr. Butler erlangte es sogar Einfluß auf die amerikanische Deutschlandpolitik. Er sandte mir den Durchschlag eines Briefes, den er am 5. Dezember 1945, zusammen mit einem Exemplar des Buches, an Außenminister James F. Byrnes geschickt hatte: »Prinz Löwensteins eben veröffentlichtes Buch ›The Germans in History‹ ist meinem Urteil nach das beste, das jemals von irgend jemanden in irgendeiner Sprache über das deutsche Volk und seine charakteristischen Eigenschaften geschrieben wurde. Es wird von vielen gelesen werden, nicht nur hier, sondern überall, und es wird unserer öffentlichen Meinung große Hilfe leisten in der Behandlung dieser Probleme und bei der Reorganisation des deutschen Staates auf einer demokratischen und friedlichen Grundlage.«

Die »Stuttgarter Rede« des Außenministers James F. Byrnes vom 6. September 1946 bedeutete bekanntlich den Wendepunkt der amerikanischen Nachkriegspolitik. Wie ich durch Dr. Butler knapp vor unserer Rückkehr nach Deutschland erfuhr, stand diese Rede in unmittelbarem Zusammenhang mit seinem Briefe vom 5. Dezember 1945 und meinem Buche »The Germans in History«.

Mein zweites Semester in Holy Cross College, im ersten Halbjahr von 1946, war mein letztes unter dem Carnegie Endowment for International Peace.

Abschied von Newfoundland

In der Neujahrsnacht 1945/46 fühlten wir bereits deutlich, daß ein neuer Abschied bevorstand. Nun, während des Semesters in Holy Cross, waren meine Gedanken schon jenseits des Atlantiks. »Farewell to America« heißt eine meiner damaligen Aufzeichnungen, eine andere »Der Wiederaufbau Europas« und eine weitere, wie in früheren Jahren, »Deutschlands kommendes Reich«.

Dem Deutschen Roten Kreuz war noch immer jede Tätigkeit verboten, und amerikanische Hilfsorganisationen durften in Deutschland nicht tätig werden. Das Elend der Heimatvertriebenen, der Hunger in den Städten und Dörfern, das Benehmen der sowjetischen Soldateska — all das war Tabu. Aber in Amerika hat die Zensur niemals dauernden Erfolg, die Wahrheit bricht immer durch. So auch jetzt: Die öffentliche Meinung zwang den Generalpostminister der Vereinigten Staaten, den Paketpostverkehr nach Deutschland freizugeben. Auch die idiotische »Anti-Fraternization«-Order — 60 Dollar Strafe für jeden G.I., der mit einem Deutschen auch nur sprach — brach zusammen.

Unterstützt von meinen Freunden entfaltete ich eine lebhafte Tätigkeit im Schreiben von Leserbriefen. Diese Aktivität hat mitgeholfen, im Frühsommer 1946 das Deutsche Rote Kreuz zuzulassen und den amerikanischen Hilfsorganisationen Deutschland zu öffnen. Am 21. Mai fand in Carnegie Hall in New York, unter den Auspizien der Quaker, das erste große Wohltätigkeitskonzert zugunsten der deutschen Notleidenden statt. Clarence E. Pickett, der Generalsekretär des »Friends Service Committee«, bat mit bewegter Stimme, dem Massenelend in Deutschland zu steuern. Allein in der amerikanischen Zone würden monatlich vier Millionen Dollar gebraucht. Die Quaker beabsichtigten, zusätzliche 375 Tonnen Lebensmittel und andere Gebrauchsgüter hinüberzuschicken, was weitere 750 000 Dollar im Monat erfordere. Wie sehr dachte ich da an die Quakerfrühstücke in Gmunden und was sie für uns im Hunger und der Hoffnungslosigkeit jener Tage bedeutet hatten. Dieses erste Konzert brachte bereits mehrere zehntausend Dollar ein! Mein Appell für das Deutsche Rote Kreuz war auch dem größten Syndikat deutschsprachiger Wochenzeitungen zugegangen, den »National Weeklies«. Ihr Chefredakteur, Otto Hoermann, mit Sitz in Winona, Minnesota, fragte an, ob ich nicht ständiger Mitarbeiter werden wolle? Dies sollte von bestimmendem Einfluß auf die nächsten Jahre werden. Ich begann sofort mit der Arbeit, und von da an, bis 1954, erschienen meine Beiträge zweimal wöchentlich, dann, bis die »National Weeklies« verkauft wurden, bis 1965 einmal die Woche. Die Blätter, zehn alles in allem, verteilten sich über ganz Nordamerika. Viele meiner Berichte wurden auch in den verschiedensten Sprachen in Mittel- und Südamerika nachgedruckt. Am 26. Juni brachten die Blätter des Syndikats meinen Aufsatz: »Das Gebot der Stunde: Friede mit Deutschland!« Ich zitierte eine Rede, die Ernest Bevin vor dem Jahreskongreß der Labourparty gehalten hatte: aus dem Zustand dauernder Friedlosigkeit könnten nur die Bolschewiken Vorteil ziehen; das Elend Deutschlands möge vielleicht den kranken Hirnen berufsmäßiger Hasser Genugtuung bereiten, für alle anderen sei die heutige Lage unerträglich. Wer auch nur einen Funken von Verstand besitze, könne sich über die schon angebrochene Weltkatastrophe nicht mehr im unklaren sein. Niemand werde es fertigbringen, ihn, Bevin, in einem dauernden Kriegszustand mit anderen Ländern zu halten! Am Nachkriegschaos, schrieb ich, sei das Schlagwort »bedingungslose Übergabe« mitschuldig. Bislang hätte ich vom zweiten Dreißigjährigen Krieg gesprochen — möge nicht ein Hundertjähriger daraus werden! Zu einem Friedensvertrag bedürfe es eines handlungsfähigen Partners, daher schlüge ich die sofortige Neubildung eines souveränen deutschen Staates vor. Folgendes wäre zu tun: 1. Zusammenlegung der amerikanischen und britischen Besatzungszonen, 2. Hinausdrängen Frankreichs aus der Pfalz und Südwestdeutschland, 3. Übergabe der gesamten Staatsgewalt an den bereits bestehenden Länderrat, das heißt die Staatsminister der drei westlichen Besatzungszonen. Der Länderrat würde damit zu einer Art »provisorischen deutschen Reichsregierung«. Seine vordringlichste Aufgabe wäre die Ausschreibung allgemeiner Wahlen zu einer deutschen Nationalversammlung in Frankfurt am Main. »Grundsätzlich wäre die Ausschreibung dieser Wahlen für das ganze Reichsgebiet vorzunehmen, also auch für die russisch-besetzten Provinzen. Berlin mit seinen vier Besatzungszonen ist natürlich von besonderer Wichtigkeit.« Sollten sich die Sowjets den Wahlen in ihrer Zone widersetzen, dann müßte der neue deutsche Staat, wie dies 1949 dann tatsächlich geschehen ist! — vorläufig auf dem Gebiete der drei westlichen Besatzungszonen aufgebaut werden.

Alle amerikanischen Regierungsstellen und die Militärregierung in Deutschland erhielten diese Aufsätze. Auch der Kreis deutscher Leser weitete sich, denn sie kamen als Verpackungsmaterial in Liebesgabenpaketen über den Ozean, wurden abgeschrieben und weitergereicht. Bis zum Ende der »National Weeklies« habe ich über tausendfünfhundert Artikel veröffentlicht — das wäre ein Manuskript von mindestens zehntausend Schreibmaschinenseiten.

Am 22. Juli meldete die »New York Times«, daß der französische Militärgouverneur in Deutschland, General Joseph Pierre Koenig, die Einverleibung von neunundsiebzig rheinischen Landkreisen, mit einer

Fläche von über sechshundert Quadratmeilen (ca. 1500 Quadratkilometern), in das Saargebiet, das Frankreich erwerben wolle, angeordnet habe. Diese Nachricht sei als völlige Überraschung für die anderen Alliierten gekommen. Koenigs erstaunliche »Landnahme« wurde im französisch-lizenzierten »Kurier« in Berlin veröffentlicht und vom sowjetisch-kontrollierten »Radio Berlin« ausgestrahlt. Erst hieß es sogar, daß Koenig auch die Stadt Trier vereinnahmt habe! Weiter berichtete die »Times«, daß Koenigs Maßnahmen anscheinend das Ergebnis einer geheimen Entschließung seien, »auf höchster Ebene, vielleicht durch den Ministerpräsidenten Georges Bidault persönlich«. Selbst französische Stellen seien zuerst überrascht gewesen und wollten der Nachricht keinen Glauben schenken. Mit diesem Willkürakt begann also der langjährige Saarkonflikt, der fast die Errichtung des Gemeinsamen Marktes und der NATO verhindert hätte! Ungefähr zur gleichen Zeit lehnte Bidault die Vereinigung der französischen mit der amerikanischen und britischen Zone ab. Ja, er verlangte sogar eine Beteiligung an der amerikanischen Verwaltung von Nord-Baden und Württemberg. Roger Peyrefitte hat diesen Mann, mit beißendem Hohne, zu Recht als einen Schädling und Feind Europas gekennzeichnet.

Ostersonntag war spät in diesem Jahre, am 21. April. Ein sommerlicher Himmel lag über Newfoundland, alles stand in herrlichster Blüte. Die Piscators kamen, die Stresemanns, Bill Bridgwater, Friedrich Stampfer und seine Frau, Clifford Forster, »Tante Bea«. Ein langes, schönes Wochenende — das letzte im Kreise unserer Freunde. Als sie gegangen waren, nahm ich die schwarzrotgoldene Adlerfahne von der Wand meines Arbeitszimmers. Ein wehmütiger Augenblick und für die Kinder ein schwerer Abschied. Welche Spielzeuge durften sie mitnehmen, welche mußten sie zurücklassen? Man hatte uns gesagt, der Gepäckraum werde sehr beschränkt sein.

Einige Wochen blieben wir noch an einem schönen See, nicht weit von Newfoundland, dann zogen wir nach New York. Am 20. Juli veröffentlichte die »New York Herald Tribune« ein Interview von mir, unter der Überschrift: »Anti-Nazi-Prinz Hubertus erhält Erlaubnis, nach Hause zurückzukehren.« Eilig packten wir ein und warteten — warteten. Die Überschrift war irreführend gewesen, niemand wußte etwas von einer solchen Erlaubnis. Der Inhalt selber war korrekt: »Die ersten Emigranten, die als deutsche Staatsbürger zurückkehren! In einem Interview sagten Prinz und Prinzessin Löwenstein, daß sie sehr wenig wüßten über die Zustände in Deutschland und nicht einmal, wo ihre Bleibe sein werde . . . ›Wir wissen nur, daß es in vieler Beziehung sehr schwer sein wird‹, sagte der Prinz, ›dennoch müssen wir sobald als möglich hinüber — oder gar nicht! Die Menschen werden nichts übrig haben für jene, die später kommen. Ich habe vor über einem Jahre beim State Department die Erlaubnis beantragt. Mein Besitz in Tirol wurde von den Nazis beschlagnahmt und dann zerstört, aber ich hoffe, daß ich auf dem Lande für meine Frau und die kleinen Mädchen einen Wohnort finde. Dann will ich zu meiner Vorkriegsarbeit mit der deutschen Jugend zurückkehren, zur republikanischen Jugendbewegung und zum Republikanischen Studentenbund. Die Schulen und Universitäten sind wieder geöffnet, und wir müssen dem Nihilismus entgegenwirken, dieser äußersten Hoffnungslosigkeit in vielen Gemütern‹. Prinz Hubertus hofft, daß in sechs Monaten allgemeine Wahlen abgehalten werden und die deutsche republikanische Regierungsform in nicht allzulanger Zeit wiedererrichtet werden kann. Die Prinzessin, die in Norwegen geborene Helga Maria Schuylenburg, wird Medikamente und Kleider für deutsche Spitäler und Waisenhäuser mitnehmen.«

Jeden Tag konnte eine Nachricht aus Washington kommen. Während Helga mit den Kindern an einem Strand in Long Island schwimmen ging, saß ich im Hotel Brevoort und schrieb Aufsätze für die »National Weeklies« und sammelte weitere Empfehlungen von Senatoren und hohen Offizieren an die verschiedensten Dienststellen in Deutschland. In einem seiner letzten Briefe bat mich Dr. Butler, ihn über die deutschen Zustände laufend zu unterrichten. Das habe ich in unzensierten Briefen getan. Er hat sie alle dem State Department weitergereicht, auch die, in denen ich die Besatzungspolitik kritisierte und konstruktive Änderungen vorschlug.

Von meinem Vater hörte ich jetzt regelmäßig. Unsere Lebensmittelpakete, schrieb er, seien wahre Lebensretter. Zu meinen Vettern der verschiedenen Grade waren meine Beziehungen, seit meinem Eintritt in die republikanische Politik, nie herzlich gewesen ... milde ausgedrückt! Aber im Zeichen allgemeiner Not und allgemeiner Versöhnung sandte ich jetzt auch Pakete an den Nachfolger meines verstorbenen Onkels Ernst, meinen Vetter zweiten Grades, Udo Fürst zu Löwenstein. Es kam auch postwendend eine vetterlich-freundschaftliche Antwort aus Kreuzheim am Main. Krieg und Nazismus seien vorüber, schrieb er, das Land, aus dem ich jetzt fortgehen würde, um nach Deutschland zurückzukehren, sei das mächtigste unter den Siegern der westlichen Welt. Er bat mich, ihn doch gleich nach meiner Rückkehr zu besuchen.

Der Sommer welkte dahin, und immer noch warteten wir. Die Abschiedsbriefe waren geschrieben, als deutsche Adresse gab ich die Universität Heidelberg an, zu Händen des damaligen Rektors, Professor Karl Bauer, den ich noch gar nicht kannte. 1951 sollte er mir in einer kühnen Operation das Leben retten.

Leb wohl, Amerika

Das ganze Ausmaß der amerikanischen Meinungsfreiheit, selbst im Kriege und der unmittelbaren Nachkriegszeit, ist vielen Deutschen immer noch unbekannt. Eines der bemerkenswertesten Beispiele habe ich noch selber miterlebt. Am 25. Februar 1946 erschien in der liberalen Wochenzeitung des verstorbenen Senators LaFollette, »The Progressive«, aus der Feder des damals noch sehr jungen Chicagoer Professors Milton Mayer ein Aufsatz: »Must we hang Eisenhower?« Ja, wir müssen! schrieb Milton Mayer, so traurig es auch sein mag, aber uns bleibt nichts anderes übrig, und der Oberste Gerichtshof hat abgelehnt, dem Hängen Einhalt zu gebieten. Es handelt sich nämlich um einen Fall der »Kommando-Verantwortlichkeit« für begangene Verbrechen, und zwar an amerikanischen Soldaten, im amerikanischen Militärlager Lichfield in England, unter Eisenhowers Kommando. Was sich dort abgespielt habe, spotte jeder Beschreibung! Soldaten, die ganz unwichtiger Übertretungen wegen eingesperrt waren, wurden von Eisenhowers Untergebenen, hohen Offizieren darunter, auf das bestialischste gefoltert. In Hörweite von Eisenhowers Hauptquartier. Nachdem Milton Mayer ungeschminkt die unsäglichsten Einzelheiten — mit Todesfolge! — enthüllt hatte, schrieb er: »Ich hoffe, daß Ihr mich nicht daran erinnert: Nicht Eisenhower ist es, den das Oberste Gericht aufhängen ließ! Es war der japanische General Yamashita, der unter dem höchst anfechtbaren Begriff der ›Kommando-Verantwortlichkeit‹ angeklagt, verurteilt, und hingerichtet wurde, für keine anderen Taten als die, die in Lichfield unter Eisenhowers höchster Verantwortung begangen wurden.«

Dazu muß man im Gedächtnis behalten: Dwight D. Eisenhower, das war der umjubelte, siegreiche Oberkommandierende der alliierten Streitkräfte. Später wurde er sogar Präsident der Vereinigten Staaten. In der zweiten Septemberwoche kam die große Nachricht: Am 7. Oktober würden wir abreisen können. Aber unsere Freude erlosch, als wir erfuhren, in welcher Gesellschaft. Es war eine Gruppe von 26 Heimkehrern, die meisten davon Kommunisten. Das würde bei unserer Ankunft in Deutschland eine schöne »Publicity« geben. Ein hoher Beamter im State Department, den ich anrief, gab eine säuerliche Antwort. Galten doch die Kommunisten in den Augen mancher amerikanischer Beamter immer noch als brave Demokraten. Dann »würden eben neue Vorkehrungen getroffen werden müssen« meinte er — zur Strafe für schlechtes Verhalten vielleicht eine Verzögerung auf unbestimmte Zeit? Worauf Dr. Butler und meine Freunde im Senat noch einmal in Aktion traten ... Am 20. September rief mich das State Department an, sehr freundlich diesmal. Ob wir am 30. September bereit sein könnten? Da führe der Marine Marlin, ein 12 000-Tonner, nach Bremerhaven. Wir verabschiedeten uns von unseren Freunden. Einige sollten wir nie wiedersehen: die Butlers, Hermann Broch, Villard und manche andere. Hans Christian Larson, damals Student in Haverford College, brachte uns zum Hafen. Ein Streik der Seeleute stand bevor. Vor seinem Beginn mußten wir die hohe See erreichen, um damit unter das Kommando der US-Navy zu kommen. Anderenfalls könnte durch den Streik die Abreise verhindert werden, vielleicht für Wochen.

Es regnete in Strömen, als wir am Montag, dem 30. September, zum Hafen kamen — nur, um mitgeteilt zu bekommen, daß wir dieses Schiff doch nicht benützen dürften, sondern auf irgendein späteres warten müßten! Auf Helgas Bitte ging der Beamte fort, um Washington anzurufen — wir standen in entsprechender Stimmung herum . . . Endlich kam er zurück, mit todernstem Gesicht. Aber als er an Maria Elisabeth vorbeiging, zog er sie am Zopfe. Da wußten wir: alles ist in Ordnung! Um 11.35 Uhr konnten wir an Bord gehen, um drei Uhr nachmittags fuhren wir ab. Noch einmal glitten die Wolkenkratzer an uns vorbei. »Schaut Kinder, dort hinten liegt Washington Bridge . . .« Wie eine Harfe war die Brücke, über die wir so oft gefahren waren, in der grauen, feuchten Luft sichtbar geworden. Maria Elisabeth wischte sich die Augen. »Es ist nur der Regen . . .«, sagte sie. Lange vor Streikbeginn hatten wir das offene Meer erreicht. Manhattan verschwand in den Wellen, jäh, wie die Türme einer verzauberten Stadt.

Vor unserer Abreise hatte ich zwei Verträge unterzeichnet, einen mit Columbia Press über ein Buch, »Tod und Auferstehung einer deutschen Stadt«. Wir dachten dabei an Würzburg. »Vielleicht einmal auch von Bedeutung für uns . . . als Beispiel . . .« hatte Bill Bridgwater leise hinzugefügt. Den zweiten Vertrag schloß ich mit »International News Service« (INS). »*Alles*, was Sie erleben werden, ist ›news‹ — auch wenn Sie gar nichts erleben!«

Am 3. Oktober begann der Zyklon, am 6. waren wir mittendrin, einem der schlimmsten in vielen Jahren. Die Marine Marlin war ein Frachtdampfer, ungenügend beladen, also oberlastig. Die Mannschaft war bunt zusammengewürfelt, Streikbrecher und Gelegenheitsmatrosen. Nur der Kapitän, ein junger Mann namens E. Quinn, verstand seine Aufgabe, obgleich es seine erste atlantische Überfahrt war. Sonst befuhr er den Pazifik. »Wenigstens hatten sie eine schöne Kindheit«, sagte Helga, als wir jeden Augenblick meinten, daß eine schwarze Welle in die Kabine schlagen werde — Maria Elisabeth und Konstanza schliefen friedlich im oberen Bett! Als die Sonne aufging, flaute der Sturm etwas ab. Am

8. Oktober um 10 Uhr liefen wir in den Hafen von Cobh ein — unsere erste europäische Stadt, die gleiche, die 1939 unsere letzte gewesen war. Als wir nachmittags wieder ausliefen, sah ich nach North Devon und Cornwall hinüber. Da fiel mir ein: Es ist jetzt Anzio, wohin ich schauen müßte ...

Am Abend des nächsten Tages erreichten wir Le Havre. Ein rotgelber, voller Mond stand über dem Hafen, in dem die »Europa« lag. Ein Wrack lag daneben. Am Kai französische Douniers und amerikanische Soldaten. Ruinen ... die ersten, die wir sahen —. Am nächsten Nachmittag ankerten wir vor den Klippen von Dover. Der erbetene Lotse kam nicht. »Eine ernste Angelegenheit«, sagte uns der Kapitän Quinn. »Die Nordsee ist noch vermint, und die Engländer können doch nicht wissen, daß ich ihnen eine Minenkarte geklaut habe! Aber die ist auch schon wieder vierzehn Tage alt.«

Am Freitag, dem 11. Oktober, notierte ich in meinem Tagebuch: »Herrlicher Sonnenaufgang — sind auf mitteleuropäischer Zeit, zum ersten Male seit Januar 1938. Die Nordsee sieht aus wie ein stilles Binnenmeer.« Bis plötzlich zu unserer Linken rötlichschwarze Rauchsäulen hochschossen — der erste Fleck deutscher Erde, die Insel Helgoland, nunmehr Zielscheibe für die Bombenflugzeuge der Royal Air Force. Die Bevölkerung, hörten wir, sei nach dem Kriege von den britischen Militärbehörden ausgewiesen worden und lebe nun im Elend auf dem Festland. Später: »Wunderbarer rotgoldener Himmel über Deutschland. Gegen 18.10 Uhr taucht das erste deutsche Licht auf. Richtigen Landstreifen sehen wir vom Speisesaal aus um 21.30 Uhr. Um 23 Uhr hat Nebel eingesetzt — es kommt die Nachricht, daß Ebbe sei und wir hier bleiben. Vorher sind wir an einem beleuchteten Ort vorbeigefahren, vielleicht Wesermünde.« Qualmend und pustend haben kleine Schleppdampfer unser Schiff in die Mitte genommen. Ich ging noch einmal an Deck und beugte mich über die Reling. Die Schiffer drunten sprachen *deutsch!*

Am Morgen des 12. Oktober, als ich aufwachte, lag das Schiff still. Um halb acht Uhr machte Volkmar die Kabinentür auf: »Wir sind da!« Wir stürzten an Deck, und zum ersten Male nach über dreizehn Jahren waren wir wieder in unserm Vaterlande.

Wiederbegegnung mit Deutschland

Wir hatten immer am Glauben festgehalten, einmal nach Deutschland zurückkehren zu können. Aber es kamen doch Zeiten, da man mit dem Hauptmann im Evangelium sagen mußte: »Herr, ich glaube, hilf meinem Unglauben.« Nun hatte sich die Hoffnung erfüllt, aber die Republik war tot. Kein Briefträger, kein Schaffner, kein Straßenkehrer konnte seiner Arbeit nachgehen ohne Genehmigung der alliierten Militärregierung, »Mil.Gov.« (Military Government), wie wir bald sagen lernten. Besetzt, in Trümmern, hungernd und dennoch besser daran als unter der Schande des Nazismus. Dieses Deutschland ... verachtet und gehaßt in der ganzen Welt, ich würde es lieben, gerade jetzt, da es der Liebe so bedürftig war.

Das State Department hatte uns versichert, daß die Behörden von unserer Ankunft unterrichtet seien und wir sofort nach Heidelberg weiterfahren könnten. In keiner Weise brauchten wir zu befürchten, in der Wildnis von Germania Magna unterzugehen! Aber in Bremerhaven war von alledem nichts bekannt. Wir verdankten es wiederum unserer völligen Unbekümmertheit oder unserer Unkenntnis der Dinge, daß wir nicht verhaftet und interniert wurden. Wir fragten auch niemanden um Erlaubnis, als wir das Schiff verließen und den Gepäckträgern Auftrag gaben, alle unsere Sachen aus den Kabinen und dem Laderaum an Land zu bringen. Ein großer Teil unserer Habe war in Munitionskisten, überschüssigem Heeresgut, verpackt, mit dem Aufdruck: »High Explosives« oder »Detonating Fuzes«. Daß man die Träger mit amerikanischen Zigaretten bezahlte, begriffen wir sehr schnell, fünf Stück, wenn sie sehr viel geschleppt hatten. Sie steckten sie in eine Blechdose — harte Währung, pro Stück zehn Mark.

Als die Kinder am Pier schon fleißig Schokolade an hohlwangige Altersgenossen verteilten, bemühte sich die CIC, unterstützt von anderen Geheimdiensten, fieberhaft herauszufinden, wer wir seien, wieso wir überhaupt zurück durften und wie es geschehen konnte, daß Kinder mit amerikanischen Papieren in den Händen von feindlichen Ausländern seien. Später hörten wir, es sei strenger Befehl erteilt worden, uns auf keinen Fall das Verlassen des Schiffes zu gestatten. Da rief Kapitän Quinn den amerikanischen Generalkonsul in Bremen, Maurice Altaffer, an, den ranghöchsten Vertreter des State Departments in Norddeutschland. Ob *er* zufällig wüßte, wer wir seien? Ganz genau, antwortete er — seit Jahren lese er meine Bücher und Zeitungsartikel! Zwanzig Jahre danach schrieb mir Mr. Altaffer: »Als Sie damals in mein Bureau kamen, war es mir, als kennte ich Sie persönlich, denn an Hand Ihrer Schriften habe ich Ihre Laufbahn verfolgt und Ihren Kampf gegen die Machthaber in Deutschland bewundert.« Auch von Kapitän Quinns Telephongespräch erfuhren wir erst später. Doch plötzlich bahnte sich ein amerikanischer Offizier den Weg zwischen unsern Bergen von Koffern und Munitionskisten. Ob wir beweisen könnten, daß wir die und die seien? Ich zeigte ihm einen Brief des State Departments vom 10. September 1946, des Inhalts, daß dieses Schreiben ein beweiskräftiges Instrument unserer Identität sei. Es war gezeichnet: Richard E. Hibbard, Chief, Special Projects Division of the Department of State. Volkmar besaß ein gleichlautendes Schreiben. Ich habe nie herausgefunden, ob es außer uns noch andere »Special Projects« gab. Außerdem zeigte ich ihm meinen längst abgelaufenen deutschen Paß und die amerikanischen Geburtsscheine der Kinder. Das alles schien ihn sehr zu verwundern, aber er war offensichtlich befriedigt. Er rief den Fahrer eines Militärlastwagens herbei, einen Negersoldaten aus Mississippi, befahl ihm, alles zum Bahnhof zu bringen, wo ein Zug nach Heidelberg abgeht.

Inzwischen waren wir mit einem jungen Deutschen ins Gespräch gekommen, namens Per Fischer, der geglaubt hatte, sein Vater, der in China internierte Gesandte Fischer, befände sich auch auf dem Marine Marlin. Ein anderer junger Deutscher, im Dienste von Mil.Gov., hatte ihn in seinem Dienstwagen nach Bremerhaven gebracht, seinerseits in der Annahme, auf dem Schiff befände sich sein Bruder, der aus Japan ausgewiesen worden war. Beides war ein Irrtum. Sie brachten uns zum Bahnhof in Bremerhaven, dort werde uns RTO — Rail Transport Office — die nötigen Travel Orders, die militärischen Platzkarten für den nächsten Mil.Gov.-Zug nach Heidelberg geben.

Der amerikanische Unteroffizier beim RTO starrte uns an, als seien wir Sioux-Indianer, die Eintrittskarten in die Metropolitan wünschten. Er möge seine vorgesetzte Stelle anrufen, sagten wir, *die* wüßte bestimmt Bescheid! Der Mann wählte eine Nummer und sagte in unsäglichstem Amerikanisch: »Three German nationalists here who wanna go to Heidelberg!« »*Nationals!*« verbesserte ich ihn mit lauter Stimme — unbeirrt wiederholte er: »Three German nationalists...« »*Nationals!!*« Ich gab es auf, der Mann kannte den Unterschied nicht. Er legte den Hörer auf: »Aint't go no accommodations for you!«

Der andere junge Deutsche, namens Muff, und Per Fischer erboten sich, uns nach Bremen zu fahren. Sie würden uns Hotelzimmer verschaffen. Warum nicht Bremen? Wir hatten in Heidelberg nichts Besonderes zu tun. Aber das Gepäck und die Munitionskisten? Es gelang Volkmar im besten Slang der Südstaaten, den Fahrer zu bewegen, die Ladung nach Bremen zu bringen. Unterwegs brach der Lastwagen zusammen. Im Kühler war kein Wasser, im Motor kein Öl. Volkmar stoppte einen militärischen Abschleppwagen, der brachte schließlich alles nach Bremen, den kaputten Lastwagen, das Gepäck, die Munitionskisten. Die luden wir in der guten Stube von Frau Muff aus. Die reizende alte Dame hatte ihren Sohn aus Japan erwartet. Statt dessen kamen drei fremde Erwachsene und zwei Kinder und stellten die Wohnung voll.

Helga, die Kinder und ich waren mit Per Fischer und dem jungen Muff gefahren. Unvergeßlich ... kaum daß wir die Ruinen von Bremerhaven hinter uns ließen, ein friedliches Land in allen Farben des Herbstes, Bauernhöfe, weidende Rinder, alte Bäume. Dabei kam uns das Geisterhafte dieses Nachkriegsdeutschland zu Bewußtsein, mit seiner Mischung von Chaos und Normalität, Anarchie und Bureaukratie. Und hier war nun Hitlers Autobahn, sein »unsterbliches« Werk, bezahlt mit dem Sterben von Millionen. Jetzt war sie pockennarbig, die Granatlöcher waren mit Schotter gefüllt. Eine wacklige Behelfsbrücke führte über die Weser. Bremerhaven war schon schlimm gewesen, Bremen war noch schlimmer, zu siebzig Prozent zerstört. Maria Elisabeth sah es im letzten Abendschimmer. Sie brach schluchzend zusammen. Das Hotel Columbus war zerstört, aber es gab ein Ersatzhotel in der Park-Allee, große Zimmer, gut eingerichtet. Alle drei Tage bedurfte es einer Wohnerlaubnis seitens des Senats. Es war wie ein Wunder, so, als ob ein guter Schutzgeist für uns geplant hätte. Inmitten einer zerstörten Stadt, in einem Lande, das uns fremd geworden war, hatten wir gleich am Ankunftstag eine Bleibe gefunden. In meinem Tagebuch steht: »... es gibt ein Gedicht von Emil von Schönaich-Carolath ... ›Mondschein und Giebeldächer auf einer deutschen Stadt / Ich weiß nicht, warum der Anblick / Mich stets ergriffen hat‹ ... dicht vor der Veranda ein Baum, dann eine Reihe von giebelgedeckten Häusern, anschließend eine Ruine. Über allem ein blanker, gelber Vollmond ... und dann sah ich, daß seine Strahlen in den glaslosen Fenstern vieler dieser Giebelhäuser keinen Widerschein fanden.«

Am nächsten Morgen, einem Sonntag, wirkten die Zerstörungen in einer hellen Herbstsonne noch gespenstischer. Einige Straßenbahnen verkehrten, sauber, aber verbeult und ohne Fenster. Wir stiegen ein, mit einem leichten Zögern — wir waren gut genährt, gut gekleidet und keine Amerikaner. Also offensichtlich Emigranten, die den Krieg »im anderen Lager« verbracht hatten. Aber wir sahen keinen Haß in den Augen der anderen Fahrgäste und der Leute auf der Straße. Im Gegenteil. Sie schienen sich zu freuen, daß wir zurückgekommen seien, noch dazu mit zwei kleinen Mädchen, ein Beweis des Vertrauens zu Deutschland. Wir gingen in die Messe in der Johanneskirche — rauchgeschwärzte Steine und große Brocken von Mauerwerk versperrten fast die kleine Seitenstraße. Ein Holzdach ersetzte den abgebrannten Giebel, Gerüste stützten

die Mauern. Hungernde Menschen, die mit starker Stimme ihre Lieder sangen. Ihren Glauben hatten all die Jahre des nazistischen Terrors nicht brechen können. *Das* waren sie, die wirklichen Widerstandskämpfer im katholischen Lager!
Unsere neuen Freunde liehen uns ihre Lebensmittelkarten. Unser erstes Mittagessen in einem deutschen Restaurant! Die Luft war geschwängert mit undefinierbaren Gerüchen — ungewaschene Menschen, schmutzige Wäsche, ranziges Fett. Als das Fleisch kam, lachten wir nervös auf. Die Portion war nicht größer als ein Fünfmarkstück. Pro Monat gab es damals 450 Gramm Fleisch und 250 Gramm Fett. Ein Gemisch von Rüben und irgend etwas Fischigem wurde aufgetragen. Es roch nach Motorenöl. Ich bestellte ein Glas Bier und leerte es mit patriotischer Inbrunst. Es schmeckte wie ein Aufguß alter Socken.

Montag, der 14. Oktober, war mein vierzigster Geburtstag. Ich ging am schönen Stadtgraben entlang, die Sonne spiegelte sich in den gekräuselten Wellen, rote und gelbe Blätter fielen herab. Wie in Matzen, als ich elf Jahre zuvor unsere Teiche zum letzten Male gesehen hatte. Aber in der Luft lag ein Hauch wiederkehrender Freiheit, und plötzlich wußte ich: Ich bin glücklich, trotz den Ruinen! Das Schillerwort fiel mir ein: »... aus Deutschland soll eine Republik werden, gegen die Rom und Sparta Nonnenklöster sein sollen ...«

Per Fischer, der heute eine hohe Stelle im auswärtigen Dienst bekleidet, interviewte mich für den »Weser Kurier«. Er schrieb, wir seien die ersten freiwilligen Heimkehrer, die als deutsche Staatsbürger zurückgekommen seien. Andere vor uns seien entweder unfreiwillig gekommen oder hätten die amerikanische Staatsangehörigkeit erworben, wieder andere die britische oder französische, ganz zu schweigen von denen, die jetzt als sowjetische Bürger in der Sowjetunion wohnten. Einundzwanzig Jahre später, als ich dem »Weser Kurier« wieder ein Interview gab, sandte mir die Redaktion Ablichtungen jenes allerersten und auch von Per Fischers Originalmanuskript: »Als Gast in Amerika« schrieb Fischer damals, »hat er als seine Aufgabe betrachtet, in rastloser Arbeit seine Stimme für das ›wahre Deutschland‹ zu erheben ... er hat seinen amerikanischen Hörern und Lesern von der kulturgeschichtlichen Aufgabe Deutschlands im Rahmen der christlich-abendländischen Geschichte und von den Werten des deutschen Volkes gesprochen. Bei seiner Landung auf deutschem Boden stand die Freude über das Wiedersehen mit Deutschland auf seinen Zügen: Seit 14 Jahren habe ich diesen Augenblick ersehnt ... nur Freude und tiefe Erschütterung bewegen mich, wieder in der Heimat zu sein. Ich weiß, daß mich Ruinen und Elend erwarten, und gerade deshalb muß ich kommen. Deutschland ist und bleibt das Land der Zukunft, ihm aus der gegenwärtigen Not zu helfen, soll die Aufgabe von uns allen sein.« Er zitierte mich auch, daß ich der Jugend wieder Glauben an Deutschland geben wolle: »Bleibt hier! Deutschland ist das lebendigste Land der Welt, und hier ist Dein Platz!...«

Im Originalmanuskript hat Per Fischer geschrieben, daß ich sagte, ich würde es als taktlos empfinden, schon jetzt Anspruch auf Teilnahme am politischen Leben zu erheben. »... wenn auch ich eine Zeitlang von 1200 Kalorien gelebt und das Gefühl habe, dabeigewesen zu sein, dann mag auch für mich die Zeit politischer Betätigung in Deutschland wieder gekommen sein.« Das am 19. Oktober veröffentlichte Interview endete: »Nach der ersten Stunde auf deutschem Boden sagte Prinz Löwenstein: ›Wie schön ist Deutschland ... trotz allen Ruinen!‹, und wir fühlen, daß diese Worte eines Mannes, der 14 Jahre im Exil leben mußte, aus dem Herzen kommen.«

Dieses Interview ist von vielen Blättern und Rundfunkstationen in den westlichen Besatzungszonen übernommen worden. Es war die »Visitenkarte«, die mir das deutsche Leben wiederum erschloß, und dafür bin ich Per Fischer immer dankbar geblieben.

Die deutsche Wirklichkeit

Am Nachmittag meines Geburtstages suchte ich Mr. Altaffer auf. Er und sein Kollege, der damalige Generalkonsul in Hamburg, Edward C. Groth, ein Freund Oswald Garrison Villards, haben viel für die deutschamerikanische Verständigung getan. Während des Krieges war Altaffer am amerikanischen Generalkonsulat in Zürich, dann Erster Sekretär an der Botschaft in Bern. Er stand in enger Verbindung mit der deutschen Widerstandsbewegung, deren Bedeutung er in seinen Berichten an das State Department betonte. Das machte ihn nicht gerade beliebt in Washington, bei der damaligen politischen Stimmung. Altaffers zweiter Mann in Bremen, Martin J. Hillenbrand, blieb auch dienstlich mit Deutschland über die Jahre verbunden. Als er Bremen verließ, wurde er Chef der amerikanischen Behörde in Berlin, dann Chef der Deutschlandabteilung im State Department, hierauf Unterstaatssekretär für Europäische Angelegenheiten. Im Frühsommer 1972 kam er als Botschafter nach Bonn, wo er bereits als Gesandter tätig gewesen war.

Jede Reise in Deutschland war für uns, die wir die Verhältnisse nicht kannten, ein Wagnis. Schon bei der Abfahrt waren die Züge überfüllt, auf jedem Bahnhof kamen neue Fahrgäste hinzu. Viele saßen auf den Puffern und auf den Wagendächern. Keine Fenster, keine Heizung, kein Licht. Da es Papiergeld im Überfluß gab, genügte das leiseste Gerücht, daß es irgendwo, in weiter Ferne, »markenfreie« Kartoffeln gab, Mehl, Fische, Eier, um ganze Völkerschaften in Bewegung zu setzen.

»Allied Travel Order« — das war das magische Wort! Damit konnte man alle alliierten Züge benutzen, und in den deutsch-alliierten die anständigen, reservierten Wagen. So eine Travel Order, die wir von Mr. Altaffer oder Mr. Hillenbrand erhielten, lautete etwa: »Maria Elisabeth zu Löwenstein, eine amerikanische Staatsbürgerin, hat dienstlich in Frankfurt zu tun. Sie wird um die Begleitung ihres Vaters und/oder ihrer Mutter (folgten die Namen) bitten. Es wird um Benützungserlaubnis jedes geeigneten Verkehrsmittels, Bahn und/oder Privatwagen ersucht.« »Lassen Sie uns wissen, wie es ging«, sagten unsere Bremer Freunde. Das Problem war nämlich nicht: hie Deutsche, hie Amerikaner, sondern amerikanische Militärbehörden versus zivile Dienststellen. Es konnte schon vorkommen, daß ein Sergeant der militärischen Zugbegleitung sagte: »What the hell do I care for the State Department! Get out of here!« Worauf man grinste und sich nicht rührte, worauf dann auch weiter nichts passierte.

Vierzehn Tage nach unserer Rückkehr wagte ich mich tiefer in die Wildnis von Germania Magna. Mit einer Travel Order, auf der stand, ich reise unter den Auspizien des »Special Projects Division, Department of State«, bestieg ich am Abend des 29. Oktober einen Zug und bekam auch gleich ein Bett zugewiesen. In Hannover sah ich aus dem Fenster. Zehn Reihen tief standen die Leute am Bahnsteig und warteten auf den nächsten deutschen Zug. In Frankfurt begannen die Schwierigkeiten. Im Parkhotel, das vom Mil.Gov. beschlagnahmt war, befand sich das Presse-Zentrum. Der INS-Korrespondenz lud mich zum Mittagessen ein, aber über die Lobby kam ich nicht heraus, weil ich kein amerikanischer Bürger war! Ein »Besiegter« also, eine eher komische Vorstellung nach all den Jahren in Amerika. Auch ob ich weiterhin Depeschen nach Amerika schicken könne, wurde zweifelhaft. Vom Chefredakteur von INS hatte ich zwar Nachricht, meine Berichte seien hervorragend und hochinteressant. Aber irgendwo schienen sie Anstoß zu erregen. Ein paar Wochen später war auch wirklich Schluß damit.

Immerhin, in die *Lobby* des Parkhotels kam ich ja herein, und da stand ein Briefkasten für amerikanische Luftpost. Amerikanische Marken und Briefumschläge hatte ich bei mir, und zufällig hatte ich auch gleich drei Aufsätze dabei, die ich seit meiner Rückkehr für »National Weeklies« geschrieben hatte. Nun wußte ich, wie ich sie ohne Zensur rasch hinübersenden konnte, unbekümmert um alle Militärgesetze. In die linke obere Ecke der Umschläge schrieb ich: From: H. P. Loewenstein, US-Army, APO 740, frankierte sie, und als niemand hinsah, steckte ich sie in den amerikanischen Postkasten. Sie kamen an und erschienen sofort.

Im Laufe der nächsten Jahre haben mir Dutzende von amerikanischen Freunden, Offiziere, Soldaten, Zivilisten erlaubt, ihre Namen und Feldpostnummern als Absender zu benützen. Bald entdeckte ich auch in Bremen, Heidelberg, Stuttgart, Karlsruhe, München, Würzburg, eigentlich in jeder Stadt in der amerikanischen Zone, freundliche Briefkästen wie im Frankfurter Parkhotel.

Nicht ein einziger meiner Aufsätze für »National Weeklies«, für den »New Leader«, für Filmzeitschriften ist je abgefangen worden. Dabei mußte es den Behörden schon beim Erscheinen der allerersten Berichte klar gewesen sein, daß da etwas nicht mit rechten Dingen zugehe. Erstens erschienen die Artikel so rasch, daß sie nur mit Luftpost befördert sein konnten — und die gab es damals für Deutsche nicht. Zweitens schrieb ich in völliger Unbekümmertheit, mit jener Freiheit, die ich aus Amerika gewohnt war. Einen Dieb nannte ich einen Dieb und nicht einen »Souvenir-Jäger«. Die Hungerration verglich ich mit denen in den Nazi-KZs. Die Demontage bezeichnete ich als eine Mischung von Massenwahn und Massenraub.

Meine Berichte dürften auch die ersten gewesen sein, die die Plünderungen und Schändungen in der Sowjetzone meldeten. Auch was in der französischen Zone geschah, schilderte ich mit letzter Offenheit, ebenso auch, was mir in der britischen und amerikanischen Zone mißfiel. Nichts wäre leichter gewesen, als diese Berichte zu stoppen. Mit jeder Sendung verletzte ich, ich weiß nicht wieviele, Verordnungen der Militärregierungen. Warum also geschah nichts? Ich ahne die Wahrheit. Irgend jemand, sehr hoch oben im State Department oder im Verteidigungsministerium, muß seine schützende Hand über mich gehalten haben. Vielleicht, weil es die einzigen freien, ungeschminkten Deutschlandberichte waren, die man im Interesse einer besseren Unterrichtung der Vereinigten Staaten nicht unterdrücken dürfe.

Oberbürgermeister von Frankfurt war Walter Kolb, ein alter Freund von mir aus den Tagen des Reichsbanners und des Republikanischen Studentenbundes. Er lieh mir seinen Wagen, um mich zu meinem Vetter zu bringen, dem Fürsten Udo zu Löwenstein, der mich brieflich und telegraphisch eingeladen hatte. Seit dem Besuche bei meinem verstorbenen Onkel Ernst im Sommer 1925 war ich nicht mehr in Wertheim gewesen. Ich fand es unzerstört vor, nur die Mainbrücke war gesprengt worden. In einer Wagenfähre gelangten wir zum bayerischen Ufer, nach Kreuzwertheim. Die ganze Familie war zu herzlicher Begrüßung versammelt, mein Vetter, seine warmherzige, intellektuell interessierte Frau Margarete, eine geborene Gräfin Castell-Castell, Alfred Ernst, der einzige Sohn, und drei Töchter. Eine von ihnen studierte in Heidelberg Medizin, die andere studierte Malerei, die dritte widmete sich dem Haushalt. Ich hatte Gastgeschenke mitgebracht, Tee, Kaffee und eine Fülle anderer Kostbarkeiten, die meinen Vater so beglückten. Der nächste Tag war der 3. November, der Hubertustag. Zwölf Jahre zuvor hatten mich die Nazis »ausgebürgert« und enteignet. Der erste Schnee fiel, langsam, in großen Flocken — ein schöner Anblick, der mich zutiefst bewegte. Ich fragte meinen Vetter, ob ich als »Westemigrant« auf eine starke linksradikale Opposition stoßen würde? »Ich glaube nicht«, sagte er. »Man weiß schließlich, daß Du immer Anti-Nazi warst, und daß Du Prinz bist, wird Dir sogar helfen.« Er schlug vor, daß wir nach Amorbach im Odenwald ziehen sollten, einem hübschen, unzerstörten Städtchen, nicht weit von Miltenberg und damit in erreichbarer Nähe von Wertheim. Er war der Abwesenheitspfleger der Kinder des Fürsten Karl zu Leiningen, der, wie man soeben erfuhr, in russischer Kriegsgefangenschaft gestorben war. Wir könnten einziehen, sobald das Leiningensche Barockpalais von der amerikanischen Armee freigegeben werde.

Tags darauf fuhr ich nach Stuttgart, wo ich Fentress Gardner, meinen Freund aus Rollins College, wiedertraf. Auch Dr. Fritz Ermath traf ich in Stuttgart! Nach Kriegsende war er plötzlich von der FBI verhaftet und nach Ellis Island gebracht worden. Dann wurde er nach Deutschland deportiert und für ein paar Monate auf dem Hohen Asperg interniert. Warum, das habe ich nie erfahren. Dann wurde er ebenso erstaunlicherweise von den Amerikanern als Leiter von Radio Stuttgart eingesetzt. Er wirkte niedergeschlagen und sagte zu Fentress und mir, er fühle sich mitverantwortlich für das Meer der Verwüstung ringsum. Ob er sich Vorwürfe machte, daß er in seinen Berichten, die ich nur ahnen konnte, nicht deutlich genug gewesen war?

Karl Jaspers und ich sprachen in einer Rundfunkdiskussion über »Probleme der deutschen Jugend«. Meinem Manuskript entnehme ich, daß ich die Jugend aufforderte, eingedenk zu sein der europäischen Tradition deutscher Geschichte. Nur unter einem höchsten Sittengesetz könnten sich eine demokratische Ordnung und eine verantwortliche Führung entwickeln.

In der Villa Reitzenstein, die ich aus dem Jahre 1932 noch so gut in Erinnerung hatte, fand gerade eine Sitzung des »Länderrates der amerikanischen Zone« statt. Einen sehr schlechten Eindruck machten mir die bayerischen Vertreter, an ihrer Spitze Wilhelm Högner. Es hatte eines Machtspruches von General Lucius D. Clay bedurft, um das Wort »deutsch« in die neue bayerische Verfassung hineinzubringen.

Der Bremer Senatssyndikus Adolf Stier tom Moehlen nahm mich zum Mittagessen mit. »Das müssen Sie mit eigenen Augen sehen«, sagte er. Während das Land hungerte, stopften sich diese deutschen Tetrarchen von der Gnade des Prokonsuls Clay die Bäuche voll. Drei, vier Fleischgerichte hintereinander, Käse, Butter, Brot, alles im Überfluß. Der hessische Ministerpräsident Professor Karl Geiler, tom Moehlen und ein paar andere und ich sahen angeekelt zu.

Stier tom Moehlen nahm mich nach Heidelberg mit. Die dortige Rundfunkstation brachte mich bei einer Pastorenwitwe namens Kunz unter. Hotelzimmer gab es für Deutsche nicht . . . *was* hätten wir getan, wenn uns RTO Bremerhaven nicht die Travel Orders gegeben hätte?! Bis auf die Alte Brücke war Heidelberg unzerstört. Aber in einer solchen Stadt sind Hunger und Elend psychologisch noch schwerer zu ertragen als zwischen Ruinen. Ich besuchte Professor Bauer, bei dem inzwischen viel Post für mich eingetroffen war. Einer der Briefe kam von einer alten Freundin, der Ägyptologin Mariette von Wentzel-Nöggerath, die jetzt mit einem Arzt namens Eckert verheiratet war.

Der neue Rektor der Universität, der bedeutende Theologe Hans Freiherr von Camphausen, lud mich ein, im nächsten Sommersemester in Heidelberg Geschichte zu lesen. Dazu sollte ich einige Seminare abhalten, auch über allgemeine Staatslehre.

Dann fuhr ich auf Einladung von Ministerpräsident Geiler nach Wiesbaden. Der letzte hessische Minister, den ich gekannt hatte, war Wilhelm Leuschner gewesen. Er hatte nach dem 20. Juli 1932 Darmstadt, die damalige Landeshauptstadt, der gestürzten preußischen Regierung zur Verfügung gestellt. Geiler bot mir das Kultusministerium an. Aber mit jenem Puritanismus, den ich Per Fischer dargelegt hatte, lehnte ich ab. Eine törichte Entscheidung, wie ich heute weiß. Als Kultusminister hätte ich einen Beitrag zur Demokratisierung des deutschen Erziehungswesens leisten können. Zum Abendessen gab es bei Geiler nur, was dem Normalverbraucher zustand. Lediglich der Wein, der ja nicht rationiert war und aus der Staatskellerei stammte, war »friedensmäßig«. Später, am Abend, spielte Walter Gieseking — ein wunderbarer Genuß. Mit einem der Gäste kam ich in ein angeregtes Gespräch. Er erkundigte sich nach meinen Erfahrungen in Amerika, und wir sprachen über die Notwendigkeit, bald zu einer freien Wirtschaft zurückzukehren. Man ertrinke ja in der Flut von Marken und Bezugscheinen. Auch in internationalen Fragen schien er sich recht gut auszukennen. Seinen Namen hatte ich nicht verstanden, als wir einander vorgestellt wurden. Ich fragte Geiler am Schlusse des Abends, wer mein Gesprächspartner gewesen sei: »Das ist der bayerische Staatsminister für Wirtschaft«, sagte er, »Ludwig Erhard«.

Als ich schließlich nach Bremen zurückkam, trafen auch die sechsundzwanzig linksradikalen Heimkehrer ein, und ihre Ankunftspublicity war dementsprechend. Ihr Schiff hatte eine Schraube verloren. Dafür und weil sie nicht sofort nach Ost-Berlin weiterreisen konnten, machten sie die amerikanischen Behörden verantwortlich, deren imperialistische, kapitalistische Bosheit. Uns schauderte bei dem Gedanken, daß wir, gemäß den ursprünglichen Plänen des State Departments, mit dieser Gruppe hätten reisen und ankommen sollen!

Der erste deutsche Winter

Hungrig, in Lumpen, zwischen Ruinen — da kann die Demokratie nicht gedeihen. Ich stellte mich dem Deutschen Caritasverband zur Verfügung. Paul Frings, ein Neffe des Kölner Kardinals, war der Bremer Leiter, ein tüchtiger und gewissenhafter Mann. Ich rief die »Amerika-Abteilung des Deutschen Caritasverbandes« ins Leben, mit dem Ziele, in den Vereinigten Staaten die größtmögliche Hilfe zu organisieren. Ich wandte mich auch persönlich an alle meine Freunde und Leser. Allein eine Sammlung der »National Weeklies« erbrachte über 300 000 Dollar. Dazu kam ein stetig wachsender Strom von CARE- und anderen Paketen meiner Leser.

Im November wurde Maria Elisabeth eingeschult. Es wurde kalt, ihre unterernährten Klassenkameraden waren zu dünn bekleidet. In den Schulen und Kinderheimen mußte also die Hilfe zuerst einsetzen. Dabei war Bremen besser daran als manche andere Stadt. 40 000 Menschen arbeiteten für die Amerikaner und erhielten täglich mindestens eine anständige Mahlzeit.

Stier tom Moehlen brachte mich zum Senatspräsidenten, Bürgermeister Wilhelm Kaisen. Beide erinnerten wir uns an die Reichsbannerversammlung im Jahre 1932, als er den Vorsitz führte und ich für das Zentrum sprach. Kaisen ist einer der Männer, die zum Aufbau und zur Rehabilitierung Deutschlands unendlich viel beigetragen haben. Nominell war ich staatenlos. Meinen tschechoslowakischen Paß hatte ich schon in Amerika an Dr. Benesch zurückgesandt, begleitet von einem Dankesbrief für seine große Hilfe. Auf Kaisens Rat beantragte ich nun die deutsche Staatsangehörigkeit. Ich erhielt sie für Helga, die Kinder und mich am 29. November 1946, durch Überreichung einer Urkunde, datiert Bremen, 21. November. Sie trägt die Überschrift: *Deutsches Reich* und den Stempel Hansestadt Bremen. Sie besagt, daß wir »mit dem Zeitpunkt der Aushändigung dieser Urkunde die deutsche Staatsangehörigkeit (Reichsangehörigkeit) durch Einbürgerung erworben haben«. Ich habe daher niemals vom Artikel 116 des Grundgesetzes von 1949 Gebrauch gemacht, durch den ich die »Ausbürgerung« mit rückwirkender Kraft aufheben hätte können. Ich fühle mich nicht als »Bundesbürger«, sondern als Bürger des Deutschen Reiches. Maria Elisabeth und Konstanza besitzen vom deutschen Standpunkt aus sowohl die deutsche wie die amerikanische Staatsangehörigkeit.

Während meiner Abwesenheit von Bremen hatte sich die Familie um ein neues Mitglied vermehrt, ein junges Mädchen namens Ruth Erika von Buggenhagen. Durch Per Fischer hatten wir ihre Mutter kennengelernt, eine reizende, verwitwete ältere Dame, deren einziger Sohn in Rußland gefallen war. Sie und ihre Töchter mußten ihr schönes Gut in Pommern, auf dem die Familie 700 Jahre saß, im Stiche lassen. Die Buggenhagens hatten in der Reformation eine wichtige Rolle gespielt. Johannes Buggenhagen, genannt Doctor Pommerenius, führte den neuen Glauben in Pommern ein und traute Martin Luther mit Katharina von Bora.

»Eka«, wie sie gleich genannt wurde, und die sich nun um die Erziehung der Kinder kümmern sollte, war sofort ein großer Erfolg. Aber *ein* Problem gab es, das zwar nicht uns, aber dafür ihre Mutter um so mehr bewegte: »Sie werden doch nicht versuchen, meine Tochter katholisch zu machen?« sagte sie, als ich nach Bremen zurückkam. Diese Absicht läge mir ganz ferne, versicherte ich ihr, und außerdem sei ihre Tochter großjährig, wüßte also selber, was sie zu tun habe! »Ja, aber... ich meine, wegen der Atmosphäre in einem katholischen Hause — Johannes Buggenhagen würde sich einfach im Grabe umdrehen, wenn jemand aus seiner Familie katholisch würde!« »Dafür könnten sich seine Vorfahren dann wieder auf die richtige Seite legen!« sagte ich. Für norddeutsch-protestantische Ohren eine höchst frivole Bemerkung, aber dann lachte sie doch, und wir wurden gute Freunde. Als wir nach Amorbach zogen, kam Eka natürlich mit. Dort lernte sie den Erbprinzen Alfred Ernst, den Sohn Udos, kennen. 1950 heirateten sie. Inzwischen sind fünf Kinder auf die Welt gekommen, und Eka ist in die Reihe Löwensteinscher Stammmütter eingerückt.

Stier tom Moehlen bat mich, die Presseabteilung des Senats zu übernehmen. Aber das ging nicht ohne Zustimmung vom Mil.Gov. Mr. Altaffer meinte zwar, in meinem Falle sei dies doch nicht erforderlich, aber er irrte sich! »No exceptions!« sagte der Chef von »Special Branch«. Also füllte ich einen Fragebogen aus, die berühmten 128 Fragen. Sie sollten nicht nur die eigentlichen Nazis fangen, sondern auch Militaristen, Junker, Industrielle, Nutznießer des Regimes. Gemäß Neo-Washingtonischer Philosophie war der Adel in besonderem Maße für den Nazismus verantwortlich. Hatten doch »blaublütige Schweine«, beziehungsweise »Reaktionäre« sogar versucht, durch »Ermordung des Oberhauptes des Deutschen Reiches« die »Wehrmacht für den nächsten Krieg zu retten«: am 20. Juli 1944. Daher lautete Frage 18: »Aufzählung aller Ihrerseits oder seitens Ihrer Ehefrau oder Ihrer beiden Großeltern innegehabten Adelstitel.« Wie bei den Nazis schon ein einziger »nicht-arischer« Großelternteil ausreichte, um den edelsten arischen Stamm zu verseuchen — so hier der Untergang aller demokratischen Nachkommenschaft durch einen einzigen adeligen Vorfahren. Mit Ausnahme natürlich des Freiherrn von

Steuben und des Marquis de Lafayette — des letzteren Nachkommen waren sogar erbliche amerikanische Bürger! Mein Fall war also hoffnungslos, aber ich wollte doch keine »Fragebogenfälschung« begehen! Also schrieb ich bebenden Herzens: »Fürst, Prinz, Graf, Lord (British Baron), Prinzessin, Gräfin, Freiin, Baronin.«

Frage 21 sollte die »Deutschen Christen« der Nazijahre entlarven: »Haben Sie je offiziell oder inoffiziell Ihre Verbindung mit einer Kirche aufgelöst? Falls ja, geben Sie Einzelheiten und Gründe an.« Meine Antwort: »War lutherisch 1924—32 wegen zeitweiligen Irrtums über Rechtfertigung vor Gott ›allein‹ durch den Glauben.«

Frage 119: »Herkunft und Beträge des jährlichen Einkommens vom 1. Januar 1931 bis zur Gegenwart?«

Antwort: »Erst Monatswechsel von Mutter. Spätere Jahre: siehe ›Records of the Commissioner of Internal Revenues, Treasury Department, Washington D.C. USA‹.«

Ich hatte nie geahnt, *wie* viele Naziorganisationen es insgesamt gab, bis ich sie alle aufgezählt fand, von Frage 41 bis 95. Unter »sonstige Organisationen«, schrieb ich: »Reichsbanner« — Zentrumspartei — Republikanischer Studentenbund.«

Frage 30: »Waren Sie vom Militärdienst zurückgestellt. Falls ja, warum?« Antwort: »Ja, vom amerikanischen, weil ›Pre-Pearl Harbour Father‹.«

Frage 38: »Sind Sie berechtigt, militärische Orden oder Ehrenzeichen zu tragen?« »Ja!« Frage 39: »Geben Sie an, was Ihnen verliehen wurde, Datum und Anlaß der Verleihung.« Antwort: »Insignia ›Colonel of the Commonwealth of Kentucky, USA‹, verliehen durch S.E. Gouverneur Ruby Lafonn, Kentucky, April 1935.«

Frage 29: »Grund für Änderung oder Beendigung des Dienstverhältnisses im Jahre 1933?«, beantwortete ich schlicht mit: »Hitler«.

»Staunend liest's der anbetroffene Chef«, steht in einem Morgensterngedicht. Er seufzte, versuchte zu lächeln und gab auf. Inzwischen hatte ich das Angebot des Senats bereits abgelehnt. Es schien mir wichtiger, meine ganze Zeit der deutschen Nothilfe zu widmen.

Mit Paul Frings fuhr ich am Abend des 30. Novembers in Richtung Köln. Unterwegs hielten wir oft an, um den Spitälern Sulpha, Penizillin — neu in Deutschland — Adrenalin, Verbandzeug, Narkosemittel, Injektionsnadeln usw. zu bringen. Sehr wichtig war eine Wurmmedizin, die es nur in Amerika gab. Für all diese Dinge hatte sich ein böser schwarzer Markt gebildet. Wir halfen, ihn zu brechen. Um Mitternacht waren wir in Münster. Eine Totenstadt. Blöcke herabgestürzten Mauerwerks versperrten viele Straßen, dazwischen Löcher, tief wie Elephantenfallen. Um halb acht Uhr morgens waren wir in Köln. In Hohenlind, im St.-Elisabethhospital, fanden wir Unterkunft. Selten habe ich ein heißes Bad so genossen wie nach dieser Nacht kalten Grauens. Ich wurde Kardinal Frings vorgestellt — ein Mann großer Klugheit und fortschrittlichen Geistes. Das Leben ist ein höheres Gut als das Privateigentum, sagte er öffentlich. Man darf sich nehmen, was man zum Überleben braucht, auch Kohle aus Mil.Gov.-Vorräten. Ein neues Wort kam damals auf: »Fringsen«.

Am 2. Dezember notierte ich in meinem Tagebuch: »Über die Adenauer-Autobahn nach Bonn, weiter nach Bad Godesberg, Mehlem, Dreesen, Übernachteten auf Burg Arenfels beim Freiherrn von Geyr und dessen Schwiegereltern, Grafen Westerholt.« Wer dieser Adenauer war, davon hatte ich nur eine sehr vage Vorstellung. War er nicht vor dem Kriege Oberbürgermeister von Köln gewesen und hatte jene Autobahn gebaut, über die sich Stresemann in seinen Memoiren beklagt? Solche riesigen Ausgaben, während die Reichsregierung um die Herabsetzung der Reparation kämpfte! »Gleich nach dem Kriege war er wieder Oberbürgermeister von Köln«, erklärte mir Frings. »Aber im Oktober 1945 haben ihn die Engländer abgesetzt, angeblich wegen Unfähigkeit. Jetzt ist er Vorsitzender der CDU in der britischen Zone.«

In Frankfurt nahm ich einen Zug nach Wertheim, eine Reise von acht Stunden. In einem holzgas-getriebenen Wagen fuhren Udo und ich nach Amorbach. Dort wurde ich der verwitweten Fürstin Maria Kyrilowna (Mashka) zu Leiningen vorgestellt. Sie war die älteste Tocher des Großfürsten Kyril, des Erben des Zarenthrons. Es war Freundschaft auf den ersten Blick. Mashka war großzügig, wie nur eine Russin es sein kann, warmherzig, witzig, aber nie verletzend. Ihre Ausdrucksweise war kräftig und oftmals durchaus geeignet, Spießbürger und Spießadel zu schockieren.

Dann sah ich Würzburg wieder, um für mein Columbia-University-Press-Buch Material zu sammeln, »Tod und Auferstehung einer deutschen Stadt«. Den *Tod* sah ich — die ausgebrannten Häuser, die in der Erde staken wie Gerippe. Der Angriff von fünfhundert britischen Flugzeugen am 16. März 1945 war gekommen, als niemand ihn vermutete. Würzburg war eine offene Stadt. Nur dreiundzwanzig Minuten dauerte der Angriff mit Phosphorbomben. In meinem Tagebuch habe ich ein Gespräch mit einem Augenzeugen aufgezeichnet: »Im Luftschutzkeller hörten wir das dumpfe Aufschlagen der Bomben. Keine Explosionen. Mein Gott, Phosphor! Plötzlich merkten wir, daß es im Keller wärmer wurde, immer wärmer. Dann heiß, grauenhaft heiß. Endlich konnten wir heraus . . . Himmel und Erde standen in Flammen. Das teuflische, unstillbare Feuer tropfte aus den Wolken, es rieselte von den brennenden Firsten in alle Ritzen in den unteren Stockwerken. Von dort, von der Straße, von allen Plätzen stieg die Lohe nach oben — ein Höllenkessel unsagbaren Grauens. Die Straßen verwandelten sich in Feuerströme. Sturzfluten roter Vernichtung brachen auf uns nieder.«

Ich besuchte den Würzburger Bischof, Mathias Ehrenfried. Die Nazis nannten ihn, da er sich keinem Zwange beugte, den »Bischof Störenfried«. Sein »Hirtenwort zur Heimsuchung der Stadt Würzburg durch Flieger am 16. März 1945«, datiert vom 25. März j. J., sollte nicht vergessen werden: Es ist eines der erschütterndsten Dokumente dieser ganzen Epoche, und auch eines der ermutigendsten in seinem Geiste christlicher Liebe und der Glaubenskraft.

Der Bürgermeister wies mich in ein Hotel ein. Das Zimmer war ein Eiswürfel. Keine Handtücher, kein Bettuch. Als rettender Engel erschien meine Cousine Margarete und brachte mich nach Kreuzwertheim zurück.

Der Winter 1946/47 war einer der schlimmsten seit Jahrzehnten. Unsere Zimmer im Hotel Columbus wurde täglich eisiger. Für ein paar Zigaretten erstanden wir ein Weihnachtsbäumchen und einige Kerzen. Christbaumschmuck hatten wir mit, vor allem den rot-silbernen Stern von Maria Elisabeths erstem Weihnachten. Die Stadt lag im Dunkeln. Wir dachten an die schönen Weihnachten in Newfoundland. Aber jetzt waren wir zu Hause, das erste deutsche Weihnachten seit 1932. Am Heiligen Abend hatten beide Kinder Fieber. Am Weihnachtstag rief Mr. Altaffer an. »How are you?« »Thank you, we are fine!« antwortete ich. Es mag nicht ganz überzeugend geklungen haben, denn eine halbe Stunde später stand er plötzlich im Zimmer, diesem Eiskasten, warf einen Blick auf die fiebernden Kinder und sagte: »Hören Sie auf, auf Kosten Ihrer Kinder den Helden zu spielen. In einer Stunde schicke ich meinen Wagen. Sie kommen jetzt alle zu mir.« Es war ein Haus der Freundschaft. In wenigen Tagen waren die Kinder gesund. Wir gingen ins neue Jahr hinein mit einem Hauch der Hoffnung auf eine neue, bessere Zeit. Drei Wochen blieben wir bei Mr. Altaffer, dem die Kinder wahrscheinlich ihr Leben verdanken. Dann verließen wir Bremen und erreichten nach einer langen Fahrt Amorbach im Odenwald, unser neues Heim für die nächsten sechs Jahre.

Amorbach und Heidelberg

Amorbach blieb im Krieg unversehrt. Seine beiden Kirchen, das großartige Marienmünster aus dem 11. Jahrhundert, ausgeschmückt mit der ganzen Pracht des späten Barock, und die Stadtpfarrkirche, ein Barockbau, gehörten damals zu den wenigen unzerstörten deutschen Gotteshäusern. Bis 1803 war Amorbach kurmainzisch. Das schöne Palais wurde von den Kur-Erzbischöfen erbaut. Das Schloß war ursprünglich eine Benediktinerabtei. 1803 kam Amorbach an die Fürsten zu Leiningen, als Entschädigung für ihre 1801 im Frieden von Lunéville verlorenen linksrheinischen Gebiete.

Im Bauernkrieg hat Amorbach eine wichtige Rolle gespielt. Dort lag Anfang Mai 1525 das Hauptquartier der Bauernführer. Die »Amorbacher Deklaration« jener Tage war ein genialer Vorgriff auf eine moderne deutsche Reichsverfassung. Sie verlangte Münzeinheit, Beseitigung aller innerdeutschen Zölle, Beteiligung der Bauern am »Reichsregiment«, am Reichskammergericht, an den unteren Gerichten und in den städtischen und ländlichen Räten.

Im 19. Jahrhundert war Amorbach für die deutsch-britischen Beziehungen von Bedeutung. Die Prinzessin Viktoria von Sachsen-Coburg und Gotha, eine Schwester des späteren Königs Leopold I. der Belgier, heiratete in erster Ehe den damaligen Fürsten zu Leiningen. Ihr Sohn aus dieser Ehe, Fürst Karl, war ein bedeutender liberaler Staatsmann, der 1848 von der Frankfurter Nationalversammlung zum ersten deutschen Ministerpräsidenten gewählt wurde.

In zweiter Ehe heiratete die verwitwete Fürstin Viktoria den Herzog Edward von Kent, einen jüngeren Sohn des Königs Georg III. von England und jüngeren Bruder der Könige Georg IV. und Wilhelm IV. Das Ehepaar lebte in Amorbach bis knapp vor der Geburt ihrer Tochter Victoria, der nachmaligen Königin von England und Kaiserin von Indien. Die Königin-Kaiserin und ihr Halbbruder, Fürst Karl zu Leiningen, blieben in engster persönlicher Verbindung. Wie der Historiker Veit Valentin nachwies, bedeutete dies einen wichtigen Beitrag zur britisch-deutschen Freundschaft und zum Verständnis Englands für den deutschen Wunsch nach nationaler Einheit.

Nicht weit von Amorbach liegen die Heilquellen und der Wallfahrtsort Amorsbrunn. Dort sind 734 die ersten Christen Frankens getauft worden. Aber Funde haben ergeben, daß schon in keltisch-germanischer und dann in römischer Zeit ein Heiligtum vorhanden war. Damals wie heute pilgern Frauen aus dem gleichen Grund nach Amorsbrunn — um

Kindersegen zu erflehen. Es heißt, daß die Kaiserin Maria Theresia, die sich für unfruchtbar hielt, eine solche Wallfahrt unternahm und von dem wundertätigen Wasser trank. Sie gebar insgesamt sechzehn Kinder, darunter zwei Kaiser und zwei Königinnen.

Inmitten der deutschen Wüste war Amorbach eine Insel der Schönheit. Die Orgel im Marienmünster ist eine der besten der Barockzeit. Im bezaubernden kleinen Hoftheater hatte Iffland gespielt. Sobald unsere Wohnung fertig war, zogen wir ins Palais, dicht bei der Stadtpfarrkirche. Bei unserem ersten offiziellen Besuch fanden wir Mashka zu Leiningen und ihre Schwester, die nun auch verstorbene Prinzessin Kyra von Preußen, fröstelnd in einem ganz kleinen Zimmer vor einem blassen Kaminfeuer. Wir brachten die üblichen Weihegaben der Neuen Welt: Tee, Kaffee, Zigaretten. Diese Geschenke sollten kaiserlich erwidert werden. Mashka kam eines Tages in mein Arbeitszimmer, verzog das Gesicht und eilte davon. Eine halbe Stunde später erschienen starke Männer und brachten mir Möbel aus ihrem eigenen Wohnzimmer. »Halt gefälligst dein blödes Maul!«, sagte sie, als ich protestieren wollte. Diese Möbel stehen jetzt in meinem Arbeitszimmer in Bad Godesberg.

In Amorbach gab es auch ein Kino, wo die ersten Nachkriegsfilme gezeigt wurden. Leitmotiv: »Liebe zwischen Ruinen.« Eintrittsgeld genügte nicht. Man mußte ein Holzscheit mitbringen, um den Ofen des Kinos zu füttern. Vom Bezugsamt bekam ich nur 20-Watt-Birnen. Zum Glück fand sich in einer unserer Kisten eine amerikanische von 60 Watt, eingeschraubt in eine biegsame Metallampe, die Villard gehört hatte. Für ein paar Zigaretten erstand ich ein dickes, rundes Holzstück. Darauf schraubte ich die Lampe, und so steht sie noch heute auf meinem Schreibtisch, als Erinnerung und Mahnung.

Über tausend Ausgebombte lebten in Baracken und Notunterkünften, weitere fünfhundert, meist Sudetendeutsche, waren im Schloß beim Marienmünster untergebracht. Ich berichtete über ihr Elend im »Progressive« und in der »National Weeklies« und in vielen persönlichen Briefen. Und so begann es:

Kisten um Kisten von Liebesgaben, ganze Berge! Besonders viele von der alten Mrs. Cahill und den guten Menschen in Newfoundland. Dreimal wöchentlich leitete Helga zusammen mit einer Schar freiwilliger Helfer die Verteilung auch der Anzüge, Kleider, Schuhe, Wäsche, Mäntel für Männer, Frauen, Kinder — der Haushaltsgeräte und, für die Ärzte vor allem, der Medikamente. Viele dieser Schätze gingen erst nach Bremen, von dort mußten Volkmar und ich sie herholen. Im Hotel Columbus war es kälter den je. Das Waschbecken war mit einer Schicht schmutzigen Eises bedeckt, aus dem Bartstoppeln herausstachen. Einen Tag und eine Nacht arbeiteten wir an den Namenslisten, organisierten Transporte und die richtige Verteilung, auch nach Köln, Hannover, Hamburg, Würzburg, München. Die Rückkehr in einem ungeheizten Abteil war eine wahre Höllenfahrt. Das Ergebnis war eine Gallenblasenentzündung, und in ganz Amorbach gab es nur noch eine einzige Morphiumampulle. 1951 hat Professor Bauer in Heidelberg, in einer kühnen Operation, die meines schwachen Kreislaufes wegen nur zwölfeinhalb Minuten dauern durfte, die Gallenblase entfernt. Sie war vollgepackt mit Steinen und seit jener abscheulichen Nacht immer wieder entzündet.

Der Frühling kam wie ein Geschenk der Götter. Das Tal verwandelte sich in ein Paradies aus Duft und Farben, aber die Versorgungslage blieb die gleiche. Meine Arbeit als Dozent an der Universität Heidelberg begann. Auf der Grundlage meines Columbia-Buches hielt ich viermal wöchentlich eine Vorlesung über deutsche Geschichte. Dazu kamen zwei Seminare über Staatsrecht und Verfassungsgeschichte. Viele meiner Studenten waren so verhungert, daß jede Vorlesung eine ungeheure Anstrengung bedeutete. Aber der Hörsaal, der größte der Universität, war stets bis auf den letzten Platz gefüllt. So pathetisch es klingen mag, der Wissenshunger der Studenten war größer als ihr körperlicher. Altersmäßig zerfielen sie in zwei ganz verschiedene Gruppen: die Heimkehrer, die Krieg und Gefangenschaft erlebt hatten, und die ganz jungen, Siebzehn- bis Achtzehnjährige. Gemeinsam war ihnen der Wunsch, die Ursachen des Elends und der deutschen Erniedrigung zu ermitteln. »Waren unsere Eltern denn blind? Waren sie Verbrecher? Wie konnten sie einem Hitler nachlaufen? Was kann geschehen, um in der Zukunft ähnliches zu verhindern?« Wie ich es immer erhofft und erwartet hatte: diese ganze üble Nazipropaganda war an der Jugend abgeglitten. Doch fehlte es ihr vielfach an ganzen Kategorien des Wissens, wie moderner deutscher und ausländischer Literatur und Geschichte der Demokratie; kaum etwas wußten sie über die Weimarer Republik, die Bedeutung der Widerstandsbewegung und der Emigration.

Von Amerika her war ich an einen zwanglosen Umgang mit den Studenten gewöhnt, sie konnten mich unterbrechen und Fragen stellen. Den Studenten gefiel der neue Ton, um so weniger gefiel er den Kollegen von der Fakultät. Je tiefer sich einige von ihnen vor den Nazis geduckt hatten, desto mehr krochen sie jetzt vor Mil.Gov. Ich trug nämlich deutsche Geschichte vor, wie ich es auch mitten im Kriege getan hatte. Es bestand also kein Grund, auf deutschem Boden meinen Hörern eine verwässerte Form vorzusetzen. Da rief mich eines Tages Fentress Gardner an, ich solle sofort zu ihm nach Stuttgart kommen. »Deine geliebten Landsleute sind ein Gesindel!« begrüßte er mich in seinem Bureau. »Da, lies diesen Brief!« Es war ein Schreiben der Philosophischen Fakultät Heidelberg, »An eine Hohe Militärregierung« und im gleichen servilen Ton ging es weiter:

»Prinz Löwensteins Vorlesungen«, schrieb das Fähnlein der Sieben Waagrechten, »sind gefährlicher Nationalismus. So spricht er bereits seit vierzehn Tagen in anerkennender Weise über das Lebenswerk des Fürsten Bismarck. Da er sich aber dafür auf sein Buch ›The Germans in History‹ berufen kann, das in Amerika erschienen ist, können wir leider nichts gegen ihn unternehmen. Wir bitten daher eine Hohe Militärregierung, diese Vorlesungen zu verbieten.« Als ich Fentress diesen Brief zurückgab, zerriß er ihn. Leider! Ich hätte ihn gerne in Heidelberg in Umlauf gesetzt. Aber ich sorgte dafür, daß sein Inhalt unter den Studenten bekannt wurde, worauf mich die Fakultät noch inniger liebte.

Fritz Ermath war nicht mehr unter den Lebenden, als ich Fentress in Stuttgart besuchte. »Durch Einatmen von Leuchtgas«, berichteten die Zeitungen, sei er freiwillig gestorben. Die gleiche Notiz erschien ein paar Tage später über die ehemalige Großherzoglich-Badische Hofschauspielerin Maria Ermath — als ihr Sohn starb, wollte auch sie nicht mehr leben. Da erst erfuhr man, wer dieser hochbegabte, etwas geheimnisvolle Mann war, ein natürlicher Sohn des Prinzen Max von Baden, des letzten kaiserlichen Reichskanzlers. Die Gründe seines Freitodes blieben unbekannt. Ich glaube, es geschah aus Verzweiflung über die Lage Deutschlands — und vielleicht, daß er sich darob Vorwürfe machte . . .

Ich fuhr zur Versammlung der deutschen Staatsminister, die auf Einladung des bayerischen Ministerpräsidenten Hans Ehard am 6. und 7. Juni im Schloß Nymphenburg stattfand. Auch die Minister aus der Sowjetzone waren eingeladen, aber »in einem ferngelenkten Abzug«, wie die Presse schrieb, kehrten sie um, ehe die Konferenz noch begann. Dennoch kommt ihr eine gewisse geschichtliche Bedeutung zu. Gerade jener befohlene Rückzug zeigte den Westmächten, daß man mit einer sowjetischen Mitarbeit nicht rechnen könne, und dies, obgleich doch das Potsdamer Abkommen, das sonst so heilige und unverletzliche, Deutschland als Einheit behandelt wissen wollte.

In der feierlichen Schlußerklärung wurde Beachtung der Haager Landkriegsordnung und der Abschluß eines gerechten Friedens von den Alliierten gefordert: »Das deutsche Volk sinkt in wirtschaftlicher Selbstaufzehrung von Monat zu Monat in immer größere Verelendung und Not . . . Wenn es gegen das Völkerrecht war, daß Hitler die Welt mit einem verbrecherischen Kriege überzog, so widerspricht es ebenso den gültigen Grundsätzen des Völkerrechtes, einem demokratischen Deutschland Frieden und ausreichende Lebensmöglichkeiten zu versagen. Das zerstörte und abgerüstete Deutschland ist keine Gefahr für die Welt, wohl aber ein Deutschland, das verelendet zu einem Seuchenherd für alle anliegenden Völker wird und damit den Wiederaufbau Europas gefährdet. Darum muß die deutsche Frage unverzüglich geregelt werden.«

Am Ende des Sommersemesters wurde mir die Erneuerung meiner Dozentur angeboten; ich solle ein Seminar über amerikanische Geschichte übernehmen. Ich lehnte, zur Genugtuung der Fakultät, das liebenswürdige Angebot ab — mein Fach sei deutsche, nicht amerikanische Geschichte. In immer größeren Mengen kamen meine »National Weeklies«-Artikel nach Deutschland. Briefe trafen ein: »Wollen Sie nicht in Deutschland etwas tun, was uns wieder Hoffnung gibt? Wollen Sie nicht mithelfen am Aufbau des neuen Staates?« Diese Brieffreundschaften wurden zur Grundlage einer überparteilichen demokratischen Bewegung, mit deren festerem Zusammenschluß ich 1947 begann. Ich nannte sie »Deutsche Aktion«. Ohne um alliierte Erlaubnis zu bitten, hißten wir bei allen Veranstaltungen die schwarzrotgoldenen Farben der deutschen Republik! Wir wollten zeigen, daß Deutschlands Geschichte nicht 1945 ihr Ende gefunden habe und daß der Nazismus nur eine kurze, abscheuliche Verirrung war. Nun gehe es darum, aus dem abendländischen Geisteserbe des deutschen Volkes eine neue, freie Gesellschaft aufzubauen: »Ein Reich des Rechts, des Friedens und der Freiheit.«

Demokratie 1947/1948 — der Weg aus dem Chaos

Von allen Besatzungszonen war die amerikanische sicherlich am besten dran. Das ist Männern zu verdanken wie General Lucius D. Clay, Maurice Altaffer, Edward Groth, Generalkonsul in Hamburg, einem Freund Villards, Fentress Gardner, George N. Shuster und manchen anderen. Es hat aber auch zu tun mit der menschlichen Haltung der einfachen Soldaten, ganz besonders der farbigen, die für das Leid der Hungernden und Entrechteten ein tiefes Verständnis zeigten. 1947 wurden die britische und die amerikanische Zone zusammengelegt. Kein Paßzwang mehr zwischen Bremen und Frankfurt — welch großer Schritt auf dem Wege zu einem vereinten Europa!

Was die Nazis anbelangt, wurden einige der Hauptschuldigen im Oktober 1946 in Nürnberg gehängt, aber der Herr von Papen wurde freigesprochen. Andere wurden in Landsberg abgeurteilt. Obgleich die meisten zweifellos ihr Schicksal verdient hatten, waren die Methoden vielfach die gleichen, die sie selber angewandt hatten. Doch haben amerikanische Senatoren und Publizisten selber die Einzelheiten enthüllt und damit solch rechtslosem Verfahren ein Ende gesetzt. Die »Entnazifizierung« wurde oftmals recht willkürlich betrieben. Je später das Verfahren begann, desto milder war das Urteil. Beziehungen zur internationalen Gesellschaft und alliierten Geheimdiensten erwiesen sich als sehr nützlich. So kam es auch, daß mancher große Hai besser abschnitt als die kleinen Fische.

Im September 1947 erstand ich einen Mercedes-Heckmotor. Er war zwölf Jahre alt, aber wenn er lief, lief er sogar sehr schnell. So war meine Beweglichkeit wiederhergestellt, wenigstens so lange, als mich amerikanische Journalisten mit Treibstoff versorgten. Seiner Farbe und seiner Form wegen nannte ich den Wagen das »Kälbchen«. Achtzigtausend Kilometer legte ich in ihm zurück, bis er eines Tages sanft entschlief.

Die Deutsche Aktion, unter ihrem »illegalen« Symbol des schwarzrotgoldenen Adlers, nahm Gestalt an. Als politische Organisation hätten wir eine alliierte Lizenz beantragen müssen. Aber das tat ich nie. Da ich als Privatperson keiner Lizenz bedurfte, argumentierte ich, bedürften auch meine Sekretäre keiner. Daher ernannte ich in vielen Städten und Provinzen Westdeutschlands und in West-Berlin persönliche Sekretäre. Als der Lizenzzwang wegfiel, verwandelten sie sich in »Sekretäre der Deutschen Aktion«. Zu den örtlichen und regionalen Sekretariaten kamen die zentralen: Volkmar Zühlsdorff übernahm das Sekretariat des Innern, für Verteidigungsfragen ernannte ich den General a. D. Theodor

Busse. Unsere alte Freundin Marietta, geborene von Wentzel, übernahm Heidelberg und das Sekretariat Schlesien. Ein neuer Freund, jetzt Mitglied des Bundestages, Otto von Fircks, wurde Sekretär für Niedersachsen und organisierte in Göttingen, Hannover, Holzminden die ersten Massenkundgebungen. Er wurde dabei vom Finanzrat der Bekennenden Kirche, Georg Bacmeister, unterstützt. Ich selbst übernahm den Vorsitz des Reichssekretariates und das Sekretariat des Äußern.

Einmal, nach einer großen Kundgebung in Göttingen, in der ich gegen die Demontage und andere sakrosankte Einrichtungen des Mil.Gov. gesprochen hatte, bekam ich vom Chef des Intelligence Service einen sanften Wink: »Wäre das nicht sehr unangenehm, wenn es Ihrer Rede wegen eine Anfrage im House of Commons gäbe und in der Folge ein Redeverbot?« »Sehr unangenehm — aber für *Sie!* Jede Rede, die hier unterdrückt wird, erscheint in Amerika im Druck!« Ich hörte nie wieder von ihm.

Ein großes Land kann nicht von Liebesgaben leben, so reichlich sie auch flossen: dreizehn Millionen Pakete, dazu anderthalb Millionen CARE-Pakete bereits im ersten Jahre nach der Wiedereröffnung des Postverkehrs! Und was die Demokratie anbelangt: »Auf Grund der den vier Oberbefehlshabern verliehenen Gewalt gibt es keine Begrenzung ihrer Vollmachten, mit Ausnahme derjenigen, die sie sich selber setzen.« Adressat dieses Schreibens mit seiner geradezu klassischen Definition absoluter Staatsgewalt, datiert vom 23. Oktober 1947, war der Oberbürgermeister von Essen Dr. Gustav W. Heinemann, der jetzige Bundespräsident. Verfaßt wurde es vom britischen Militärgouverneur von Nordrhein-Westfalen im Auftrag von General Sir Brian Robertson, dem Obersten Befehlshaber der britischen Zone. Heinemann hatte am 15. September die britische Militärregierung gebeten, jenen Teil der Kruppwerke, die der reinen Friedenswirtschaft dienen können, von der Demontage auszunehmen. Er hatte drei völkerrechtliche Gutachten beigefügt. Diese stellten fest, daß die Befugnisse der Militärregierung zu Eingriffen in privates Eigentum ihre Grenzen fänden in der Haager Landkriegsordnung von 1907. Auch über diesen Vorgang berichtete ich, mit genauen Zitaten, in den »National Weeklies«. Eine kleine Druckerei in Amorbach stellte meine wichtigsten Aufsätze in Broschürenform her. Sie wurden zu vielen Tausenden verbreitet. Das Military Government hielt es für ratsam, dies nicht zu verhindern, denn die Aufsätze waren ja zuerst in den Vereinigten Staaten erschienen.

Ende 1947 erzwang die amerikanische öffentliche Meinung einige Verbesserungen. Alle deutschen Länder in den Westzonen hatten jetzt gewählte Landtage. Der innerdeutsche Verkehr machte erhebliche Fortschritte, seitdem es einen durchgehenden Zug gab, München—Bremen, den »Alpenexpreß«. Er hatte Fenster, Speisewagen, ja sogar einen Schlafwagen. Zu seiner Benutzung bedurfte es besonderer Zulassungskarten, die man rechtzeitig beantragen mußte. Auch die Straßen wurden ausgebessert. Die Autobahnen, die an manchen Stellen mit kilometerlangen Schlangen von alten Panzern und sonstigen Militärfahrzeugen vollgestopft waren, wurden allmählich frei gemacht. Anfang 1948 erhielten deutsche Journalisten besondere Klebezettel zur Benutzung der Luftpost. Aber meine politischen Artikel sandte ich noch weitere anderthalb Jahre lang lieber durch die amerikanische Militärpost.

Der Winter 1947/48 war milder als der vorhergegangene. Unser Christbaum, aus einem Löwensteinschen Wald, war amerikanisch geschmückt. Auch die Lebensmittel kamen aus Amerika — für all die vielen Flüchtlingen und Heimatvertriebenen, für die wir zu sorgen hatten. Mann, Frau und Kind — jeder bekam mindestens ein »friedensmäßiges« Weihnachtsessen; und es gab Schuhe, Kleider, Anzüge, Mäntel und Spielsachen. Der Weihrauch für die Mitternachtsmesse kam von Pater Berard. Mashka Leiningen und ihre Schwägerin, Gräfin Viktoria zu Solms-Rödelheim, eine neue und bleibende Freundin bis zum heutigen Tage, kamen mit uns zu diesem unvergeßlichen Gottesdienst. Da der Krieg an Amorbach vorbeigegangen war, besaß die Kirche die ungeminderte Fülle herrlichster lithurgischer Gewänder für Scharen von Priestern, Chor- und Meßknaben. Unser Pfarrer, Karl Rohner, hatte ein großes Talent für Choreographie. Wie in einem griechischen Drama bewegte er seine Knabenchöre vor dem Hauptaltar, im Glanze barocker Kirchengewänder, in Rot und Gold, mit weißen Spitzenkragen und roten Schuhen. Aber während sie ihre frommen Reigen tanzten, wirkten sie mehr wie die Engel im letzten Akt von Faust II denn wie Kleinstadtbuben, so blaß waren sie, so schmal, fast durchsichtig nach den jahrelangen Entbehrungen.

Die Fettration sank auf 75 Gramm im Monat, aber die Flut der Bezugsscheine und des Papiergeldes schwoll weiter an. Seit dem Fehlschlag der Konferenzen von Moskau und London im Jahre 1947 war mit einem gemeinsamen Handeln der Großmächte nicht mehr zu rechnen. Die *eine* Möglichkeit, die noch blieb, habe ich am 3. März 1948 in »America Herold« dargestellt: unverzügliche Bildung einer Reichsregierung in Frankfurt am Main, auf der Basis einer frei gewählten Nationalversammlung. »Dabei darf es sich nicht um eine ›westdeutsche‹ Regierung handeln, vielmehr muß es eine Regierung sein, die zeitweilig im Westen ihren Sitz hat.« Bis zur Ausarbeitung einer neuen Verfassung müsse die Weimarer als Grundgesetz gelten, die schwarzrotgoldenen Farben müßten anerkannt, zwischen den Vereinigten Staaten und Deutschland müßte ein Friedensvertrag geschlossen und so rasch wie möglich sollten Botschafter und Konsuln ausgetauscht werden. Ferner stand in diesem »Amerikanischen Sofortprogramm für Deutschland«: Schluß mit Demontagen und

Verhandlungen über eine Dollaranleihe, um die deutsche Währung und den Außenhandel auf eine sichere Grundlage zu stellen. Der letzte Punkt war: »Deutschland solle seine Bereitschaft erklären, einem Europäischen Bunde beizutreten, der mit zentralen gesetzgebenden und richterlichen Organen und einer Zentralregierung ausgestattet ist.« Übersetzungen dieses Sofortprogramms gingen an zahlreiche amerikanische Senatoren und Mitglieder des Repräsentantenhauses.

Zum ersten Male durfte Schwarz-Rot-Gold drei Tage lang öffentlich gezeigt werden, als man in der Frankfurter Paulskirche am 18. Mai die Jahrhundertfeier der Nationalversammlung beging. Walter Kolb, dessen Energie der rasche Wiederaufbau der Paulskirche und des Römers zu verdanken ist, leitete die Feier. Sie brachte der Weltöffentlichkeit zu Bewußtsein, daß Deutschland eine lange demokratische Tradition besitzt.

Fünf Wochen später kamen die Währungsreform und die Blockade von Berlin. Preisgabe der Stadt oder entschlossener Widerstand? General Clay setzte sich durch. Sollten die Sowjets Krieg wollen, dann würde Schwäche eher als Stärke sie zur endgültigen Entscheidung bewegen. Damit aber entstand ein neues Verhältnis zwischen dem deutschen Volke und den westlichen Alliierten, und erst in dieser Atmosphäre von Vertrauen und im Bewußtsein eines gemeinsamen Schicksals konnte der Aufbau eines neuen deutschen Staates vor sich gehen. Mit der Währungsreform begann die deutsche und europäische Wirtschaftserholung, und dies, obgleich die neue Währung zuerst nur durch Amerika und durch den Arbeitswillen des deutschen Volkes gedeckt war. Die Beseitigung des Rationierungssystems führte die Währungsreform zum vollen Erfolg, und das ist Ludwig Erhard zu verdanken.

Irgendwie konnte man diese veränderte Atmosphäre bereits spüren, als am 15. August 1948 der Kölner Dom wiedereingeweiht wurde. Es war gleichzeitig die Siebenhundertjahrfeier. Acht Kardinäle kamen, darunter die Kardinalerzbischöfe von Westminster, Paris, Holland und Belgien. Kardinal Clemente Micara kam als persönlicher Vertreter des Papstes. Damit war zum ersten Male nach dem Kriege ein Souverän, doch nicht einer »Siegermacht«, auf deutschem Boden anwesend. Ich sah auch Kardinal Innitzer wieder, wir sprachen über unsere gemeinsame Aktion zur Rettung der verwundeten Arbeiter nach den blutigen Ereignissen vom Februar 1934. Als Vertreter der amerikanischen Regierung war Martin J. Hillenbrand nach Köln gekommen. Auch Hans Christian Larson war da. Wir wohnten alle im St.-Elisabeth-Spital.

Hans Christian immatrikulierte sich an der Universität Heidelberg. Oft kam er nach Amorbach, und wir besprachen unsere Italienreise, die wir schon während der Kriegstage in Minnesota geplant hatten. Aber nach Italien oder überhaupt ins Ausland zu reisen war 1949 schwerer als in den Tagen Goethes. Es dauerte Monate, bis ich alle Papiere zusammen hatte. Deutsche Pässe gab es noch nicht. Ich erhielt, nach vieler Mühe, ein Reisedokument des »Allied Travel Board«, gültig für eine Reise in die Schweiz. Eine italienische Verbindungsstelle in Frankfurt gab mir zwar auf einem eigenen Bogen ein Visum, aber das nützte nichts, es sei denn, das Reisedokument würde auf Italien ausgedehnt. Mr. Altaffer riet mir, erst einmal nach Bern zu fahren und dort auf der amerikanischen Botschaft, unter Berufung auf ihn, die alliierte Reisestelle aufzusuchen.

Am 3. Oktober 1948 wurde in Wertheim am Main unsere dritte Tochter geboren, Margarete Maria, benannt nach ihren beiden Taufpatinnen, Margarete Löwenstein und Maria (Mashka) Leiningen. Ihr Pate war Mr. Altaffer, der zur Taufe, am 3. November, dem Hubertus-Tag, nach Amorbach kam. Scharen von Vettern und Cousinen aller Grade und Altersstufen versammelten sich zum Taufmal — trotz Währungsreform immer noch im wesentlichen amerikanischen Ursprungs!

Weihnachten 1948 gab es aber bereits Silberketten und Glaskugeln zu kaufen. In der Mitternachtsmesse sah der Knabenreigen schon mehr nach Kleinstadtbuben aus denn nach Faustschen Engeln. Als die Glocken der beiden großen Amorbacher Kirchen das neue Jahr einläuteten, waren es genau zehn Jahre seit meiner »Weihnachtsbotschaft«, die über 29, 8 nach Deutschland ausgestrahlt worden war. Damals lag Krieg in der Luft, jetzt eine Friedenshoffnung, trotz Berliner Blockade.

Am 11. Januar 1949 sprach ich in der Universität Heidelberg über die Grundlagen einer neuen Verfassung. Ich wiederholte meine Forderung von 1946: Auf dem Gebiete der westlichen Besatzungszonen solle der deutsche Staat, unter dem geschichtlichen Namen »Deutsches Reich« wiedererrichtet werden. Wäre dies geschehen, dann hätte man damit die »Deutsche Demokratische Republik« ganz von selber als Satellitenstaat gekennzeichnet. In vielen Versammlungen warb ich für den Gedanken allgemeiner Wahlen in ganz Deutschland. In Heidelberg wurde hierauf am 10. November 1949 ein Bürgerkomitee gebildet. Die von ihm erarbeitete »Heidelberger Resolution« wurde am 11. Januar 1950 von einer großen Versammlung angenommen. Die Forderung »allgemeine Wahlen unter neutraler Kontrolle« wurde etwas später ergänzt »unter Kontrolle der Vereinten Nationen«. Aber erst als die Hohen Kommissare, voran John J. McCloy, sich dafür aussprachen, wurde die Forderung von der ängstlichen deutschen Presse und schließlich auch von der Bundesregierung aufgegriffen.

Am 23. Februar 1949 hatte ich endlich alle Papiere zusammen, und wir konnten abreisen. Über das Frühstück am Baseler Hauptbahnhof notierte ich: »Kaffee komplett, Schinken, Eier, Butter und Zucker soviel man will. Ausgezeichnet. Atmosphäre der Freiheit.« Also war ein solches

Frühstück immer noch etwas Besonderes. In der Schweiz war alles sauber. Keine ungewaschenen Menschen, keine Ruinen. Ich schickte große Pakete mit Schokolade nach Amorbach. In Zürich lernte ich Erwin Jaeckle kennen, den Chefredakteur der »Tat«, und vereinbarte mit ihm einige Reiseberichte. In Bern schneite es — aber was machte das schon! Auf der amerikanischen Botschaft erhielt ich durch Mr. Altaffers Vermittlung die Ausdehnung meines Reisedokuments auf Italien. Einige Tage verbrachten wir noch hoch über Bern in einer Art von Almhütte. Dann ging es um 5 Uhr morgens bei starkem Schneesturm auf Hundeschlitten ins Tal, wie in Jack Londons »In den Wäldern des Nordens«. In Gümmlingen stiegen wir in einen Zug, in Brieg bekamen wir den Simplon-Orientexpreß — daß es so etwas wieder gab! Um 4 Uhr nachmittags waren wir in Florenz. Es dämmerte schon, als wir zur Piazza della Signorina kamen, zum Ponte Vecchio, zum Dom. Durch schmale Seitenstraßen gingen wir weiter, bis wir plötzlich vor dem Hause Dantes standen. Als ich dies alles wiedersehen durfte, was in den letzten Kriegsjahren so sehr bedroht war, konnte ich meine Tränen nicht länger zurückhalten.

Italienische Reise

»Gute Birnen habe ich gespeist; aber ich sehne mich nach Trauben und Feigen.« So schrieb Goethe Anfang September 1786, als er in Regensburg haltmachte, zu Beginn seiner Italienischen Reise. Hans Christian, der das Buch mitgenommen hatte, zitierte es, als wir am Abend des 12. März in Rom eintrafen. Zahllose Male bin ich inzwischen in Rom angekommen — aber diese erste Ankunft nach dem Kriege — die blieb *das* Ereignis schlechthin, so wie von allen Reisen nach Italien jene damals »Die Italienische Reise« geblieben ist.

Noch in der Nacht unserer Ankunft stiegen wir auf das Kapitol und sahen im Leuchten einer klaren Sternennacht die Säulen und Tempel des Forums und des Palatins, »den Mittelpunkt, nach dem mich ein unwiderstehliches Bedürfnis hinzog«, wie Goethe am 1. November 1786 schrieb.

Ähnlich wie 1926 lernte ich die Stadt mit Hans Christian an meiner Seite bis in die kleinsten Gassen hinein kennen. Am 16. März fuhren wir nach Anzio. Am Bahnhof nahm uns ein kleiner Wagen mit, zum britischen Soldatenfriedhof. »Ein Deutscher und ein Amerikaner«, sagte der Fahrer, »die ein Italiener zum Grabe eines englischen Freundes bringt, der im Kampfe gegen die Deutschen fiel — das ist der Geist der neuen Zeit.«

Es gab noch keine deutschen Botschaften. Aber ein Freund Mr. Altaffers, Monsignore Krieg, der Beichtvater der Schweizergarde, verschaffte mir eine Privataudienz mit Papst Pius XII. Es war der 25. März, das Fest Mariae Verkündigung. Als die Glocken von Rom Mittag läuteten, betrat der Papst das Audienzzimmer. Zuletzt hatte ich ihn am 27. Mai 1935 gesehen ... Er nahm darauf Bezug: »Sie haben mir alles vorausgesagt, was geschehen würde«, sagte er. Ich hatte ihm den zweiten und dritten Band meiner religiösen Romantrilogie mitgebracht, »The Lance of Longinus« und »The Eagle and the Cross«. Den ersten Band, »The Child and the Emperor« hatte ich ihm von Amerika aus geschickt, konnte aber natürlich nicht fragen, ob er ihn je erhalten habe.

1969, als ich meine Papiere durchsah, die das Bundesarchiv in Koblenz übernehmen wollte, entdeckte ich einen Luftpostbrief mit vatikanischen Marken. Absender: Segretaria di Stato de Sua Santità. Der Brief war ungeöffnet! Das mochte sich daraus erklären, daß er, geschrieben am 4. Oktober 1946, nach Newfoundland, New Jersey, gegangen war, als wir bereits knapp vor der Ankunft in Bremerhaven standen. Auf vielen Umwegen muß er uns erreicht haben, ohne daß ich ihn zu sehen bekam. Also erst dreiundzwanzig Jahre danach las ich diesen Brief, aber es war, als hätte ich ihn eben erst erhalten. Absender dieses Briefes war: Giovanni B. Montini, der jetzige Papst Paul VI. Im Namen Papst Pius XII. dankte er mir für mein Buch »The Child and the Emperor« und »meinen sohnlichen Brief... wegen der kriegsbedingten Schwierigkeiten im Postverkehr hat sich diese Antwort verzögert«. Als Dank für meine Sendungen und als Unterpfand seines väterlichen Wohlwollens und seiner Sorge übermittle mir der Heilige Vater seinen apostolischen Segen, »mit dem Gebete, daß er für Sie eine Quelle sein möge reichster himmlischer Gnaden und Wohltaten«.

Am 31. März 1949 fuhren wir im Omnibus nach dem Süden. Das kommt, in moderner Form, Goethes Reisekutsche am nächsten. In meinem Tagebuch steht: »Via Appia, Terracina, Itri, Formia — Ölbäume, rote Pfirsiche — weiße Mandelbäume, die See. Um 1 Uhr in Neapel.« Jenseits dieses schönsten Golfes der Welt sah ich Capri, wie ein weit ausgespanntes, dreieckiges Segel. Die Welt des Museo Nazionale erfüllte mich mit dem gleichen Glücksgefühl wie vor Jahren bei meinem ersten Besuch. Wieder stand ich vor Caesars Büste, mit ihrem souveränen Lächeln, ich grüßte Poliklets Doryphoros sowie Harmodios und Aristogeiton, mit deren Tat die Freiheit Griechenlands neu geboren wurde. Auch Antinous, den schon Verklärten, sah ich wieder und begriff noch einmal, was Ademptus bedeutet. Vom staubigen, häßlichen Mercato Vecchio, wo Konradins Haupt fiel, gingen wir zu seinem Grabmal in Santa Maria del Carmine, wo er als Heiliger verehrt wird. In Pompeji lagen wir in der kleinen Palaestra im Grase. Der Doryphoros stand einmal hier. Ihm brachte eine hellenisch-römische Jugend vor jedem Spiele Blumen und Kränze, bis im Jahre 79 ihre schöne Welt unter der Asche des Vesuvs versank.

Bei herrlichem Wetter fuhren wir nach Capri — eine glückhafte Fahrt, der ich diese Inselheimat verdanke! Wir fanden, geführt von einem guten Stern, ein schönes Zimmer mit einer großen Terrasse in der Villa Oreste an der Via Sopramonte oberhalb des Städtchens. Man sieht hinüber auf die weißen Häuser, den Campanile zwischen ihnen, und dahinter die steile Felswand, die Capri von Anacapri trennt. Nach Süden zu sieht man einen Streifen des Meeres. Die Villa gehört Signore Giorgio Federico, aus einer der letzten alten Familien der Insel. Jedes Jahr habe ich seitdem viele Wochen dort verbracht, manchmal allein, manchmal mit einem Freund. Ich arbeitete an meinen Büchern oder freute mich einfach des Lebens. 1949 gab es noch kaum Touristen. Unbehelligt konnten wir auf dem hohen Monte Tiberio die Villa Jovis besuchen, die Augustus erbauen und Tiberius erweitern ließ. Dort lebte er, als Pilatus sein ungerechtes Urteil sprach... »im Namen des Kaisers«, um nicht als »Feind des Kaisers« denunziert zu werden. Es ist einer der schönsten Ausblicke, die ich in Europa kenne, von der Kaiservilla, die in ganz schlichtem Stil gebaut war, über den Golf und hinüber zur Halbinsel von Sorrent. Die Erinnerung an Tiberius, als eines großen und gerechten Herrschers, ist im Volke lebendig geblieben. Ja, es gibt in manchen alten Familien, wie den Salvias, den Falcos und den Federicos, noch eine mündliche Tradition, die bis zu Augustus und Tiberius zurückreicht!

In den letzten Jahren treffe ich in Capri des öfteren Roger Peyrefitte, mit dem mich eine persönliche Freundschaft verbindet. Oft gehen wir bei den Bagni di Tiberio oder an der Piccola Marina gemeinsam schwimmen, er, einer seiner jungen Freunde, mein Bruder Werner, mein griechischer Freund André und ich. Seit langem plant Peyrefitte ein Buch über Konradin von Schwaben. Er ist übrigens nicht nur ein bedeutender Schriftsteller, sondern auch politisch ein mutiger Mann, der sich dem modern gewordenen pro-kommunistischen Kurs der »Intellektuellen« entgegenstellt. Persönlich charmant und liebenswert, ist er durch manche seiner Bücher, vor allem durch die »Amitiés Particulières«, zu einem Befreier von Heuchelei und muffigem Spießertum geworden.

Ein völliger Szenenwechsel fand statt, während ich in Capri war. Am 4. April 1949 wurde in Washington der Nordatlantikpakt (NATO) unterzeichnet. Damit wurde der friedliche Aufbau Deutschlands und West-Berlins gesichert — und solange es diesen Schutz gibt, wird es keinen Angriff geben. Sollte er je unterhöhlt werden, dann werden »Nichtangriffspakte« nichts nützen — nur daß man dann nicht von Angriffen sprechen wird, sondern von »brüderlicher Hilfe«, wie im August 1968 im Fall der Tschechoslowakei. Kurz nach der Unterzeichnung des Nordatlantikpaktes gaben die Realisten im Kreml die Blockade von Berlin auf. Noch auf Capri schrieb ich einen Bericht für die »National Weeklies«, der am 24. April erschien: »Ohne Deutschland ist der Atlantikpakt wie eine Festung ohne Mauern.« Es bedurfte des kommunistischen Angriffs auf Südkorea, um den Westmächten diese Tatsache klarzumachen.

Der neue Staat, die »Bundesrepublik Deutschland«, war eben geboren worden, als ich nach Hause zurückkehrte. Besser wäre es gewesen, den ersten Artikel der Weimarer Verfassung zu übernehmen: »Das Deutsche Reich ist eine Republik.« Als ich im Herbst des gleichen Jahres noch einmal nach Italien fuhr, um an einer internationalen und ökumenischen Konferenz des CVJM teilzunehmen, gab es bereits deutsche Pässe — es war mein erster seit 1934! Nach Abschluß der Konferenz erhielt ich die Nachricht, daß am 9. Oktober in Regensburg die erste Massenkundgebung der Heimatvertriebenen stattfinden werde. Ich sollte die Hauptrede halten und versuchen, eine Erklärung des Vatikans zur Oder-Neiße-Linie zu bekommen. Monsignore Krieg stellte mich dem Unterstaatssekretär Giovanni Montini vor — aber ich wußte ja nichts von seinem Briefe!

Die Erklärung, die ich schließlich erhielt, war vorsichtig formuliert, aber sie erfüllte ihren Zweck: »Sagen Sie den Heimatvertriebenen: Der Vatikan betrachtet das, was ihnen angetan wurde, als schweres Unrecht und hat diese Grenzziehung niemals anerkannt. Der Heilige Vater glaubt an die Zukunft Deutschlands, und er arbeitet unermüdlich dafür. Er segnet evangelische und katholische Deutsche gleichermaßen.«

Fünfzehn bis zwanzigtausend Heimatvertriebene kamen in Regensburg zusammen, aus den Ostprovinzen und dem Sudetenland. Die von Volkmar verfaßte »Regensburger Resolution« wurde einstimmig angenommen. Sie richtete sich an die Vereinten Nationen, den Heiligen Stuhl und den Evangelischen Weltkirchenrat in Genf. Sie verlangte die Anerkennung der unabdingbaren Menschenrechte auch für die Heimatvertriebenen, darunter das Recht, als freie Menschen auf ihrem Heimatboden zu leben. Jede Politik des Hasses und der Gewalt, jeder Rachegedanke, wurden verworfen. Die Erklärung des Vatikans wurde mit großem Jubel aufgenommen. Presse und Rundfunk haben ihr einen weltweiten Widerhall verschafft. Die »Regensburger Resolution«, deren wichtigste Punkte in die Charta der Heimatvertriebenen aufgenommen wurde, blieb richtungweisend für alle Heimatvertriebenen und für die deutsche Politik.

Die Bedrohung des Abendlandes

Im Dezember 1949 fand in Amorbach die erste Jahrestagung der Deutschen Aktion statt. Die Heidelberger und die Regensburger Resolutionen wurden in das Programm aufgenommen. Dazu wurde ein weiteres Dokument von grundsätzlicher Bedeutung für die deutsche Rechtsstellung gebilligt. In seiner Regierungserklärung vom 21. Oktober hatte Bundeskanzler Konrad Adenauer die Ansicht vertreten, Deutschland habe mit der bedingungslosen Kapitulation als *Staat* zu bestehen aufgehört. Wir stellten fest, daß dies falsch sei. Die Kapitulation vom 7. und 8. Mai 1945 war ein rein militärischer Akt gewesen. Die deutschen Vertreter handelten ausschließlich im Auftrage der Wehrmacht. Übergeben wurden die Streitkräfte, nirgends ist die Rede von staatlicher Macht, deutschem Staatsgebiet oder Staatsgewalt. Daß mit der Übergabe der deutschen Streitkräfte der deutsche Staat nicht zu bestehen aufhörte, ergab sich auch daraus, daß die »Geschäftsführende Reichsregierung« bis zum 23. Mai in Mürwick im Amte blieb.

Die beiden Göttinger Professoren Herbert Kraus und Rudolf Smend haben dann an einem Rechtsgutachten der Deutschen Aktion mitgearbeitet und ihm zugestimmt. Es wurde am 15. Januar 1950 in Göttingen veröffentlicht, unter dem Titel »Die Göttinger Erklärung der Deutschen Aktion«, mit dem Untertitel »Das Deutsche Reich hat nicht kapituliert«. Bereits am 16. Januar wurde es in der »New York Times« ausführlich zitiert. Der Kern des Gutachtens war: Da die Streitkräfte, nicht aber Deutschland als Staat kapituliert hatten, besteht die völkerrechtliche Persönlichkeit Deutschlands weiter, und die Bestimmungen der Haager Landkriegsordnung müssen Anwendung finden. Auf dieser Rechtsgrundlage, der Kontinuität der deutschen Staatspersönlichkeit, baut heute die gesamte Nachkriegspolitik auf. Daß die Bundesrepublik, wenn auch auf vermindertem Territorium, der Rechtsnachfolger des Deutschen Reiches von 1871 ist, wird nicht mehr bestritten.

Mitte Januar 1950 begann ich eine große Vortragsreise durch viele Städte der Bundesrepublik. Am 19. Januar gab ich in Hannover ein Interview für AP, UP, die »Hannoversche Allgemeine« und eine Reihe anderer Blätter. Es wurde in der in- und ausländischen Presse veröffentlicht. Der Kern war: Die »Besatzung« der westalliierten Truppen müsse durch Verträge zwischen der Bundesregierung und den Westmächten in eine »Anwesenheit« umgewandelt werden, »mit der Wirkung also, daß die ausländischen Truppen nicht anders in Deutschland sind als etwa die amerikanischen während des Krieges in England waren.« Erst wenn sich die sowjetischen Truppen vollständig zurückgezogen haben, könnte an eine Räumung durch die Westalliierten gedacht werden.

Es war wie eine Vorwegnahme der heutigen Lage: 1955, mit dem Inkrafttreten der Pariser Verträge und mit der Aufnahme der Bundesrepublik in die NATO, ist die Besetzung durch freie Verträge in eine Anwesenheit umgewandelt worden. Wenn ich mir aber heute die Sammlung von Pressekommentaren zur »Göttinger Erklärung« und zu meinem Vorschlag vom 19. Januar 1950 durchsehe, graust mir vor der Servilität vieler deutscher Zeitungsschreiber. Solange sie nicht genau wußten, wie die Alliierten reagieren würden, hielten sie es für das sicherste, die »Göttinger Erklärung« und die Interviews vom 19. Januar als »überflüssig«, »nationalistisch«, gar als »gefährlich« zu denunzieren.

Um zu freundschaftlichen Vereinbarungen mit den Westmächten zu gelangen, zur gemeinsamen Abwehr der sowjetischen Bedrohung, bedurfte es der Bereinigung einiger gewichtiger Probleme. Die Bombardierung Helgolands durch die RAF mußte aufhören, und im Westen mußten die Grenzen, wie sie am 31. Dezember 1937 bestanden hatten, wiederhergestellt werden. Unter dem Titel »Die fortgesetzten Verbrechen an Helgoland« berichtete ich hierüber am 19. März in der »Sonntagspost«, die in ganz Nordamerika verbreitet war: Des öfteren hätte ich schon an dieser Stelle auf die Verbrechen hingewiesen, die an Helgoland und seiner Bevölkerung begangen würden. Auch jetzt, fünf Jahre nach Kriegsende, habe sich daran nichts geändert. Die Bombardierungen und die Austreibung verstießen gegen die Haager Landkriegsordnung und die Atlantic Charter, und nun hätten sich die Helgoländer mit der Bitte an mich gewandt, dies alles noch einmal der amerikanischen Öffentlichkeit zu unterbreiten. Nie würde ich, fügte ich hinzu, den Anblick der gemarterten Insel vergessen, als wir im Oktober 1946 nach Deutschland zurückkehrten. Gewiß, die Kommunisten hatten einige Millionen ausgetrieben — die Engländer »nur« einige Tausend, aber das Menschenrecht sei unteilbar und nicht nach der Zahl der Betroffenen zu bestimmen. Die Bundesregierung, an die sich die Helgoländer wandten, habe bis jetzt nichts unternommen, und so schloß ich mit der Ankündigung: Mit einem wirksameren Appell an die Öffentlichkeit werde die neue Phase des Kampfes um Einstellung der Bombardierungen eingeleitet werden.

Es war ein arbeitsreicher Sommer. Mein Buch »The Germans in History« sollte nun auf deutsch, in neuer Bearbeitung, bei dem

Frankfurter Verleger Heinrich Scheffler erscheinen. Ich fand einen tüchtigen und gebildeten Privatsekretär in dem jungen Georg von Hatzfeld, dem Sohn des blinden Dichters Adolf von Hatzfeld. Täglich diktierte ich ihm zwanzig Seiten, und schon im Herbst war das Manuskript reif für die Veröffentlichung.

Am 25. Juni jenes Jahres überschritten sowjetisch ausgerüstete nordkoreanische Divisionen, unterstützt von starken Lufteinheiten und Panzern, den 38. Breitengrad. Damit begann ein Krieg, dessen aktive Phase drei Jahre dauern sollte, einer der blutigsten in der amerikanischen Geschichte. Hätten die Amerikaner auch nur eine Division in Korea gelassen, wäre dieser Krieg vielleicht nie ausgebrochen. So aber meinten die Kommunisten, daß sie die »Wiedervereinigung« Koreas auf ihre Art ungestraft durchführen könnten.

Zwischen 1960 und 1972 habe ich Korea siebenmal besucht. Ich habe in meinen Vorträgen vor Universitäten und Militärs zum Ausdruck gebracht, daß die Opfer Koreas Europa vor einem Angriff durch sowjetische Satellitentruppen bewahrt haben. Aufgerüttelt durch den 25. Juni 1950 begriff die westliche Welt, daß nur eine deutsche Beteiligung an der gemeinsamen Verteidigung ein »Europäisches Korea«, das heißt einen Krieg durch »Stellvertreter«, verhindern könne. Diese Beteiligung wurde auf der historischen fünften Sitzung des Nordatlantikrates in New York im September 1950 zum ersten Male erwogen.

In Deutschland herrschte damals in weiten Kreisen die »Ohnemich-Mentalität — und keineswegs nur in »linken« oder wegen des verständlichen Grauens vor jeder militärischen Aktion. Das »Ohnemich-Schlagwort wurde besonders in Kreisen ehemaliger oder heimlicher Nazis verbreitet, denen deutsche Streitkräfte als Verbündete des Westens eine gräuliche Vorstellung waren. Das sollten wir auch in der Deutschen Aktion zu fühlen bekommen.

Im Oktober 1950 brachten wir eine Schrift heraus: »Die Bedrohung des Abendlandes«. Es hieß darin, der sowjetisch besetzte Teil unseres Vaterlandes solle offensichtlich aus der europäisch-deutschen Gemeinschaft herausgebrochen und in eine andere eingegliedert werden, in der die Gesetze unserer Sittenordnung keine Gültigkeit haben. Es drohe eine Gesamtbesetzung Deutschlands, die das ganze Land in ein einziges Konzentrationslager verwandeln würde. Durch ein Paktieren mit den Sowjets könne diese Gefahr nicht abgewendet werden. Nur als Teil eines einigen Europas könne Deutschland seinen Beitrag leisten zur Wahrung des Weltfriedens. Also, gemäß den Vorschlägen vom 19. Januar: Umwandlung der Besatzung in eine Anwesenheit auf Grund freier Vereinbarungen — Schaffung eines Vereinigten Europas, mit einem »Völkerparlament, bestehend aus zwei Häusern, das eine gebildet aus den gewählten Vertretern des europäischen Volkes, das andere beschickt von den Vertretern der einzelnen Staaten.«

Schließlich hieß es: »Für ein Volk, das die Freiheit liebt, geziemt es sich, für die Freiheit Opfer zu bringen.« Diese Schrift, gedruckt in einer Massenauflage, ging auch an alle Mitglieder des Bundestags und an die in- und ausländische Presse.

Darauf zeigte sich, daß, vor allem in Niedersachsen, eine rechtsradikale Infiltration eingesetzt hatte. Ich löste ein ganzes Sekretariat auf und schloß die Infiltranten aus der Deutschen Aktion aus. Von da an blieb unsere Arbeit ungestört.

Jene rechtsradikalen Kreise hatten schon Anstoß daran genommen, daß ich »den Amerikaner« gelobt habe, als ich am 7. August 1950, zuerst in der »Rheinzeitung«, dann in zwanzig oder dreißig weiteren Blättern einen Aufsatz über den Koreakrieg veröffentlichte. Er hieß »Der Dschungelkrieg der Pioniere« und schilderte die soldatischen Eigenschaften der »G.I.s«, wie man sie in Deutschland kaum kennt: »Wo immer die Amerikaner konnten, haben sie lieber ihre technischen Mittel als Menschenleben eingesetzt. Das hat ihnen in Deutschland den Ruf eingebracht, gar keine richtigen Soldaten zu sein. Aber die Aufgabe einer Armee besteht ja darin, den Krieg zu gewinnen, nicht aber unter Beweis zu stellen, wie gut die Menschen ... zu sterben verstehen. Freilich gibt es im Kriege auch Lagen, in denen dieses ›Zu-Sterben-Verstehen‹ Teil der Strategie, Mittel zum Sieg sein kann. Der Pazifische Krieg mit seinen unsäglichen Dschungelkämpfen, wovon man bei uns noch sehr wenig weiß, hat die ›Bürgerarmee‹ in einem ganz anderen Lichte gezeigt.« Ich sagte voraus, daß die Niederlagen der Amerikaner in Korea sich schließlich in Sieg verwandeln würden, »wie Pearl Harbor und Bataan, deren Endergebnis Tokyo war.«

Unsere zweite Jahrestagung fand in Schloß Assenheim bei Friedberg in Hessen statt. Wir waren Gäste der Gräfin Viktoria zu Solms, geborene Prinzessin zu Leiningen, und ihres Sohnes Markwart, des damaligen Erbgrafen und jetzigen Chefs des Hauses. Unter seiner kunstsinnigen Pflege ist Assenheim zu einer wahren Schatzkammer des Barock und Rokoko geworden. Auch wertvolle römische Funde und mittelalterliche Waffen finden sich im Schloßmuseum. Die Grafen zu Solms-Rödelheim besitzen eine große freiheitliche Tradition. Markwarts Urgroßvater, dessen Mutter eine Gräfin zu Löwenstein-Wertheim-Virneburg war, war der erste deutsche Souverän, der in seinen reichsunmittelbaren Gebieten die Emanzipation der Juden durchgeführt hatte. Im Solms'schen Schloß Rödelheim wurden die ersten hebräischen Bibeln gedruckt. Auf unserer Assenheimer Tagung, im Dezember 1950, wurde die »Risikotheorie« erarbeitet. Danach sollten die Streitkräfte in Westeuropa stark genug sein, um einen Angriff durch sowjetische Satelliten abzuwehren. Die Gefahr eines »Europäischen Koreas« erfordere die Aufstellung deutscher Streitkräfte. Sollte die Sowjetunion dennoch Krieg wollen, dann müßte sie selber eingreifen und das Risiko eines amerikanischen Atomschlags auf sich nehmen. Dieses Risiko, so folgerten wir, werde auf längere Zeit einen erhöhten Sicherheitsfaktor darstellen. Die NATO, der wir unsere Überlegungen zuleiteten, ging dann von der gleichen Theorie aus und sie hat sich bewährt. Auf der Assenheimer Tagung wurde auch die Forderung nach einem Zentralrat der europäischen Wirtschaft und der Schaffung eines europäischen obersten Gerichtshofes aufgestellt. Die nationalen Rechtssysteme sollten einander angeglichen, alle innereuropäischen Zoll- und Handelsschranken beseitigt und die Währungen frei konvertierbar werden. Ein europäisches Erziehungssystem sollte ergänzt werden durch europäische Freizügigkeit, besonders für Lehrer, Studenten und junge Arbeiter.

Über achtzig öffentliche Kundgebungen der Deutschen Aktion hatten in diesem Jahre stattgefunden, meine Aufsätze waren in über sechzig Zeitungen erschienen und unsere Schriften in einer Auflage von weit über hunderttausend. Europa, so stellten wir fest, habe sich seit unserer Tagung in Amorbach günstig weiterentwickelt und die Lage im freien Teile Deutschlands habe sich verbessert. Aber die Probleme Helgoland und Saargebiet müßten Europas wegen bald gelöst werden.

Helgoland

Am Tage vor Weihnachten 1950 fuhren Georg von Hatzfeld und der Theologiestudent René Leudesdorff nach Helgoland. Die Landung erregte großes Aufsehen, aber leider zwang sie die harte Witterung, schon nach zwei Tagen aufs Festland zurückzukehren. Nun waren die Würfel gefallen, ein Aufschub bis zum Frühling, wie ich es ursprünglich geplant hatte, war nicht mehr möglich.
Hans Christian Larson war wieder in Europa und verbrachte Weihnachten in Amorbach. Ich wollte ihn nicht mit den amerikanischen Behörden in Schwierigkeiten bringen und fragte ihn daher nur: »Kommst Du mit nach Cuxhaven?« »Ich komme natürlich mit nach Helgoland«, sagte er. »Das ist der Sinn der Freundschaft.«
Am 27. Dezember waren wir in Cuxhaven. Die britischen Militärbehörden schienen irgendwie Wind bekommen zu haben und hielten Ausschau nach uns. In Hamburg hatte ich ein Rundfunkinterview auf Band gesprochen, das aber erst nach unserer Landung auf Helgoland gesendet werden sollte: Ich ginge nicht hinüber aus irgendwelchen nationalistischen Beweggründen, sondern um den Beweis zu führen, daß in der freien Welt die sittlichen Kräfte stärker seien als die der Gewalt. Ich sei entschlossen, Gandhis Grundsätze der gewaltlosen Gewalt und des bürgerlichen Ungehorsams anzuwenden, um die Einstellung der Bombardierungen zu erzwingen. Nur damit werde der Weg freigemacht werden für deutsch-britische Freundschaft. Helgoland solle zu einem Sinnbild für die Ostvertriebenen werden, daß in der westlichen Welt das Recht auf Heimat anerkannt werde. Freiheit und Menschenwürde seien unteilbar und unabhängig von der Zahl der Betroffenen. Meine einzige Waffe bestehe darin, keine zu haben. Als Bundesgenossen erhoffte ich mir die öffentliche Meinung, nicht zuletzt in England selber. Dieses Interview wurde vorzeitig ausgestrahlt, als ich mit Hans Christian in einer trüb beleuchteten Hafenkneipe saß und gerade eine Polizeistreife hereinkam unter einem britischen und einem deutschen Offizier. Der deutsche erkannte mich, aber erst als sein britischer Kollege außer Hörweite war, flüsterte er mir zu: »Wie ich eben am Rundfunk hörte, sind Sie ja schon in Helgoland — also kann ich Sie nicht mehr verhaften!«
In den frühen Morgenstunden fanden wir einen Kutter. Es war neblig, und das machte es leichter, den britischen Patrouillebooten zu entwischen. Um 9 Uhr morgens landeten wir auf Helgoland. Hatzfeld und Leudesdorff waren tags davor zurückgekehrt und begrüßten uns,

als wir ausstiegen. Mit ihnen waren jetzt auch ein paar Fischer da. Innerhalb weniger Stunden meldeten alle Rundfunkstationen und alle Zeitungen Europas unsere Landung. Ein britisches Blatt erinnerte daran, daß mein Großvater, Lord Pirbright, als Staatssekretär der Kolonien an den Verhandlungen beteiligt war, die 1890 zum Tausch von Zanzibar gegen Helgoland führten. Wir fanden Unterkunft im Flakbunker, einem Turm auf dem höchsten Punkt der Insel. Es war das einzige fast unzerstörte Bauwerk. Überall ein Bild des Grauens und der Verwüstung. Eine Mondlandschaft von Rissen und Kratern, wie sie Apollo 15 1971 zur Erde ausgestrahlt hat. Dazu Blindgänger und Tretminen, eine Fiebervision der Erde nach dem nächsten Kriege.

Wir hatten einen kleinen Radioempfänger mitgebracht und konnten so dem wachsenden Chor der Sondermeldungen folgen. Es verstimmte uns, als der »väterliche Rat« Adenauers zu uns drang: »doch dieses sinnlose Abenteuer aufzujeben, dat zu jar nichts Juten führen kann.« Später, als Helgoland frei war, hat er über den Rundfunk verkündet: »Dank den unermüdlichen Bestrebungen der deutschen Bundesregierung...«

Wasser gibt es nicht auf Helgoland, und zu essen hatten wir nur, was wir mitgebracht hatten. Des Nachts kamen Fischer aus Cuxhaven, um Lebensmittel zu bringen und dazu Wasserkanister, die zwei Mann, auf dem Bauche kriechend, zwei Stunden lang vom Hafen heraufschieben mußten. Die Fischer schmuggelten auch meine Briefe und Zeitungsberichte an Land. Einer der Briefe war an Premierminister Attlee gerichtet: Ich erinnerte ihn an den Februar 1934, an unseren gemeinsamen Kampf gegen den Faschismus. Könne er jetzt die Rechtmäßigkeit unseres Anliegens verneinen, daß fünf Jahre nach Kriegsende die Bombardierungen der kleinen Insel eingestellt würden? Volkmar sorgte dafür, daß alle meine Berichte und Meldungen der Öffentlichkeit bekanntwurden. Ich besitze ganze Kisten vollgepackt mit Zeitungsausschnitten aus allen Ländern der Erde.

Als ich 1961 den verstorbenen Premierminister Pandit Nehru in New Delhi besuchte, ermutigte mich der damalige deutsche Botschafter Ferdinand Duckwitz, ihm den ganzen Hergang zu erzählen. »Sie haben also Mahatma Gandhis Grundsätze zitiert? Glänzend!« sagte er. »Und die Engländer — was haben die Engländer getan?« »Sie haben die Bombardierungen eingestellt...« aber es ging um Kopf und Kragen. Irgendein RAF-Befehlshaber bekam einen Wutanfall, als er von unserer Landung hörte. Schon wurden die Motore seiner Staffel angewärmt, als eine weitere Nachricht durchgegeben wurde: in meiner Begleitung befände sich ein junger Amerikaner auf Helgoland. *Den* konnte man nicht bombardieren! So gab London Gegenbefehl. »Das ist der Sinn der Freundschaft«, hatte Hans Christian gesagt.

Holz lag genügend herum und dauernd wurde neues angeschwemmt. Am Silvesterabend zündeten wir ein riesiges Feuer an, das weit in die Winternacht hineinleuchtete. Wir fanden sogar Kohle, unter den Trümmern im Keller des Hummerfischers Hini Lührs. Politisch war das Unternehmen recht knifflig. Ich hatte Sorge, daß sich die Kommunisten hineinmischen könnten, um aus unserer Aktion eine antibritische zu machen, gegen die NATO. Um sie abzuhalten, ihre Finger in unsere Omelette zu stecken, verschärfte ich in jedem meiner Berichte die anti-kommunistische Note. Das wirkte. Erst nachdem die Insel von der britischen Regierung freigegeben war, landete eine Jugendgruppe aus der Sowjetzone. Trotz ihres lauten Propagandagetöns war niemand beeindruckt.

Gerade als unsere Lebensmittel- und Wasservorräte nahezu erschöpft waren, kamen die Engländer herüber. Wir sahen von unserem Turme aus, wie sie von dem Streifenboot Eileen und von einem früheren deutschen Minensucher aus an Land gingen. Die deutschen Behörden, denen die Militärregierung befohlen hatte, uns herunterzuholen, hatten sich geweigert. Der schleswig-holsteinische Ministerpräsident Walter Bartram — er starb im Oktober 1971 — und sein Innenminister Walter Pagel erwiderten, es sei ihnen kein deutsches Gesetz bekannt, das Deutschen verbiete, sich auf der deutschen Insel Helgoland aufzuhalten. Auch seien sie keine Admiräle und verfügten daher nicht über Seestreitkräfte.

Der unter britischem Kommando stehende frühere deutsche Kapitän zur See von Blank, Befehlshaber einer Minensucheinheit, begründete seine Weigerung, er habe von den Nürnberger Prozessen gelernt, daß man sittenwidrigen Befehlen nicht nachkommen dürfe. Er wurde entlassen und vor ein Kriegsgericht gestellt. Ich traf ihn Jahre später, als er Konteradmiral in der Bundesmarine war.

Hans Christian kehrte in der Nacht vor der britischen Landung aufs Festland zurück. Er ging sofort zum amerikanischen Generalkonsul in Hamburg, um von dort aus die amerikanische Hohe Kommission zu unterrichten. Der »Larson Report«, wie sein Bericht amtlich heißt, hat wesentlich zur Bereinigung der Angelegenheit beigetragen.

Unsere Gruppe — wir waren jetzt insgesamt sechzehn — beauftragte mich, den Engländern entgegenzugehen. An ihrer Spitze stand ein Major Frederik Arthur Massenger, Sicherheitsoffizier aus Lübeck. Er war begleitet von einem Captain Greenslader. Auch ein deutscher Polizeiinspektor war mitgekommen. Zwanzig Mann der britischen Militärpolizei und fünfzehn deutsche Polizisten bildeten das »Invasionskommando«. Ich ging Major Massenger und den Seinen halben »Wegs«

entgegen, ein mühsames Unternehmen, denn einen »Weg« gab es nicht. Während dieser Kriech- und Klettertour führten wir höchst »britische« Konversation ... wie schlimm das Wetter sei, ganz, ganz fürchterlich und ob wir nicht alle Schnupfen bekommen hätten? »Nein«, sagte ich. »Für Bazillen ist es hier zu kalt.« Am Flakbunker wurde ich förmlich: »Und jetzt, Major Massenger, was kann ich für Sie tun?« »*Well* — Sie müssen hier weg, Sie können doch nicht hier bleiben auf dieser Insel!« »Warum denn nicht?« »Schriftlicher Befehl des britischen Hohen Kommissar, Sir Ivone Kirkpatrick!«

Das Tor ging auf, und ich bat den deutschen Polizeiinspektor und die beiden britischen Offiziere einzutreten. In höflichster Form verhandelten wir zwei Stunden lang. Was wir erreichen wollten, erreichten wir: eine Erklärung, daß militärischer Zwang — die Royal Navy und die RAF gegen sechzehn Mann! — angewandt werden würde, sollten wir nicht kapitulieren. Auch mußten die Engländer uns zusichern, uns nach Cuxhaven zu bringen, wo, wie wir durch den Rundfunk wußten, eine Massenkundgebung gegen die Bombardierungen stattfinden sollte. Dann überreichten wir Major Massenger unseren schriftlichen Protest gegen den Räumungszwang, der später auch der Presse übergeben wurde. Die Demonstration, hieß es darin, »gegen die völkerrechtswidrige und sinnlose Zerstörung deutschen und europäischen Bodens habe die Zustimmung der Weltöffentlichkeit gefunden.« Der Kampf werde nun vom Festland aus weitergeführt werden. Die Erklärung schloß: »Wir wissen, daß erneute Bombardierungen die Empörung der gesamten demokratischen Welt auslösen und eine erneute Invasion freier Europäer nach sich ziehen wird.«

Mit militärischen Ehren gingen wir an Bord der Eileen. Um 17.10 Uhr landeten wir in Cuxhaven, wo wir am gleichen Abend zu über tausend Menschen sprachen. Es war ein triumphaler Empfang — aber darüber durfte der eigentliche Sinn der Aktion nicht vergessen werden — Versöhnung zwischen England und Deutschland durch Wiederherstellung des Rechtes. Daher gab ich folgendes Presse-Kommuniqué aus: »In einer Zeit, da selbst internationale Konferenzen meist mit gegenseitigen Beschimpfungen beginnen, war dieses Zusammentreffen auf Helgoland, das in den ritterlichen Formen europäischer Manieren stattfand, ein ermutigendes Sinnbild britisch-deutscher Versöhnung, nicht nur in der Frage von Helgoland!«

Auf Grund des »Larson Reports« hatte sich John J. McCloy bereits mit Sir Ivone in Verbindung gesetzt und auf die internationale Bedeutung der Helgolandfrage verwiesen. Auf Befehl des britischen Luftfahrtministeriums wurde hierauf die Bombardierung eingestellt —

»vorläufig«, wie es hieß, aber, mit einer einzigen Ausnahme, in Wirklichkeit für immer.

Die endgültige Bereinigung erfolgte freilich erst nach weiteren bitteren Kämpfen, nicht mit den Engländern, sondern mit einigen radikalen Elementen, die eine »zweite Invasion« forderten. Nach einer stürmischen Sitzung in Cuxhaven, bei der ich vom Hummerfischer Hini Lührs, dessen Stimme Gewicht hatte, unterstützt wurde, fuhren René Leudesdorff und ich am 19. Februar nach Kiel zu Bartram und Pagel. Sie stellten uns dem britischen Stellvertretenden Landeskommissar von Schleswig-Holstein, General David Hume, vor. Zur Zeit Stresemanns hatte er zur britischen Botschaft in Berlin gehört und war ein Freund der englisch-deutschen Verständigung. Wir erklärten ihm die Motive unserer »friedlichen Besetzung«. Nun planten die Kommunisten, den Sinn zu verkehren und Helgoland als Waffe gegen den Westen zu mißbrauchen. Eine sofortige Entscheidung sei nötig, wenn man ihre Absichten durchkreuzen wolle. »Ich teile Ihre Meinung«, erwiderte General Hume. »Ich werde mich unmittelbar mit London in Verbindung setzen.«

Vier Tage danach teilte die britische Regierung mit, daß Helgoland an Deutschland zurückgegeben werde. Als Ersatzbombenziel für die RAF fand sich der »Knechtsand«, eine Sandbank, die bei Flut unter Wasser ist. Es war eine ausgezeichnete Lösung, mit der alle zufrieden sein konnten — mit Ausnahme der Kommunisten, der fellow travelers und einiger rabiater Nationalisten, die drohten, den Knechtsand zu besetzen — bei Ebbe!

Ich setzte mein persönliches und das Prestige der Deutschen Aktion für die Einhaltung des Helgoland-Abkommens ein und verständigte Sir Ivone Kirkpatrick in diesem Sinne. In seiner Antwort vom 2. März 1951 bekannte auch er sich erneut zu diesem Abkommen, das »eine ehrliche und erfolgreiche Bemühung darstellt, den Widerstreit der Bedürfnisse westlicher Verteidigung einerseits und der Wünsche der Einwohner andererseits zu versöhnen.« Er stimme mit mir auch darin überein, daß jeder Versuch, die Vereinbarung umzustoßen, nur schaden könne.

In einem Leitartikel, den ich unmittelbar nach der Rückkehr von Helgoland in der »Zeit« veröffentlichte, und in einem Aufsatz in der Züricher »Tat« sprach ich von einem Siege der Prinzipien Gandhis. Auch während der Tage auf Helgoland hätten wir oft über das Vorbild gesprochen, das er gegeben habe.

Die feierliche Rückgabe der Insel erfolgte am 1. März 1952. Nun wehten englische und deutsche Fahnen nebeneinander, und man hatte mit den ersten Aufräumungsarbeiten begonnen. »Daß überhaupt noch etwas von Helgoland übriggeblieben ist«, schrieb am 2. März 1952 der Deutschlandkorrespondent der »Tat«, »grenzt an ein Wunder, denn als der Krieg zu Ende ging, waren die Engländer entschlossen, den kleinen Außenposten in der Deutschen Bucht von der Landkarte auszuradieren und die Insel in die Luft zu sprengen.« Heute ist Helgoland eine der blühendsten Gemeinden Deutschlands. Millionen von Touristen haben sie wieder besucht. Als Sinnbild westlicher Verständigung und Freundschaft bildet die Insel einen wichtigen Stützpunkt unserer gemeinsamen Verteidigung.

Wiedervereinigung beginnt im Westen

»Die Wiedervereinigung beginnt im Westen«, sagten wir damals. Mit der Rückkehr Helgolands hatte sie begonnen. Noch fehlte die Saar und es fehlten jene Gebiete, die durch Verordnungen der britischen und der französischen Militärregierungen vom 23. April 1949 der »Auftragsverwaltung« Belgiens, der Niederlande, Luxemburgs und Frankreichs unterstellt worden waren.

In der »Tat« vom 24. Juni 1951 erinnerte ich an den Saarkampf von 1934 und 1935 und daß es Frankreich war, das durch seinen Außenminister Jean Barthou in einer Note vom 31. August 1934 dem Völkerbundrat einen zweiten Volksentscheid vorgeschlagen hatte. Die Möglichkeit hierzu sei in einem Völkerbundprotokoll vom 6. Dezember 1934 enthalten.

Mit meinem Leitartikel in der »Zeit« über Helgoland begann meine Mitarbeit. Im Auftrag des Blattes interviewte ich im Palazzo Chigi in Rom meinen langjährigen Kollegen im »Carnegie Endowment«, den italienischen Außenminister Graf Carlo Sforza. Ein anderes Interview aus meiner Feder erschien über ein Gespräch mit dem damaligen Landwirtschaftsminister Antonio Segni über sein großes und wirksames Projekt der Landreform in Süditalien. Antonio Segni ist im Mai 1962 zum Präsidenten der Italienischen Republik gewählt worden.

Für die »Tat« bereiste ich auch Sizilien. Palermo litt noch unter den Folgen des Krieges, aber immer noch empfand ich Stadt und Dom, mit seinen Kaisergräbern, als Brennpunkte unserer Geschichte. Ich schrieb eine ganze Serie von Berichten im Geiste der Vergilischen Eklogen: »... tausend Schafe mein eigen, durchgrasen Siziliens Berge.«

Über den Stuttgarter Rundfunk rief ich die Saarbevölkerung zum Widerstand auf gegen die separatistische Diktatur: »Die willkürlich gezogene Saargrenze ist die Oder-Neisse-Linie des Westens!« Wie lange noch werde man im Herzen des demokratischen Europas ein solch übles Polizeiregime dulden mit seiner Unterdrückung aller bürgerlichen Rechte und Freiheiten, Unterdrückung der Gewerkschaften und jeder politischen Betätigung?

In der ersten Maiwoche 1951 fuhr ich mit Hans Christian Larson nach Saarbrücken. Eben hatte die Junta des »Ministerpräsidenten« Johannes Hoffmann und seines »Innenministers« Edgar Hektor eine Versammlung der »Demokratischen Partei Saar« (DPS) verboten, Mitgliedern des Deutschen Bundestags war die Einreise in die Saar verwehrt worden. Eine Abordnung der DPS, die dem Europarat in

Straßburg eine Protestnote überreichen wollte, war an der Ausreise gehindert worden. Einige Saarländer, denen es dennoch gelungen war, nach Straßburg zu kommen, wurden dort verhaftet, vier Stunden verhört und ins Saargebiet abgeschoben. Hierauf bot Hans Christian sich an, nach Straßburg zu fahren. Warum, das hat er selber in der »Frankfurter Abendpost« geschildert: Als Amerikaner ginge ihn die Innenpolitik anderer Länder nichts an, hier aber gehe es um das Recht, gehört zu werden, und das ist ein Grundrecht, an das man in Amerika glaubt. »Da es um die Verteidigung Europas geht«, fügte er hinzu, »reicht die Saarfrage weit über den Rahmen dieses kleinen Landes hinaus. Es ist eine internationale Angelegenheit, die internationales Eingreifen erfordert...« An diesem Abend des 11. Mai saß ich in Saarbrücken im Ratskeller mit einigen politischen Freunden, die recht niedergeschlagen waren. Plötzlich unterbrach der Rundfunk sein Programm für eine Sondermeldung: »Einem jungen Amerikaner ist es gelungen, durch die Polizeisperre am Europarat hindurchzukommen und Paul Henri Spaak zu sprechen. Er überreichte ihm das Protestschreiben der Demokratischen Partei gegen die Unterdrückung der bürgerlichen Freiheiten an der Saar.«

Damit begann der aktive Kampf gegen die Diktatur und für die Rückkehr der Saar zu Deutschland. Am 15. Mai gab die Deutsche Aktion eine Pressemeldung heraus, in der freie Wahlen unter dem Schutze der Vereinten Nationen gefordert wurden. Durch einen glücklichen Zufall kam ich in den Besitz des Geheimabkommens, das Edgar Hektor mit der Sureté, der französischen Geheimpolizei, geschlossen hatte. Ich veröffentlichte seine wesentlichsten Punkte, darunter die Bespitzelung der Saardeutschen zu Hause und im Auslande, auch in Rom während des Heiligen Jahres, in einem ganzseitigen Aufsatz in der »Zeit«. Er erschien am 31. Mai 1951 unter der Überschrift: »Das Saargebiet wird zum Prüfstein Europas — völkerrechtswidrige Zustände und Willkür — Es muß endlich frei gestimmt werden!« Es war vielleicht der umfassendste Bericht über jene Zustände, von denen man heute in Deutschland kaum mehr weiß. Über Johannes Hoffmann schrieb ich: »Damals, 1934/35, sprach er aus, was wir alle meinten: ›Für Deutschland, gegen Hitler!‹ Heute hat Hoffmann unsere und seine eigene Sache verraten, weil er sich kaufen ließ.« Edgar Hektor bezeichnete ich als den »bösen Geist des Saarlandes... trotz seiner großen zur Schau getragenen Frömmigkeit.« Durch ihn sei die Saar zu einem neuen »SS-Staat«, zum »Sureté-Staat« geworden. Auch die Gefahr, daß sich hierdurch ein neuer Rechtsradikalismus entzünden könnte, sei gegeben. Daß es sich nicht »nur« um ein moralisches, sondern auch um ein völkerrechtlich verbrieftes Recht handle, ergebe sich aus der Resolution des Völkerbundsrates vom 6. Dezember 1934.»Diese zweite Volksabstimmung steht heute noch aus. Auch Frankreich hat am 6. Dezember 1934 bindend erklärt, daß es sich nicht widersetzen würde. Auch Frankreich ist an sein Wort gebunden.« Ich verlangte eine Initiative des deutschen Bundestages, um der Saar das Recht auf Selbstbestimmung zu verschaffen. Der Weg könne über die Vereinten Nationen gehen, die alle Rechte und Pflichten des Völkerbundes geerbt haben und überdies mit der Friedenssicherung und der Durchführung der Atlantic Charter betraut sind.

Diese Nummer der »Zeit« wurde von den Behörden des »SS-Staates« sofort beschlagnahmt und verboten. Vorexemplare sandten wir nach Bonn. Sie wurden vor der 144. Sitzung des Bundestages am 30. Mai jedem Abgeordneten auf sein Pult gelegt. Als erster meldete sich der Abgeordnete Wilhelm Hamacher von der Deutschen Zentrumspartei zu Wort. In einer sachlich begründeten, leidenschaftlichen Rede verlangte er, daß die Regierung sich zur Vorbereitung einer Abstimmung an der Saar an die Vereinten Nationen wenden solle. »Mit Erlaubnis des Präsidenten« zitierte dann Dr. Hamacher einen längeren Absatz aus meinem »Zeit«-Artikel über die internationale Bedeutung der Saarfrage, die im Sinne des Rechts gelöst werden müsse, wenn man das unteilbare Menschenrecht gegen den Ansturm des totalitären Sowjetismus verteidigen wolle.

Im Sitzungsbericht heißt es mehrmals: »Starker Beifall beim Zentrum und bei den Regierungsparteien — Bravo! — sehr gut!« Es sah also so aus, als ob der Bundestag sofort den Antrag auf einen Volksentscheid annehmen würde, etwas, was Adenauer damals gar nicht paßte. Da kam ihm der Abgeordnete Dr. von Merkatz zur Hilfe. Die Redaktion des Antrags, sagte er, die offenbar durch den »Zeit«-Artikel des Prinzen zu Löwenstein inspiriert sei, bedürfe noch der Überprüfung. Daher »möchte ich beantragen, diesen Antrag dem Auswärtigen Ausschuß zur Prüfung vorzulegen und einen Bericht dieses Ausschusses einzufordern.« Im Auswärtigen Ausschuß wurde der Antrag dann begraben.

Von separatistischer Seite wurde die Abtrennung der Saar von den Bistümern Trier und Speyer betrieben. Die Saar sollte entweder zu einem eigenen Bistum oder, noch besser, Teil des französischen Bistums Metz werden. Noch 1955, knapp vor der Volksabstimmung vom 23. Oktober, haben französische und separatistische Kreise beim Vatikan solche Vorstöße unternommen. Aber immer ohne Erfolg.

Bei meinen vielen Besuchen in Rom war dies stets die Frage, die mich am meisten beschäftigte. Ich fand tatkräftige Unterstützung beim deutschen Vertreter im Päpstlichen Staatssekretariat, Monsignore

Bruno Wüstenberg. Er genoß das Vertrauen der Päpste Pius XII., Johannes XXIII. und Paul VI. Ende 1966 wurde er zum Erzbischof geweiht und als Pro-Nuntius nach Tokyo entsandt. Dort habe ich ihn inzwischen wiederholt gesprochen.

Im Mai 1951 besuchten wir auch die der holländischen Auftragsverwaltung unterstellten Gebiete, den Selfkant, mit dem Städtchen Tüddern — 6500 Einwohner — und die Stadt Elten und Umgebung mit 3500 Seelen. Unmittelbar vor unserer Abfahrt teilte mir das Auswärtige Amt mit, daß es mir die zugesagten Auslandsdevisen nicht geben werde. »Nicht nötig«, erwiderte ich. »Ein Amerikaner, Mr. Larson, fährt mit uns, der ist deutschfreundlicher, als Sie es zu sein scheinen«. Diese Gebiete wurden diktatorisch durch sogenannte »Landdrosten« verwaltet, als seien es Landstriche, die man durch Einpolderung soeben dem Meere abgewonnen habe. Es gab keine Feindschaft unter den »Auftragsverwalteten«, aber sie alle, Geistliche, Lehrer, Kaufleute, Jugendliche, sagten zu mir: »Wir möchten Europa als gute Deutsche dienen und nicht als schlechte Holländer.«

Wir kamen auch zum deutschen Soldatenfriedhof IJsselsteijn, zu dem die Familien der über 35 000 jungen Toten noch immer keinen Zutritt hatten. Fünfzehn- bis Siebzehnjährige ruhen hier, die letzten Opfer des letzten nazistischen Wahnsinnsausbruchs. Um unseren Wagen mit der deutschen Nummer sammelte sich eine Menge — stumm, abwartend. Wir erklärten ihnen, daß wir jetzt in den Friedhof hineinwollten, um vielen Eltern über die Gräber ihrer Söhne berichten zu können. Man ließ uns durch, ja half uns, über die Mauern zu klettern. Ein unübersehbares Feld kleiner weißer Kreuze und, wie am Horizont, ein großes schwarzes Kreuz. Aber das war erst die Mitte des Friedhofs.

Im Haag hatte ich eine Besprechung mit dem holländischen Außenminister Dirk Stikker, der dann von 1961—1964 Generalsekretär der NATO war. Ich berichtete darüber in der »Zeit«, unter dem Titel »Der Minister sprach deutsch«, denn das war damals etwas ganz außergewöhnliches. Ich erwähnte Ijsselsteijn. Er versprach, dafür zu sorgen, daß die Verwandten Zutritt bekämen. Das ist noch im gleichen Monat erfolgt. Auch über Elten und den Selfkant sprachen wir ganz offen. »Das Prestige der Bundesrepublik zu stärken«, erwiderte er, »liegt durchaus im Interesse Hollands. Darum sage ich auch: Europa muß zu einer Realität werden.« Aber man solle nicht bloß so »Europa« sagen, das sei zu blaß. Es muß etwas Praktisches geschehen, und überdies müsse man Europa zur atlantisch-europäischen Gemeinschaft weiten. »Im August«, warf ich ein, »beginnen in Berlin die kommunistischen Jugendfestspiele. Müßte man ihnen nicht etwas Konkretes entgegensetzen? Einen internationalen Jugendfahrschein, und (plötzlich dachte ich an mein Memorandum über den »Jugendvölkerbund«, das ich im Juli 1933 der Königin von Holland übersandt hatte) ein atlantisch-europäisches Schulsystem?«

»Das ist ganz meine Meinung. Man muß der Jugend Gelegenheit geben, zusammenzukommen. Mehr, sie soll überall studieren können und die Examen müssen, wo immer sie abgelegt werden, internationale Gültigkeit haben. In den Beneluxstaaten gelangen wir schon dazu. Aber der Kreis muß viel größer werden.« »Und die Visen?« »Visen und Devisen! Jene soll man abschaffen, diese ausgleichen. Sonst kommen wir nie zu einer Einheit.«

Als Abgeordneter habe ich die Bundesregierung gedrängt, die Verhandlungen über die Rückgabe der deutschen Grenzgebiete zu beschleunigen. So fragte ich am 6. Juli 1966 in der 94. Sitzung des zweiten deutschen Bundestags an, ob die Bundesregierung endlich zum Ausdruck bringen wolle, daß »die Rückgabe der genannten deutschen Grenzgebiete einen echten Prestigegewinn für die jetzt mit der vorläufigen Auftragsverwaltung betrauten Staaten und einen echten Beitrag zum europäischen Rechtsgedanken bedeuten würde?« Am 31. Januar 1957, in der 188. Sitzung, drückte ich die Hoffnung aus, daß man gerade in Holland, »dem Lande von Hugo Grotius, für unser Anliegen Verständnis haben werde. Dies sage ich als Freund Hollands, der durch unendlich viele Bande des Blutes, der Freundschaft und der Geschichte mit ihm verbunden ist.«

Alle diese Grenzgebiete sind dann durch zweiseitige Verträge zu Deutschland zurückgekehrt, zuletzt, am 1. August 1963, auch Elten und der Selfkant. Damit war im Westen die Grenze, wie sie am 31. Dezember 1937 bestanden hatte, wiederhergestellt.

Zu St. Wendel, am Tage des Heiligen Heinrich

Die Saar zu »helgoländern«, das plante ich schon seit meiner Rückkehr von der Insel! Für die Zeit vom 12. bis zum 21. Juli 1951 setzten wir auf der Jugendburg Lichtenberg bei Kusel, nicht weit von der Saar-»grenze«, ein Jugendlager an. Für Sonntag, den 15. Juli, den Tag des Heiligen Heinrichs, des Schutzpatrons von Deutschland, stand auf dem Programm: »Wanderung«. Die übrige Zeit war angefüllt mit Vorträgen und Diskussionen über die Ostfrage, über soziale Probleme und über auswärtige Politik.

Ungefähr hundertzwanzig meist junge Leute kamen nach Lichtenberg, Schüler, Studenten, Jungarbeiter aus den verschiedensten Städten der Bundesrepublik und West-Berlin. Aber auch Studenten aus den Vereinigten Staaten, England und Italien waren bei uns, aus Griechenland, Zypern und der Schweiz. Zu unseren Referenten zählten Mitglieder des Bundestags, des Auswärtigen Amtes, der Verbände der Heimatvertriebenen. Einer unserer wichtigsten Redner war der saarländische christliche Gewerkschaftsführer Karl Hillenbrand. Er hielt einen Vortrag über »Die Lage der Arbeiterschaft an der Saar« und kehrte dann an die Saar zurück. In St. Wendel benachrichtigte er die Familie Bruch — Dr. Walter und seinen jüngeren Bruder Franz Joseph Bruch und deren Mutter —, daß sie in der Nacht mit einem Besucher zu rechnen hätten.

Ich überschritt die »Grenze« an einer Stelle, die von anti-hoffmannschen Beamten bewacht war. Gegen zwei Uhr morgens läutete ich am Hause Bruch und wurde sofort eingelassen. Für die Bruchs, die Kaufleute sind, war dies eine recht gefährliche Angelegenheit. Die Hoffmann-Junta verfügte über genügend Druckmittel, Gegner wirtschaftlich zu ruinieren. Um 10 Uhr gingen die Bruchs und ich im schönen gotischen Dom zum Hochamt. Bei der Epistel sah ich Volkmar und fünfundsechzig unserer Lichtenberger hereinkommen. Nach der Messe versammelten wir uns auf dem Domplatz. »Sollten wir nicht aus Dank für den schönen Gesang des Domchors einige Lieder vortragen?« rief einer unserer Studenten. So sangen wir als erstes: »Die Gedanken sind frei...«. Die Polizisten wurden nervös, die Menge wurde aufmerksam. Nun rief mir ein anderer zu: »Warum sprechen Sie nicht zu uns?« »Darf man denn das?« »Wieso denn nicht, hier herrscht doch Demokratie!« »Das wußte ich nicht. Dann darf ich natürlich reden. Aber worüber soll ich denn?« Jetzt riefen sie alle: »Helgoland! Helgoland!« »Ein guter Vorschlag! Also paßt auf: so wie

Helgoland frei werden mußte, damit England und Deutschland Freunde werden können, so muß jetzt auch die Saar frei werden, wegen der Freundschaft zwischen Frankreich und Deutschland. Also muß die Clique in Saarbrücken verschwinden! Ihr liegt weder die Ehre Frankreichs noch das Wohl Deutschlands, sondern nur ihr nacktes Selbstinteresse am Herzen. Nur wenn das Menschenrecht im Westen geachtet wird, können wir es gemeinsam gegen die Bedrohung aus dem Osten verteidigen. Daher muß das Unrecht, das Frankreich und Deutschland noch trennt, beseitigt werden.« Keine Polizeibeamten waren mehr zu sehen. Sie waren wohl alle enteilt vor Grauen über diese subversive Sprache oder sie telephonierten mit ihren Vorgesetzten in Saarbrücken. Nun entfalteten wir eine große schwarzrotgoldene Fahne, die im Saargebiet verboten war, und eine Flagge der Vereinten Nationen. Auf dem Schloßplatz vor dem Rathaus begrüßte uns Dr. Bruch. Viele Leute drängten sich um uns: »Könnt ihr nicht wiederkommen?« »Um halb sechs Uhr abends! An der gleichen Stelle!«

In kleinen Gruppen verteilten wir uns über das ganze Saargebiet. Volkmar, Hans Christian, Otto von Fircks und ich fuhren nach Saarbrücken. Mein Rechtsanwalt, Heinrich Schneider, der Vorsitzende der DPS, sagte, es schwirrten schon wilde Gerüchte umher, Hoffmann habe seine »Minister« zu einer Sondersitzung zusammengerufen. In Saarbrücken, Völklingen und Neunkirchen, wohin wir kamen, verteilten wir Tausende von kleinen goldenen Adlern, die sich die Menschen an die Rockaufschläge hefteten. Der Schloßplatz und alle Zufahrtstraßen in St. Wendel waren schon schwarz von Menschen. Alle Fenster waren besetzt. Wieder enthüllten wir die Fahnen, dann sprach ich zur Menge: »Im deutschen Bundestag ist der Antrag eingebracht worden, eine zweite Abstimmung zu verlangen. Soll ich nun in Euerem Namen eine solche Abstimmung fordern, damit ihr Euch offen zu Deutschland bekennen könnt, von dem Ihr rechtlich und moralisch nie getrennt ward?« Ein St. Wendler Volksschullehrer trat vor und sagte laut: »Der Boden, auf dem Ihr steht, ist deutscher Boden!« »Also wollt Ihr die Abstimmung für die deutsche Demokratie, deren Fahne vor Euch steht?« Die Menge stimmte begeistert zu. Mit dem Liede »Ich hab mich ergeben, mit Herz und mit Hand« schlossen wir die Kundgebung.

Unsere jungen Leute wurden von den Kirchenchören im »Saalbau« zum Tanz geladen. Um 8 Uhr sollte unser Omnibus nach Lichtenberg zurückfahren. Um halb acht erschienen zwei Polizeibeamte und stellten Volkmars und meine Personalien fest. Da wurde einer der Beamten ans Telephon gerufen. Blaß kam er zurück: »Befehl aus Saarbrücken. Ich muß Sie verhaften. Kommen Sie freiwillig mit, oder muß ich

Gewalt anwenden?« Eine komische Frage, denn inzwischen war der Tanz zu Ende, und meine fünfundsechzig Freunde standen um mich herum. Aber wie auf Helgoland sollte es bei der »Gewaltlosen Gewalt« bleiben. Ich rief Fircks zu, er solle die Führung übernehmen, dann gingen wir zum Polizeirevier, gefolgt von den fünfundsechzig. Hans Christian eilte zum nächsten Telefon.

Ein großes Kalenderblatt war das erste, was ich im Polizeirevier sah, in roten Buchstaben »Sonntag, 15. Juli, Tag des Heiligen Heinrichs«. Volkmar und ich nahmen auf einer Bank Platz, umringt von aufgeregten Polizisten, die immer wieder versicherten, daß sie »ein deutsches Herz« hätten und »nur einem Befehl gehorchten«. Draußen auf der Straße erklang unser Kampflied: »Die Gedanken sind frei!« Ein Überfallkommando aus Saarbrücken raste heran. »Aufhören — sofort! Maul halten!« brüllten die Hoffmann-Beamten. Zwei italienische Studenten, die ob solch barbarischer Ausbrüche lachten, wurden mit dem Gummiknüppel zusammengeschlagen. Noch in der gleichen Nacht erfolgte ein scharfer Protest der italienischen Botschaft in Paris, was der Hoffmann-Clique sehr peinlich war. Um neun Uhr meldete der Rundfunk unsere Verhaftung — Hans Christians Telefongespräche mit den verschiedenen Nachrichtenagenturen! Die Männer mit dem deutschen Herzen schraken sichtlich zusammen. Unsere jungen Leute auf der Straße wurden hungrig. Da kamen, von der Familie Bruch geschickt, Frauen mit großen Körben voll köstlicher belegter Brote und mit Getränken.

Zwei Uhr morgens: Wie in einem Gangsterfilm hielt ein Wagen an, »mit knirschenden Bremsen«. Zwei Männer stürzten herein und verschwanden im Hinterzimmer. Die Deutschbeherzten flüsterten ehrerbietig: »Der Herr Innenminister Hektor und der Herr Polizeipräsident von Saarbrücken.« Hektor — der »böse Geist des Saargebietes«? Ach nein, nur ein Bösewicht aus einer Musical Comedy. Er ließ mich hereinholen, behielt auch beim Sprechen die Pfeife im Mund und setzte ein »dämonisches« Grinsen auf: »Sie haben mich auf das unverschämteste beleidigt! Jetzt sind Sie mir ins Netz gegangen, und ich halte Sie fest, bis Sie gebüßt haben.« Fircks und ein paar andere kamen herein, aber ich bat sie, nach Lichtenberg zurückzufahren, das sei wichtiger. Hektor sprang auf: »Der dort darf gehen!« — dabei zeigte er auf Volkmar. »Der bleibt hier!« Das war ich. Die Männer mit dem deutschen Herzen bereiteten mir auf einem verbeulten Sofa ein Nachtlager. »Stellen Sie das Radio ab!« sagte ich, und das taten sie dann auch gleich. Am nächsten Morgen, als ich mich rasieren lassen wollte, kamen gleich zwei Polizisten mit, weil sie doch Befehlen gehorchen mußten. Die Bruchs schickten mir ein gutes Frühstück.

Ein Polizeiauto, voll von pistolenschwingenden Gangstertypen, brachte mich nach Saarbrücken. Erst ging es zur Kriminalpolizei, dann ins Gerichtsgebäude. Anwesend waren ein Richter, ein Staatsanwalt, auch ein Uniformierter. Auf dem Tisch lagen die »Zeit«, mit meinem Saarartikel, und ein Brief von Johannes Hoffmann. Darin verlangte er »Ausdehnung des Haftbefehls vom Abhalten einer polizeilich nicht genehmigten Versammlung auf schwere Ministerbeleidigung«. Denn in der »Zeit« hatte ich ja geschrieben, daß er sich habe kaufen lassen. »Der Herr Ministerpräsident — ›sich kaufen lassen‹«, hauchte der Staatsanwalt entsetzt. »Bekennen Sie, diesen Artikel geschrieben zu haben — den ganzen Artikel?« »Wer sonst? Mein Name steht ja darüber!« Ich benannte Heinrich Schneider als meinen Rechtsanwalt. Der Staatsanwalt protestierte, aber der Richter sagte, man müsse ihn zulassen. Als Schneider erschien, warf er einen Blick auf den Artikel und sagte trocken: »Für das ›gekauft‹ werden wir den Wahrheitsbeweis erbringen.« »Mäßigen Sie sich, Herr Kollege«, mahnte der Richter. Schneider fuhr fort: »Die Bundesrepublik betrachten Sie doch als Ausland. Wie können Sie also einen ›Ausländer‹ für einen im ›Ausland‹ erschienenen Artikel bestrafen? Das wäre das Ende jeder internationalen Pressefreiheit.« »Das Delikt ist auch im Saargebiet begangen«, sagte der Staatsanwalt. »Überall dort, wo die ›Zeit‹ verbreitet wird.« »Die ›Zeit‹ war gar nicht im Saargebiet verbreitet! Diese Nummer wurde von Ihrer Regierung verboten!« Große Verwirrung. Wir möchten auf dem Gang warten, bat der Richter. Nach ein paar Minuten wurden wir wieder hereingerufen. Mit steinernem Gesichte verkündete der Richter: »Der Haftbefehl wegen Abhaltens einer nicht genehmigten Versammlung wird aufrechterhalten. Haftentlassung wird angeordnet bei Erstellung einer Sicherheitsleistung von 50 000 Franken (damals 600 Mark). Das Gericht lehnt ab, dem Strafantrag des Herrn Hoffmann stattzugeben.« Die Gerichtskasse war schon geschlossen. Schneider zog sein Scheckbuch: »Darf ich Ihnen als Sicherheitsleistung meinen persönlichen Scheck geben? Es wird eine Freude für alle Freunde der Freiheit sein, ihn morgen in bar einzulösen.« Der Richter nahm den Scheck in Verwahrung und sagte: »Sie sind frei.« Schneider brachte mich nach Lichtenberg. Gegen neun Uhr kam der große viereckige Turm der alten Festung in Sicht. Ein rotgoldener Mond ging auf — es war wie in einem Märchen. Vier Mann packten mich, als ich ausstieg, und trugen mich auf den Schultern zu einem Vorplatz, wo ein Feuer aufloderte. Durch das Prasseln der Flammen hörte ich das Lied: »Die Gedanken sind frei!«

Ich habe über den »Tag des Heiligen Heinrichs« in der »Zeit« berichtet. Auch die ausländische Presse griff die Ereignisse auf. Am 6. September 1951 brachte der »Daily Telegraph« einen Leserbrief von mir: »Die Zukunft der Saar — Eingreifen der Vereinten Nationen gefordert.« Das Saarproblem, sagte ich u. a. darin, sei durch den ansonsten völlig diskreditierten Morgenthauplan neu geschaffen worden. Gesunde deutsch-französische Beziehungen seien die Voraussetzung für den Bestand Europas und seine Verteidigung gegen einen gemeinsamen Feind. Daher müsse die Saarfrage durch freie Wahlen aus der Welt geschafft werden.

Um die Stellung der Hoffmann-Junta zu erschüttern, hat die Deutsche Aktion die Saar mit Flugblättern überschwemmt und Adlernadeln zu Zehntausenden verteilt. Im Sommer 1953 verbreiteten wir einen Aufruf, in dem wir »für das Bundesland Saar, das Teil der deutschen Bundesrepublik ist«, alle antidemokratischen Gesetze für null und nichtig erklärten. Die Saar-Polizei konnte der Fülle unserer Aufrufe, Klebezettel und Postwurfsendungen nicht mehr Herr werden. Bei der Arbeitstagung der Deutschen Aktion in Rüdesheim am Rhein vom 3. bis zum 6. April 1953 beschlossen wir eine Saarpetition zur Wiederherstellung der demokratischen Freiheiten, die nominell an den Hohen Kommissar, James B. Conant, gerichtet wurde. Er war Präsident von Harvard gewesen und einer der Treuhänder des »Carnegie Endowment«. Ich hatte ihn im Hause von Dr. Butler kennengelernt. Unser Ziel war, eine Million Unterschriften zu sammeln, stellvertretend für die Million Saarländer. Das schien am Anfang eine unerfüllbare Phantasie zu sein. Doch die Zahl stieg sprunghaft an. Mitglieder des Bundestags unterschrieben, Gewerkschaftsführer, Landtagsmitglieder, ganze Belegschaften, Ostvertriebene, Jugendverbände. Hunderttausend Unterschriften innerhalb von drei Wochen, zweihundert-, fünfhunderttausend — die Presse berichtete laufend darüber.

Als wir Ende 1953 die Zahl von 1 034 101 erreicht hatten, beendeten wir die Aktion. Sie gab den offiziellen Saarverhandlungen einen starken Rückhalt. Bei der Volksabstimmung vom 23. Oktober 1955 hat unsere Saarpetition noch einmal ihren Wert erwiesen. Sie half mit, das sogenannte »europäische« Statut, das in Wirklichkeit ein separatistisches war, niederzustimmen.

Einzug in den Bundestag

Im Oktober 1951, während eines Besuches bei ihrem Bruder, dem Großfürsten Wladimir, in Madrid, starb unsere geliebte Mashka Leiningen — ganz unerwartet, knapp 44 Jahre alt. Damit zerbrachen unsere Amorbacher Bindungen. Zu Weihnachten und am Silvesterabend empfanden wir bereits die wohlbekannte Stimmung des herannahenden Abschieds. Es waren schöne Jahre gewesen, vor allem für die Kinder. Aber die Trennung mußte kommen, wenn ich meinem Lebensgesetze treu bleiben wollte. Hans Christian war der erste, der es aussprach: »Als wir uns kennenlernten und Freunde wurden«, sagte er, »da warst Du Republikaner. Jetzt bist Du dabei, unter nichts als Durchlauchten unterzugehen, unter Hoheiten, königlichen, kaiserlichen!«

Als Richard Tüngel, damals der brillante Chefredakteur der »Zeit«, mir die süddeutsche Redaktion seines Blattes anbot, ging ich nach München. Ein paar Wochen später kam die Familie nach. Trotz aller Berichterstattung fand ich genügend Muße, um eine Biographie Gustav Stresemann zu schreiben. Seine Witwe, Tante Kaethe, wie die Kinder sie nannten — sie starb 1970 — und die Söhne Wolfgang und Joachim gaben mir jede nur mögliche Hilfe. Schon im Herbst 1952 konnte das Buch herauskommen, unter dem Titel: »Stresemann; das deutsche Schicksal im Spiegel seines Lebens«.

Für die »Zeit« reiste ich jetzt öfters nach Italien. Ich schrieb über Triest, für dessen Rückkehr zu Italien ich eintrat, ich schrieb eine große Reportage »Die Welt, von Capri aus gesehen«. Ich berichtete aber auch über den Mithraskult, der mich schon seit langem interessierte, und über die geheimnisvolle Kirche San Clemente in Rom mit ihrer unterirdischen Kultstätte. Auch über Leonardos *Letztes Abendmahl* schrieb ich, das nach Jahren genialer Restaurierungsarbeit wieder enthüllt wurde. Drei Wände von Santa Maria delle Grazie waren im Zweiten Weltkrieg eingestürzt, nur die vierte, mit Leonardos Meisterwerk, war stehengeblieben. In den Tagebuchaufzeichnungen zum »Zeit«-Bericht notierte ich am 9. April 1953: »Santa Maria delle Grazie — das dreifache Wunder des Letzten Abendmahls! Ein herrliches Blau kam zum Vorschein — Christi Hände, die Spiegelungen des Blau, des Rot, des Weiß, der Hände in den Tellern und Gläsern. Der Wein vor Christus ist lebendiger ... Im Hintergrund ein blaues Wasser. Lombardische Landschaft. Der Apostel Philippus ist wieder sichtbar.«

Die Wahlen zum zweiten deutschen Bundestag rückten heran. Friedrich Middelhauve, damals Vorsitzender der FDP in Nordrhein-Westfalen, bot mir eine Kandidatur an im ostwestfälischen Wahlkreis Warburg — Höxter — Büren. Er war zehn Jahre älter als ich und hatte gleichfalls an der Verteidigung der Weimarer Republik aktiven Anteil genommen. Wie Tüngel, Dehler und Carlo Schmid gehörte er zu jener immer kleiner werdenden Gruppe gebildeter Deutscher. In manchem wäre mir die CDU/CSU wesensverwandter gewesen, aber ich lehnte Adenauers Saarpolitik ab. Daher nahm ich das Angebot der FDP an, auch, weil ich Middelhauve persönlich sehr schätzte. Leider hörte sein Einfluß praktisch auf, als er aus dem Bundestag ausschied, um für kurze Zeit stellvertretender Ministerpräsident von Nordrhein-Westfalen zu werden. Er starb 1966. Eines der letzten Bücher, das in seinem Verlag in Leverkusen erschien, war meine Broschüre »Der Rote Imperialismus«, mit dem Untertitel »Die Strategie Moskaus und Pekings im Kampf um die Weltherrschaft«. Als der Wahlkampf einsetzte, übernahm Volkmar die süddeutsche Redaktion der »Zeit«, wurde aber bald in die Chefredaktion nach Hamburg versetzt.

Überall im Bundesgebiet und West-Berlin hielt ich meine Reden — »Helgoland«, das kannte damals jeder, auch von meinem Handstreich auf die Saar wußte man. Es war wie während der Wanderrednerjahre in der Weimarer Republik, nur, daß jetzt bürgerliche Ruhe herrschte, auch in den Industriestädten an Rhein und Ruhr, wo Nazis und Kommunisten Arm in Arm uns die blutigsten Saalschlachten geliefert hatten.

Die Schlachten wurden an anderer Stelle geschlagen — und zwar für die Freiheit. Am 17. Juni 1953 in Ost-Berlin und in der Zone, auf der Höhe des geruhsamen bundesrepublikanischen Wahlkampfes. Es war ein Wendepunkt in der Nachkriegsgeschichte. Zum ersten Male erhoben sich unbewaffnete Arbeiter gegen ein schwerbewaffnetes, sogenanntes »Arbeiter«-Regime und wurden von den Panzern der Sowjetunion niedergeschlagen. Die Ereignisse in Ungarn 1956, der »Prager Frühling« 1968 und der Sturz Gomulkas nach dem Arbeiteraufstand in zahlreichen Städten 1970 — das alles hängt mit jenem 17. Juni zusammen! Die Westmächte hätten das Recht, ja die Pflicht gehabt, dem Volke in Ost-Berlin zu Hilfe zu kommen — hätten sie getan, es gäbe heute keine Berliner Mauer. Aber man hatte wohl Angst, den Osten zu »provozieren«. Anscheinend weiß man immer noch nicht, daß man eine totalitäre Macht ebensowenig provozieren wie beschwichtigen kann. Wenn eine solche Macht Krieg will, findet sie immer einen Vorwand. Schwäche, nicht Stärke seitens der freien Welt kann den Entschluß zum Angriff auslösen.

Was der deutsche Spießer mit all seinen 17.-Juni-Freiheitsreden am meisten fürchtet, das ist ein neuerlicher Freiheitskampf in der Sowjetzone. Als ich im November 1956 aus Ungarn zurückkam und vor der Presse erklärte: »Auch die deutsche Wiedervereinigung wird sich eines Tages aus den Kräften vollziehen, die jetzt in Ungarn sichtbar geworden sind — durch die Revolution der Freiheit«, da waren sich die deutschen Bourgeois aller Parteien so einig wie noch nie zuvor — gegen mich.

Die Bundestagswahlen vom 6. September 1953 brachten der Regierungskoalition von CDU — CSU — FDP — DP — BHE die Zweidrittelmehrheit. Es war ein merkwürdiges Gefühl, als ich in der Wahlnacht erfuhr, daß ich es geschafft hatte. Ich kam über die Landesliste herein, aber in meinem Wahlkreis hatte ich die FDP-Stimmen verdoppelt. Der Bundestag trat am 9. Oktober in Bonn zusammen. Ich kam in den Auswärtigen Ausschuß, in den für Gesamtdeutsche Fragen und Berlin und in den Jugendausschuß.

Meine Jungfernrede hielt ich am 21. Mai 1954 zum Thema Freiheit der Presse — Grundpfeiler aller Demokratie. Ich unterstützte gegen die Koalition eine Interpellation der Sozialdemokraten, die sich gegen pressepolitische Pläne der Bundesregierung wandte. Außerdem setzte ich mich ein für die materielle Besserstellung der geistig Schaffenden und nannte die Umsatzsteuer, der sie unterworfen sind, »unethisch und unberechtigt, denn Geist ist keine Ware«. Ich schloß: »An der Freiheit unserer Presse wird man uns erkennen. Diese Freiheit wird für uns überall in der Welt Vertrauen werben, besonders dort, wo deutsche Menschen leben, die ihrer demokratischen Meinungs- und Gewissensfreiheit auch heute noch beraubt sind.«

Meine nächste größere Rede hielt ich am 17. September 1954. Sie befaßte sich mit der unerfreulichen John-Affaire. Schon im Sommer hatte ich versucht, aber vergeblich, eine Sondersitzung des Bundestags einberufen zu lassen. Im Laufe dieser Debatte kam auch der Fall des ersten Gestapo-Chefs, Rudolf Diehls, zur Sprache. Er hatte die Stirn gehabt, Pensionsansprüche an die Bundesrepublik zu stellen. Ich erinnerte das Hohe Haus an die Rolle, die er am 20. Juli 1932 gespielt hatte, als er Papen die Vorwände lieferte zum Schlag gegen Preußen.

Die Europäische Verteidigungsgemeinschaft — die EVG — stand seit Jahren zur Debatte. Gegen die Beschlüsse des ersten Bundestags hatte die SPD die Verfassungsklage erhoben. Diese erledigte sich nun, da die Regierungskoalition über die Zweidrittelmehrheit verfügte. Aber all diese Mühe erwies sich als zwecklos, als die französischen Nationalversammlung am 30. August 1955 den Punkt EVG sang- und klanglos von der Tagesordnung entfernte. Damit hing das gesamte

Verteidigungssystem in der Luft, ein höchst bedenklicher Zustand, den wir in der Deutschen Aktion seit langem vorausgesehen hatten. Daher hatten wir bereits 1951 und wiederum 1953 in öffentlichen Kundgebungen und in Telegrammen an die Bundesregierung sofortige Verhandlungen zur Aufnahme Deutschlands in die NATO gefordert. Der britische Außenminister Sir Anthony Eden fand den rettenden Ausweg. Auf seine Initiative trat in London am 28. September 1954 eine Neunmächtekonferenz zusammen, die innerhalb weniger Tage die Grundzüge einer neuen Ordnung entwarf. Auf der Pariser Konferenz vom 19. bis 23. Oktober 1954 kam es dann zu den »Pariser Verträgen«, die das Ende des Besatzungsregimes, volle deutsche Souveränität und die Mitgliedschaft in der NATO vorsahen. Aber leider kam es zu einem Junktim mit dem Saarvertrag, und damit entstand die Gefahr einer Vergiftung der europäischen Beziehungen, zur Freude aller Rechts- und Linksradikalen. Eine hoffnungsvolle Klausel freilich enthielt der Saarvertrag: das geplante »Europäische Statut« sollte einem Volksentscheid zur Billigung oder Ablehnung vorgelegt werden.

Am 16. Dezember 1954, bei der außenpolitischen Debatte über die Pariser Verträge, begrüßte ich die NATO-Lösung und verwarf gleichzeitig das Junktim mit dem Saarvertrag. Man solle statt dessen die Saar von Frankreich »loskaufen«. Stresemann habe im Gespräch von Thoiry, am 26. September 1926, Aristide Briand dreihundert Millionen Goldmark als Loskaufsumme angeboten, und Briand sei positiv darauf eingegangen. Es sei tief zu bedauern, daß das Saarproblem nicht schon damals gelöst wurde, dann wäre niemals ein Zweifel aufgekommen... »daß diese Volksabstimmung von 1935 nichts mit Hitler zu tun hatte, daß sie — ich habe sie selbst miterlebt — eine Abstimmung war trotz Hitler und nicht für Hitler.« Der Bundeskanzler habe wiederum Bezug genommen auf die Verpflichtung der Westmächte, die Wiedervereinigung zu unterstützen. Aber welches Vertrauen könne man in das Versprechen Frankreichs haben, wenn hier im Westen, im Herzen Europas, der Wiedervereinigung Schranken entgegengesetzt würden? Ich schloß: »Hic Rhodos, hic salta! Hier ist das Territorium, wo bewiesen werden muß, daß es den Demokratien ernst ist, zutiefst ernst mit dem Willen zur deutschen Wiedervereinigung.«

Die wirkliche Gefahr in diesem Saarabkommen bestand darin, daß dadurch der Gedanke des Rechts, mit dem Europa steht und fällt, gebrochen wurde. »Völklingen« ist hierfür das beste Beispiel. Diese großen Röchlingschen Stahlwerke, die seit Kriegsende von den Franzosen sequestriert waren, sollten nun »verkauft« werden. Gegen den Willen der Eigentümer, auf die die Bundesregierung den unfairsten

Druck ausübte! Fünfzig Prozent sollten der französischen, 50 Prozent der Bundesregierung zufallen, das Dümmste, was man an internationalen Abmachungen überhaupt treffen kann, eine Quelle ständiger Konflikte. Die Preisgabe von Völklingen hätte Frankreich eine solche wirtschaftliche Vormacht eingeräumt, daß mit dem völligen Verlust der Saar hätte gerechnet werden müssen. Wollte man diese retten, mußte Völklingen gerettet werden. Staatssekretär Walter Hallstein teilte uns im Auswärtigen Ausschuß mit ganz fröhlicher Stimme mit: »Also, meine Damen und Herrn, wir haben Völklingen verkauft, mit dem ganzen Drum und Dran.« »Wie bitte??« »Ja, mit dem ganzen Drum und Dran!« Nach der Saar wäre das Aachener Becken als nächstes daran gewesen — unter »wirtschaftlichen« Vorwänden. Mit Ausnahme von fünfzig Prozent der Karl-Alexander-Hütte standen bereits nahezu alle wichtigen Betriebe in ausländischem Eigentum. Diese fünfzig Prozent gehörten der Familie Röchling. Sie zu halten, war von größter Bedeutung. Daher fragte ich den staatssekretärlichen Verkäufer: »Bezieht sich das ›Mit-allem-Drum-und-Dran‹ auch auf die Röchlingsche Beteiligung an der Karl-Alexander-Hütte?« »Wie ich schon sagte, Herr Abgeordneter, wir haben das ganze Drum und Dran verkauft.« »Das habe ich gehört. Was ich wissen will, ist, ob unter diesen schönen Begriff auch die Karl-Alexander-Hütte fällt?« Verlegenes Schweigen. Dann lehnte sich irgendein Ministeriale vor und flüsterte Hallstein etwas ins Ohr, vielleicht, was die Karl-Alexander-Hütte ist. »Nein, Herr Abgeordneter, die Karl-Alexander-Hütte haben wir nicht mit verkauft.« »Wie beruhigend«, sagte ich.

In der Saarfrage gab es eine völlig überparteiliche Zusammenarbeit zwischen SPD—FDP im Bundestag und mit den entsprechenden Parteien an der Saar, wozu, was besonders wichtig war, die Saar-CDU unter Hubert Ney kam. Kurt Conrad, der verdientermaßen 1971 wieder zum Vorsitzenden der Saar-SPD gewählt wurde, sein Parteifreund Hermann Trittelwitz im Bundestag (er ist allzu früh verstorben) und der aus der Saar stammende CDU-Abgeordnete Karl Walz und natürlich Heinrich Schneider haben in dieser deutschen und europäischen Lebensfrage vorbildlich zusammengearbeitet. Hermann Trittelwitz begründete am 6. Mai 1955 in der 81. Sitzung die Große Anfrage der SPD, die jene höchst zwielichtigen Vorgänge des Verkaufes von Völklingen »mit allem Drum und Dran« aufklären sollte.

Ich habe dann, ausgestattet mit einer erschöpfenden Fülle von Material, das die Bundesregierung nicht in meinem Besitze vermutete, in der gleichen Sitzung das Wort ergriffen: selbst wenn es hier »nur« um eine Familie ginge, stünde es immer noch dafür, daß sich der deutsche

Bundestag damit beschäftige. Es sei die Größe Englands gewesen, sich für jeden einzelnen seiner Staatsbürger, ganz gleich wer er ist und wo er lebt, eingesetzt zu haben. Hier handle es sich aber überdies um ein gesamtdeutsches, um ein europäisches Problem. Willkürlich hätten die »Verkäufer« für Völklingen die Summe von zweihundert Millionen Schweizer Franken festgesetzt. Der Wert läge aber bei mindestens vierhundertfünfzig Millionen Mark. Im übrigen gehe es offensichtlich auch um die Absicht, auf die Saar-Arbeiterschaft sozialen Druck auszuüben, um sie zur Annahme des Separatstatuts zu zwingen.

Diese Debatte hat weitgehend das Schicksal der Saar entschieden. Auf ihrer Grundlage haben die Röchlings schließlich den »Verkauf« angefochten, und natürlich haben sie das für sie in der Schweiz deponierte Geld nie angerührt. Wäre es bei der adenauer-hallsteinschen »Regelung« geblieben, wären die deutsch-französischen Beziehungen dauernd auf das schwerste belastet gewesen. Heute ist die Saar kein Zankapfel mehr, sondern eine weitere Brücke zwischen Frankreich und Deutschland.

Wiedersehen mit Amerika

Im Januar 1955 kam ich zum ersten Male wieder nach Amerika. Ich war kein Emigrant mehr, war deutscher Bundestagsabgeordneter, und dennoch empfand ich ein starkes Heimatgefühl, als ich in den Hafen von New York einfuhr, und gar, als ich im Hintergrunde Washington Bridge sah, die »Große Harfe«. Ich traf viele alte Freunde wieder, aber die Butlers und Villard waren nicht mehr da. In einem Wagen des deutschen Generalkonsulats (damit konnte man also jetzt verkehren!) fuhr ich nach Newfoundland. Der Garten war tief verschneit, wie bei unserem Einzug 1941, das Haus, der Pequannock, die Posts, die Littles, die Cahills — alles war unverändert. Das waren die Jahre gewesen, voll von Hoffnungen, da die Zukunft noch nicht begonnen hatte.

Ich kam nach dem Mittleren Westen. In Hamline University, im gleichen Klassenzimmer, wo ich Hans Christian Larson 1942 kennengelernt hatte, sprach ich zur Nachkriegsgeneration amerikanischer Jungen. Hitler — Pearl Harbour — das war bereits alte Geschichte. »The War« — das war nicht der Zweite Weltkrieg, sondern Korea, und auch das war nun (scheinbar) zu Ende. In vielen Städten sprach ich über die internationale Bedeutung der Saar — nicht zur Freude von Adenauers getreuem Botschafter in Washington und seines noch getreueren Generalkonsuls in Chicago, Karl-Heinz Knappstein — später auch Botschafter in Washington. Aber was konnten sie schon tun? Ich war Mitglied des Bundestags, und als Vertreter deutscher Demokratie hatte es mich in Amerika längst gegeben, als die meisten neudeutschen Diplomaten noch tief im Dritten Reiche staken, aber gewiß nur, um »Schlimmeres zu verhüten«. Viel Zeit verbrachte ich in Washington, aber weniger auf der deutschen Botschaft als vielmehr im State Department und im Pentagon. In der Presse und in Kabeln nach Deutschland regte ich eine Verfassungsklage gegen das Saarstatut an.

Zurückgekehrt nach Bonn Ende Februar, stimmte ich für die Pariser Verträge und gegen das Saarabkommen. Die Verfassungsklage erreichte gerade das nötige Drittel der Bundestagsabgeordneten und wurde vom Verfassungsgericht abgewiesen — »selbstverständlich abgewiesen«, könnte man sagen. Mit dem Inkrafttreten der Verträge am 5. Mai 1955 lebte die deutsche Souveränität, die nur geruht hatte, doch nie erloschen war, international wieder auf. Damit war eine der wesentlichsten Forderungen erfüllt, die ich bereits 1946 in den »National

Weeklies« erhoben hatte. Mit dem Eintritt in die NATO, am 9. Mai, konnte der Aufbau der deutschen Verteidigung endlich beginnen.

Am 1. August 1955 bezogen wir in Bad Godesberg ein hübsches Einfamilienhaus — ein Provisorium, wie wir dachten. Mais c'est le provisoire qui dure! Heute wohnen wir immer noch hier — die längste Bleibe in meinem unruhigen Wanderleben. Elisabeth, Konstanza, schließlich auch Margarete, die Nachkriegsgeborene, haben inzwischen am Nickolas-Cusanus-Gymnasium, einer der besten Schulen Deutschlands, ihr Abitur gemacht und ihre Studien abgeschlossen. Der Garten war, als wir einzogen, bis auf einige Schößlinge kahl. Inzwischen sind hohe Bäume herangewachsen, der Kirschbaum trägt reiche Frucht, Rotdorn und Fliederbüsche sind im Frühling blütenschwer, wilder Wein und Heckenrosen ranken sich hoch hinauf. Im März sind die Beete voller Hyazinthen. Wiederum also — Schönwörth, Matzen, nur noch kleiner, und ein wenig auch mit der Atmosphäre von Newfoundland, New Jersey!

Beim Volksentscheid an der Saar, am 23. Oktober 1955, wurde das »Europastatut« bei einer Wahlbeteiligung von 97,55% mit einer Mehrheit von 67,71% verworfen. Johannes Hoffmann mußte noch in der Wahlnacht seinen Rücktritt erklären. Zum 18. Dezember 1955 wurden Landtagswahlen ausgeschrieben, die ersten freien Wahlen seit der Zeit vor Hitlers Machtübernahme.

Kurz nach dem Volksentscheid begleitete ich Thomas Dehler nach Genf zur zweiten Deutschlandkonferenz. Er war damals Fraktionsvorsitzender der FDP. Auch die anderen Parteien entsandten ihre Vertreter. Ein Hauch der Völkerbundsatmosphäre war zu spüren, sicher auch, weil Frankreich und Deutschland durch die Beseitigung des Saarproblems einander nähergekommen waren. Aber schon vierundzwanzig Stunden nachdem die Konferenz am 27. Oktober begonnen hatte, wußte man, daß sie gescheitert sei. Molotow zeigte nämlich nicht die geringste Neigung, die Direktiven der ersten Genfer Konferenz vom 18.—23. Juli zu befolgen. Da war vorgesehen gewesen: Wiedervereinigung durch »freie Wahlen im Einklang mit den nationalen Interessen des deutsches Volkes und den Interessen der europäischen Sicherheit.«

Im Gambrinus-Keller, wo man sich in den späten zwanziger Jahren freundschaftlich getroffen hatte, konnte man noch die Portraitskizzen Briands, Chamberlains und Stresemanns sehen — das war alles. Diese zweite Genfer Konferenz war das Ende einer Illusion. Die Zahl der Flüchtlinge aus der Sowjetzone schnellte von neunzehntausend im Monat innerhalb weniger Wochen auf fast vierzigtausend, so groß war die Enttäuschung jenseits des Eisernen Vorhangs.

Gleich nach dieser Konferenz begann in den Vereinigten Staaten eine wilde antideutsche Propaganda, im wesentlichen veranstaltet von Kommunisten und fellow travelers. Die amerikanische Öffentlichkeit sollte über den Wortbruch der Sowjetunion durch die Behauptung hinweggetäuscht werden, der Volksentscheid an der Saar habe erneut bewiesen, daß die Deutschen nach wie vor »nazistisch« und »revanchistisch« seien. Dieser bewußten Verfälschung der Tatsachen mußte entgegengetreten werden, wenn die deutsch-amerikanischen Beziehungen nicht auf das schwerste gefährdet werden sollten. Daher reiste ich in der ersten Dezemberwoche 1955 nochmals hinüber, zum ersten Male im Flugzeug.

Ich wohnte im alten, gemütlichen Harvard Club und begann sofort meine Presse-, Rundfunk- und Fernsehkonferenzen. Um mich »frisch« zu halten, rauchte ich täglich achtzig bis hundert Zigaretten.

In der »New York Herald Tribune« erschien, wie in alten Zeiten, ein Leserbrief, in dem ich auf die wahre Bedeutung der Saarfrage hinwies und auf den total anderen Sachverhalt 1935 und heute! Am 13. Dezember konnte ich Helga schon berichten: ein Radiointerview sei von vierhundert Stationen ausgestrahlt worden, ein weiteres, halbstündiges, würde zwischen Weihnachten und Neujahr gesendet werden. Immer wieder betonte ich, daß die demokratisch durchgeführte Rückkehr der Saar zu Deutschland den Weg ebne für eine dauernde deutsch-französische Freundschaft. In Washington sah ich Martin J. Hillenbrand wieder, damals Leiter der Deutschlandabteilung im State Department. Seine ausgezeichnete Mitarbeiterin war Eleanor Dulles, zuständig für Berlin-Fragen, eine Schwester von John Foster Dulles. Auch John J. McCloy sah ich und eine große Menge von Senatoren und Abgeordneten. Ich glaube, ich habe einiges erreicht. Meine Berichte füllen einen ganzen Leitzordner.

Nach einem Gespräch mit dem mächtigen alten Felix Frankfurter, Richter am Obersten Bundesgericht, fanden ein großes Mittagessen und eine abschließende Pressekonferenz statt. Die genaue Nachschrift ist erhalten. State Department, Pentagon, Senat — alles war vertreten. Ich glaube, es gelang mir, die Öffentlichkeit davon zu überzeugen, daß Saarentscheid und Saarwahlen, Ausdruck freien, demokratischen Willens, von großer Bedeutung seien für die Festigung Europas. Gleich nach der Pressekonferenz hatte ich Schüttelfrost und wußte sofort: Das ist eine Frage von Leben und Tod. Abends fuhr ich nach New York zurück, am nächsten Morgen hielt ich alle Verabredungen ein, mit vierzig Grad Fieber. Am 20. Dezember brachte mich Beatrix Baird zum Flugplatz. Ich tat, als sei ich gesund, aus Angst, sonst nicht mitgenommen zu werden. Die Stunden über dem Atlantik verlieren sich in roten Fiebernebeln. Helga holte mich in Düsseldorf ab. Am Heiligen Abend stand ich nur auf, um unter dem Christbaum das Weihnachtsevangelium vorzulesen.

Was es an Antibiotika gab, wurde angewandt. Das Fieber schwankte, aber es blieb. Anfang Januar kam ich ins St. Josephsspital in Beuel. Ich nahm eine kleine Flasche Lourdeswasser mit, die eine meiner Cousinen im Jahre 1936 gefüllt hatte. Jeden Tag wurden Röntgenaufnahmen gemacht, mein Blut wurde auf alles, was es nur gab, untersucht, Rockey-Mountain-Fieber, Papageien-Krankheit — keine Diagnose stimmte, nichts half.

Am 15. Januar 1956 fragte mich die franziskanische Krankenschwester Archangela, ob in dem kleinen Fläschchen Weihwasser sei. Nein, Lourdeswasser. »Dann trinken Sie es. Lourdeswasser ist ganz gewöhnliches Wasser, man trinkt es oder wäscht sich damit.« Sie füllte einen kleinen Becher, es schmeckte so frisch, als sei es eben aus der Quelle gekommen. Am 16. Januar trank ich es zum zweiten Male und wiederum am Morgen des 17., als meine Temperatur nahe an 42 Grad war. »Jetzt habe ich mich auch noch erkältet«, sagte ich zu Schwester Archangela, als ich kurz danach zu husten anfing. Aber es war etwas ganz anderes. Ein Abszeß am tiefsten Punkt des rechten Lungenflügels, das keine Untersuchung aufgezeigt hatte, öffnete sich von selber in eine der großen Bronchien. Binnen kurzem war das ganze Gift weg, fast zwei Liter Eiter, Strepto- und Staphilokokken und zerfallenes Lungengewebe. Meine Fieberkurve sank steil ab. Ich blieb noch zwei Wochen im Spital. Jeden Nachmittag kam Helga und las mir aus Franz Werfels Roman »Das Lied der Bernadette« vor. Dann fuhr ich nach Meran, wo sich gerade der Frühling in seiner ganzen beglückenden Pracht zu entfalten begann. Wieder atmen zu dürfen, »nell'aere dolce che dal sol s'allegra«, wie Dante sagt, oder nach dem Goetheworte: »Im Atemholen sind zweierlei Gnaden« ... jetzt begriff ich, was dies bedeutet.

Ungarn: Die Revolution der Freiheit

Am 23. Oktober 1956, als wir aus Saarbrücken zurückkamen von der ersten Jahresfeier des Volksentscheides, erfuhren Helga und ich von der Revolution in Ungarn. »Die Freiheit ist unteilbar«, hatte ich immer gesagt, im Kampfe gegen die Nazis, auf Helgoland, an der Saar. Also kämpften die Ungarn jetzt auch für uns, da sie für ihre Freiheit kämpften.

Ein paar Tage darauf, auf dem Wege nach Budapest, machten Volkmar und ich in Wien halt. Das Volk hatte begriffen, worum es ging. Beim Roten Kreuz türmten sich die Liebesgaben. Schubkarrenweise wurden die Spenden der Massen hereingebracht, kleine Scheine, Hartgeld. »Österreich-Ungarn« — dieser Begriff war zum Leben erwacht!

Wir kauften Lebensmittel, mieteten ein Taxi und fuhren los. Bei Dunkelheit waren wir an der Grenze. Durchschnittene Drahtverhaue, verlassene Wachttürme und Schützengräben zeigten an, wo noch vor kurzem der Eiserne Vorhang gewesen war. Soldaten des aufständischen ungarischen Heeres begrüßten uns mit Jubel. Wir fuhren bis Raab. »Welches Hotel?« fragten wir eine Gruppe junger Burschen. »Roter Stern!« sagte einer. »Krone Ungarns heißt es!« verbesserte ihn ein anderer. Sie kamen mit, Studenten und junge Arbeiter. Ihre Fragen erinnerten an die der jungen Deutschen nach dem Sturze der Nationalsozialisten. Wie sieht es im Westen aus? Hält man uns alle für Kommunisten? Wie sind die Schulen? Was liest man?

Am nächsten Vormittag waren wir in Budapest. Schwarze Fahnen zum Gedächtnis an die Gefallenen der Revolution wehten von vielen Häusern. Ruinen, noch aus der Kriegszeit, dazwischen Verwüstungen aus den Tagen der letzten Kämpfe.

Wir fanden im Hotel Duna, dem früheren Bristol, eine schöne Suite, mit den Fenstern nach Westen, zur Donau hin. Unser Taxifahrer drehte sich auf den Fersen um, als er unser Gepäck ausgeladen hatte: »I foahr z'ruck nach Wean, und wann's g'scheit warn, nacha tatens mitkommen!« Das Essen im Hotel war ausgezeichnet. Wozu hatten wir eigentlich all diese Lebensmittel eingekauft? Trotz dem Wandel der Regime war etwas aus habsburgischen Tagen übriggeblieben. Der alte Direktor, zum Beispiel: »Wissen S', Durchlaucht«, sagte er, »'s is scho schön, wieder mal an Deitschen zu treffen, dem ma net ›Genosse‹ zu sag'n braucht, aber dem man dafür trauen kann!« »Eljen Magyar Szabaszag!« — »Es lebe die ungarische Freiheit!« —

mehr Ungarisch konnte ich nicht. Aber es genügte, als wir uns unter die Menschen mengten. Viele verstanden und sprachen auch Deutsch. Eine Schar junger Leute brachte uns zum Universitätsplatz. An den Gräbern der ersten Märtyrer der Revolution brannten Kerzen — eines Studenten namens Joseph Klics, eines Jungen und eines Mädchens, beide fünfzehn Jahre alt.

Wir wurden weitergereicht, schließlich bis zu Gera Losonszy, dem stellvertretenden Ministerpräsidenten. Er war ein zielbewußter jüngerer Mann, vielleicht der beste Kopf in der Regierung Imre Nagy. Er brachte das Gespräch sofort auf die Aufnahme diplomatischer Beziehungen zur Bundesrepublik; der ungarische Gesandte in Ost-Berlin würde umgehend zurückgerufen werden. Dann erklärte er uns die wirtschaftliche Lage und entwickelte ein großes Kulturprogramm. Die Universitäten und Schulen der freien Welt sollten der ungarischen Jugend erschlossen, ein Austausch von Lehrern, Professoren, Schülern, Studenten müsse herbeigeführt werden.

Durch seine Vermittlung konnte ich noch am gleichen Abend über Radio Kossuth, die Budapester Rundfunkstation, zu Ungarn und zur Außenwelt sprechen. Hilfe tue not, sagte ich, nicht nur in Form von Lebensmitteln und Medikamenten. Man brauche Kleider, Heizmaterial, Fensterglas. Auch Literatur wäre erwünscht, wissenschaftliche und belletristische. Die Universitäten und Schulen sollten ihre Tore der ungarischen Jugend öffnen. Dann sprach ich auf englisch, mit Richtstrahlen nach England und Amerika. Beide Reden wurden ins Ungarische und zahlreiche andere Sprachen übersetzt und mehrmals ausgestrahlt.

Einen blonden Siebzehnjährigen, der gut deutsch sprach, fragte ich vor dem umgestürzten Stalindenkmal, wo denn er und seine Freunde all diese Guerillamethoden gelernt hätten — Molotowcocktails, Schmierseife aufs Pflaster gießen, worauf sich die Panzer im Kreise drehten wie Maikäfer — ? Er lachte: »In den kommunistischen Partisanenschulen. Wir haben gut aufgepaßt, wie Du siehst!« Die Nächte waren unruhig. Man hörte einzelne Schüsse, auch Maschinengewehrfeuer. Immer noch gab es Nester der AVO, der verruchtesten aller Geheimpolizeien.

Chruschtschow konnte sich nicht vorstellen, daß der Westen *nicht* eingreifen würde. Daher seine Note vom 31. Oktober, die ihm erlaubt hätte, sein Gesicht zu wahren: Die Sowjetunion erkenne das Recht jeder Nation auf ihre eigene Regierungsform an, nie werde sie in die inneren Angelegenheiten eines anderen Staates eingreifen. Am 1. November waren Volkmar und ich zugegen, als Imre Nagy im Pressesaal des Parlaments Ungarns Austritt aus dem Warschauer Pakt bekanntgab, Budapest zur offenen Stadt erklärte und die Hilfe der Vereinten Nationen anrief. Aber wer nicht kam, war Dag Hammarskjöld, obgleich die Flugplätze offen waren. Auch Nagys zweiter Appell am 2. November, als neue sowjetische Truppen die ungarische Grenze überschritten, war vergeblich. Am 3. November rief ich vom Studio von Radio Kossuth die »Düsseldorfer Nachrichten«, deren Berichterstatter ich war, an und gab durch, was General Imre Kyraly, Kommandeur der Garnison Budapest, eben gesagt hatte: »Gestern konnte es noch so aussehen, als ob sich die sowjetischen Truppen neu gruppieren, um sich zurückzuziehen. Heute ist es klar, daß sie in Angriffsstellungen gehen. Man muß auf das Schlimmste gefaßt sein.« Chruschtschow war also zu dem Ergebnis gekommen, daß der Westen nichts unternehmen werde.

Eine junge Ungarin polnischer Abstammung, Maria von Potocky, suchte uns im Duna-Hotel auf. Als Studentin war sie von einem kommunistischen Tribunal zum Tode verurteilt, dann zu lebenslänglich »begnadigt« worden. Wie durch ein Wunder war sie durch den Volksaufstand befreit worden. Am Abend des 3. November brachte sie uns ins Erzbischöfliche Palais zu Kardinal Mindszenty. Auch er hatte Jahre in AVO-Gefängnissen verbracht. Nichts, was perverse Hirne an Abscheulichkeiten und Niedertracht erfinden konnten, hatte ihn zu brechen vermocht. Es war ein langes und wichtiges Gespräch. Ehe er uns seinen Segen gab, betraute er mich mit einer persönlichen Botschaft an Bundeskanzler Adenauer. Ihren Inhalt kann ich auch heute nicht mitteilen. Ich habe sie gleich nach meiner Rückkehr bestellt, und von da an kam es zu einer Annäherung zwischen Adenauer und mir. Bis dahin waren unsere Beziehungen äußerst kühl gewesen.

Ich schlief fest, als um halb drei Uhr morgens das Telefon schrillte. Hans Christian, der aus Wiesbaden anrief. »How do you feel?« fragte er. »Besieged« (Belagert), antwortete ich. Fast körperlich empfand ich, wie sich der Ring um uns schloß. Fünf Minuten vor fünf brach die Hölle los. Der Himmel jenseits der Donau war rot vom Mündungsfeuer der Geschütze. Leuchtspurmunition schoß hoch. Jetzt waren sie also da. Das heiße Wasser lief noch. Ich nahm ein Bad. Wer weiß, wann wieder! Um halb sechs standen Maria und eine andere junge Frau, Xenia Paal, vor unserer Tür. Auch diese hatte einige Jahre in AVO-Gefängnissen verbracht. Alle Ausländer, viele Journalisten darunter, dazu ein holländischer katholischer Priester in Zivil, der italienische Abgeordnete Matteotti, Sohn des von Mussolini ermordeten Giacomo Matteotti, und der österreichische sozialdemokratische Nationalrat Peter Straßer versammelten sich in der Hotelhalle. Schon lagen die ersten Toten vor den Portalen. Der Direktor entschuldigte sich: »Durchlaucht, mit frischen Semmerln wird's heut' bissel schwer sein.« Gegen neun Uhr kam der französische Journalist Michel Gorday, Korrespondent von »Paris Soir«, totenblaß in die Halle. Der französische Gesandte, bestellte er, René Paul Boncourt, biete allen Ausländern, die keine diplomatische Vertretung in Budapest haben — das galt für uns — oder sie nicht erreichen können, Asyl in der französischen Gesandtschaft an. »Allen Ausländern« — das schloß Maria und Xenia aus. In einer plötzlichen Eingebung nahm Volkmar Xenia in die Arme, ein österreichischer Journalist, Alois Englander, tat das gleiche mit Maria. Ehepaare also, eines deutsch, das andere österreichisch. Michel Gorday lächelte.

Geschmückt mit den Fahnen vieler Länder der freien Welt fuhren unsere Wagen mitten durch die Straßenschlacht. Das Volk legte die Waffen nieder und umjubelte uns in hoffnungsfreudigem Enthusiasmus. Wir waren ungefähr vierzig Personen, die in die französische Gesandtschaft einzogen. Botschaftsrat Quioc und der Militärattaché Major de Lageneste begrüßten uns. Sie müssen sofort gemerkt haben, welche Bewandtnis es mit Maria und Xenia hatte, doch um sie vor der AVO zu retten, spielten sie mit.

Die Gesandtschaft lag im Kampfgebiet. Man wußte auch nicht, ob die wiedererstandene AVO nicht die Exterritorialität der Gesandtschaft verletzen würde. Es war das Bureaugebäude, nicht die Residenz. Jetzt wurden unsere Wiener Vorräte zu Lebensrettern! Wir legten sie mit denen von ein paar anderen zusammen. Es war auch ein Arzt unter uns, der die besten Mini-Menus zusammenstellte.

Trotz Weltuntergang gingen Punkt sechs Uhr abends alle Straßenlaternen an, auch das automatische Telefon funktionierte noch. Allmählich kamen alle Ausländer, die über die verschiedenen Botschaften verstreut waren, miteinander in Verbindung. Zu Hunderten trafen wir uns in der weiten Eingangshalle der amerikanischen Botschaft. Stundenlang warteten wir auf das »propusk«, die sowjetische Ausreisegenehmigung. Aber sie kam nicht. Da beschlossen wir alle, es auch ohne »propusk« zu versuchen. Eine Kolonne von hundert oder mehr Autos, wir mit den beiden Frauen im Wagen eines deutschen Journalisten, kam glücklich über die Donaubrücke. Fünfzehn Kilometer westlich davon überholte uns eine sowjetische Panzereinheit und versperrte die Straße. Den Panzern folgten Lastwagen voll von AVOs. Hätten sie Maria und Xenia gesehen... sie hätten ein »faschistisches Komplott« vermutet und nie geglaubt, daß wir uns durch Zufall kennengelernt hatten.

Vier Stunden saßen wir auf der Landstraße fest, vier Stunden lang zogen die AVOs vorbei, herauf — herunter. Sie sahen in die Wagen, aber sie »sahen« uns nicht — schließlich trieben uns die Panzer nach Pest zurück. Die Nacht über blieben wir in der österreichischen Gesandtschaft, dann kehrten wir zu unseren französischen Freunden zurück. Kein »propusk« war in Sicht. So beschlossen wir, mitten hineinzusteigen in die sowjetische »Kommandantura«. Weil ich einen Diplomatenpaß besaß, drängten mich die anderen Deutschen, für sie alle zu sprechen. Ich hatte meine Bedenken — mit meinem Namen! Ich wurde in ein kleines Zimmer geführt, das Innerste der sowjetischen Geheimpolizei. Am Tisch, mir gegenüber, saß ein NVD-Offizier. Er sprach ein hartes, vielleicht bewußt fehlerhaftes Deutsch. Drei bewaffnete AVOs saßen neben ihm, drei weitere hinter mir.

Das »Verhör« begann: »Wer sind die Faschisten, die Sie haben gesehen in Budapest? In Budapest, die Faschisten, die Sie haben gesehen — wer sind sie?« Zwei Stunden lang, primitivste Gehirnwäsche, um mich abzustumpfen. Aber es langweilte mich nur, und das sagte ich auch. Der Mann nahm meinen Paß, beschnüffelte ihn und grunzte: »Sie selbst Faschist!« »Reden Sie keinen Unsinn, ich war nie in meinem Leben Faschist.« »Jeder Prinz ein Faschist!« »Auch Fürst Krapotkin und Graf Tolstoi?« fragte ich mit freundlichem Lächeln. Er lehnte sich über den Tisch, mit eiskalten Augen und einem aufgeklebten Grinsen um den Mund: »Sie in sehr schlechter Lage, wir haben Informationen, Sie getrieben haben Spionage gegen Sowjetarmee.« Eine tödliche Beschuldigung, ein einfacher Vorwand für sofortige Liquidierung. Aber es war so blöd, daß ich auflachte, und das schien ihn zu entwaffnen. Er steckte meinen Paß ein, gegen meinen Protest: »Wenn *Sie meinen* Diplomatenpaß nicht achten, werden *wir* die *Ihren* auch nicht mehr anerkennen.« Hinter mir fühlte ich eine leichte Bewegung. Aber der NVD-Mann machte den AVOs ein kleines Zeichen. »Sie können jetzt gehen — morgen wiederkommen!« sagte er. Monsieur Quioc riet dringend ab, nochmals hinzugehen. Morgen werde der Mann Dinge über mich wissen, die er anscheinend noch nicht erfahren hatte: Meinen Besuch bei Kardinal Mindszenty, meine Ansprachen über Radio Kossuth. Ich solle ihm einen Boten schicken und meinen Paß zurückfordern, mit einer Ausreisegenehmigung. Weigere er sich, dann müsse ich auf der Gesandtschaft bleiben ... »C'est toujours mieux qu'en Sibirie«, meinte er.

Der NVD-Mann gab meinen Paß nicht heraus, also ging ich hin. Ob ich Angst hatte? Natürlich hatte ich Angst, aber ich zeigte sie nicht. Es war wie bei der Nazi-Haussuchung in Berlin im Jahre 1933. Es ging los wie am ersten Tag: »Wer sind die Faschisten...« und schließlich: »Sie in sehr schlechter Lage...« »Ich weiß, ich weiß«, sagte ich. »Wenn ich Angst vor Ihnen hätte, wäre ich nicht hier!« Der Mann starrte mich einen Augenblick lang an und sagte dann: »Draußen warten!« Zehn Minuten später brachte mir ein Uniformierter meinen Paß mit dem Propusk.

In einer langen Kolonne verließen die ausländischen Wagen Budapest, die zerschlagene, leidende Stadt. Unbeeindruckt von sowjetischen Panzern und AVOs strömten Tausende zusammen, um sich zu verabschieden. Viele liefen bis zur Stadtgrenze mit: »Vergeßt uns nicht, kommt wieder!« und »Gott schütze Ungarn!« Fünfzehn weitere sowjetische Kontrollen, drei in Dörfern, die noch in der Hand der Revolution der Freiheit waren. Dann kamen wir mit Maria und Xenia zur österreichischen Grenze. Stürmisch wurden wir von einer Kompanie des neugeschaffenen Bundesheeres begrüßt. Ein breiter Strom von Flüchtlingen folgte. Die Wohlfahrts-Organisationen ließen sich nicht lumpen. Immer schon, seit der Machtergreifung durch Lenin, Mussolini, Hitler, war die Außenwelt »wohltätig« — als Ersatz für *Taten*. Das war mir wohlvertraut, denn auch ich war einmal ein Flüchtling gewesen.

Abschied vom Parlament

In Wien gab ich das Interview, das die deutschen Spießer aller Parteien aufscheuchte: »Gegen die Techniker der Revolution des Terrors hat sich die Revolution der Freiheit erhoben. Das ist das Entscheidende an den Ereignissen in Ungarn. Aus den gleichen Kräften wird sich eines Tages die deutsche Wiedervereinigung vollziehen.« Chruschtschow hat seine Panzer erst nach Budapest geschickt, als ihm ganz klar war, daß die »freie Welt« nichts für die Freiheit tun werde. Seitdem wissen die Sowjets Bescheid. Wer redet heute noch über Ungarn, wer über die Vergewaltigung der Tschechoslowakei! Dann wäre man ja ein »kalter Krieger«, ein »Feind der Entspannung«. Schießbefehl, Berliner Mauer, Minengürtel — aber bitte *Das* muß man ihnen doch zugestehen...!

Noch ehe ich nach Bonn zurückgekehrt war, wurde ich im Bundestag von einem Sprecher der FDP desavouiert. CDU und SPD folgten. Nur die Deutsche Partei unterstützte mich. Meine Beziehungen zur FDP waren freilich schon seit dem Ausscheiden Middelhauves recht kühl geworden. Im Februar 1956 verließen sechzehn Abgeordnete, darunter die vier FDP-Minister, die Partei. Hierauf erklärte diese die Koalition für beendet und machte »Opposition« — auch gegen alle Gesetze, an denen sie selber mitgearbeitet hatte. Dazu gehörten die Wehrgesetze zur Erfüllung des NATO-Vertrages. Am 7. Juli 1956 gelang es mir nur mit großer Mühe, die Mehrheit der Fraktion von einem »Nein« abzuhalten. In einer Runddepesche an alle Mitglieder des Bundestags und vor der Presse sprach ich mich für diese Gesetze aus. Das war der eigentliche Bruch, wenn ich auch vorläufig noch in der Partei blieb.

Der Vertrag mit Frankreich, zur Durchführung der Ergebnisse der Volksabstimmung vom 23. Oktober 1955, stand auf der Tagesordnung des Bundestags. Nach § 1 sollte die Saar am 1. Januar 1957 ein Bundesland werden. Aber erst drei Jahre später sollte die wirtschaftliche Rückgliederung erfolgen. Am 14. Dezember 1956 wurde der Vertrag in zweiter und dritter Lesung angenommen. In der Debatte sprach ich »nicht im Auftrag oder im Namen der Fraktion der FDP, sondern lediglich als ein Abgeordneter, der persönlich an der Lösung dieses Problems aktiv teilgenommen hat.« Hier sei nun ein Vorbild geschaffen worden und ein lebendiges Beispiel für die Achtung vor dem frei ausgedrückten Volkswillen. Ich dankte Frankreich dafür, daß es »als Bannerträger abendländischer Rechtsgesinnung gehandelt habe«

und damit einen Beitrag zum Humanitätsideal geleistet habe, gerade in einer Stunde, da diese Güter, Früchte jahrtausendealter Gesittung, zutiefst bedroht sind. Ich verband damit auch meinen Dank dafür, daß Frankreich »in den schwersten Tagen der sowjetischen Gewaltanwendung gegen das leidende und brennende Budapest in großzügigster Weise den deutschen Staatsangehörigen Schutz und Hilfe gewährt habe.« Nun müsse der Saar auch wirtschaftlich und finanziell geholfen werden. Vor Jahren hätte ich das Wort geprägt: »Die Wiedervereinigung muß im Westen beginnen. Sie hat begonnen und kann zu einem Vorbild werden für die Wiedervereinigung in Freiheit für ganz Deutschland.« Ich schloß, daß nach einem empirischen Gesetze ausgekämpfte Feindschaften zwischen Völkern zu Freundschaften führen. Der Geist von Locarno, Thoiry und Genf sei wieder lebendig geworden, das Werk von Briand, Chamberlain und Stresemann dürfe nun seine Erfüllung finden.

Den Silvesterabend verbrachte ich bei der Familie Bruch in St. Wendel. Kurz vor Mitternacht gingen wir zum Domplatz, dort, wo am 15. Juli 1951 unsere Freiheitskundgebung begonnen hatte. Als die Glocken das neue Jahr einläuteten, war die Saar ein deutsches Bundesland, fünfeinhalb Jahre nachdem ich verhaftet worden war, weil ich genau das gefordert hatte.

Der letzte Gesetzesentwurf, den ich im Bundestag einbrachte, betraf den Wiederaufbau des Reichstags. Dort hatte an jenem 27. Februar 1933 der Naziterror seinen ersten sichtbaren Ausdruck gefunden, und ich war einer der letzten Augenzeugen gewesen. Schon 1952 verlangte ich in einer öffentlichen Kundgebung der Deutschen Aktion in Berlin den Wiederaufbau. Am 21. Juni 1955 verlangte ich in der 89. Sitzung des Bundestags die Bereitstellung vom Mitteln für einen architektonischen Wettbewerb. Das war, um einen »Vorgang«, der schon weiter zurücklag, zu beschleunigen. Während einer Tagung des Gesamtdeutschen Ausschusses in Berlin vom 10.—13. Mai 1954 entwarf ich einen Gesetzesantrag, den ich, mit der Unterschrift von achtzehn Bundestagsabgeordneten versehen, dem Ausschuß zuleitete.

Im November 1967 hat das Richtfest stattgefunden, heute ist der Wiederaufbau nahezu vollendet.

Ein Roman, den ich geschrieben hatte, erschien gerade als ich in Ungarn war: »Die Römischen Tagebücher des Privatdozenten Dr. Remigius von Molitor«. Schon seit meinem Tischgespräch mit Albert Einstein über die Relativität der »Zeit« beschäftigte mich dieses Problem. Nur für uns verläuft sie linear. »Vor Gottes Angesicht« gibt es nur eine ewige Gegenwart. Menschlich gesprochen: Könnte Gott

»rückwirkend« die Geschichte ändern — etwa, daß Cäsar doch auf Calpurnias Träume hört und in jenen Iden des März nicht in den Senat geht —? Remigius von Molitor, ein Münchner Privatdozent, wandert in die Vergangenheit zurück, weil er an die Zukunft nicht mehr glauben kann. Er kommt dabei nach Hellas, und später fand ich, daß die Schilderungen in seinem »Tagebuch« mit der Wirklichkeit durchaus übereinstimmen. Schließlich kommt er auch zum Heere des Titus, der mit vier Legionen Jerusalem belagert. Wäre es nicht viel vernünftiger, mit diesen Legionen Germania Magna zu zivilisieren — bis zur Elbe, noch besser bis zur Oder? Dann hätte es kein Saarproblem gegeben, und es gäbe keine Sowjetzone. Aber nehmen wir an, man könnte rückwirkend neue Ursachen setzen — wenn ein Mensch in eine »Zeitschlinge« geriete, eine Hypothese, durchaus zulässig vom Standpunkt der Quantentheorie und der Nuklearphysik —, was stünde dem entgegen außer der Logik des Geschichtsablaufes — und der Logos ist Gott, und Gott kann nicht gegen Seine eigene Natur handeln oder auch nur handeln lassen. Ich fand die Lösung des Problems darin, daß Remigius schließlich freiwillig »will«, was nötig ist und was die Geschichte bereits entschieden hat.

Das Buch wurde ausgezeichnet besprochen, vor allem im »Spiegel«. Doch einige Besprechungen gingen am Kern vorbei. Eine »seelische Autobiographie«, sagten die einen, andere meinten »ein bissiger Schlüsselroman auf Bonner Zustände« mit Angriffen gegen allerlei verheuchelte Moralbegriffe. Aber, wenngleich das Buch manches von alledem enthält, es ist etwas ganz anderes: Eine Wegstrecke zwischen Sterben und Tod, eine Wanderung durch das Zwielicht der Seele — ehe das Tor sich öffnet. Ich betrachte den Remigius als mein wichtigstes Buch, aber es wurde kein Erfolg. Vielleicht wird es einmal wiederentdeckt werden.

Schon in Gmunden hatte ich mich für Werk und Gestalt Senecas interessiert. Im zweiten Band meiner Romantrilogie »Der Adler und das Kreuz« tritt er auf, noch ehe er von Kaiser Claudius für acht Jahre nach Korsika verbannt wird. Zurückgerufen durch Neros Mutter Agrippina übt er als Reichskanzler des jungen, hochbegabten Kaisers fünf Jahre lang die Macht im Imperium Romanum aus. Sein geistiger und politischer Einfluß hat die Jahrhunderte überdauert. In den fünfziger Jahren begann ich seine Autobiographie unter dem Titel »Der Tod des Lucius Annaeus Seneca«. Ich hoffe, sie eines Tages zu vollenden.

Zu Pfingsten 1957 trat ich aus der FDP aus und schloß mich der DP an. Nach deren Auflösung wurde ich Mitglied der CDU. Aber Parteipolitik hat mich nie wirklich beeinflußt.

Noch eine wichtige Ausgabe hatte der zweite Bundestag zu erfüllen: Die Annahme der Römischen Verträge als Grundlage des Gemeinsamen Marktes. Am 5. Juli, in der 224. Sitzung, stellte ich fest, daß auch der Gedanke der wirtschaftlichen Einheit in der europäischen Geschichte verwurzelt sei: »Noch zur Zeit Napoleons III. bestand Freizügigkeit für Eisen zwischen Frankreich und dem Deutschen Bunde. Auch in den ersten Jahren nach Gründung des Reiches bestand diese Freizügigkeit weiter. Erst nach 1878 ist der ›Eiserne‹ Vorhang für Eisen heruntergegangen... Selbst im 19. Jahrhundert mit seinen sich entwickelnden Nationalstaaten hat also etwas von den lebendigen Traditionen Europas weitergewirkt, von der Tradition der Einheit... Der Gemeinsame Markt, sosehr er in erster Linie wirtschaftliche Fragen regelt, wurde doch geboren aus dem wiedergeborenen Bewußtsein dieser Einheit — wobei es sich also letzten Endes handelt um die Wiederherstellung historischer Formen in moderner Gestalt...«

Hinter dem Gemeinsamen Markt wirkt also nicht bloß ein wirtschaftlicher, sondern ein politischer Wille. Seit der Lösung der Saarfrage steht auch nichts mehr zwischen Frankreich und Deutschland: Ein Kampf zwischen diesen beiden Ländern ist so unvorstellbar wie etwa ein Krieg zwischen Kanada und den Vereinigten Staaten. Der Gemeinsame Markt könnte sogar noch das »Sicherheitsbedürfnis der Sowjetunion« befriedigen und damit zur Entspannung beitragen. Mit einem wiedervereinigten Deutschland im Verband der anderen demokratischen Nationen Handel zu treiben, müßte den Realisten im Kreml vorteilhafter erscheinen, als den Kalten Krieg mit immer neuen Mitteln fortzusetzen.

Als die Legislaturperiode ablief, fragte mich der Generalsekretär der Deutschen Partei, Graf Wilderich von Galen, ob ich den Vorsitz der Partei im Bundesland Saar übernehmen und dort zum Bundestag kandidieren wolle. Volkmar sollte dann Geschäftsführer werden und gleichfalls eine Kandidatur erhalten. Wir nahmen an, obgleich es völlig hoffnungslos war. Die DP gab es an der Saar praktisch nicht. Wir hatten sechs Wochen Zeit, und davon gingen nochmals zwei Wochen darauf, um überhaupt einen Landesverband und Vertretungen in den Wahlkreisen zu schaffen. Unsere wichtigste Parole, für die ich mich selber an die Spitze von vielen Straßendemonstrationen stellte, war die wirtschaftliche Rückgliederung *jetzt,* nicht erst 1960. Nach einer verärgerten Reaktion der anderen Parteien übernahm jede unsere Forderung als sei es ihre eigene! Immerhin, einige Monate hatten wir damit gewonnen. Die Saar wurde am 5. Juli 1959 wirtschaftlich rückgegliedert, und damit ist dieses Kapitel hoffentlich für immer abgeschlossen.

Im Herbst 1957 erschien Volkmars und mein Buch »Deutschlands Schicksal 1945—1957«. Unsere Kenntnis der alliierten Politik konnten wir jetzt gut verwenden. Die Lehre von Ungarn spiegelte sich im Kapitel über die NATO wider. Ein Volk, das frei sein will, muß sich dem Bunde der Freien anschließen.

Als der Wahlkampf vorüber war — Volkmar und ich errangen keine Mandate —, begannen wir mit einem genaueren Studium der NATO. Aber so ein Buch konnte nicht in Bad Godesberg am Schreibtisch entstehen. Man mußte alle verbündeten Länder, ihre Streitkräfte und ihre führenden Männer kennenlernen.

Einige Tage nach Weihnachten waren wir bei unseren Nachbarn, Herrn und Frau Emil Privat, zum Tee. Er ist Vorsitzender des deutschen Hugenottenverbandes und war damals einer der entscheidenden Männer im Bundespresseamt. »Was sind jetzt Ihre Pläne?« fragte er. Das NATO-Buch — ein Augen- und Ohrenzeugenbericht, keine trockenen Statistiken, Verwertung, aber kein Aufguß der vorhandenen Literatur. Allein schon die Arbeit an einem solchen Buche wäre ein Beitrag zur gemeinsamen Verteidigung. »Wir würden überall als Botschafter guten Willens auftreten«, faßte ich zusammen, »und wir würden zum Ausdruck bringen, daß Divisionen und Geschwader allein nicht genügen. Hinter ihnen muß eine lebendige Idee stehen, die der Freiheit. Der Wille, sie zu verteidigen, muß dazukommen.«

Eine Gesprächspause trat ein. Man hörte nur das leise Summen des Teekessels. Volkmar nahm den Faden wieder auf: »Diese Reise in alle fünfzehn NATO-Länder würde freilich einiges kosten...«, worauf ich die rhetorische Frage hinzufügte: »Und wer hätte dafür die Mittel?!« Herr Privat lächelte, dann sagte er ein einziges Wort: »Wir«.

NATO — Die Verteidigung des Westens

Unsere Arbeit begann im Januar 1958 bei einem NATO-Seminar in Paris. Wir lernten SHAPE kennen, das Hauptquartier der Verbündeten Streitkräfte Europa, damals unter General Lauris Norstad als Saceur. General Hans Speidel war Oberkommandierender der Verbündeten Landstreitkräfte Europa-Mitte, mit Hauptquartier in Fontainebleau. Auch den Generalsekretär, Paul Henri Spaak, lernten wir gut kennen, und wir konnten in allen Abteilungen, die es nur gibt, ein solides »briefing« bekommen. Was uns überall am meisten beeindruckte, waren die übernationale Zusammenarbeit, die Integration, die menschlichen Bindungen zwischen den ehemaligen Kriegsgegnern.

Dreizehn der fünfzehn NATO-Länder haben wir 1958/59 besucht. Nach Norwegen reiste ich 1960 zusammen mit Helga, die in wenigen Tagen die Sprache ihres Geburtslandes wieder beherrschte, nach Portugal kam ich 1967.

General Norstad empfing uns zu einer Sonderbesprechung in seinem Hauptquartier am 23. August 1958. Es war der Tag, an dem Rotchina mit der Beschießung von Kinmen (Quemoy) und Matsu begann. »Die Vorstädte von Berlin«, wie ich im Gespräch sagte. Er gab uns alle Empfehlungen, die wir für unsere weitere Arbeit brauchten. Sein Credo: »Wer die Freiheit verteidigen will, muß für die Freiheit Opfer bringen«, haben wir in unserem Buche aufgezeichnet.

Im September waren wir bei der Sechsten Flotte im Mittelmeer, auf kleinen Zerstörern, auf dem Flaggschiff Desmoines und auf dem Flugzeugträger Forrestal. Auf der Desmoines wurden wir vom Kommandierenden Admiral, Charles C. Brown, empfangen. Später traf ich ihn wieder als Oberbefehlshaber Europa-Süd, mit Hauptquartier in Neapel. Brown sah in seinem Auftrag nicht nur eine militärische, sondern eine sittlich-religiöse Verpflichtung. »Letzten Endes geht es darum«, sagte er, »ob die von Gott gegebenen Menschenrechte anerkannt werden, oder ob Gott geleugnet und damit die Würde des Menschen zerstört werden soll.«

Wir erhielten von ihm die nötigen Empfehlungsschreiben an alle griechischen und türkischen Kommandostellen. Er empfahl mich auch an seinen persönlichen Freund, den damaligen Oberbefehlshaber der pazifischen Streitkräfte, Admiral Harry D. Felt. Ich habe ihn in Hawaii 1963 kennengelernt. Er stellte mir seinen Kutter zur Verfügung, um nach Pearl Harbour zu gelangen. Das Schlachtschiff Arizona liegt in seichtem Wasser. Auf einem Überbau, auf großen

Tafeln, liest man die Namen aller Offiziere und Matrosen, die dort unten ruhen. Von einem Maste des Überbaus weht die Flagge des Schiffes — nie wird ein anderes den gleichen Namen führen. »Denn der Admiral und die ganze Mannschaft sind ja noch an Bord«, erklärte mein Begleitoffizier. Ohne ein Wort des Hasses, in rein militärischen Ausdrücken, schilderte er den Angriff vom 7. Dezember 1941. Durch Admiral Felts Empfehlungsbriefe öffneten sich mir auch in Korea, Japan und Vietnam alle Türen. Auf der Forrestal haben uns die Flugübungen am stärksten beeindruckt — wie die dreißig Tonnen schweren Düsenbomber auf dem angewinkelten Flugdeck mit zweihundert Stundenkilometern hereinkommen und von den Stahltrossen gepackt und zu jähem Stillstand gebracht werden. Von diesem Winkeldeck sind wir, angetan mit Schwimmwesten in einem Marineflugzeug aufgestiegen. Eine Brusttasche enthielt ein Pulver, das angeblich Haifische vertreiben soll, denn im Wasser mache es große schwarze Flecken, und die würden von diesen Tieren nicht geschätzt. Die zerklüfteten Berge des Peloponnes kamen in Sicht. Wir flogen über Actium und Lepanto, Namen zweier Schlachten, die das Schicksal Europas bestimmt hatten. Sie wehrten die Gefahr aus dem Osten ab: Bei Actium, 31 v. Chr., siegte Caesar Octavianus, bald Augustus genannt, über Antonius und Kleopatra, die die östlichen Provinzen gegen Rom ins Feld führten, bei Lepanto schlug Don Juan d'Austria 1571 die gewaltige Flotte des Ottomanischen Reiches und rettete das Abendland. Aus der Luft sahen wir Salamis, Schauplatz einer anderen weltgeschichtlichen Schlacht. Hölderlin hat sie in seinem großen Gedicht »Der Archipelagos« verherrlicht.

Auf dem Flugplatz zu Füßen des Hymettos begrüßte uns der deutsche Geschäftsträger Gustav von Schmoller. Bei ihm waren der deutsche Militärattaché und mehrere griechische und amerikanische Offiziere. Es gibt einen Punkt auf der Straße nach Athen, an dem die Akropolis jäh in Sicht kommt. Wie oft habe ich diesen Augenblick erlebt — und jedes Mal wieder erfüllt er mich mit einem beglückenden Schauer. Als die Sonne hinter dem Aigeleon unterging, stand ich zum ersten Male auf der Akropolis. In Gold und Purpur verwandelten sich die Wasser um Salamis. Die Propyläen, der Nike-Tempel und der Parthenon glühten wie im Lichte von tausend roten Fackeln, als seien die Götter herabgestiegen zu einem Gastmahl mit ihren Lieblingen.

Beim Abendessen im Hause von Herrn von Schmoller trafen wir den damaligen Generalstabschef, Konstantinos Dovas, den amtierenden Verteidigungsminister, Georg Themelis, und Panayotis Kanellopoulos. Dieser war Verteidigungsminister gewesen und sollte der letzte verfassungsmäßige Ministerpräsident werden bis zum Militärputsch vom 21. April 1967. Heute ist Kanellopoulos, Griechenlands größter moderner Historiker, ein Dichter und Schriftsteller höchsten Ranges, der mutigste und hervorragendste Kämpfer für die Freiheit der Hellenen, die »Eleutherìa ton Hellenon«. An jenem Abend stand das Zypernproblem, das die NATO zu sprengen drohte, im Mittelpunkt unserer Gespräche. »Ich brauche nicht zu erklären, wie ich zu Griechenland stehe,« sagte ich. »Eine einzige Zeile aus einem Gedicht von Stefan George drückt es aus: ›Hellas, Ewig unsre Liebe . . .‹« Da unterbrach mich Kanellopoulos und sprach das ganze Gedicht auf deutsch. »Als Student in Heidelberg«, erklärte er dann, »habe ich George ins Griechische übersetzt. Die Zeile, die Sie zitierten, lautet: ›Aioneion Eros mas i Ellas‹.« Nun waren wir unter »Landsleuten«, und ich durfte einen Schritt weitergehen: »Wenn es Zyperns wegen zu einem Zusammenbruch der griechisch-türkischen NATO-Flanke käme, gewiß, dann bekämen Sie die Enosis . . . Griechenland und Zypern gemeinsam in einem sowjetischen Konzentrationslager. In ähnlicher Weise könnte auch Deutschland seine ›Wiedervereinigung‹ bekommen.« Darauf erwiderte Kanellopoulos: »Sollten Sie in Ankara meinen alten Freund und Kollegen, den türkischen Verteidigungsminister Etem Menderes sehen, bestellen Sie ihm herzliche persönliche Grüße. Er wird verstehen, was ich meine.«

Eine Maschine der königlich-hellenischen Luftwaffe brachte uns nach Thessaloniki. Von dort fuhren wir weiter, hinein in die Berge Mazedoniens. Wir waren Gäste der Neunten Division bei den NATO-Manövern Megas Alèxandros. In den Zelten der Soldaten trank ich zum ersten Male den herben »Retsina«, den mit Baumharz versetzten Landwein. Die Manöver zeigten, daß Nordgriechenland und Thrazien ohne enge griechisch-türkische Zusammenarbeit nicht verteidigt werden können.

In einem türkischen Flugzeug gelangten wir nach Ismir, dem alten Smyrna, eine der Städte, die sich rühmen, Homers Geburtsort zu sein. Wir erhielten ein umfassendes »briefing« im NATO-Hauptquartier Land-Südost und der Sechsten Verbündeten Taktischen Luftflotte (Sixth Ataf). Dann flogen wir in einer winzigen einmotorigen Maschine nach Ankara. Ich legte einen Kranz nieder am Grabe Atatürks und besuchte den Augustustempel, wo das berühmte Monumentum Ancyranum steht, die in Stein gegrabene Autobiographie des Kaisers.

In Begleitung des deutschen Marineattachés, Korvettenkapitän Loewe, suchten wir den Verteidigungsminister Etem Menderes auf. Wir sprachen über unsere Erfahrungen in Mazedonien, und dann war-

tete ich geduldig auf den kairos, den rechten Augenblick, um Panayotis Kanellopoulos Botschaft zu bestellen. Es kam dieser kairos! »Übrigens, Exzellenz«, sagte ich, »wir möchten Ihnen die herzlichsten persönlichen Grüße von Minister Kanellopoulos überbringen!«
»Von meinem alten Freunde Kanellopoulos? Wo haben Sie ihn getroffen?« »Bei einem Abendessen im Hause von Herrn von Schmoller. Außer ihm waren der Staatssekretär für Verteidigung, Georg Themelis, und der Chef des Generalstabs, Konstantinos Dovas, anwesend.« »Auch ich bin überzeugt«, sagte der Minister nach einer Pause, »daß die Lage eine enge griechisch-türkische Zusammenarbeit erfordert.« Menderes hat innerhalb weniger Tage die Grüße aus Athen in freundschaftlicher Weise erwidert. Die Zypernverträge von Zürich und London vom 11. und 19. Februar 1959 und der Vertrag von Nikosia vom 6. Juli 1960 sind aus diesen Kontaktaufnahmen hervorgegangen. In den folgenden Jahren habe ich Zypern zweimal besucht und dabei den Erzbischof-Präsidenten Makarios und den türkischen Vizepräsidenten Facil Küczük ausführlich gesprochen.

Auf dem großen NATO-Flugplatz Eskisehir machte ich meinen ersten Düsenflug in einem T-33. Mein Pilot war ein junger türkischer Offizier, Nedim Asil, mit dem ich mich gut befreundete. Eskisehir hieß im Altertum Doryläum. Es lag an der Grenze der römischen Provinz Bithynia, der Heimat von Antinous. Als ich 1964 in Eskisehir einen Vortrag hielt, bummelte ich durch die Bazare, und dabei fand ich eine Münze mit seinem Bildnis. Ein Bauer hatte sie am Tage zuvor auf seinem Felde gefunden. Auf dem Rückflug konnte ich die Hagia Sophia in Istanbul zum ersten Male besuchen. Wenn man durch den mittleren der neun Bogen — symbolisch für die neun Stufen der Hierarchien — eintritt, dann meint man, in die Welt jenseits der irdischen Erscheinungen zu blicken.

Ein Besuch beim Mittelmeer-Kommando auf Malta schloß das europäische Programm dieses Jahres ab. Angesichts der sowjetischen Flottenbedrohung des Mittelmeeres war es ein gutes und wichtiges Kommando. Auf Verlangen von Dom Mintoff mußte es 1971 aufgegeben werden. Die britischen Basen bleiben vorläufig erhalten, aber die Zukunft ist ungewiß. Schon Zar Paul I. hat begehrlich zu dieser wichtigen Stellung herübergesehen, und es gibt bestimmte strategische Tatsachen, die sich nicht ändern.

Im November flogen wir nach Amerika, und dabei bekamen wir mehr militärische Dinge zu sehen als während des ganzen Zweiten Weltkriegs. Luftwaffe, Heer und Marine kümmerten sich in gleich kameradschaftlicher Weise um uns. SACLANT, das Atlantische Oberkommando in Norfolk, Virginia, ist in Europa viel zuwenig bekannt.

Ich habe es noch öfters besucht. Man macht sich bei uns keine rechte Vorstellung von der Bedeutung der Verteidigung der atlantischen Seewege für die Verteidigung Europas. Im Kriegsfall müßten täglich über zweihunderttausend Tonnen an lebenswichtigem Material den Atlantik überqueren.

In einem ganz kleinen Flugzeug flogen wir Tausende von Kilometern westwärts, nach Lincoln, Nebraska. Dort hatte ich als Carnegie-Professor im Winter 1939 deutsche Geschichte gelesen. Thomas S. Power, der Oberbefehlshaber von SAC (Strategic Air Command), empfing uns in seinem unterirdischen Hauptquartier in Offutt Air Base. Auf seinem Schreibtisch stand das berühmte »Rote Telefon«. Ich durfte einen Probealarm auslösen: *eine* Nummer, und man ist mit achtzig Stützpunkten rings um den Erdball und auch mit allen Atombombern irgendwo in den Lüften in Verbindung. Wir bestanden einen Höhentest und durften dann in einem der neuen Düsentanker, einem KC-135 — die militärische Version des Boeing-707 — mitfliegen. In 30 000 Fuß Höhe hatten wir unser Stelldichein mit einem der mächtigen achtstrahligen Düsenbomber, einem B-52. Bei tausend Kilometern in der Stunde pumpten wir viertausend Liter Brennstoff in der Minute hinüber. Tag und Nacht, ungefähr alle drei Minuten, rings um den Globus, auch bei Funkstille, wird allein bei SAC ein Flugzeug in der Luft betankt. Es ist Millimeterarbeit und jedesmal eine Frage auf Leben und Tod. Auch die Besatzung atmete erleichtert auf, als der Auftrag erfüllt war. »Jetzt gehen wir auf 44 000 Fuß, nur um dem Prinzen zu zeigen, daß wir's können«, sagte der Kapitän. Dort oben hieß es dann: »Lunch is ready! Roastbeef oder Hühnchen?«

Am 27. November waren Volkmar und ich in Washington bei den Hillenbrands beim Thanksgiving Dinner. Gerade als Martin anfangen wollte, den traditionellen Truthahn zu tranchieren, kam die Nachricht von Chruschtschows Berlin-Ultimatum: Bis zum 27. Mai 1958 müßten die Westalliierten aus Berlin verschwinden, andernfalls... Der Westen blieb fest, daher kam und ging jener 27. Mai wie jeder andere Tag. Aber immer noch scheint die freie Welt in ihrer »Entspannungs«-Euphorie nicht ganz begriffen zu haben, daß die Sowjets nur die Stärke respektieren.

In einem militärischen Transportflugzeug gelangten wir nach Island — ein leuchtender Weihnachtshimmel, und wie der Vorhang des großen Welttheaters, gebauscht und schwellend, die weißen und grünlichen Nordlichter. »Radarwacht im Norden« überschrieben wir das Islandkapitel in unserem NATO-Buch. »Das Licht leuchtet in der Finsternis« — in diese lange Winternacht erstrahlte das Weihnachtslicht der großen Tanne, die dem isländischen Volke jedes Jahr vom norwegischen geschenkt wird. Auf dem Hauptplatz von Reykjavik kommt die Jugend zusammen, um sie zu schmücken.

Die ersten Monate des Jahres 1959 verbrachten wir bei den verschiedenen Teilstreitkräften der Bundeswehr. In Fürstenfeldbruck und Neubiberg bei München lernten wir die Luftwaffe kennen, in der Nord- und Ostsee nahmen wir an Manövern der Bundesmarine teil. Da wir noch einige weitere Informationen brauchten, flog ich im Mai noch einmal nach den Vereinigten Staaten. Damals, nach dem Ablauf von Chruschtschows Ultimatum, war vielleicht der Höhepunkt der Berlin-Popularität. Aber es gab auch anti-deutsche Strömungen, und die gibt es immer noch. Auf diese in Bonn nicht gerngehörten Tatsachen wies ich in meinem Abschlußbericht vom 10. Juli 1959 hin: Deutschland habe sozusagen eine »Bewährungsfrist« erhalten, die Sympathien, die es sich erwarb, könnten jäh erlöschen; jedes wirkliche oder auch nur scheinbare Schwanken der deutschen Politik, jede neo-nazistische Strömung zerstören, was in Jahren aufgebaut wurde.

Seit meiner Rückkehr aus Ungarn hatten sich die Beziehungen zu Adenauer stetig verbessert. Ich gab ihm einen ausführlichen mündlichen Bericht über meine amerikanischen Eindrücke, dann sprachen wir über das NATO-Buch. Er erklärte sich bereit, das Vorwort zu schreiben. In erster und zweiter Auflage erschien das Buch 1960/61, auch in London und New York, weiter ergänzt und aktualisiert 1963. Es gilt noch immer als ein Standardwerk, wenngleich sich die strategische Lage inzwischen zuungunsten der NATO verändert hat.

Auch nach Adenauers Ausscheiden aus dem Bundeskanzleramt hielten wir miteinander Fühlung. Es gibt schon genügend »Adenauer-Anekdoten«, aber eine muß ich doch erzählen — sie zeigt ihn in seinem ganzen überlegenen, trockenen Humor. »Man hat das Gefühl, daß wir gar keine Bundesregierung mehr haben!« sagte ich ihm zur Zeit der Erhard-Mende-Regierung. »Da machen Sie einen janz jroßen Fehler«, antwortete er. »Wir haben zwei oder drei!«
Seit dem Erscheinen des NATO-Buches nehme ich an zahlreichen deutschen und NATO-Manövern teil. Viele meiner Vorträge befassen sich mit militärischen Fragen, obgleich doch weder Volkmar noch ich jemals Soldaten gewesen sind.

Wenige Tage nach dieser Rückkehr aus Amerika stand ich in guter Stimmung in meinem Garten. Plötzlich empfand ich einen furchtbaren Schock — alle Senkrechten waren gebrochen, die Menschen hatten winzige Köpfe, wie Eidechsen. Eine Netzhautablösung auf dem rechten Auge, wohl als Folge dauernder Überanstrengung und des Schleppens schwerer Gepäckstücke auf deutschen und amerikanischen Flughäfen. Ich hatte das Glück, in der Bonner Universitäts-Augenklinik Professor Emil Weigelin anzutreffen. Sein Name ist weit über die deutschen Grenzen hinaus berühmt, Tausenden, auch in den Ländern Asiens, hat er das Augenlicht gerettet. Er führte die unendlich delikate Operation durch. Während der Wochen in der Klinik, mit einer schwarzen Binde vor den Augen, begriff ich die volle Bedeutung eines Wortes, das der Wappenspruch ist von Columbia University: In Lumine Tuo Videbimus Lucem.

Durch die Tore von Hellas

Nach dem Abschluß des NATO-Buches trat Volkmar ins Auswärtige Amt ein. Zuerst wurde er an das Generalkonsulat in Los Angeles entsandt. Aus den Jahren der Emigration war sein Name noch wohlbekannt. 1963 kam er an die Botschaft in Bangkok. Gleichzeitig nahm er das Amt eines Geschäftsträgers für Laos wahr. Seit 1970 ist er Botschaftsrat an der deutschen Botschaft in Ottawa.

Mir boten Karl-Günter von Hase, damals Bundespressechef, und Günter Diehl, sein Nachfolger, an, als »Sonderberater« an der deutschen Öffentlichkeitsarbeit im Ausland teilzunehmen. Auf englisch lautete meine offizielle Bezeichnung: Special Adviser, German Federal Government, Office of Press and Information. In dieser Eigenschaft, immer angekündigt durch das Auswärtige Amt, habe ich an die siebzig Länder in allen Erdteilen besucht. Frei, nur meinem Gewissen und meinem politischen Urteil unterworfen, rede ich mit Staats- und Regierungschefs, geistlichen und weltlichen Würdenträgern, Arbeitern, Schülern und Studenten. Im Fernsehen und im Rundfunk, auf deutsch, englisch, französisch, italienisch und spanisch, in Versammlungen aller Art spreche ich über die verschiedensten deutschen und allgemeinen Probleme. Gleichzeitig versuche ich, die Anliegen der anderen Völker kennenzulernen. Hierüber berichte ich in Bonn und, vor allem in den letzten Jahren, oft auch im Deutschlandfunk. Meine Wirkungsmöglichkeit beruht darauf, daß meine Zuhörer, wo immer sie auch sein mögen, genau empfinden, daß ich selber glaube, was ich sage. Bis jetzt hat man dies in Bonn zu achten gewußt. Während der Regierung Erhard-Mende trat ich zum Beispiel für eine Große Koalition von CDU / CSU / SPD ein. Als sich ein »hochgestelltes« Mitglied der Regierung bei Herrn von Hase darüber beklagte, meinte dieser: »Löwensteins Wert steht und fällt mit seiner Freiheit.« So ist es bis jetzt auch geblieben, und daher kann ich meine Arbeit fortsetzen, wenngleich ich seit März 1971 nicht mehr die Bezeichnung »Sonderberater« führe.

Das erste der vielen Länder, das ich im Dienste der Öffentlichkeitsarbeit besuchte, im Januar 1960, war Griechenland. Damals gab es noch den Illissos, nahe dem Zeustempel, den Hadrian vollenden ließ. Auch der kleine, dem Pan geweihte Hain war noch da. Dort betete Sokrates nach dem Gespräche mit dem jungen Phaidros. Jetzt hat eine Betonröhre den Illissos verschluckt. Darüber führt eine Autostraße. Auch die Tavernen verschwinden, wo es köstliches Lammfleisch gab, allerlei Käse, Retsina und starken türkischen Kaffee. Wenn der Abend fortgeschritten war, erhoben sich Jünglinge und junge Männer zum Tanze. »Das ist ein Dionysos-Tanz — dieser ist der Kybele geweiht — und der jetzt dem Eros.« Das erklärte mir ein alter Freund, der Oberst Thanos Veloudios, einer der ersten Kampfflieger im griechisch-türkischen Kriege von 1920—1922. Diese Tänze haben sich durch die Jahrtausende vererbt. Man klatscht nicht Beifall, denn nicht für die Zuschauer tanzen diese Epheben, sondern für den Gott.

»Castrum Peregrini« hat 1968 die sechs Baseler Vorträge einer großen Frau veröffentlicht, Renata von Scheliha: »Freundschaft und Freiheit in Griechenland«. Eleutherìa, Filìa und Humanitas seien die drei Wesenselemente des ewigen Hellenentums. Durch alle Diktaturen hindurch hat sich die Eleutherìa erhalten, und von der Filìa kann ich selber Zeugnis ablegen. Denn immer noch gilt, was Sokrates und Phaidros über den Eros sprachen, auch wenn der Illissos nicht mehr ist, der doch, wie Platon berichtet, »klar unter der Platane hinfloß, und so kühl, und die Luft zärtlich war und weich und ganz erfüllt vom zirpenden Sommerchor der Zikaden.«

»Na ton agapàs!« — »Mögest Du ihn lieben!«, sagte mir der Vater Andrés, des Freundes dieses Lebensabschnitts. Die Antwort ergab sich von selbst: »Ton agapò.« Wir hatten uns in Paris am 16. Oktober 1965 kennengelernt. André war damals Student an der Sorbonne und der Alliance Française. In London, dann in Deutschland, wo er ein Stipendium des Goethe-Instituts erhielt, in Rom, auf Capri, in Neapel, Athen und im Piraeus waren wir immer wieder zusammen. In meinem Buche »Die Römischen Tagebücher« schrieb ich, ob wir denn nicht Griechenland immer nur durch römische Augen sehen, etwa wie Amerikaner Europa erleben? Unter vielem anderen, was ich André zu verdanken habe, ist, daß ich Griechenland jetzt durch *seine,* durch hellenische Augen sehe, nicht mehr durch meine »römischen«.

Noch etwas ist geblieben, was ewig ist: Das Licht von Hellas! Es ist anders als jedes andere Licht. Es erhellt nicht bloß, es ist selber sichtbar, fließend, in unendlicher Bewegung. Die Säulen der Tempel sind aus diesem Lichte gebildet, der Künstler hat es behauen und geformt! Ich glaube, es war dieses lebendige Licht, das mir nach meiner Augenoperation die volle Sehkraft zurückgab.

1960 kam ich zum ersten Male auch nach Mykene, wo »Europa« geboren wurde, als sich die Fürsten und Stämme von Hellas in Agamemnon einen gemeinsamen Heerführer wählten. Ich kam auch nach Marathon, »wo die Knaben siegend starben«, und ich kam nach Eleusis. Dort steht eine Statue des Antinous, obgleich er kein Eingeweihter der Mysterien war. Er habe der Einweihung nicht bedurft, um zu den Göttern aufzusteigen, meint Panayotis Kanellopoulos in seinem Buche »Die Fünf Athener Dialoge«. Ich fragte ihn: Könnte es denn nicht sein, daß Hadrian, als er selber in Eleusis die Einweihung empfing, dabei zum ersten Male seinem Geliebten wiederbegegnete und so die Gewißheit erhielt: Antinous ist nicht tot, er lebt weiter auf einer höheren Ebene.

König Paul I. empfing mich 1962 zu einer langen Privataudienz im königlichen Schloß von Tatoi. Aus Gmunder Kindertagen erinnerte ich mich an die Hochzeit der Eltern der Königin Friederike, des Herzogs Ernst August zu Braunschweig und der Prinzessin Viktoria Luise von Preußen. Ich sagte dem König, ich sei auf dem Wege nach Instanbul und hoffe, den Ökumenischen Patriarchen Athenagoras I. zu treffen. Die Zeit erschiene mir reif, das neunhundert Jahre alte Schisma zwischen Rom und Konstantinopel zu überwinden. Seinen Sohn, König Konstantin, lernte ich im Januar 1966 kennen, als er mich im königlichen Schloß in Athen zu einer Privataudienz empfing. Heute ist er zum Sinnbild der griechischen Eleuterìa geworden, auch für viele von denen, die ursprünglich mehr zur republikanischen Regierungsform hinneigten.

In früheren Jahren hatte ich manchmal gehofft, im Osten bis zu den Grenzen des Römischen Reiches zu gelangen. Durch die Tore von Hellas kam ich zu den Grenzen des Alexanderreiches und schließlich zu den wahren Grenzen der Natur. Vor dem Alexanderzug gab es keine menschliche Darstellung Buddhas. Erst in der geistigen Durchdringung mit dem Hellenentum entstanden die Buddhastatuen. In ihnen kann man, bis nach Kyoto und Nara, die Götter und Helden von Hellas wiederfinden. 1966, bei meiner dritten Reise nach Iran und Afghanistan, konnte ich einen Teil des Alexanderzuges nacherleben. Von Kabul aus fuhr ich über den Khyberpaß zum Indus. Eine Bergkette nach der anderen, dann ein weites Tal mit Kamelen und braunhäutigen Hirten. Indien? Nein. Am Horizont ist eine neue Bergkette aufgetaucht. Bis dann endlich das Wunderland vor einem liegt! Den Namen Alexanders, in der Form von Iskander oder Sikander, findet man überall in Afghanistan und in West-Pakistan. In den Bazaren werden noch Alexanderlegenden erzählt. Im Gebiete der Paschtu, zwischen dem Khyberpaß und Peshawar, sah ich eine Jugend von hellenischer Schönheit — die Epheben von Marathon. Auf der gleichen Reise kam ich zum östlichsten Punkte des Römischen Reiches am Persischen Golf, wo Euphrat und Tigris sich vereinigen. Hier saß, so berichtet Dio Cassius, Kaiser Trajan — sehnsuchtsvoll blickte er einem Schiffe nach, das nach Indien segelte. Er wünschte sich die Jugend Alexanders, damit auch er dorthin gelangen könne.

Schon bei meiner ersten Persienreise, im Jahre 1960, empfing mich der Schah-in-Schah in Privataudienz. Er fragte, ob denn die westlichen Gazetten nichts Besseres zu tun hätten, als sich in seine Familienangelegenheiten zu mischen? Und warum überhaupt diese ganze Hetze gegen ihn? »Nicht eine liberale Republik — Sowjetpersien würde meine Nachfolge antreten!« sagte er. »Was das bedeuten würde, zeigt ein Blick auf die Landkarte.« Am 27. November 1971 empfing mich der Schah zu einer neuerlichen Privataudienz unter vier Augen. Die infantil-pöbelhaften Demonstrationen gegen ihn in Berlin waren noch unvergessen. Anläßlich der 2500-Jahrfeier des Persischen Reiches, Mitte Oktober 1971, hatten sich die »Gazetten« wiederum in Angriffen gegen den Schah ergangen. »Ich weiß, daß 99% des deutschen Volkes Freunde Persiens sind und so denken wie Sie«, sagte der Schah. »Warum lassen Sie sich von dem einen Prozent tyrannisieren?« Eine richtige Bemerkung — aber auch Iran sollte diesem einen Prozent deutscher Radaumacher und Agitatoren nicht gestatten, die jahrhundertealte Freundschaft zwischen den beiden Völkern zu stören.

Auf dieser Reise besuchte ich auch wieder Schiraz und Persepolis. Ich stand am Sarkophag des Hafis und sah, wie Alte und Junge ihn mit der Stirne berührten — die Alten zum Danke für die Freuden ihrer Jugend, die Jungen zum Danke dafür, daß der Sänger von Schiraz ihre Schönheit gepriesen hat. In Schiraz und Teheran sprach ich in den deutschen Kulturinstituten über Goethe und Hafis und über den Erosbegriff bei Hafis und bei Platon. Bei diesem ist es der Liebende, in dem der Gott wohnt, bei Hafis ist es der Geliebte. Die Synthese fand ich in einem Hölderlinschen Gedichte: »An das Göttliche glauben nur die, die es selber sind!« Um in der Seele des anderen das Göttliche zu finden, muß ein Funke davon in einem selber sein.

Müßte sich nicht jeder Philhellene, also jeder Gebildete, heute fragen, wie es mit der Zukunft der Eleutheria bestellt sei? Die Antwort gibt Panayotis Kanellopoulos in seinen »Fünf Athener Dialogen«. Als Vertreter des Ewigen Hellas erscheint in jedem dieser Dialoge ein junges Freundespaar, Dion und Diotimos. Mit einem Zwiegespräch zwischen ihnen endet das Buch, in einem Augenblick, da die Unfreiheit über Athen gekommen ist, die Akademie geschlossen und die freie Lehre verboten wurde. »Laß uns zusammen auf die Akropolis steigen«, sagt Diotimos. »Dieser Hügel ist viel höher als der Olymp.« »Ja, Diotimos, laß uns auf die Akropolis steigen. Wir wollen dort oben bleiben, bis es wieder tagen wird.« Da erwidert Diotimos: »Es wird schnell tagen! Kein griechischer Sonnenuntergang ist je der letzte und der endgültige.«

Heimat in Asien

»He is half German, half English, all Asian. But above all he is a citizen of the world and proud of it.« Das schrieb die »Times of India« 1967 über mich anläßlich meiner siebenten Indienreise. Inzwischen sind einige weitere dazugekommen, in allen Teilen des Landes.

Im Juni 1962, bei einer Pressekonferenz in Madras im Hause des Konsuls Gerhard Fischer, eines Bruders Per Fischers, — er ist jetzt Botschafter in Kuala Lumpur — habe ich mich von den Journalisten drängen lassen, etwas über die Lage Indiens auszusagen: »Wenn Sie wirklich wissen wollen, was ich denke: Sie müssen mit einem Angriff Rotchinas rechnen, und zwar bald!« Das sagte ich nicht in meiner Eigenschaft als »Special Adviser«, sondern als ein »Botschafter ohne Auftrag«. Meine Bemerkung erschien in der gesamten indischen Presse. Im Oktober jenes Jahres kam der Angriff.

1961 war ich zum ersten Male in Vietnam, also einige Jahre ehe amerikanische taktische Einheiten in den Kampf eingriffen. Der Krieg war schon in vollem Gang, geplant und durchgeführt von den Vietkongs und Nord-Vietnamesen, mit Hilfe des gesamten und ungeteilten kommunistischen Blocks. Präsident Ngo Dinh Diem, ein hochgebildeter christlicher Staatsmann, den ich damals kennenlernte, stellte mir Hubschrauber zur Verfügung. So konnte ich in Gegenden gelangen, die über die Straße schon nicht mehr zu erreichen waren.

Ich war in Hawaii, auf dem Wege nach Japan, als die Nachricht von der Ermordung Diems eintraf. Ich schrieb darüber an Helga, mit dem Datum, Honolulu, 3. November 1963 »... ich bin zutiefst erschüttert von der Ermordung Diems und seines Bruders. Madame Nhu hat ganz recht wenn sie sagt, *wer* das inszeniert hat... Das wird nun so weitergehen. Wenn man bei einem Menschen zum Abendessen war, mit ihm das Brot geteilt hat, dann ist es besonders furchtbar, sich das vorzustellen. Die Presse der ›christlichen‹ (!) Welt ist *so* glücklich, daß jetzt die ›Buddhisten‹ an der Macht sind und daß es ihm nichts genützt hat, in die Kirche gegangen zu sein...« Knapp drei Wochen später, am 23. November, als ich eben in Bangkok eingetroffen war, rief mich Volkmar in meinem Hotel an: »Präsident Kennedy ist erschossen worden.« Diese beiden Ereignisse wurden von den Völkern Asiens in einem karmischen Zusammenhang gesehen.

Wenn ich bei meinen zahlreichen Besuchen vor der Garnison Saigon sprach, vor der Societé Vietnamienne-Allemande, vor den Kadetten der Kriegsschule in Dalath, oder wo immer, habe ich zum

Ausdruck gebracht: »Berlin liegt am Mekong« — *hier* könnte es verlorengehen. Südostasien als Ganzes bildet die Südostflanke der NATO.

1967 habe ich in Da Nang einen der schwersten Raketenangriffe durch die Vietkongs überlebt. Ich übernachtete nahe vom Flugplatz, auf den das Feuer sich richtete. Ganze Staffeln von Düsenflugzeugen wurden vernichtet, die Landebahnen wurden so zerstört, daß ich Da Nang nur in einem Hubschrauber verlassen konnte.

Ein weiterer Besuch in Südostasien, im Sommer 1970, hatte mit den deutschen Dienststellen dort oder in Bonn nichts zu tun. Ich war Gast der Ersten US-Kavallerie-Division und des Dritten Vietnamesischen Korps unter General Tri bei den militärischen Operationen in Kambodscha. Ich war auch bei der 101. US-Luftlandedivision dicht an der DMZ in Vietnam und dann in Laos. General Tri ist wenige Wochen nach meinem Besuch gefallen, mein amerikanischer Gastgeber, Brigadegeneral George Casey, wurde im gleichen Hubschrauber, den ich ein paar Tage davor benützt hatte, abgeschossen. Die kommunistischen Flugabwehrgeräte sind ausgezeichnet. In zuweilen sintflutartigen tropischen Regengüssen mußten wir dicht über den Wipfeln der Dschungelbäume fliegen, um keine zu bequeme Angriffsfläche zu bieten. Ich habe in Kambodscha viel von der erbeuteten Munition zu sehen bekommen — von einer »Uneinigkeit« im kommunistischen Lager kann man da nicht sprechen. Rotchinesische Granatwerfer, Unmassen von Munition, fein säuberlich verpackt, wie aus einem Versandhaus, modernste elektronische Geräte, sowjetische Flammenwerfer, Waffen aus den tschechischen Skodawerken, »DDR«-gespendete deutsche Gewehre, noch mit dem Hakenkreuz, daneben eingestanzt chinesische Schriftzeichen, die gleichen Boden-Luftraketen, die am Suezkanal gegen Israel eingebaut sind. Was will man noch mehr?

Mit vielen der Jungen in den triefenden, mit Vietkongs durchsetzten Dschungeln kam ich ins Gespräch: College kids, wie ich sie aus meiner Lehrtätigkeit in Amerika kannte, blonde und dunkle, dazu ein Junge japanischer Abstammung, namens Nakatani, den ich nicht vergessen kann. Wenige Minuten, nachdem unser Hubschrauber, der mit Maschinengewehren bestückt war, abgeflogen war, griffen die Vietkongs, die uns aus dem ewigen Dunkelgrün des Dschungels genau beobachtet hatten, an. Nakatani, ein College-Student aus Los Angeles, war der erste, der fiel — und dann fiel die ganze Gruppe, mit der ich gesprochen hatte. Diese Jungen, ohne große Worte, ohne Heldenphrasen, immer noch mit einem gewissen Sinn von Humor für das Groteske ihrer Lage — sie stehen mir näher als viele meiner deutschen

Landsleute, die Wirtschaftswunderlinge einerseits und die »selective moralists«, die sich die Fälle aussuchen, über die sie sich moralisch entrüsten wollen, andererseits.

Das Feuer frißt weiter. Das schöne Königreich Thailand, wo sich Volkmar in jahrelanger verständnisvoller Arbeit einen großen Namen gemacht hat, ist bereits schwer bedroht. Auch dort war ich 1961 zum ersten Male. Dem Königspaar wurde ich durch einen persönlichen Freund vorgestellt, den Prinzen Ajavadis Diskul, einen Mann, der, in Oxford erzogen, die besten Traditionen des Ostens und des Westens in sich vereinigt. Auch Helga und unsere Töchter Elisabeth und Konstanza waren bei ihm in Bangkok zu Gast.

Über den Ho-Chi-Minh-Pfad, dieses Spinnengewebe von Dschungelwegen, werden auch die kommunistischen Nester in Süd-Thailand und in Malaysia versorgt. Indonesien ist zwar im September 1965 einer kommunistischen Machtübernahme entgangen, und, wie ich selber feststellen konnte, hat sich die Lage, vor allem auch die wirtschaftliche, seitdem erheblich gebessert. Aber bei einem völligen Rückzug der Amerikaner aus Südostasien könnte ein neuer massiver Druck aus dem Norden einsetzen, und eines Tages könnten rotchinesische Massenheere invasionsbereit den Küsten Australiens gegenüberstehen. Dagegen gäbe es entsetzlicherweise nur eine Verteidigung — die atomare.

Bis jetzt habe ich dreimal Australien besucht, das ich sehr liebe. Ein zukunftsreiches Land, das sich rasch weiterentwickelt. Es ist in Europa nicht sehr bekannt, daß es im Zweiten Weltkrieg schwer gelitten hat — schon sprach man von einem Rückzug auf die »Brisbane-Line«, das heißt von einer Preisgabe des ganzen Nordens. Da haben die amerikanischen Seesiege von Guadalcanal und in der Coral Sea das Land gerettet.

Auch von Ceylon aus, nach kommunistischem Plan das »Kuba des Indischen Ozeans«, könnte der Subkontinent bedroht werden. Ich hatte das Glück, Ceylon zuerst kennenzulernen, als Theodor Auer Botschafter war. Seine Residenz, in die er mich einlud, die Villa Berlin, war ein wahrer Schmuckkasten an erlesenen Möbeln, Silber, Bildern und Porzellan. Er war einer der besten Botschafter, die ich irgendwo kennenlernte! Daß die Onkel meines Großvaters Pirbright vor über hundert Jahren den ersten Tee pflanzten, chinesische Setzlinge, ist in Ceylon unvergessen. Als Staatssekretär der Kolonien hat sich mein Großvater besonders um den Tee-Anbau in Ceylon gekümmert, aber natürlich mußten die Plantagen der Familie vorher verkauft werden.

Für den Europäer beginnt das »Ganz andere« erst östlich des Ganges und des Brahmaputra, deren ungeheures Delta ich zahllose

Male überflogen habe. Eine amphibische Landschaft, in der Erde und Wasser nicht fest voneinander abgegrenzt sind. Dacca, das ich 1960 zuerst besuchte, war damals eine saubere, friedliche Moslemstadt. Nun sind die Folgen des Auseinanderbrechens der islamischen Republik im Jahre 1972 und die Errichtung sowjetischer Stützpunkte in Bangla Desch noch gar nicht abzusehen.

Bei meinem ersten Besuch in Westpakistan stellte mir Präsident Ayub Khan ein Flugzeug zur Verfügung, um in Quetta, im berühmten »Staff College«, einen Vortrag zu halten. Die Atmosphäre war britisch, die Bilder der Vizekönige und Generäle waren nie entfernt worden. Und nun — zu welchem Zwecke? — ist Pakistan aus dem Commonwealth ausgetreten! Von Lahore aus flogen wir in das Himalaya-Massiv hinein. Tief unter uns sah ich den jungen Indus, der wild gegen seine steilen Felsufer schlug. Dicht vor dem »deutschen Berg«, dem Nanga Parbat, zwang uns ein kleines Wölkchen zur Umkehr — Vorbote eines furchtbaren Sturmes.

Aus Burma, das ich bis jetzt dreimal besuchte, brachte ich einen Tempel-Gong aus der Goldenen Pagode mit. Schon der leiseste Anschlag klingt minutenlang weiter — damit die guten Geister es ja nicht überhören! Auch in Kambodscha war ich oft, zuletzt noch im Sommer 1970. Aber da kam ich nicht mehr bis zum heftig umkämpften Angkor Wat, das ich sehr liebe. Dort war ein schlanker, schöner Junge, ein Khmer mit etwas chinesischem Blute, mein Führer gewesen — durch dieses Dschungel-Pompeji, einst eine Millionenstadt, bis sie vom tropischen Gestrüpp gefressen wurde. Erst zur Zeit Napoleons III. hat man Angkor Wat wiederentdeckt. Mit bezauberndem französischen Akzent erklärte Lo Ngey, als ich ihn zum ersten Male sah, einer Gruppe ordinärer Touristen: »And now, ladies et gentlemèn, you will zie tse Buddha!« Worauf der fetteste sagte: »Lots of Buddhas 'round here, ain't there?«

»Ils sont des barbares«, flüsterte ich dem Jungen zu. Was er lebhaft bejahte und worauf wir Freunde wurden. Ich entdeckte in ihm eine reiche schöpferische Seele, erfüllt vom künstlerischen Erbe seines Volkes und dazu die Sehnsucht, das Abendland kennenzulernen. Ich konnte ihm ein Stipendium des Goethe-Instituts verschaffen, aber da fiel der »Bambusvorhang« des Prinzen Sihanouk, und er konnte es nicht annehmen. Doch immer noch, bis der Krieg über seinem kleinen Land zusammenschlug, erhielt ich seine schönen handgeschriebenen Briefe, unterzeichnet: »Ton petit frère, qui t'aime.«

Als sich während der »Konfrontation« (Kriege gibt es bekanntlich nicht mehr!) zwischen Malaysia und dem Indonesien Sukarnos die Philippinen plötzlich auf dessen Seite stellten, konnte ich als »Botschafter ohne Auftrag« eine erfolgreiche Vermittlungsaktion unternehmen. Am 30. November 1963 empfing mich in Kuala Lumpur der Premierminister Tungku Abdul Rahman zu einer langen Aussprache. »Wie können die Philippinen, ein christliches Land«, sagte er, »sich auf die Seite des atheistischen Kommunisten Sukarno stellen, gegen mich, einen gläubigen Moslem!« »In ein paar Tagen werde ich in Manila sein. Gibt es etwas, was ich tun könnte?« »Sie können dem Außenminister Lopez bestellen, daß ich den Philippinen sehr freundlich gesonnen bin!« Bereits am 3. Dezember konnte ich dem Außenminister Lopez diese Botschaft bestellen. »Das ist die erste Nachricht, die ich vom Tungku seit vier Monaten erhalte«, sagte er. Streitobjekt waren bestimmte Gebiete auf Nord-Borneo. Die Kompromißformel, die ich, unter Abstimmung mit dem Tungku, vortrug, lautete: Verweisung an den Weltgerichtshof, unter gleichzeitiger Anerkennung Malaysias durch die Philippinen. Da die Philippinen das Gürtelschloß aller Verteidigungsbünde der freien Welt sind — SEATO, verzahnt mit CENTO und NATO einerseits, Verteidigungspakt mit den Vereinigten Staaten andererseits — und Malaysia zum festen Rückgrat Südostasiens gehört, war die Beilegung des Konflikts auch von großer Bedeutung für die atlantisch-europäische Welt. Als ich im Oktober 1964 wieder in Manila war, fand ich eine wesentlich entspanntere Atmosphäre vor. In Kuala Lumpur, zwei Wochen später, stellte ich das gleiche fest. Trotz des Weiterbestehens kleinerer Probleme, sagte mir der neue philippinische Außenminister Mauro Mendez, könnten die diplomatischen Beziehungen jetzt voll ausgebaut werden.

Singapore lernte ich kennen, als es noch Kronkolonie war. Generalkonsul war damals Dr. Heinrich Röhreke, einer der besten Asienkenner, nachmals Botschafter in Manila, dann Gesandter in Tokio. Von seinem Garten aus sah ich zum ersten Male das herrliche Kreuz des Südens, während der Polarstern am Horizont verschwand. Heute ist Singapore ein Stadt-Staat im Commonwealth, der viert-, wenn nicht schon der drittgrößte Hafen der Welt und eines der saubersten und bestverwalteten Gemeinwesen der Erde. Sein großartiger Aufschwung zeigt, daß man, wenn man nur will, auch unter äquatorialen Bedingungen arbeiten kann.

Im Fernen und im Nahen Osten

In Japan, das ich am 16. April 1961 zuerst besuchte, habe ich mich sofort zu Hause gefühlt. Inzwischen habe ich es auf vielen weiteren Reisen gut kennengelernt, von Sapporo auf Hokkaido bis hinunter nach Hiroshima und Nagasaki. Ich habe Japan den Namen gegeben »Hellas des Fernen Ostens«. Die Landschaft erinnert mich oft an Griechenland, vor allem aber die Haltung der Jugend gegenüber dem Älteren, dem »Sensei«, dem »Früher-Geborenen«. Es ist die Haltung des Alkibiades und des Phaidros gegenüber Sokrates, nur daß die Jungen Yoshihiro heißen, Eiji, Akiwo, Motoji, Yoshi, Junya und Noboru.

Der Olymp Japans, der Fujiyama, ist für mich der Berg-an-sich, die platonische Idee eines Berges. In Kyoto, im San-Ju-San-Gendo-Tempel, mit seinen tausenddreiunddreißig Statuen des Quannon Boddhisatvas, des Erbarmers, wird mir immer bewußt, daß ich meinem kleinen Buddha aus Kyoto meine erste Liebe zu Japan verdanke. Diese Liebe läßt mich versuchen, die Sprache und die wichtigsten Schriftzeichen zu erlernen, und sie erstreckt sich sogar auf die japanische Küche. »Was? Sie können rohe Fische essen?«, höre ich immer wieder, »sogar schon zum Frühstück?« Ißt man denn in Europa nicht auch Austern und allerlei sonstige Muscheln? Außerdem finde ich einen sauberen, frischen Fisch appetitlicher als angefaultes Wildbret, von den Grobschmeckern als »haut gout« bezeichnet.

In Nara, der Wiege Japans, spreche ich oft im Daian-Ji-Tempel meines gelehrten Freundes, des buddhistischen Abtes Seiko Kono, über Themen wie »Die Parallelen zwischen buddhistischer und deutscher mystischer Philosophie« oder über die abendländische Haltung gegenüber der Frage von Reinkarnation und Karma. Den christlichen Kirchen wäre zu empfehlen, sich mit *diesen* Dingen zu beschäftigen, statt Streitigkeiten auszutragen, ob der Vorstand oder die Mitgliederversammlung mehr zu sagen haben — wie in einem Kaninchenzüchterverein.

Wenn ich im Atomspital von Hiroshima mit dem Direktor Fumio Shigeto lateinisch spreche, denke ich in Dankbarkeit an Pius Censor, meinen Gmundner Lateinprofessor. Über Nagasaki, wo immerhin auch achtzigtausend, darunter achttausend Christen, umkamen, wird weniger geredet, wohl, weil es bereits die zweite Atombombe, also keine Neuigkeit mehr war. Die »Christanos«, die heimlichen Christen, die seit 1614 alle Verfolgungen überstanden haben, gaben sich hier zu erkennen. Das war in den sechziger Jahren des 19. Jahrhunderts, als unter dem großen Kaiser Meiji die Religionsfreiheit kam. In Nagasaki wurde auch die erste Kirche gebaut, die heute ein Nationaldenkmal ist. Aber immer noch dürften über fünfzehntausend Christanos nicht zurückgekehrt sein. Ihre Voreltern habe der Teufel durch Tod und Verfolgung zum Abfall zwingen wollen, meinen sie, nun versuche er es durch falsche Priester. Sie halten fest an der Verehrung der Gottesmutter. Von den Sakramenten haben sie wohl nur noch eine Art von Taufe.

Japan ist auf dem Wege zur »klassenlosen Gesellschaft« durch die Höchstentwicklung aller Produktionskräfte in einem freien Staat — ein Ärgernis für die kommunistische Welt, noch dazu, da es sich um ein »östliches« Volk handelt. Daher richtet sich die kommunistische Propaganda gegen die japanische Gesellschaftsordnung und natürlich gegen eine bessere Bewaffnung. Die japanische Nachkriegsverfassung, die unter dem Eindruck von Pearl Harbour in Amerika entstanden ist, verbietet in ihrem Artikel neun die Aufstellung von Streitkräften — und darauf besteht nun die radikale Linke! Nur »Selbstverteidigungskräfte« sind erlaubt. Bis jetzt hat Japan sich unter dem Schutze Amerikas entwickeln können. Aber bald wird es auch an seine atomare Verteidigung denken müssen. Jahrelang konnte man nicht einmal darüber sprechen, wegen der verständlichen Nebenwirkungen der *Traumata* von Hiroshima und Nagasaki. Aber bei meiner letzten Japanreise im Frühling 1972 konnte ich doch eine Auflockerung der Meinungen feststellen.

Im Frühling 1971 habe ich unter dem Titel »Die jungen Rebellen in Japan« einen umfassenden Bericht im Deutschlandfunk gegeben. Das Problem der zerstörerischen Kräfte hängt auch mit der Umschichtung, der Urbanisierung der Bevölkerung zusammen. Hunderttausende von Landjungen sind plötzlich in die Städte geworfen, ohne Freunde, ohne Familienbindung, ein leichtes Opfer der radikalen Propaganda. Ein metaphysisches Problem spielt mit; durch den so unglaublich raschen Aufbau nach so unglaublich furchtbarer Zerstörung sind viele Kräfte auf das rein Materielle hingelenkt worden. Ein Verlust der religiösen Substanz ist eingetreten. Dieses Vakuum wird nun von den Linksradikalen geschickt zu füllen gesucht, durch die »Religion des Fortschritts«, durch einen vulgärmarxistischen Diesseits-Messianismus mit seinen nebelhaften Verheißungen irdischer Erlösung.

Aber die Entwicklung des Landes dürfte darüber hinweggehen: schon haben sich starke geistige Gegenkräfte gefunden. Der Opfertod des bedeutendsten japanischen Schriftstellers, Yukio Mishima, eines Nobelpreis-Kandidaten, am 25. November 1970, dürfte ein Fanal gewesen sein. Er starb in ritueller Weise, zusammen mit dem nächsten seiner jungen Freunde, um ein Zeichen zu setzen gegen den Ausverkauf der japanischen Seele an Materialismus und Kommunismus. Törichte »Westliche«, die meinen, Japaner, weil sie Ostasiaten sind, hätten keine Gefühle oder zeigten sie zum mindesten nicht, könnten durch Mishimas Bücher eines Besseren belehrt werden, durch »Forbidden Colours«, »Der Seemann, der die See verriet«, »Geständnis einer Maske« und manche andere. Welch ein Höchstmaß an Liebe, Freundschaft, Haß, Todessehnsucht und Existenzangst liegt in diesem wunderbaren, schöpferischen Volke.

Ich meine, daß der Besuch des japanischen Kaiserpaares in Europa, im Herbst 1971, trotz mancher übler, ja infamer Zwischenfälle zu einem größeren Verständnis Japans beitragen wird. Durch diesen Besuch ist in der westlichen Welt auch besser bekanntgeworden, mit welchem persönlichen Mute und mit welch seelischer Größe der Kaiser, gegen alle militärischen Führer, im August 1945 die Kapitulation erzwang und damit sein Volk rettete.

Japan, Korea und Taiwan bilden ein großes strategisches Dreieck. Korea, das ich im Frühling 1972 nach zweijähriger Abwesenheit wieder besuchte, hat erstaunliche Fortschritte gemacht. Auch sein Sozialprodukt ist wie das japanische im Jahresdurchschnitt um 12—15 Prozent gewachsen. Seoul ist heute eine moderne Großstadt. Aber der Krieg ist nicht zu Ende, dazu ist Korea strategisch zu wichtig. Ein Besuch am 38. Breitengrad wäre allen Entspannungseuropäern dringend zu empfehlen. An dieser »Berliner Mauer in Korea« erlebt man die unverminderte Wirklichkeit der Konfrontation. Bei einer Schwächung Süd-Koreas müßte man mit einem neuen 25. Juni 1950 rechnen. Von großer Bedeutung ist die fortschreitende, auch innere Versöhnung mit Japan. Ich glaube, ich habe unter den koreanischen Studenten einiges dazu beitragen können.

Taiwan, dessen Preisgabe durch den Westen eine Schande ist und in absehbarer Zukunft zu einer politischen und militärischen Katastrophe führen könnte, hat nicht vergessen, daß ich mich 1941 als Freiwilliger zur chinesischen Armee gemeldet hatte. Für den Geist des wahren China scheinen mir die Worte bezeichnend, mit denen mir mein Duzfreund Generalleutnant Wego Chiang vor Hunderten seiner Offiziere mein Diplom als Honorarprofessor der Führungsakademie des Heeres der Chinesischen Republik überreichte: »Wir hatten daran gedacht, Dir ehrenhalber einen hohen Offiziersrang zu verleihen. Aber nach den Lehren von Laotse und Konfuzius ist ein Professor mehr als ein General.«

Hongkong, diese glänzend verwaltete Kronkolonie, scheint im Augenblick noch geschützt durch Pekings wirtschaftliches Eigeninteresse. »Eines Tages werden wir uns vielleicht zurückziehen«, sagte mir ein hoher britischer Beamter. »Aber bis dahin regieren *wir*, und nicht die Rotchinesen. Hongkong ist kein Macao.«

Und nun der »Nahe Osten« — obgleich er nicht näher ist als der »Ferne« und dieser nicht wirklich fern ist! Auch Ägypten lernte ich schon 1960/61 kennen, und zuletzt war ich im Dezember 1963 dort. In Assuan, in Luxor und in Kairo merkte ich — und berichtete darüber nach Bonn —, daß Nasser nach neuen Erfolgen und neuen Feinden Ausschau halten müsse, um seine Macht zu behaupten. Bald danach lud er Ulbricht ein, es kam zum Bruch mit der Bundesrepublik und zu einer noch engeren Anlehnung an die Sowjets.

Von Ägypten flog ich nach Jordanien. König Hussein kannte ich schon von einem früheren Besuch, bei dem ich sein Gast war. Ohne den ägyptischen und syrischen Druck und ohne die Terrorbanden im eigenen Lande hätte er gewiß einen *Modus vivendi* mit Israel gefunden.

Wie sehr die schlichten Menschen in Jordanien, viele von ihnen die Nachkommen der Juden des Alten und des Neuen Testamentes, dem Fleische nach dem Herrn verwandt sind, kam mir in Bethlehem, wenige Tage vor Weihnachten zum Bewußtsein. Ich sah »die Hirten in derselben Gegend, auf dem Felde bei den Hürden, die hüteten des Nachts ihre Herden«.

So müssen die Hirten des Lukasevangeliums ausgesehen haben, als »ein Gebot ausging von dem Kaiser Augustus, daß alle Welt geschätzt werde... da machte sich auch auf Joseph aus Galiläa aus der Stadt Nazareth in das jüdische Land zur Stadt Davids, die Bethlehem heißt — denn er war aus dem Hause und dem Geschlechte Davids —, daß er sich schätzen ließe mit Maria, seinem Weibe, die war schwanger«. Ein Weihnachtshimmel in einer geisterfüllten Herrlichkeit spannte sich über Jerusalem und das jüdische Land. Morgens sah ich die Sonne aufgehen hinter dem Ölberg, und wiederum dachte ich: »In Lumine Tuo Videbimus Lucem.«

Die Vielfalt der christlichen Bekenntnisse in der Grabeskirche kann doch die Einheit des Glaubens nicht stören, heute, nach der Versöhnung zwischen Rom und Konstantinopel, weniger denn je. Durch die vielen sauberen kleinen Gassen fand ich den Weg zum Tempelplatz und zu den Resten der Festung Antonia. Dann stand ich im Pflasterhof des Pilatus und dachte an Johns Brief, seine Begegnung mit den »Großen Kräften«, kurz ehe er bei Anzio fiel. Trotz des Weihnachtsfriedens konnte ich eine schlimme Ahnung nicht unterdrücken. »Man sollte auf eine annehmbare Lösung hoffen dürfen«, schrieb ich an Helga aus Jerusalem. »Aber ich fürchte, erst wird es noch mehr Blutvergießen geben und noch mehr Leiden für alle Völker des Nahen Ostens.«

Am 3. Juni 1967 traf ich aus Portugal und Spanien kommend in Paris ein. Es lag Krieg in der Luft. Abends sah ich mit André im Theater »Le Roi Se Meurt« von Ionesco, eine glänzende Aufführung, aber in dieser Stunde von makabrer Bedeutung. Der 4. Juni war ein Sonntag. Geisterhaft wiederholten sich die Szenen vom Sonntag, dem 3. September 1939. Die Messe war um 11 Uhr in Nôtre Dame des Champs. Auf dem Boulevard Montparnasse lagen die englischen Sonntagsblätter aus: Drohende Kriegsgefahr, aber noch bestünde Hoffnung... Würde nach dem Gottesdienst jemand mir zurufen: »Du weißt, daß Krieg ist?« Am nächsten Tage geschah es, »C'est la Guerre!« Ich ging zum deutschen Militärattaché: »Ist das der dritte Weltkrieg?« »Ja, es sei denn, daß die israelische Armee, wie wir alle hoffen und annehmen, den Gegner innerhalb von achtundvierzig Stunden schlägt.« Abends war ich mit André im Café Les Deux Magots. Als wir herauskamen, hörten wir ein tausendfaches Hupen, in rhythmischem Anschlag, dazu die gleichfalls tausendfachen Sprechchöre: »Israel — bonne cause — Israel bonne cause — Nasser assassin!« Fahnen wurden entfaltet, und immer wieder erklang die Marseillaise. »Wie in den dreißiger Jahren«, sagte ich zu André. »Bei einer Stop-Hitler-Parade, einem Massenprotest gegen die Vergewaltigung Österreichs, der Tschechoslowakei, Polens . . .« »Oder Griechenlands, ehe ich noch auf der Welt war!« antwortete er und sprang auf einen der offenen Wagen, um an der Demonstration teilzunehmen. Die deutsche Öffentlichkeit reagierte in erfreulicher Weise. Gleich am ersten Tag meldeten sich Tausende freiwillig für Israel. Aber der Krieg ist nicht zu Ende. Für Milliarden hat die Sowjetunion in den letzten Jahren die arabischen Staaten mit Waffen beliefert. Dabei könnte aus einer Zusammenarbeit zwischen diesen Staaten und Israel der ganze Nahe Osten in ein gesegnetes Land verwandelt werden.

Die Versöhnung zwischen Rom und Konstantinopel

Am 29. Januar 1962 stellte mich der deutsche Konsul Dr. Enders in Instanbul dem Ökumenischen Patriarchen Athenagoras I. im Phanar vor. Das Gespräch wurde auf englisch geführt. »Ich habe die Wahl des Papstes Johannes«, begann der Patriarch, »mit den Worten des Evangelisten begrüßt: ›Es ward ein Mensch von Gott gesandt, dessen Name war Johannes.‹« Auch das Ökumenische Konzil habe er lebhaft begrüßt; dies möge ich dem Papst bestellen. Es gehe heute um die Schaffung einer wirklichen Gemeinschaft aller Christen. »Oft haben die Theologen uns getrennt. Nun wollen wir uns verständigen. Mit der Begründung sollen sich die Theologen nachher befassen.« Damit schien mir der »kairos« gekommen zu sein: »Würden Euere Heiligkeit nicht ein persönliches Zusammentreffen mit dem Papst in Erwägung ziehen wollen?« Ohne zu zögern erwiderte der Patriarch: »Ich würde sehr gerne den Heiligen Vater treffen. Aus tiefstem Herzen ersehne ich eine wahre Gemeinschaft aller Kirchen.«

Zwei theologische Probleme kamen zur Sprache: Zuerst die Stellung des Papstes. »Er ist der Erste Bischof der Christenheit, so steht es im kanonischen Recht seit bald zweitausend Jahren«, sagte der Patriarch. Das zweite betraf das *»Filioque«* — »Ausgegangen vom Vater und vom Sohne«, wie das Nizänische Glaubensbekenntnis vom Heiligen Geiste sagt. Eine Streitfrage seit Jahrhunderten, denn in den orthodoxen Kirchen werden diese Worte ausgelassen. Der Patriarch erwiderte: »Die Frage ist für mich längst gelöst, und zwar durch die Unionsformel, angenommen auf dem Konzil von Ferrara und Florenz im Jahre 1439. Wenn gewisse Kreise des niederen Klerus und des Volkes aus Vorurteilen und nationalistischen Ressentiments das Abkommen später zerrissen haben, so berührt mich, das Oberhaupt der orthodoxen Kirche, das in keiner Weise.« Die Unionsformel lautet *Filio Cooperante* — »ich glaube an den Heiligen Geist... der ausgeht vom Vater unter Mitwirkung des Sohnes.« Damit, durch zwei kurze Erklärungen, hatte der Patriarch zwei Hindernisse überwunden, die jahrhundertelang unüberwindlich schienen.

Über jene erste Audienz hat Konsul Enders ein Gedächtnisprotokoll verfaßt. Kopien gingen an den damaligen deutschen Botschafter beim Heiligen Stuhl, van Scherpenberg, und an Panayotis Kanellopoulos. Diesen habe ich auch persönlich unterrichtet. Er sagte, er werde seinen ganzen Einfluß geltend machen, um die griechisch-orthodoxe Kirche zur Unterstützung des Konzils zu bewegen. Auch in Zypern, wo ich am 19. März ankam, fand ich volles Verständnis. Der Präsident-Erzbischof Makarios empfing mich in Privataudienz, sprach sich für das Konzil aus und begrüßte die Botschaft des Patriarchen über die Versöhnung der römischen mit der orthodoxen Kirche. Durch Botschafter van Scherpenberg hatte ich schon am 19. Februar bei einem Essen in der Residenz erfahren, daß sich Monsignore dell'Aqua vom Staatssekretariat, der heutige Kardinal, auf das lebhafteste für meinen Bericht aus Istanbul interessiert hatte. Es gibt über den Ablauf all dieser Vorgänge eine genaue Dokumentation, genannt »Chronologische Zusammenfassung«. Exemplare habe ich der Bundesregierung, dem Patriarchen, der Apostolischen Nuntiatur in Bonn und einer Reihe anderer Stellen überreicht. Alle nun folgenden Berichte sind dieser Dokumentation entnommen.

Am 3. Mai 1962 konnte ich dem Kardinal Bea einen ausführlichen Bericht über die Audienz im Phanar sowie über meine Gespräche mit Erzbischof Makarios und dem (damals) stellvertretenden Ministerpräsidenten Kanellopoulos geben. Kardinal Bea wies auf gewisse protokollarische Schwierigkeiten hin: Wenn der Patriarch nach Rom käme und in einem Hotel Wohnung nehme, von wo aus er den Papst besuchen würde, könnte dieser den Besuch nicht erwidern. Ich bat um Erlaubnis, einen »ganz laienhaften, unprotokolarischen Gedanken« vortragen zu dürfen: Der Patriarch solle nicht in einem Hotel wohnen, vielmehr »sollten sich beide heiligen Väter der Christenheit gütigst in ein Kloster begeben, nebeneinander Zellen beziehen und sich in diesen oder im Refektorium treffen!« Der Kardinal nannte diesen Vorschlag, auf den er mit Freuden einging, »das Kolumbus-Ei«. Er werde sofort den Papst über unser Gespräch unterrichten. Dieses ganze Gespräch ist in einem Gedächtnisprotokoll festgehalten, das am 6. Mai 1962 auch dem Auswärtigen Amte, dem Patriarchen und dem Botschafter van Scherpenberg zuging. Dr. Hans Stercken, damals Leiter der Europaabteilung im Bundespresseamt — nachmalig Direktor der Bundeszentrale für Politische Bildung — brachte mich mit Pater Emil Schmitz SJ vom Vatikanischen Rundfunk zusammen. Diesem berichtete ich den bisherigen Verlauf, unter besonderer Betonung meines Vorschlags, daß Papst und Patriarch sich in einem Kloster treffen sollten. Pater Schmitz dürfte dies in Rom den entsprechenden Stellen weitergeleitet haben.

Es sind dann im Laufe der nächsten Monate einige Peinlichkeiten vorgefallen. Der Phanar fühlte sich mit Recht gekränkt, als ihm die Kurie einen Unterhändler schickte, der zwar den schönen Titel Eccellenza führte, aber kein Bischof war. Auch bekam der Patriarch das Gefühl, daß die Exzellenz vom Tiber nicht mit offenen Karten spielte. Auf die Frage, ob Eccellenza nach Moskau weiterreisen werde, kam die

Antwort: das wisse man noch nicht. Dabei hatte der römische Bote die Reiseorder bereits in der Tasche.

Man muß sich die griechisch-römische Geschichte vergegenwärtigen, um das Mißtrauen der orthodoxen Kirche voll zu verstehen. Es war das mächtige Rom, das Hellas unterwarf und schließlich zur »Freigelassenen« erklärte, so wie man einem Sklaven seines guten Benehmens wegen die Freiheit schenkt. Kardinal Bea, dem ich dies vortrug, zeigte großes Verständnis. Er tat alles, um diesen *faux pas* wiedergutzumachen. Der Patriarch selber ging großzügig und großmütig darüber hinweg, als ich ihn am 16. Februar 1963 wiedersah. Als ich meinen Vorschlag erwähnte, er möge mit dem Papst in einem Kloster zusammentreffen, umarmte er mich und küßte mich auf beide Wangen: »Dafür danke ich Ihnen ganz besonders! Ich bin ja Mönch.« Gemäß dem Bericht in der »Dokumentation« fragte ich dann: »Darf ich also als ein schlichter Laie, einfach als ein Christ und sonst weiter nichts, wenn ich das nächstemal in Rom bin, die Gespräche mit Kardinal Bea wiederaufnehmen?« Seine Heiligkeit sah mich lange an und sagte dann mit Betonung: »Nein — aber als mein Botschafter.«

Die »Dokumentation« enthält ein weiteres Gedächtnisprotokoll, datiert Athen, 28. Februar 1963. Es ging an den Patriarchen, an Kardinal Bea und die deutsche Botschaft beim Vatikan. Als besonders bedeutungsvoll stellte ich die Worte des Patriarchen heraus: »Das Tor, das der Papst aufgemacht hat, kann nie wieder geschlossen werden. Wir erkennen den Papst als den Ersten Bischof der Christenheit an, und wir sind bereit, uns seiner Führung anzuschließen. So steht es im Kanonischen Recht seit neunzehnhundert Jahren.«

Angemeldet durch die deutsche Botschaft beim Heiligen Stuhl, kam es am 23. April nochmals zu einem langen Gespräch mit dem Kardinal. Gemäß einem Gedächtnisprotokoll: »Leider kam die erbetene Privataudienz bei Seiner Heiligkeit dem Papst (Johannes XXIII.) wegen dessen angegriffener Gesundheit nicht mehr in Frage. Ich sagte Sr. Eminenz, daß ich mit seiner Erlaubnis Seine Heiligkeit den Patriarchen wiederum über dies so positiv verlaufene Gespräch unterrichten werde. Zum Schlusse erteilte mir der Kardinal den Segen. ›In der Art‹, sagte er, ›wie ihn mir neulich der Papst erteilt hat, weil wir doch alle den Segen brauchen: Benedicat *nos* Dominus...!‹ Über diese Besprechung konnte ich am 24. April 1963 dem Botschafter van Scherpenberg, dem Botschaftsrat Prälat Höfer und dem Botschaftsrat Peter Limbourg ausführlich berichten.«

Ein Mann, dessen Name nicht vergessen werden darf, ist der Staatssekretär für Politische Angelegenheiten des Ökumenischen Patriarchen, Georg Hollenbach. Er trägt den Titel »Großreferendar der Großen

Kirche Christi« — ein Rang, der auf das Oströmische Kaiserreich zurückgeht. Er hat sich um die Annäherung zwischen den beiden Kirchen unendlich verdient gemacht.

Nach dem Tode Papst Johannes XXIII. erhielt ich unter dem Datum vom 13. Juni 1963 ein Schreiben des Patriarchen auf griechisch. Eine offizielle deutsche Übersetzung war beigefügt. Der Brief begann mit einem Dank für mein letztes Schreiben, das ihm Konsul Enders im Phanar übergeben hatte: »Ebenfalls danken wir für Euer Interesse an den Beziehungen der beiden schwesterlichen Kirchen und geben unserer großen Trauer über den Heimgang zum Herrn Seiner Heiligkeit, des Papstes Johannes XXIII. Ausdruck, sind jedoch überzeugt, daß Euere geliebte Hoheit (die wörtliche Übersetzung des griechischen Titels *Ypsilotatos*) dem Interesse an den Beziehungen der beiden Kirchen auch nach der Wahl des neuen Papstes Ausdruck geben möge.«

Als Kardinal Montini zum Papst gewählt wurde, war ich gerade in Irland. Ich konnte dem Präsidenten Aemon de Valera berichten, daß ich den neuen Papst schon seit 1949 kenne und ihn wiedergesehen hätte, als er Kardinal-Erzbischof von Mailand war. Die historische Begegnung, die zu Lebzeiten Johannes XXIII. nicht mehr zustande gekommen war, fand am 4. und 5. Januar 1964 in Jerusalem zwischen Papst Paul VI. und dem Ökumenischen Patriarchen statt. Damit wurde die Versöhnung zwischen Rom und Konstantinopel vollzogen. Bald danach hat Kardinal Bea im Phanar zusammen mit dem Patriarchen das Meßopfer gefeiert. Die gegenseitige Verfluchung des Jahres 1054 wurde zurückgenommen. Diese Versöhnung hat auch zu ganz neuen Beziehungen zwischen Rom und Canterbury und zwischen der katholischen und den evangelischen Kirchen geführt. Viel bleibt noch zu tun übrig — aber der entscheidende Schritt ist getan.

Unter dem Datum: Bad Godesberg, 10. Januar 1964, schrieb ich an Kardinal Bea u. a.: »... durch Gottes Fügung hat dieses Jahr mit der Pilgerfahrt Seiner Heiligkeit und der Begegnung im Heiligen Lande mit dem Patriarchen Athenagoras I. beginnen dürfen. Die Gebete der Christenheit haben diese wahrhaft weltgeschichtlichen Ereignisse begleitet ... was vor kurzem, und nun scheint es bereits so lange her, eine große Hoffnung war und ein Ziel, das in der Ferne lag, ist also nun durch Gottes Gnade erreicht worden — in der Tat ein Grund zu tiefster Freude und Dankbarkeit.« Ich bat den Kardinal, den Heiligen Vater um eine Privataudienz zu ersuchen. Am gleichen Tage schrieb ich an den Patriarchen und sandte ihm den Brief durch den damaligen deutschen Generalkonsul in Istanbul, Gustav von Schmoller. Der Kardinal antwortete in freundschaftlichster Weise am 15. Februar. Herr von Schmoller schrieb mir am 29. Januar, daß er meinen Brief mit einer »begleitenden Note« an den Patriarchen weitergeleitet habe. Der Patriarch, der oft über unsere Unterhaltungen und »über die Botschaft, die er mir damals nach Rom mitgab«, spreche, würde sich freuen, mich bei meinem bevorstehenden Besuch in Istanbul wiederzusehen. Aber als ich vom 28. Februar bis 2. März 1964 in Istanbul war, befand sich der Patriarch auf der Insel Chalkis in großer Bedrängnis. Auf Zypern hatten zu Weihnachten 1963 blutige Unruhen stattgefunden. Sie richteten sich gegen die türkische Bevölkerung. Die heftige Reaktion in der Türkei war durchaus verständlich, nur richtete sich der Zorn der Moslems gegen den Ökumenischen Patriarchen, obgleich dieser die Vorgänge in Zypern scharf verurteilt hatte. Mit Zypern hing auch meine Bitte um eine Privataudienz beim Papst zusammen.

Durch ein Ferngespräch der deutschen vatikanischen Botschaft erfuhr ich, daß die Privataudienz am Donnerstag, dem 9. April 1964, stattfinden werde. Es war Punkt 12 Uhr mittags, als ich von Seiner Heiligkeit empfangen wurde, die gleiche Stunde wie am 25. März 1949 bei Papst Pius XII. Der Papst forderte mich auf, ihm einen historischen Überblick des ganzen Ablaufes zu geben, einschließlich der Begegnung von Jerusalem, beginnend mit meiner ersten Privataudienz beim Patriarchen am 29. Januar 1962. Der französische Text meines Vortrags, ein Gedächtnisprotokoll, ist auch in der »Dokumentation« enthalten. Ein weiteres Exemplar liegt bei den Akten der Vatikanbotschaft. Der zweite Teil der Audienz beschäftigte sich mit dem Zypernproblem und welche Folgen dies für den Patriarchen und damit für die eben erzielte Versöhnung der Kirchen haben könnte. Am nächsten Tage gab ich dem Kardinal Bea einen zusammenfassenden Bericht, von dem ich auch alle legitim interessierten Stellen informierte.

Den Patriarchen sah ich erst am 17. März 1966 wieder. Nach der Audienz lud er mich ein, mit ihm und dem Heiligen Synod ein Fastenmahl zu teilen — unvergeßlich in seiner feierlichen Schlichtheit. Beim Abschied sagte mir der Patriarch, daß er mir für meine Initiative, die zur Versöhnung zwischen Rom und Konstantinopel geführt habe, und damit zur Heilung des neunhundertjährigen Schismas, das Goldene Großkreuz von Athos verleihe. Es wurde mir am 12. September 1966 in Bad Godesberg vom Großreferendar der Großen Kirche Christi, Georg Hollenbach, überreicht. Zum ersten Male habe ich dieses Kreuz, das mit der oströmischen Kaiserkrone geschmückt ist, bei einem Dinner des Konsularischen Korps in Vancouver getragen. Das war am 14. Oktober 1966, meinem 60. Geburtstag.

Das Jahr darauf gaben wir in unserem Hause in Bad Godesberg einen größeren Empfang. Unter den Gästen war der Apostolische Nuntius, Corrado Bafile. Er brachte mir die Einladung zu einer Feier in St. Peter, anläßlich der ersten Begegnung in Rom zwischen dem Papst und dem Ökumenischen Patriarchen. Aus den herbstlichen Nebeln Deutschlands flog ich in einen milden, späten römischen Sommertag. Am Morgen des 26. Oktober nahm ich auf der *Tribuna S. Andrea* Platz, nahe der Evangelienseite des Hauptaltars. Ich trug das Goldene Athoskreuz. Die Kardinäle kamen in ihren flammenden Purpurgewändern, die orthodoxen Metropoliten mit Mitra und juwelenbesetzten Brustkreuzen. Es kam die Schweizer Garde in Michelangelos Uniformen, es kam das Diplomatische Korps. Händeklatschen und stürmische Zurufe, als Papst und Patriarch Seite an Seite zum Hauptaltar schritten! Es war genau 11.15 Uhr, als sie auf gleichhohen Thronsesseln Platz nahmen. Ein Augenblick, erstmalig in der Geschichte, denn noch nie hatte ein Papst seinen Altar mit einem orthodoxen Patriarchen geteilt und ihn angeredet als »Bruder« und »Euere Heiligkeit«. Von jeher sind die Inschriften in Michelangelos Kuppel lateinisch und griechisch, Sinnbilder und Vertreter aller Sprachen des Ostens und des Westens. Aber zum ersten Male in der Geschichte des Petersdomes haben die beiden höchsten Würdenträger des östlichen und des westlichen Christentums im gleichen Gottesdienst griechisch und lateinisch gesprochen und, ein jeder in seiner Sprache, den Segen erteilt — *Urbi et Orbi*. Inmitten dieser feierlichen Handlung, »eingehüllt von Weihrauch und von Lichtern« — so heißt es in Stefan Georges Gedicht »Leo XIII.« — kam mir das schlichte Arbeitszimmer des Patriarchen wieder ins Gedächtnis, so wie ich es 1962 zuerst gesehen hatte, als ich ihm vorschlug, doch mit dem Papst zusammenzutreffen. Nun war, was als private Initiative begann, vor den Augen der ganzen Welt zur Wirklichkeit geworden, im vollen Glanze des Ersten und des Zweiten Roms.

Solange es eine bewußte Geschichte der Menschheit gibt, wird dieser 26. Oktober 1967 nicht vergessen werden. »Exegi monumentum aere perennius«, so beginnt eine Ode des Horaz, sein selbstverfaßter Epitaph. An der Versöhnung zwischen Rom und Konstantinopel entscheidend mitgewirkt zu haben, gibt mir vielleicht etwas das Recht, die Worte des Dichters für mich in Anspruch zu nehmen.

Als ich den Patriarchen im April 1969 zum letzten Male sah, bat er mich, »seinen heißen Wunsch« weiterzuleiten, nach dem Segensgottesdienst vom 26. Oktober 1966 nunmehr mit dem Papst eine Eucharistische Feier zu begehen. Dieser Wunsch blieb unerfüllt. Aber »das Tor, das er aufgemacht hat, kann nie wieder geschlossen werden«. Das hatte der Patriarch über Johannes XXIII. gesagt. Nun wandte ich das Wort auf ihn selber an, in einem Nachruf im Deutschlandfunk, nach dem Tode dieses heiligmäßigen Mannes im Juli 1972.

Botschafter ohne Auftrag

Noch von vielen anderen Ländern könnte ich berichten, von Neuseeland, dessen Schönheit mir schon der Weltreisende Richard Bermann gepriesen hat, von den Kariben und von Lateinamerika. So weit weg sind die alle nicht. Unter den Schwingen des gleichen doppelköpfigen Reichsadlers, unter dem Europa jahrhundertelang lebte, ruhen in der Kathedrale von Santo Domingo die Gebeine Christoph Kolumbus. Kaiser Karl V. hat diese Kathedrale gestiftet, wie auch in seinem Namen die Universität von Mexiko und manche andere gegründet wurden. In vielen lateinamerikanischen Staatskanzleien erinnern mich die Bilder, das Mobiliar, die ganze Atmosphäre an die Wiener Hofburg und an den Ballhausplatz. In Lima erhielt ich eine *Dos-Reales-Münze*, geschlagen 1577 auf Geheiß König Philipps II. Sie trägt die Wappen von Kastilien, von Aragon und Burgund, dazu, heraldisch schraffiert, den rotweißroten Wappenschild Österreichs und den roten Tiroler Adler. Da dachte ich an den Wahlspruch Kaiser Friedrich III.: *Austriae Est Imperare Orbi Universo* — jenes A.E.I.O.U. — in seiner deutschen Fassung: »Alles Erdreich ist Österreich untertan.« Es bleibt eine Großtat des Hauses Habsburg, in den hundertsechzig Jahren von Kaiser Karl V. bis zum Tode König Karls II. von Spanien, 1700, aus all den zahllosen Stämmen und Völkerschaften Mittel- und Südamerikas eine sprachlich und kulturell einheitliche Welt geschaffen zu haben.

Auch von den Quellen des Nils, lange eines der großen Geheimnisse der Menschheit, könnte ich berichten. Welch ein Tierparadies an den *Murchison Falls* in Uganda — dicke Flußpferde und Krokodile, Elefanten, Zebras, Giraffen und Wildkatzen leben hier zusammen! Auch im Krüger-Park in Südafrika, das ich 1965 besuchte, gibt es keine »Apartheid«!

Trotz aller »Umweltverschmutzung« finde ich sie schön, diese Welt, mit dem Glanze ihrer Seen und Meere, der Sonne, die hinter dem Hymettos aufsteigt oder über den Albaner Bergen, und die ihre Strahlen wirft auf Giottos Campanile und die weißen Häuser von Capri. Und wie schön sind doch Main und Neckar und die Weinberge an den Ufern des Rheins, die Wiesen und die goldenen Felder meines deutschen Vaterlandes.

So bin ich dankbar für jeden Tag, der mir geschenkt wird, in der Heimat oder jenseits der Meere. Früher lag mir nicht viel am Fliegen, heute liebe ich die Stimme, die aus den Lautsprechern tönt: »Ihr Flug nach Tokio über Athen — Karachi — Bangkok — Hongkong —, anschnallen zum Start nach New York — Toronto — San Franzisco — Sydney — Rio de Janeiro...«

Als »Botschafter ohne Auftrag« werde ich also meine Tätigkeit fortsetzen, wie ich dies schon getan habe, seitdem ich am 20. Juli 1932 gegen Papen auftrat. Auch manche meiner Vermittlungsaktionen hatten nichts mit einem Regierungsauftrag zu tun, sondern nur mit dem Auftrag meines Gewissens.

Ich habe es auch immer als meine Pflicht betrachtet, die eigenen Landsleute vor falschen Entscheidungen zu warnen. Die fünfziger und sechziger Jahre haben Illusionen erzeugt, nicht unähnlich denen, die ich zu Beginn dieses Lebensberichtes geschildert habe — Illusionen von Frieden und stetem technischen Fortschritt.

Die Vertrauensbasis Deutschlands in der westlichen Welt ist immer noch hauchdünn. Es gibt genügend Kräfte, die froh wären, wenn die Deutschen ihre Verbündeten aus ihren Verpflichtungen entließen. Am Ziele des sowjetischen Imperialismus, ganz Deutschland und schließlich ganz Europa in die Gewalt zu bekommen, hat sich kein Jota geändert. Die Mittel werden der jeweiligen Lage angepaßt. Im Westen meint man dann, Moskaus Politik sei »flexibler« geworden.

Solange allerdings das atlantische Bündnis besteht, dürfte es trotz allen Wortgerassels zu keinem sowjetischen Angriff kommen. Sollte dieses Bündnis je erschüttert oder seine Abwehrbereitschaft unglaubwürdig werden, dann wird kein »Nichtangriffspakt« Deutschland und Europa gegen den sowjetischen Imperialismus zu schützen vermögen.

Aber selbst wenn ein solches Schicksal nahezu als unvermeidlich erschiene, dürfte man sich nicht aus dem öffentlichen Leben zurückziehen. Sagt doch schon Seneca in »De Otio«, daß der Dienst eines guten Bürgers niemals wertlos sei; er diene, indem er gehört und gesehen werde, durch seinen Gesichtsausdruck, seine Gesten, durch seine Widerspenstigkeit, ja bereits durch seinen Gang. Seneca mag dabei an seinen Zeitgenossen, den Konsul und Feldherrn Thrasea Paetus, gedacht haben, dessen schweigende Ablehnung der neronischen Herrschaft zu deren Sturz beitrug. Tacitus läßt eine der Kreaturen des Nero sagen: »Das römische Nachrichtenblatt, die »Acta Diurnia«, liest man in den Provinzen und den Heeren darum so genau, weil man erfahren will, was Thrasea wieder *nicht* gesagt hat.«

Eine ganz neue Sicht eröffnete sich mir, als ich zu Ostern 1972 als Gast der kanadischen Regierung in der Arktis war, am Großen Sklavensee und im Delta des Mackenzie, dann am Rande des Nördlichen Eismeers. Eine Sonne schien dort, »herrlich wie am ersten Tag«, so stark und leuchtend. Bald danach sah ich Thailand und Malaysia wieder. In Korea stand ich, wie schon so oft, am 38. Breitengrad — der »Berliner Mauer« Ostasiens, wo die kommunistische Wirklichkeit beginnt. Dann flog ich nach Japan, meinem geliebten »Hellas des Fernen Ostens«, und nach Ceylon. Zu Pfingsten des gleichen Jahres konnte ich im Schatten — nein, im Lichte! — der Akropolis mit Wolfgang Frommel und Manuel Goldschmidt vom »Castrum Peregrini« die in Bad Godesberg begonnenen Gespräche fortsetzen: Über das wahre Deutschland, ein Deutschland der Freiheit und der hellenischen Tradition, das nicht untergehen darf.

So hat mich die Erreichung des 65. Lebensjahres keineswegs zur Untätigkeit verurteilt, und schon stehen neue Fahrten und Wehrübungen auf dem Programm. Das ist der Vorteil davon, kein pensionsberechtigter und somit auch kein pensionsverpflichteter Beamter zu sein. Wenn Helga, wie in all diesen Jahren, mir mit ihrer Liebe und ihrem Rat zur Seite steht, und wenn meine Freunde mir verbunden bleiben, ist mir auch vor der weiteren Zukunft nicht bange.

Der Höhepunkt jedes Jahres ist erreicht, wenn Helga und ich den Christbaum schmücken und dann die Kinder hereinrufen. Auch mein Bruder Leopold ist jetzt, nach dem Verlust seiner schönen, jungen Frau Diana, einer Tochter von Sir Victor Gollancz, oft bei uns, und natürlich Volkmar Zühlsdorff, wann immer er es einrichten kann.

Seitdem ich das Erbe meines Vaters antrat, hat unser Haus in Bad Godesberg ein wenig von der Schönwörther Atmosphäre erhalten. Solange es Bestand hat, will ich mich daran freuen. In meinem Arbeitszimmer, unter der schwarzrotgoldenen Adlerfahne, schreibe ich weiter an Senecas »Autobiographie«. Mit ihm kann ich darüber nachdenken, ob diese Welt, die so schön ist mit ihren Meeren und Ländern, eine einmalige Schöpfung sei oder ob Gott viele ihrer Art im Raume verteilt habe, was Gott ist, ob Er unbeteiligt auf das Werk Seiner Hände blicke, ob Er die Geschichte lenke, ob Er diese Welt für die Ewigkeit bestimmt habe oder ob ihr nur eine begrenzte Zeit gegeben wurde, um dann ins Nichts zurückzusinken?

Auf die Frage, welchen Dienst er vor Gottes Angesicht leiste, wer solchen Dingen nachforsche, hat Seneca geantwortet: »Ne tanta eius opera sine teste sit!« Das bedeutet auf deutsch: »Er sorgt dafür, daß Gottes Hohe Werke nicht ohne Zeugen bleiben.«